齐鲁诸子名家志

总顾问　安作璋

总 主 编　王兆成　刘秋增

副总主编　金明善　刘　娟

齐鲁诸子名家志·蒲松龄志

蒲松龄志

齐鲁诸子名家志

主　编　袁世硕
副主编　王　平　孙学珍　张绪传
撰　稿　赵蔚芝　鲁　童　刘统爱　刘玉湘
　　　　盛　伟　杨海儒　陈玉琛
编　务　王德树　周　迎　杨　锦
摄　影　刘统爱　刘　洪

山东人民出版社

蒲松龄画像

爾貌則瘦爾軀則
修行年七十有四此兩
萬五千餘日所成何事
而忽已白頭爽世無
爾孫子亦見之差
康熙癸巳自題
癸巳九月朔囑
江南朱湘鱗為
余肖此像作世俗
裝實非本意恐
為百世後所怪笑
也 松溪人志

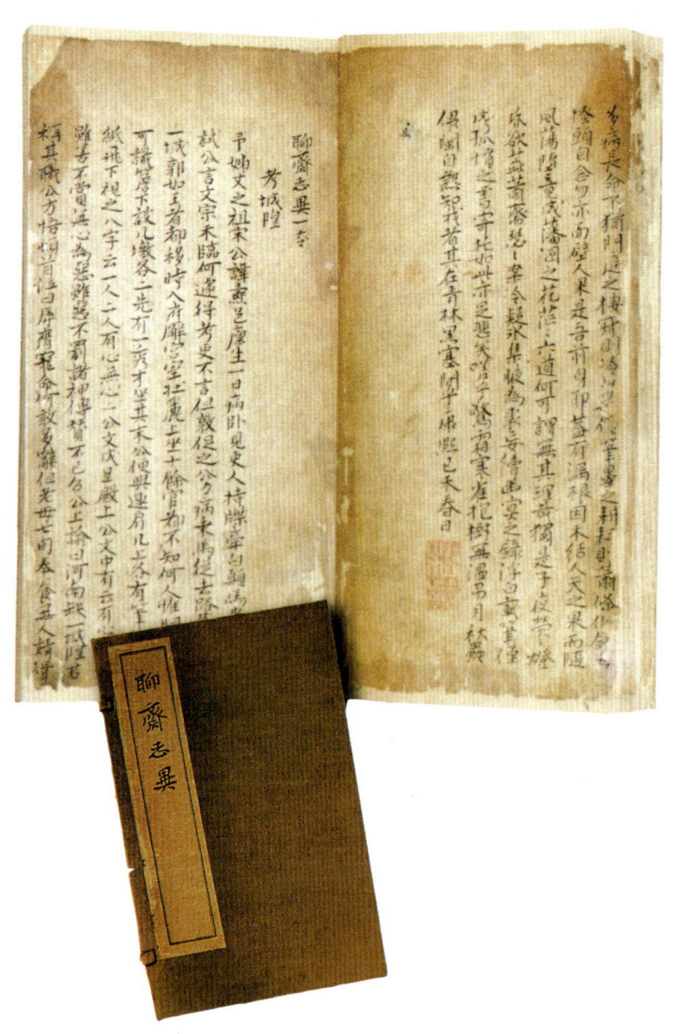

《聊斋志异》手稿

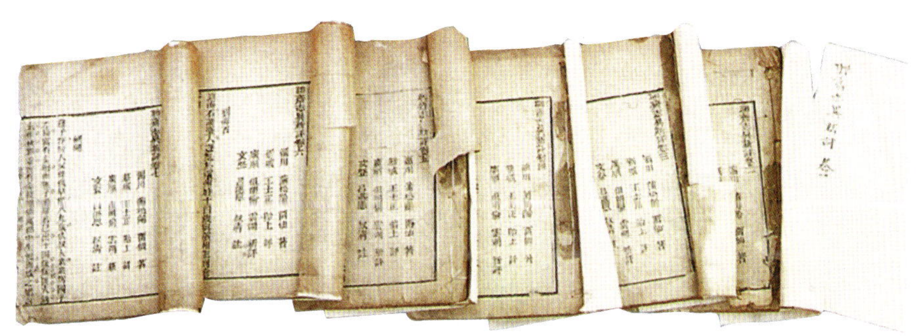

《聊斋志异评注》,青柯亭本。清咸丰辛酉年（1861年）刻本

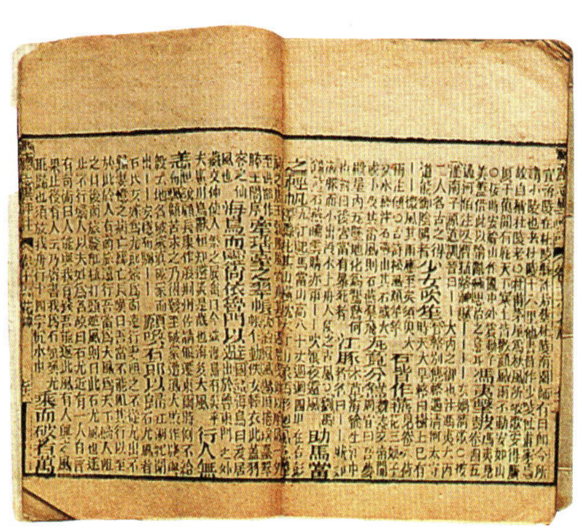

《聊斋志异新评》,但明伦评本。清道光壬寅年（1842年）刻本

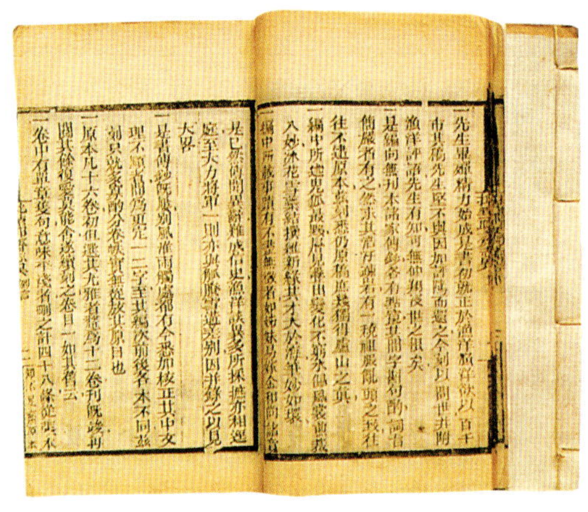

《评点聊斋志异》，知不足斋原本。清道光三年（1823年）何守奇批本

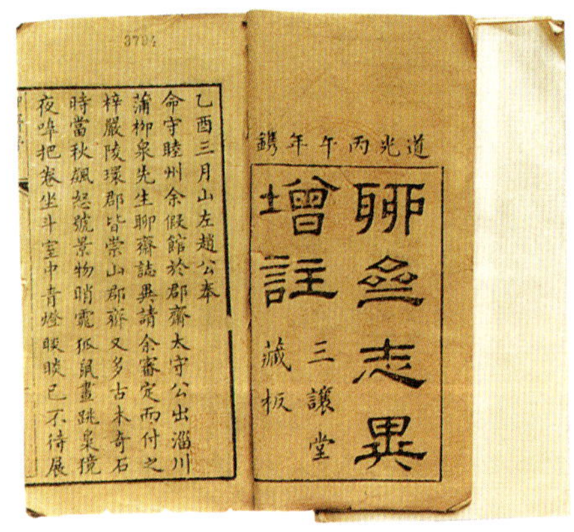

道光丙午年鐫

聊齋志異增註

三讓堂藏板

乙酉三月山左趙公奉
命守睦州余假館於郡齋太守公出淄川
蒲柳泉先生聊齋誌異請余審定而付之
梓嚴陵環郡皆崇山邱壑又多古木奇石
時當秋飆怒號景物晦冥狐鼠晝跳梟鏡
夜嗥把卷坐斗室中青燈睒睒已不待展

《聊斋志异增注》，三让堂藏版。新城王士正评，文登吕湛恩注。清道光丙午年（1846年）镌

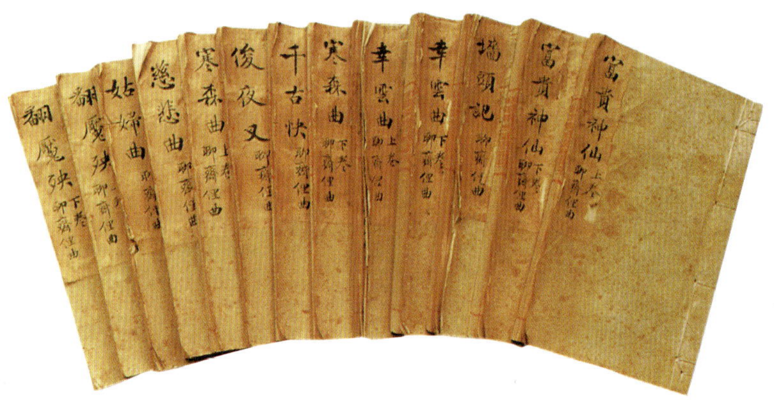

聊斋俚曲旧抄本

《详注聊斋志异图咏》，文登吕湛恩注，知不足斋上石摹印。清光绪十四年（1888年）孟春

《异史》（《聊斋志异》）抄本

《加批增注聊斋志异》，文登吕湛恩注。聊城有益堂清光绪辛卯年（1891年）出版

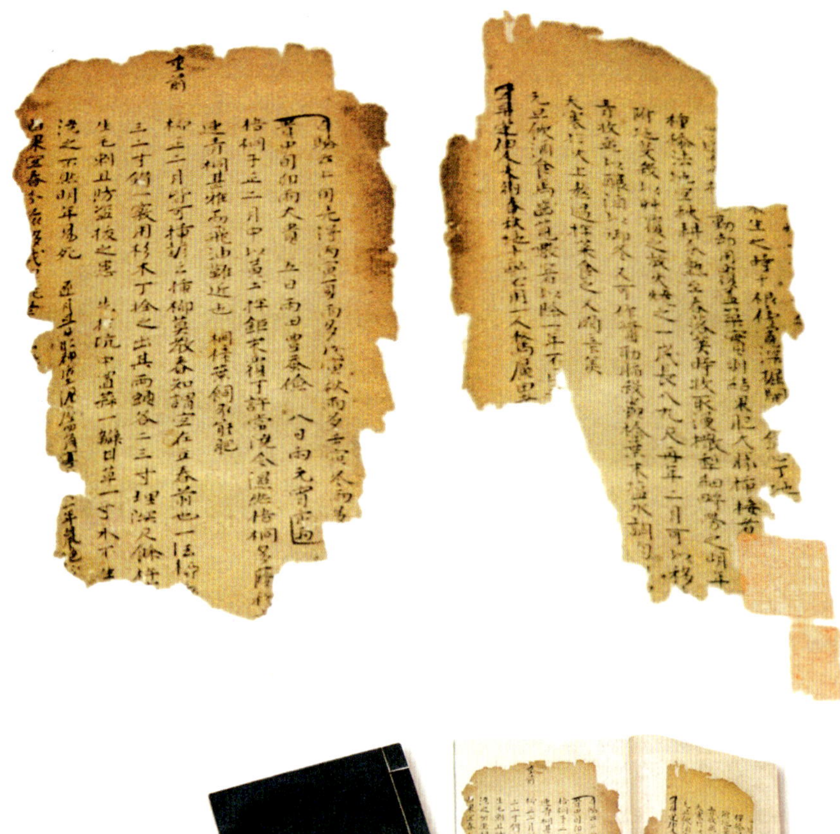

蒲松龄杂著手稿

英文版《聊斋志异选集》，
希伯尔特·阿格里斯1880年出版

部分外文译本

蒲姓始祖墓碑

蒲氏家祠

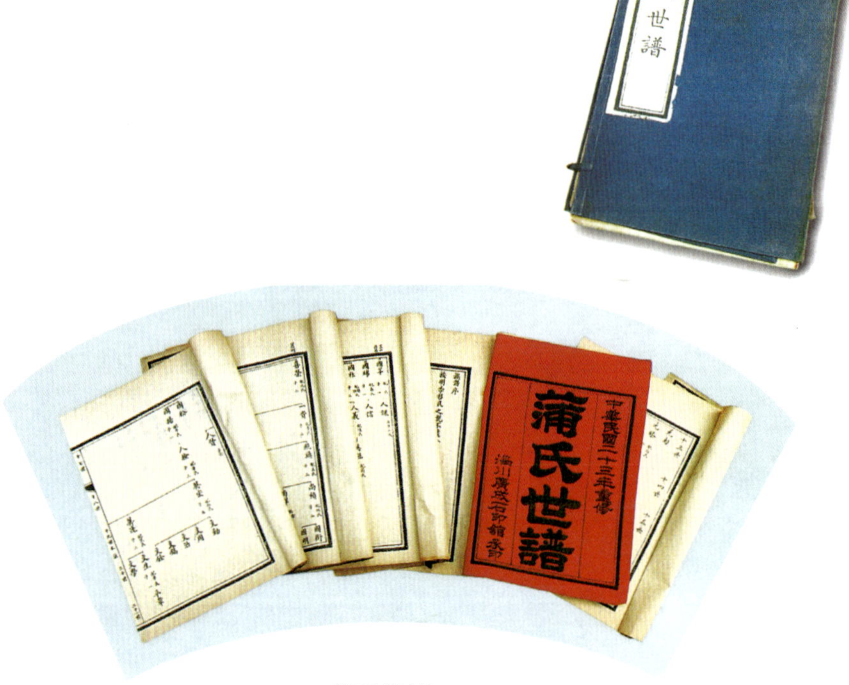

蒲氏世谱

陪葬品

印章及印文

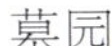

墓园

墓表

1962年12月，著名画家丰子恺作

1979年3月，版画家、美术理论家李桦作

1979年7月，中央美术学院教授尹瘦石作

1982年12月，上海交通大学教授戴敦邦作

1983年5月，画家吴敦木作

1984年8月，画家黄胄作

1986年9月，画家张德育作

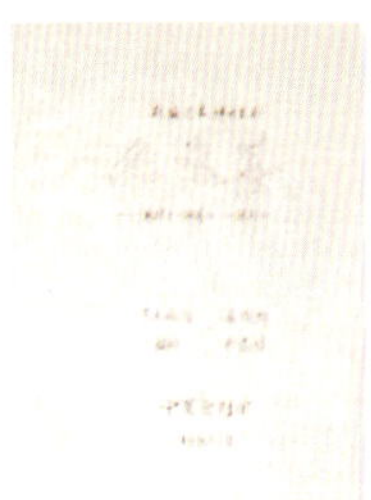

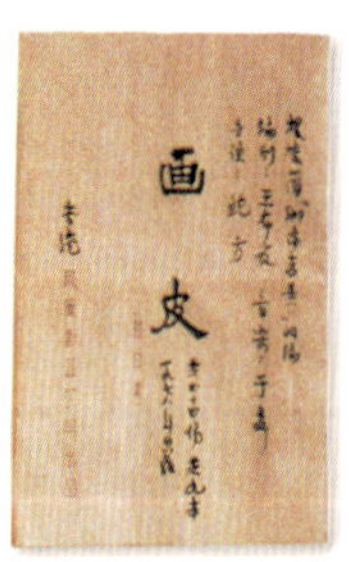

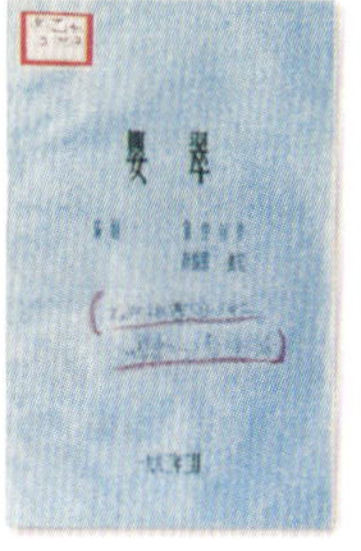

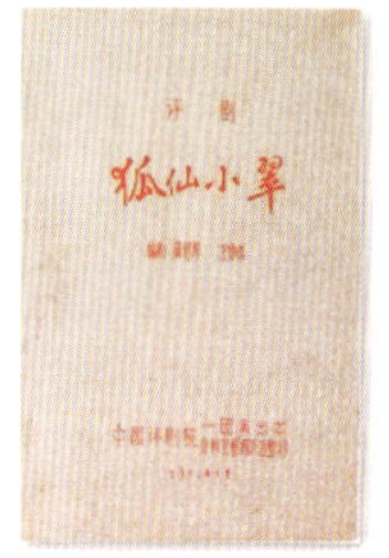

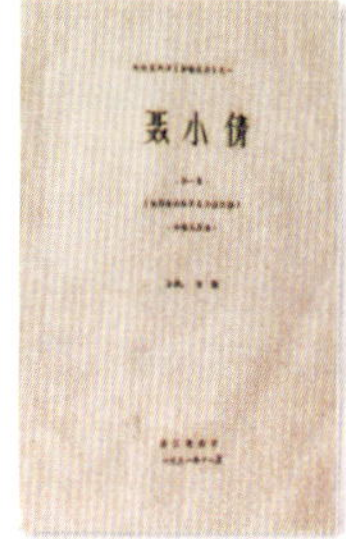

聊斋影视剧剧本

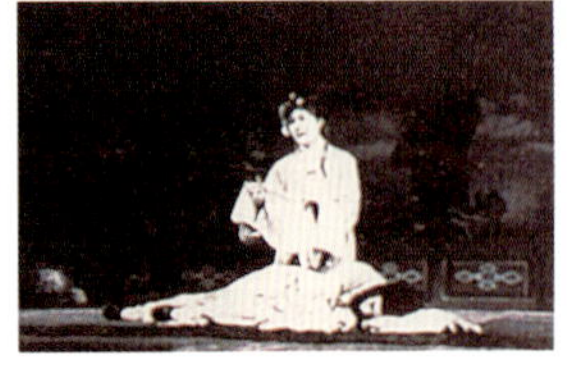

聊斋影视剧剧照

《聊斋志异》邮票

设计/陈全胜

第 一 组

劳山道士

婴宁

阿宝

画皮

偷桃

第 二 组

席方平

翩翩

田七郎

白秋练

齐鲁诸子名家志

总　序

齐鲁，山东古国名，世称山东为齐鲁文明礼仪之邦，历史悠久，文化灿烂，名人名家辈出，他们在政治、经济、军事、思想、文化等多个领域都作出了重大贡献，其思想、言行和业绩对中国乃至世界都产生了广泛而深远的影响，已成为全人类共同的精神财富。

山东人民出版社出版的《齐鲁诸子名家志》丛书，共20卷，收集了山东历史上28位最杰出的代表人物的生平、业绩、影响和后人的研究状况。这套丛书的出版，将进一步推动对齐鲁文化的研究，更加全面地继承和弘扬中国优秀传统文化，为社会主义和谐社会建设服务。同时，也有利于人们更加全面地了解和深入认识山东的历史和文化，激励人们热爱山东，建设山东，进一步扩大山东在国内及海外的影响。

《齐鲁诸子名家志》所收录的人物均为中国历史上著名的思想家、政治家、军事家、科学家、发明家、文学家和艺术家。他们是：姜尚、管仲、晏婴、司马穰苴、孔子、曾参、孙武、吴起、墨子、孟子、孙膑、扁鹊、徐福、淳于意(仓公)、郑玄、诸葛亮、王叔和、王羲之、王献之、刘勰、贾思勰、颜真卿、李清照、辛弃疾、戚继光、王士

禛、蒲松龄、孔尚任。

姜尚，字子牙，世称姜太公，曾辅佐周武王灭商，因大功封于齐，为齐国开创者。他在齐国除继承周的“重农”传统外，又“通商工之业，便渔盐之利”，“尊贤而尚功”，于是“人民多归齐，齐为大国”，奠定了日后齐国东方霸主的地位。

管仲，春秋时期著名政治家，齐国相。他在齐国执政40余年，审时度势、因地制宜，改革政治、经济、军事制度，收到富国强兵的效果。在他辅佐下，齐桓公首建霸业。

晏婴，春秋时期著名政治家、思想家。他在齐国参政50余年，以节俭力行名重于齐。他能礼贤下士，改良政治，省刑薄敛；并且能言善辩，巧于辞令，出使楚国不辱使命。他提出重人事而远鬼神、和而不同的对立统一思想，继承发展了古代朴素的唯物辩证法。

司马穰苴，春秋时期著名军事家，齐国大夫。他的《司马穰苴兵法》以“仁、义、礼、让”为本，论述了军事制度和作战指挥的经验，是我国早期著名兵法之一。

孔子，春秋时期伟大的思想家、教育家，儒家学派的创始人，后世尊为“至圣”。他继承了中国古代优秀的思想文化传统，建立了一个“以仁为中心内容、以礼为表现形式、以中庸为思想方法、以大同为远大理想”的思想体系。他的思想不仅支配了封建时代的中国，而且也给予东亚乃至全世界以重大影响，其中某些思想在今天仍有其积极的现实意义。《论语》一书是现存的研究孔子思想学说的主要依据。

曾参，孔子弟子。他倡导“忠恕”、“孝道”，注重自身修养，一生不懈地实践孔子学说，著有《孝经》和《大学》，是孔子思想的重要继承者之一，被后人尊为“宗圣”。

孙武，春秋时期伟大的军事家，后人尊为“兵圣”。所著《孙子兵法》是我国最早最杰出的兵书，后人称为“兵学圣典”。书中对战略战术、军队指挥与作战、战争规律和战争观都提出了精辟见解，闪耀着哲理和智慧的光辉。不仅在世界军事史上享有崇高的地位，而且在其他领域也受到重视并得到推广与应用。

吴起，战国时期著名军事家。他曾在楚国实行变法，“明法审令”、“废公族疏远者”、“捐不急之官”，堵塞私门请托，加强军队建设，使楚国富强。著有《吴子》兵法，是战国时期兵家学派代表作之一。

墨子，战国时期著名思想家、科学家，墨家学派创始人。他以“兴天下之利，除天下之害”为己任，主张兼相爱、交相利，强调非攻，反对战争；强调节俭，反对奢侈；主张尚贤、尚同，反对贵族世袭制，要求提高劳动者地位。其学说在当时思想界影响很大，与儒家并称“显学”。此外，他在自然科学如数学、力学、几何学、光学以及工艺学等方面，也都有很高的成就，后人称为“科圣”。

孟子，战国时期著名思想家、教育家，儒家学派代表人物之一。他将孔子的“仁”发展为仁政，强调“民为贵，社稷次之，君为轻”。他从性善论出发，为仁政学说提供论证。他将儒学理论发展为一个完整的体系，是孔子学说的继承人，对后世有很大影响，被尊为“亚圣”。

孙膑，战国时期杰出的军事家，兵家代表人物之一。他在齐魏战争中指挥齐军取得著名的桂陵之战与马陵之战的胜利。他

的《孙膑兵法》继承发展了孙武的军事思想，重视战争客观规律，主张“内得民心，外知敌情”，强调战法创新，出奇制胜，赏罚分明，是古代军事学说的重要著作。

扁鹊，战国时期著名医学家。他精通各种医学，反对以巫术治病，采用望、闻、问、切四诊方法诊断疾病，并用针灸、汤药、按摩等方法治病，2000 多年来一直为中医传统的治疗方法。所著有《扁鹊内经》、《扁鹊外经》，是中国早期医学名篇。

徐福，秦代齐方士，是中日韩早期友好交流的先驱者。他率领数千童男女、百工等以为秦始皇求仙名义东渡海外，足迹遍及朝鲜半岛与日本列岛，把先进的中国传统文化和生产技术传入东邻，为朝鲜半岛和日本列岛社会进步作出了重要贡献。

淳于意，西汉著名医学家，曾任齐太仓令，故又称仓公。他能辨证审脉，治病灵验。《史记》载其 25 例治病医案，称为“诊籍”，是我国现存最早的病史记录。

郑玄，东汉著名经学家。他数十年潜心研究经学，成为古文经学派集大成者。他遍注群经，杂糅今古文经学，自成一家，号称“郑学”，对后世经学影响极大。

诸葛亮，三国时期杰出的政治家、军事家。他协助刘备，建立了蜀汉政权，与曹操、孙权形成三国鼎立局面。他在执政期间，实行法治，赏罚分明，抑制豪强，任人唯贤。对西南各族安抚和好，促进边疆开发。他善计谋、通兵法、多巧思，被后人推崇为智慧与谋略的化身。

王叔和，魏晋时期著名医学家，所著《脉经》是我国历史上第一部系统的脉学著作，从理论上分析了生理、病理变化和疾病的关系，便利了临床治疗，其“寸关尺三部切脉法”，至今仍被中医广泛使用。

王羲之，东晋著名书法家，他的书法博采众长，自成一体，草、隶、正、行皆精，尤擅长正书、行书，其书法“飘若浮云，矫若惊龙”，“为古今之冠”，有“书圣”之称，其代表作有《兰亭序》、《丧乱帖》等。

王献之，东晋著名书法家，王羲之之子。他的书法汇集各派之长，尤擅行草，与其父共称“二王”。其代表作有《洛神赋十三行》、《鸭头丸帖》等。

刘勰，南朝齐梁时著名文艺理论批评家。他撰写的《文心雕龙》是我国历史上第一部文学评论巨著，对有史以来各种体裁文章与作家进行了分析研究，阐述了文学创作的规律和文学批评的标准，对后来的文学评论有重大影响。

贾思勰，北魏著名农业科学家。他的农学名著《齐民要术》系统总结前人农业生产和农学成就，如栽培耕作、畜牧兽医、食品加工等，是我国现存最早的一部完整农书，对后世农学有很大影响。

颜真卿，唐代书法家。他在平定安史之乱中立有大功，被封为鲁郡公。他的书法端庄雄伟，气势恢宏，开创了我国古代书法新风格，人称“颜体”，有多种墨迹、碑文流传，对后世有很大影响。

李清照，南宋著名文学家、词人。她的词作语言清丽，重视音律典雅，前期多写闲情逸致，风光景物，后期感叹身世，怀念故国，为婉约派代表，有《漱玉集》。

辛弃疾，南宋著名爱国词人。一生以抗金收复失地为志，并积极投入抗金斗争。他的词豪情奔放、壮怀激烈，为豪放派代表，著有《稼轩长短句》。

戚继光，明代著名军事家，抗倭民族英雄。他率领戚家军与倭寇数百战，为彻底平定倭乱、保卫人民群众生命财产安全，作出了巨大贡献。其后防守蓟门，使北部边疆安然无事。他的军事著作《纪效新书》、《练兵实纪》是中国古代军事理论史上的重要文献。

王士禛，清代著名文学家、诗人，官至刑部尚书。他为官清正廉洁，多有政绩，以诗文蜚声文坛。他的诗清新蕴藉，刻画工整，首创神韵诗派。又善古文、工词。门生众多，著作宏富，多达500余种，近人编有《王士禛全集》。

蒲松龄，清代著名文学家。他一生怀才不遇，经历坎坷，对政治腐败、社会黑暗有深刻认识，为文学创作提供了有利条件。他一生著述丰富。其代表作《聊斋志异》，为文言文短篇小说集，借写鬼狐花妖，奇人异事，广泛而深刻地影射并抨击现实社会，成为中国历史上有代表性的文学名著，现已有20多种外文译本，流传世界各地。

孔尚任，清代著名戏剧家。他为官多年，对当时官场黑暗和民众疾苦有清醒认识，对南明灭亡有切身感受。他历经10余年，完成揭示南明灭亡的历史悲剧《桃花扇》。上演后，轰动京城，誉满文坛。另有多部诗文集问世。

本丛书所收录的28位齐鲁历史名人，都是他们那个时代的顶尖人物，代表了他们生活的那个时代最先进的思想文化、科学技术和文学艺术。他们为丰富、发展和创造光辉灿烂的齐鲁文化与中华文明都作出了突出的贡献。“见贤思齐”,齐鲁先贤们的思想和精神至今仍有其超时空的普世价值。这里我只想说明几点:

一是这些齐鲁先贤都是爱国主义的杰出代表人物。他们热爱自己的祖国,“忧患不忘国”,“苟利国家,不求富贵”,用毕生的智慧和能力报效祖国。有的为了国家富强而锐意改革,甚至不惜献出自己的生命;有的尽忠报国,“鞠躬尽瘁,死而后已”;有的为了保卫祖国,终生奋战沙场,“封侯非吾意,但愿海波平”。这些都表达了齐鲁先贤的爱国情怀,是永远值得后人学习和纪念的。

二是他们都十分关注民生,关注民间疾苦;反对战乱,反对苛政;主张社会公平,追求社会和谐。如“仁者爱人”,“己欲立而立人,己欲达而达人”,“摩顶放踵,利于天下”的博爱思想;“乐民之乐者,民亦乐其乐;忧民之忧者,民亦忧其忧”的民本思想;以和为贵,和而不同的辩证思想;“天下为公”与“大同”、“小康”的社会理想等等。这些思想影响深远,对于我们今天建设社会主义和谐社会仍有着现实意义。

三是他们对自己所从事的事业都有执著的追求和创新精神,“苟日新,日日新,又日新”。如上述的一些科学家、文学家和艺术家,他们大都历经人生几十年的坎坷,上下求索,排除困难,不断创新,在各自研究的领域,终于登上了一个又一个高峰,在思想文化史上留下了光辉的篇章。这种精神是永远值得后人学习与发扬光大的。

四是他们都重视自身的思想修养,追求道德的最高境界。如“富贵不能淫,贫贱不能移,威武不能屈”的高尚气节,惩恶扬善、

见利思义、恪守诚信的社会美德,“海纳百川、有容乃大”的兼容并包的开放意识和博大胸怀等等。这种品格也是永远值得后人崇敬和学习的。

古人云:“金无足赤,人无完人。”上述齐鲁先贤虽然各自成家,彪炳史册,但却并不一定都是完人。他们如同一方方光华夺目的美玉,由于历史的局限,也不免有其微瑕。这和从整体上看待中国传统文化是一样的。还是那句老话:“取其精华,去其糟粕”,我们对待齐鲁先贤也应取这样的态度。

盛世修史,继往开来。上世纪末,我们省、地、市、县都先后编辑出版了一批大型地方史志,对于存史、资政、育人都起到很重要的作用。但由于时间上限截自1840年鸦片战争以后,这样山东古代的先贤圣哲、名家名人以及优秀的传统文化基本上付之阙如。《齐鲁诸子名家志》的编辑出版,弥补了这一重大空白,其学术价值和现实意义是不言而喻的。

最后,请允许我代表广大读者,感谢各位主编、作者和编辑同志为此丛书付出的辛勤劳动,感谢山东人民出版社和山东省地方史志办公室为我们编辑出版了一套高质量、高品位的好书。祝愿这套丛书在社会主义政治文明、物质文明、精神文明、社会文明的建设中能起到应有的作用。同时,也希望总结经验,再接再厉,编撰出版更好更多的名人名家志书。

是为序。

安作璋

2009年3月于山东师范大学

编纂说明

一、本志编纂以辩证唯物主义和历史唯物主义为指导，全面真实地记述蒲松龄的生平、著作及其影响。特别是其代表作《聊斋志异》，从题材来源到作品内涵、版本流变及国内外影响均予以记述。

二、本志设家世、生平，《聊斋志异》，诗文、俚曲、杂著，研究、影响，遗存、遗迹，现代纪念物诸篇，力求图文并茂。

三、本志上限始于明崇祯十三年(1640 年)，适当追溯其家世，下限为 2008 年。

四、本志所用资料大部分采用已出版的学术研究论著，部分属撰稿人新的研究成果。引文均注明出处。

五、本志纪年，中华民国成立以前采用历史纪年，括注公元纪年；从中华民国元年始，采用公元纪年。

目　录

第二篇　《聊斋志异》

第三篇　诗文　俚曲　杂著

第四篇　研究　影响

第五篇　遗存　遗迹

第六篇　现代纪念物

概　述

蒲松龄(1640—1715) ,字留仙,一字剑臣,别号柳泉,亦称柳泉居士,山东省淄川县(今淄博市淄川区)人。清代杰出文学家,饮誉世界的优秀短篇小说家。

蒲氏自明代初年,世居淄川城东满井庄,后以族姓日蕃,别姓绝少,改名蒲家庄。蒲氏虽非名门望族,但多读书,获科举功名者代不乏人。蒲松龄的父亲名槃,幼习举子业,乡里称博学洽闻,科举不利,弃儒经商,饶有盈余,"称素封",待经过明清之际的战乱,加以子女较多,食指日繁,家道遂衰落。蒲槃无力延师,躬自教子。蒲松

山东淄博蒲松龄故居正房

龄天资聪慧，勤于攻读，文思敏捷，深为父亲钟爱。他 19 岁初应童子试，以县、府、道三试第一，考中秀才，受到身为山东学政的著名文学家施闰章的奖誉，“文名藉藉诸生间”。然此后屡应乡试不中，他在科举路上挣扎了大半生，直到年逾古稀，方才援例考得了一个岁贡生的科名，不数年也就与世长辞。

蒲松龄一生位卑家贫。他 25 岁前后与兄弟析居，只分得几亩薄田和三间农场老屋。他志在博得一第，锐意攻读，喜与同辈研讨制艺，联吟倡酬，无暇顾及家计，子女接连降生，生活就更加艰窘。31 岁时，曾应聘南游做幕，到做江苏宝应县令的同乡孙蕙的衙门里帮办文牍。他甚不甘心长期屈沉下僚，只一年便辞幕返家。此后数年，他辗转于本县缙绅之家，或做童蒙师，或代抄文稿，以养家糊口。康熙十八年（1679 年），他进入本县西铺村毕家坐馆。毕家在明末曾显赫一时，馆东毕际有的父亲毕自巖官至户部尚书，八叔毕自肃官至佥都御史，巡抚辽东。入清，毕家虽大不如前，架子却未倒，毕际有曾任南通州知州，现已罢职归田，成为一大乡绅。蒲松龄在毕家一方面教毕际有的几个孙子读书，一方面是代馆东写书札，应酬贺吊往来。蒲松龄诗文俱佳，毕际有一派风雅名士气度，宾主相处十分融洽。在毕家，蒲松龄生活安适，很受馆东的礼遇，有东家丰富的藏书可读，还可以继续写其《聊斋志异》，按期去济南应试。所以，他尽管时有寄人篱下之感，为不得居家躬自教子读书之叹，但也别无更好处境，何况与东家有了友情，乃至感到“居斋信有家庭乐”（《赠毕子韦仲》）。如此，他在毕家足足待了 30 个年头，70 岁方才撤帐归家，终其余年。

蒲松龄困于场屋，怀才不遇，大半生在缙绅人家坐馆，生活的主要内容是读书、教书、著书，可谓封建时代一位标准的穷书生。这种身世地位，使他一生徘徊于两个世界之间：一方面，他虽非农家子，但家境贫寒，一度径直是贫窭大众的一员，经受过生活的困苦和科举失意的折磨，也受过催租吏的逼迫、恫吓，没有进入仕途，也就始终未同灾难深重的平民百姓隔绝开来。另一方面，他长期与科举中人交往，特别是进入毕家之后，经常接触当地的缙绅名流、地方官员，赢得他们的青睐，待之以礼，乃至承山东按察使喻成龙慕名相邀，做了一次臬台署中座上客，更为荣幸的是还曾结识了朝廷高官兼诗坛领袖的王士禛，并有20余年的文字之交。

这种处境决定了蒲松龄一生的文学生涯，也是摇摆于传统的雅文学和民间的俗文学之间。他生长于农村，幼年受过乡村农民文化的熏陶，会唱俗曲，也曾自撰新词，只是近世传抄的“聊斋小曲”已不辨真伪。他身为文士，以能文为乡里称道。所写文章多是骈散结合，文采斐然，惜乎多是代人歌哭的应酬文字，只有几篇赋事状物的四六文，才是属于他自己的文学作品，被辞赋史家推为清初辞赋之能手。他也曾染指于词，作品较少，显然是一时之兴致或交往之所需，方才偶尔操笔。诗作甚丰。他进学伊始，意气风发，曾与学友张笃庆等人结为“郢中社”，“以宴集之馀晷，作

山东淄博蒲松龄雕像

寄兴之生涯”。(《郢中社序》)然社集倡酬不存,存诗起自康熙九年(1670 年)秋南游登程经青石关之作，最后一首为康熙五十三年(1714 年)除夕所作绝句,距其寿终才 22 日,凡千余首,可谓终身不废吟咏。其诗如其人,大抵皆率性抒发,质朴平实,熨帖自然,可见其平生苦乐辛酸,其中颇多伤时讥世之作,有讥刺地方大员匿灾不报、为接驾耗费巨赀而滥征“羡金”者,伉直之性,磊落之气,寓于其中。他身为塾师,中年曾写过《省身语录》、《怀刑录》等教人修身齐家的书,晚年《聊斋志异》基本辍笔,更转而热心为民众写作:一方面用当地民间曲调和方言土语,创作出《妇姑曲》、《翻魇殃》、《禳妒咒》、《墙头记》等反映家庭伦理问题的俚曲,寓教于乐;另一方面又为方便民众识字、种田、养蚕、医病,编写了《日用俗字》、《历字文》、《农桑经》、《药祟书》等文化、技术普及读物。

蒲松龄自谓“喜人谈鬼”,“雅爱搜神”。有文献表明他从青年时期便热衷记述奇闻逸事,写作狐鬼故事。对一位志在入仕的秀才来说,这未免是不务正业,“可怜无补费精神”。为此,他曾受到友好的劝阻、不友好的讥讽。40 岁时,他将已做成的篇章结集成册,定名为《聊斋志异》,并且撰写了情辞凄婉、意蕴深沉的序文——《聊斋自志》,自述写作的苦衷,期待为人理解。他没有屈从社会的偏见,此后仍然执著地写作，直到年逾花甲,方才逐渐搁笔。《聊斋志异》共计 490 余篇,是他在大半生的时间里陆续创作出来的。

蒲松龄作《聊斋志异》,承袭了六朝志怪小说和唐人传奇的衣钵,但在观念和作法上却有了质的飞跃。六朝人记叙怪异之事,是信其为实有,“明神道之不诬”；唐人写怪异故事是“假幻设以自见”,重在构想之幻、情节之奇,而少现实内容和意蕴。蒲松龄摆脱了“明神道”的观念,以生活经验理性,驾驭六朝志怪小说和后来渗入民间宗教信仰中的神秘意识，诸如人死为鬼，幽明相通；物老成精，能化人形；得道成仙、为神，能给人以祸福等，进行文学创作，虚构出诡谲瑰丽的故事，来针砭现实，抒发忧愤，表达个人的感受、经验和情趣，寄托精神上的追求、向往。这样，原来六朝志怪小说和渗入民间宗教信仰中的神秘意识及其思维模式，也就转化为文学幻想的审美方式和表现方法，狐鬼花妖精魅不再是迷信意识中的神秘现象，而成为蒲松龄假幻想创造的文学意象，神仙也不再是宗教意识中不可亵渎的崇拜对象，而成为观照人间官僚或某类人的文学形象，多半寓批判之意。《聊斋志异》之所以超越以前的志怪传奇小说，成为这一类小说中最杰出的文学名著，根本原因就在于将宗教迷信意识转化为文学的审美方式。

《聊斋志异》，凡 490 余篇，内容相当复杂，创作手法不一，思想和艺术都是极不平衡的，可以说优劣并存。但是，就主导方面说，多数篇章是发自真实的感受，反映了社会问题，具有一定的现实意义。大体上有以下几类：一、揭露官府黑暗，官贪吏虐，鱼肉百姓，官军大肆掳掠，滥杀无辜；二、鞭挞豪绅为富不仁，凌辱良善小民；三、讥讽科场考官昏庸，黜佳士而进庸劣；四、嘲谑炎凉世态、浇薄风俗；五、体现人生经验哲理，赞美爱情自由、婚姻自主，寄托理想追求。在志怪类小说的艺术方面，《聊斋志异》也有很多创新，充分发挥了真幻相生、虚实互渗的艺术潜力，呈现出情节结构模式的多样化。有的以情节曲折取胜，极尽起伏跌宕之能事，有的不以故事取胜，或重在刻画人物性格，或重在叙写一个内蕴深沉的场面，或重在营造情景交融的意境。在叙事中，虽然基本上采用全知观点，但却多用虚笔、伏笔，制造悬念，甚至含糊其辞，造成一种扑朔迷离的情趣，增强了小说的艺术魅力。许多篇章的花妖狐鬼不仅多具人

情，而且富有诗人气质，以诗句表情达意，有的故事的构成便含有诗歌意蕴，有的景物描写极富诗情画意，再加上叙述语言雅洁隽永，《聊斋志异》便呈现出浓淡不同的诗化倾向。蒲松龄堪称是中国古代文言小说创作之圣手。

蒲松龄生前，《聊斋志异》已引起周边人们的兴趣，竞相传抄。《聊斋志异》刊行后，遂风行天下。在其后一个时期里，仿效之作丛出，造成了志怪传奇类小说的再度繁荣。20世纪以来，不仅《聊斋志异》仍为人爱读，而且其中许多篇章不断被改编为戏曲、电影、电视剧，影响是深远的。《聊斋志异》还很早便走向了世界，现在已有日、美、法、德、意、俄、越南、捷克、罗马尼亚、波兰、西班牙等近20余种语言的译本，流传于世界各地。

蒲松龄为中国、为世界创造了宝贵的精神财富。他和《聊斋志异》都是不朽的。

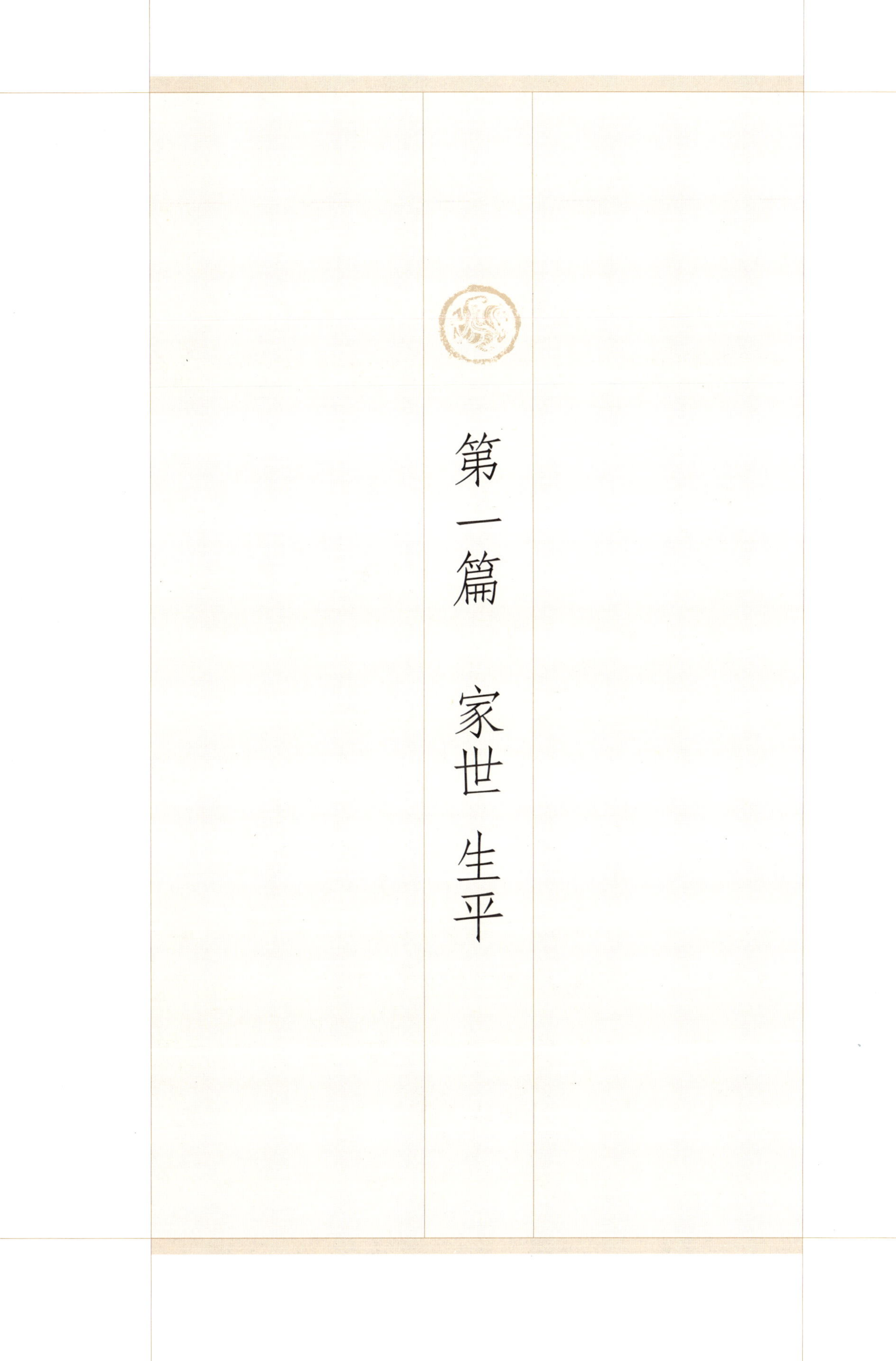

第一篇　家世　生平

淄川蒲氏，其远祖蒲鲁浑、蒲居仁曾先后任元代般阳路总管，墓在城西北店子村西。宁顺间[1]因遭夷族之祸，只遗藐孤，藏匿于外祖杨家，遂从母姓，至明洪武间始复姓蒲，名璋，即族人所称始祖者。其后子孙繁衍，为邑中望族。

蒲松龄高祖世广，邑廪生；曾祖继芳，邑庠生；祖生汭；父槃，操童子业不售，遂弃学经商，亲自教子。

蒲松龄幼聪慧，经史过目辄了，18岁娶同邑庠生刘国鼎次女为妻，翌年入泮。20岁与同窗挚友张笃庆等结"郢中社"，时相唱和。25岁假馆于李尧臣家苦读数年。31岁应同邑进士、江苏宝应县令孙蕙之邀，南游做幕宾近一年。归里屡设帐缙绅之家，后在同邑西铺村毕际有家为西宾30年之久。其间，虽多次应乡试，然困于棘围，终未中举。72岁始援例为岁贡生，得一"候选儒学训导"之虚衔。其半生清贫，至晚年家境稍裕。然因妻子刘氏突然病故，遂郁郁寡欢，仅隔年余，便随之而逝。旧志称其"性厚朴，笃交游，重名义"，而孤介峭直，尤不能与时相俯仰。所著有诗词、文赋、杂著、俚曲、戏等，其文言小说《聊斋志异》尤脍炙人口，广为流传。

[1] 指元朝宁宗、顺帝交替期间。其时，元明宗、文宗两帝系争夺皇帝位，斗争非常激烈残酷。

第一章　家　世

第一节　蒲氏远祖

据淄川《蒲氏族谱》记载，“蒲氏之世居淄土，自元始也”[1]。

淄川蒲氏远祖蒲鲁浑、蒲居仁，并为元代般阳路总管，名载清康熙朝所修邑乘秩官表，但无任职年代。蒲松龄称其“祖墓在邑西招村之北，内有谕葬二：一讳鲁浑，一讳居仁，并为元总管，盖元代受秩不引桑梓嫌也”[2]。

蒲氏“自元代受秩”始迁淄川，其后遂土著焉[3]。至“宁顺间有夷族之祸，刑戮之馀，止遗藐孤，时方六七岁，匿于外祖家，外祖姓杨氏，居村北之杨家庄，遂从母姓为杨。元鼎既革，始复旧姓”[4]。

蒲姓始祖墓碑

蒲氏远祖墓园在城西北郊五里（即今黄家铺镇店子村西）苗圃内，至20世纪50年代，华

①清雍正十一年（1733年），蒲立德撰《重修族谱序》。
②清康熙二十七年（1688年），蒲松龄撰《族谱引》。
③清道光二十七年（1847年），蒲尚荣撰《重修族谱序》。
④蒲松龄撰《蒲氏族谱·始祖蒲璋小传》。

表翁仲,蔚然尚存,村人俗呼之为“石人坡”。店子村旧称高家店子,最初称蒲家庄。据《高氏族谱》记载,其族原籍河南,“元顺帝间以军厅篮仕济南”,“元废”后落籍淄川。“相传其时与蒲姓契结同心,订金兰之好,彼遂以庄赠焉”[1]。蒲祖墓园后毁,封土亦被平,但墓尚未挖掘。[2]蒲鲁浑墓碑被当做桥板,置于招村庄东水渠上,今已被移至蒲松龄墓园内。该碑系清末四川进士蒲殿俊(淄川蒲氏迁吴桥一支后裔)[3]民国间与蒲氏阖族所立。正面中为大字“元代般阳路总管蒲鲁浑之墓”,左下小字双行“后生殿俊敬书”与“后裔合族公建”,右为“中华十二年癸亥谷旦立”,两边刻有“德行科从孝弟演起,文明世自礼让油生”对联,还刻有墓园四至范围。是迄今所见蒲氏远祖墓园地表遗存物中唯一有记载的物证。

由于淄川蒲氏远祖系自元代受秩始迁般阳,而其原籍何处无征,且宁顺间所遭夷族之祸原因不明,加之蒲鲁浑、蒲居仁般阳路总管身份及“鲁浑”之名不类汉人等,给后世留下诸多难解之谜。目前学术界争论最大的是其民族成分问题,多说并存,有蒙古、女真、回、汉四种民族说,至今未能定论。

持蒙古族说者的依据,是蒲鲁浑的名字完全像蒙古族人的汉译名,且官任元代总管职,因而《蒙古族简史》将蒲松龄列为“蒙古族文学家”[4]。

持女真族说者认为,“蒲鲁浑”是金女真族习用的名字,并非姓蒲名鲁浑,例见《金史》卷八十《乌延蒲卢浑传》,卷九十四《蒲察通传》称:“蒲察通本名蒲鲁浑”,且《元史》卷六“世祖本纪三”称:“〔至元二年二月〕甲子,以蒙古人充各路达鲁花赤,汉人充总管,回回人充同知。永为定制。”可证任总管者必为汉人,而汉人不等于汉族,还包括原属金统治下汉族、女真族、契丹等民族,“蒲鲁浑、蒲居仁

[1] 淄川区地名志办公室撰《淄川区地名志·店子村》。

[2] 新修《淄川区志·蒲鲁浑墓》。

[3] 蒲殿俊(1875—1935),字伯英,四川广安人,光绪进士,后留学日本,主张君主立宪。曾创办《蜀报》,领导四川保路运动,自任“大汉四川军政府”都督。后至北京创办并主持《晨报》,曾任段祺瑞政府(第二次组阁)内务部次长。详见江西人民出版社1982年版《中国历代名人辞典》第586页。

[4] 《蒙古族简史》,内蒙古人民出版社1977年版,第79页。

最大的可能是当时汉人中的女真族”[1]。

持回族说者依据颇多，一是宋代移居中国的西亚、北非以及南亚的穆斯林多以“蒲”为姓(见《宋史》、《程史》等)。二是蒲鲁浑为阿拉伯人名之汉译,《古兰经》第111章中即有此人名(穆罕默德的叔父),是不鲁罕、白儿罕、不儿罕、包尔汉等同名不同汉文译法。三是蒲居仁乃汉化后的西域回族人名,《八闽通志》卷二十七记载蒲居仁曾于元泰定年间(1324—1327年)官福建等处都转运盐使司(正三品),主盐铁酒专卖和管理市舶,此职多以回族人为之。《泉州府志》卷七十五《拾遗上》载宋代西域移民蒲开宗之子蒲寿庚与兄蒲寿宬平海寇有功,累官福建安抚沿海都制置使,景炎年授福建广东招抚使,总海舶。后因助元灭宋,蒲寿庚“进昭勇大将军、闽广都提举福建广东市舶事,改镇国上将军,参知政事”,并“官诸子若孙,多至显达”。日人桑原骘藏著《蒲寿庚考》谓蒲居仁或系寿庚之孙。四是元明之际蒙古、色目人曾遭屠戮,福建蒲氏遭际更惨。《蒲姓族谱·小宗谱》记明初其族“惨遭兵燹、流离失所、靡有孑遗”,唯有翰林院编修蒲诚斋(十一世)“解组潜踪,改从母姓杨氏,得以图存,是为继绝开基始祖也”。而淄川蒲氏亦遭夷族之祸,两地蒲氏遭遇、流变相似,且《蒲姓族谱》云:“世秉清真教,天下蒲姓皆一脉。”五是蒲松龄谓其族为“般阳土著”,是以蒲鲁浑、蒲居仁官般阳路总管并卒葬般阳为依据的，符合回族人以先人移居地确定家族籍贯的常例。六是元明之际回族人被迫隐瞒民族成分而改俗,淄川蒲氏族人无回族人习俗系其明代祖先变俗结果。[2]

持汉族说者,则以蒲松龄康熙二十七年(1688年)亲自纂修的《蒲氏族谱》中所云“吾族为般阳土著”及“盖元代受秩不引桑梓嫌”为据,认定“蒲姓祖先是般阳(淄川)土著,连蒲鲁浑和蒲居仁也

❶苏兴:《蒲松龄的远祖约是女真族》,载《蒲松龄研究集刊》第三辑;苏兴:《蒲松龄的远祖约是女真族补证》,载《蒲松龄研究》总第5期。
❷白崇人:《蒲松龄为回族人后裔考》,载《蒲松龄研究》总第6期。

是当地人”,故作出了“蒲松龄不是少数民族”之结论。①

而蒲氏族人称其祖茔内埋一石鼓,有“蒙鼓(古)为记”之说。路大荒先生早年调查时亦持蒙古族之说。②

淄川蒲氏远祖究系何种民族,还须继续探讨。

第二节 家庭状况

蒲松龄所撰《族谱引》称其祖为并任般阳路总管的蒲鲁浑与蒲居仁,然因“历年久远,不可稽矣”,故淄川《蒲氏族谱》以蒲璋为始祖,即元宁顺间遭夷族之祸所遗之“藐孤”。

蒲璋于明洪武初年始复蒲姓,由此子孙日繁,所居满井庄因而易名为蒲家庄。至万历间,阖邑诸生食饩者八人,其族即得六。“嗣后科甲相继,虽贵显不及崔、卢,而称望族者,往往指屈之。”③

自蒲璋至蒲松龄历十一世,其世系为:

璋——子忠——整——海——臻——永祥——世广——继芳——生汭——槃——松龄④

蒲松龄为其六世祖永祥所作小传称:“公道德闻望,为一邑所仰重,暮年举耆德于乡,邑侯时就正焉。居第在东街,好倚杖坐门外,过者无不下骑。”

蒲松龄高祖世广,邑廪生,以孙生池贵,赠文林郎,配王氏,子四。少聪颖,才冠当时,好掷钱为六丰之戏,能使所掷六钱不溢一砖,并必得四幕无讹。曾以此绝技大败龙兴寺挂搭僧,为族人蒲节赢回被质田宅,足见其聪明之一斑。蒲世广是族中第一位廪生,其四子中三人为庠生,一人为训导。其后世子孙中在明清两代出了包括县令(三人)及教谕、训导等职的进士、举人、贡生、廪生、庠生共

①蒲松龄纪念馆:《蒲松龄不是少数民族》,载《聊斋拾粹》,山东文艺出版社1990年版。

②见陈祝义:《蒲松龄是哪个民族的作家》,载《聊斋拾粹》,山东文艺出版社1990年版。

③见清康熙二十七年(1688年)蒲松龄撰《族谱引》。

④录自淄川《蒲氏族谱》(配氏、子嗣略)。

数十人之多。以故族谱中其小传后有“蒲氏文学自公始”之语。

从族谱中看，蒲松龄曾祖继芳（行二），仅是位庠生，且无事迹记载。其配赵氏，生五子，第四子生汭即蒲松龄的祖父。

蒲生汭兄弟五人皆无功名，远不如堂兄弟中的生池（续芳子）、生汶（绍芳子）都官至县令。蒲生汭配王氏，生五子，其第三子槃，即蒲松龄的父亲。

蒲槃，字敏吾，配孙氏、董氏、李氏。族谱小传称其“少力学而家苦贫，操童子业，至二十余不得售，遂去而贾，数年间，乡中称为素封”。其经商之余，不忘经史，“博洽淹贯，宿儒不能及也”。其长子早丧，四十余苦无子，过继胞弟柷子兆兴为子。平生所得金钱辄散去，遇灾年，救济乡里，全活颇众。后连生四子：兆专、柏龄、松龄、鹤龄，嫡董氏出者三，庶李氏出者一，松龄系董氏所出之次。[1] 其后，“食指烦，家渐落，不能延师”，惟其自教。四子中“游泮者三人”。“其生平主忠厚，即乡中无赖横逆时加，惟闭门而已。”[2]但值明末战乱时，却“与弟柷擘画守村，条理井井”，且“出钱百贯，会众村南枣树下，悬贯满树”，以使“壮者争出战，淄邑城守倚以为援”。清初屡抗谢迁义军，并“出资助修城垣数十丈”，因而名载县志“隐逸”中。[3]

❶蒲箬撰《清故显考岁进士、候选儒学训导柳泉公行述》，载路大荒整理《蒲松龄集》“参考资料”。
❷《蒲氏族谱·蒲槃小传》。
❸民国版《淄川县志·卷十·三续隐逸》。

第二章 生 平

第一节 少年进学

明崇祯十三年（1640 年）四月十六日夜戌刻，蒲松龄诞生于蒲家庄内故宅北房①，此时其父“梦一病瘠瞿昙偏袒入室，药膏如钱，圆粘乳际”。而蒲松龄身上“果符墨志”，故其以“病瘠瞿昙”降生自况。②

因家境渐落，不能延师，蒲松龄与两兄一弟皆从父读，而其天

山东淄川蒲家庄葵阳门遗址

①《蒲松龄集·诗集·降辰哭母》云：“因言‘庚辰年，岁事似饥荒。儿年于此日，诞汝在北房。’”
②《聊斋自志》语。

性聪慧，经史过目能了，尤得父之钟爱。①

蒲松龄十余岁时，与同邑丰泉乡大刘庄（即今淄川区罗村镇道口村）"文战有声"的庠生刘国鼎之次女定亲。②清顺治十二年（1655年），讹传朝廷将选良家女充掖庭，人情汹动，刘国鼎初不信，后意不敢坚，亦从众送十三岁的次女至蒲家暂居避风，讹言既息，始移归。"又二年，始行御轮之礼。"③

顺治十五年（1658年），新婚后的蒲松龄初应童子试，即以县、府、道三第一补博士弟子员，文名藉藉诸生间。其制艺《早起》、《一勺之多》，大为山东学使施闰章称赏。原批："首艺空中闻异香，百年如有神，将一时富贵丑态，毕露于二字之上，直足以维风移俗。次，观书如月，运笔如风，有掉臂游行之乐。"④

蒲松龄乡试处（济南贡院旧址）

蒲松龄对于山东学使施闰章及淄川县令费祎祉的知遇之恩，终生难忘，后来把他们的事迹都写进了《聊斋志异》中。如《胭脂》篇，即写施闰章复审、明断冤案的故事，篇中称"闻学使施公愚山贤能称最，又有怜才恤士之德"，篇末"异史氏曰"不仅称"人皆服哲人之折狱明，而不知良工之用心苦矣"，而且后附云："愚山先生

①蒲箬：《清故显考岁进士、候选儒学训导柳泉公行述》，《蒲松龄集》附录。
②杨海儒：《蒲松龄生平著述考辨·蒲松龄夫人刘氏家族史料初探》，中国书籍出版社1994年版。
③蒲松龄：《述刘氏行实》。
④据淄川咸丰举人王敬铸手抄《聊斋制艺》。

吾师也。方见知时，余犹童子。窃见其奖进士子，拳拳如恐不尽；小有冤仰，必委曲呵护之，曾不肯作威学校，以媚权要。真宣圣之护法，不止一代宗匠，衡文无屈士已也。而爱才如命，尤非后世学使虚应故事者所及。”以下还记述了某“名士入场作《宝藏兴焉》文，误记‘水下’”，料定被黜，而作戏词；施公阅之，非但未黜，竟作词和之，称其“题目虽差，文字却佳，怎肯放在他人下”，以见施公“风雅之一斑，怜才之一事也”。《折狱》篇的两则故事，皆记费祎祉任职淄川时审断凶杀案的神明[1]。前则末称费“公曰：‘事无难办，要在随处留心耳。’”“异史氏曰”末云：“‘随在留心’之言，可以教天下之宰民社者矣。”后则末称其“事结，并未妄刑一人”。其“异史氏曰”：“我夫子有仁爱名，即此一事，亦以见仁人之用心苦矣。方宰淄时，松裁弱冠，过蒙器许，而驽钝不才，竟以不舞之鹤为羊公辱。是我夫子生平有不哲之一事，则松实贻之也。悲夫！”从中可见蒲松龄对两位“伯乐”的感激之情，更见其歌颂宣扬恩人业绩的良苦用心。

翌年，踌躇满志的蒲松龄与同窗挚友张笃庆（历友）、李尧臣（希梅）、王甡（鹿瞻）等结为郢中社，以风雅道义相劘切。其《郢中社序》云：

谢家嘲风弄月，遂足为学士之章程乎哉？余不谓其然。顾当今以时艺试士，则诗之为物，亦魔道也，分以外者也。然酒茗之燕好，人人有之。而窃见夫酒朋赌社，两两相征逐，笑谑哄堂，遂至如太真终日无鄙语；不则喝雉呼卢，以消永夜，一掷千金，是为豪耳。耗精神于号呼，掷光阴于醉梦，殊可惜也！……因思良朋聚首，不可以清谈了之，约以谦集之馀晷，作寄兴之生涯，聚固不以时限，诗亦不以格拘，成时共载一卷，遂以郢中名社。……此社也，只可有一，不可

[1]《淄川县志·秩官》：“费祎祉，字支峤，鄞县人，进士，顺治十五年任，以罣误去。”

有二，调既不高，和亦云寡，下里巴人，亦可为阳春白雪矣。抑且由此学问可以相长，躁志可以潜消，于文业亦非无补。故弁一言，聊以志吾侪之宴聚，非若世俗知交，以醉饱相酬答云尔。

至康熙改元，蒲松龄始得长子箬。隔年，应李尧臣之邀，就读于李家，曾作《醒轩日课序》以励志。其序云：

李子希梅，与余有范、张之雅。甲辰春，邀我共笔观，余携书而就之，朝分明窗，夜分灯火，期相与以有成。忽忽数载，人事去其半，寒暑去其半，祸患疾疫之杂出者又去其半，回思书之熟肄，艺之构成者，盖寥寥焉。或以是诮余……时赵甥晋石在，假馆同居，谓余曰："请订一籍，日诵一文焉书之，阅一经焉书之，作一艺、仿一帖焉书之，每晨兴而为之标日焉，庶使一日无功，则愧则警，则汗涔涔下也。"余曰："善!"遂集十数业，借晋石籍而授之……

此间，蒲家因婆媳矛盾激化，导致兄弟分居。矛盾起源于婆母董氏称道蒲松龄妻子刘氏人品好，"有赤子之心"，而导致其他儿媳嫉妒与不满，她们"疑姑有偏私，频侦察之"，并结党与婆母吵闹。尽管董氏"素坦白，即庶子亦抚爱如一，无瑕可蹈"，然而她们仍"时以虚舟之触为姑罪，呶呶者竞长舌无已时"。蒲槃无奈曰："此乌可久居哉！"最终决定析箸。分家时，除"授田二十亩"并"莜五斗、粟三斗"外，对于杂器具，妯娌们"皆弃朽败争完好"，而刘氏却"默若痴"。结果"兄弟皆得夏屋，爨舍闲房皆具"，只有"松龄独异，居惟农场老屋三间，旷无四壁，小树丛丛，蓬蒿满之"。分家的不公，特别是蒲松龄岁岁游学在外，加重了刘氏的负担。刘氏亲自"薙荆榛，觅佣作堵，

假伯兄一白板扉”,“聊分外内”。“一庭中触雨潇潇,遇风喁喁,遭雷霆震震谡谡。狼夜入则埘鸡惊鸣,圈豕骇窜。”空旷的庭院中,刘氏仅与箬儿相伴,而儿幼“不知愁,眠早熟”,她只能“绩火荧荧,待曙而已”。为壮胆,她情愿“自减餐留饼饵,媚邻媪,卧以上床,浼作侣”。“虽固贫寂守,然不肯废儿读。”总是一大早便“握发送儿出,又目送之入塾乃返”。[1] 分家后,虽有刘氏的勤俭持家,然因功名未就,蒲松龄已无法再安心在李希梅家借读,大约从康熙六年(1667 年)始,便走上了他的塾师生涯。

第二节 南游做幕

康熙六年(1667 年)春,蒲松龄开始到离家 50 余里的城西王村(今属周村区)设馆教书。后来,随着女儿及次子篪的降生,家庭负担越来越重,加之灾年庄稼歉收,为了全家五口人的生计,也为了开阔眼界,他应同邑进士、江苏宝应县令孙蕙(树百)聘请,于康熙九年(1670 年)秋南下宝应县署做幕宾,帮办文牍。

蒲松龄离家上路,骑马南行,经颜神镇(今属博山区)西南青石关,入莱芜县境,过岩庄,至沂州阻雨,休于旅社。得读刘子敬之中表亲所出同社王子章撰《桑生传》,以此为素材,写成《莲香》篇,收入其《聊斋志异》中。继而进入苏北,渡黄河(清初黄河由苏北入海),最后到达宝应。

宝应县隶属扬州府辖,由于地处淮河下游并临大运河,当水陆之冲,因而迎送过境官员驿站供应繁重;且遇连年水灾,土地村舍俱淹,百姓号寒啼饥,流离失所。孙蕙于康熙八年来到这“冲疲灾邑”任职,“送往来之上官,则贱如声伎”,“受隶卒之呵叱,则辱同奴

[1] 以上皆引自蒲松龄撰《述刘氏行实》,《蒲松龄集·聊斋文集》。

仆”。而面对灾民，“一出则遮道呼号，万难名状”[1]，“且参揭之票，积案如山”[2]。又加初到此处，人地两生，亟盼身边能有贴心的有识之士帮助处理公私事务。蒲松龄的应聘，确实给困境中的孙蕙解了燃眉之急。

在宝应县署，蒲松龄为孙蕙起草的书启文稿，大都被收入《鹤轩笔札》[3]第一、二册中。其中最早一题是康熙九年十月《初二日贺布政司慕》[4]，而实际上另有一题不在此册的《代孙树百迎扬州府贴堂同知柬启》[5]尚更早于前。以此可知，蒲松龄系九月到达宝应。

次年春，孙蕙被调兼署高邮州事，蒲松龄亦随之赴高邮州署。其间代拟文稿，大都收入《鹤轩笔札》第二册中。其末篇实止于《五月十二日上钞关周》。[6]

蒲松龄在宝应、高邮官署中代孙蕙共拟书启、文告等稿90篇。[7]其中绝大多数是写给省、府上司与州、县官员及故旧的书札，内容涉及公务，如河工、赈灾、征粮、驿马，以及喜迎、庆贺与私交请托方方面面；还有少量为宝应县署与高邮州署发布的谕文、呈文，内容涉及救灾劝谕、安民守法、以清盗源、劝民息讼、警励士风、严肃赈

江苏高邮文游台

❶见《蒲松龄集·文集·寄胡伯平（代孙蕙）》。
❷见《蒲松龄集·文集·答李乐陵（代孙蕙）》。
❸“鹤轩”为孙蕙任职宝应官署中斋名。
❹见邹宗良：《蒲松龄的〈鹤轩笔札〉手稿及其佚篇》，载《蒲松龄研究集刊》第四辑。
❺见《蒲松龄集·文集·书启》。
❻《鹤轩笔札》第二册末篇为《高邮驿站》，然其题下注为“四月拟”，而《上钞关周》为五月十二日，显然最晚。
❼《鹤轩笔札》现存80篇，另10篇载《蒲松龄集·文集》。

纪以及请补赈粮、请补驿站等。作品或长或短，大都用语委婉文雅。蒲松龄以孙蕙的名义，说出了下层州县官吏的艰辛、难以强项的处境与灾区的惨状、百姓的困苦，充分体现了他的学识、文采及妙笔，为孙蕙赢得了一定的政声。

蒲松龄不仅是州县官署帮办文牍的幕宾，更是孙蕙的知己、诗友。孙蕙之所以要请蒲松龄来做幕宾，一是两人都曾受知于山东学使施闰章，有同学之谊；二是看中了他的学识、文笔；三是认为蒲松龄重情义且有共同的诗趣。蒲松龄确实没使孙蕙失望。他的《感愤》诗句"尚有孙阳怜瘦骨"，即把孙蕙比作伯乐，视为知己。他同情、理解孙蕙强项难的"牛马吏"处境，在代拟的书启、文告中，大声疾呼，为孙蕙呼难叫苦，以求得上司、同僚的体谅和帮助。从他此时的诗作《闻孙树百以河工忤大僚》、《呈孙树百》、《三月三日呈孙树百，时得大计邸钞》所云："故人憔悴折腰苦，世路风波强项难。吾辈只应焚笔砚，莫将此骨葬江干！""念我不才皆欲杀，怜吾多病已成疏。于今世事难回首，龟策何须更卜居？""但馀白发无公道，只恐东风亦世情。我自蹉跎君偃蹇，两人踪迹可怜生！""时危未许眠高枕，天定何劳避畏途？按剑相逢君莫笑，阳春属和古来孤。"亦可看出他对孙蕙仕途艰难的同情以及鼓励与期望。孙蕙爱诗，作有诗集《笠山诗选》，因而蒲松龄引为同好。他除了经常以诗与孙蕙交流思想外，还在忙完公私事务之余暇，以及二人出行旅途中，时相唱和。甚至以诗直写孙蕙家事及其所好，如《听青霞吟诗》[1]、《又长句》、《舟过柳园，同孙树百赋》、《为友人写梦八十韵》、《与树百论南州山水》、《元宵后与树百赴扬州》、《寿赵夫人》、《树百宴歌妓善琵琶，戏赠》、《戏酬孙树百》、《孙树百先生寿日，观梨园歌舞》、《牧羊辞，呈树百》等诗中，都真实形象地描绘了这方面的内容。由此可见他们之间的友

[1] 青霞即顾青霞，乃孙蕙姬妾。

好密切关系。

南游期间沿途登眺，苏北水乡的秀丽景色，激发了蒲松龄的小说、诗歌创作热情。近一年间，他就写诗一百多首。在这次一生中时间最长的远游中，他也亲眼目睹了仕途险恶及社会的黑暗，既看到州县官吏遭受上官的凌辱而不能强项的委屈，又看到了他们花天酒地、铺张奢侈的另一面，更看到了处于水深火热中的灾民的惨状。这无疑为他日后的《聊斋志异》某些篇章的创作提供了主题和生活素材。

南游期间，蒲松龄的思乡情绪日甚一日，他的《早春》、《登高》、《射阳湖》、《对月寄般阳诸朋旧》、《旅思》、《河堤远眺》、《客署作》、《客斋》、《夜坐有怀郢社诸游好》、《堤上作》等诗，都流露出他的怀乡思归情绪。

这期间，他除了想念家乡的亲人、故旧外，更难忘的是实现自己朝思暮盼的科举梦。而这种代人操笔的幕宾生活，既远离家乡不能与亲人团聚，又于自己的举业无补，徒增无尽的惆怅。他在诗中写道："浪迹十年湖海梦，频教杨柳绾离愁。"（《舟过柳园，同孙树百赋》）"隔年恨别看春树，往事伤心挂晚钟。世事于今如塞马，黄粱何必问遭逢！"（《夜发维扬》）"十年尘土梦，百事与心违。""可叹金城柳，参差已十围！"（《旅思》）"独上长堤望翠微，十年心事计全非。"（《堤上作》）"登高回首浩无涯，又向风尘置岁华。"（《泰山远眺》）[1]"湖海气豪常近世，黄昏梦醒自知非。年年踪迹如萍梗，回首相看心事违。"（《漫兴》）可见他入泮十几年仍未中举的苦闷心情。眼看下一年又逢乡试，无论如何也不能错过机会，他决意辞幕北归。而孙蕙也完全理解蒲松龄的心思和处境，尽管不愿他走，也未加阻拦，还为他应试写了荐书，以图帮他一把。

[1] 此处泰山，指高邮泰山墩。

这年初秋，蒲松龄骑马沿原路北返，乘扁舟渡过黄河，临近家乡，日暮驰奔青石关，然投宿未果，只得冒着雷雨，夜闯瓮口道。此时雷电交加，山雨倾盆，水没马膝，而山道崎岖，人马同饥，几致倾堕。至三更时分才到土门庄住下。[1] 他从西笠山孙蕙家出门时又电闪雷鸣，大雨倾泻，天近黄昏，山路难行，迷窜于榛野。等夜里到家时，家人已睡熟，他急打柴门，孩子们高兴地迎出来，系马树上，烫酒热菜。他换下被雨水淋湿的衣服，与家人团聚，重享天伦之乐。

第三节　中年困顿

蒲松龄南游千里归来，时在康熙十年(1671年)八月。他两个族侄振铎(觉斯)、振趾(螽斯)请他饮酒，《八月新归，觉斯、螽斯两侄邀饮感赋，得深字》诗云："江湖万里泪沾襟，曾有新诗寄竹林。露湿芳阶萤上下，风清良夜月升沉。莺花岁逐行尘老，骨肉情因患难深。羁旅经年清兴减，消磨未尽只雄心。"流露出他蹉跎无成的悲哀及南游的感受，同时也表示他继续争取科举成功的雄心未泯。

他与挚友李尧臣相聚，彻夜长谈，对酒酬唱，想起同学少年雄心壮志，随着世事艰难与阅历加深而心灰意冷，两人为怀才不遇、世道的不公感慨万分。其诗《中秋微雨，宿希梅斋》云："萧索秋风落木时，绨袍长铗欲何之？一床灯火眠疏雨，十载飘零感旧知。草色遥分平野绿，新章拟和故人诗。相看击筑仍樽酒，淡月黄昏午漏迟。""三径苍茫满绿苔，高斋把酒共徘徊。几家烟火芳邻隔，四塞凉云薄暮来。义气相逢清夜悔，艰难深历壮心灰。与君共洒穷途泪，世上何人解怜才！"朋友的慰藉，亲人的期盼，激励他决心明年乡试取胜，以改变自己目前的窘况。然而命运却又一次捉弄了他。正如他

[1] 见《蒲松龄集·诗集·瓮口道夜行遇雨》。

所说的那样："世上何人解怜才！"

康熙十一年(1672年)秋闱，蒲松龄未能如愿，心中悲愤异常。他的《寄孙树百》诗云："君疲马牛身犹病，我困遭逢数亦悭。三载行藏真落水，十年义气已阑珊。不堪蟋蟀愁中听，但把茱萸醉后看。千里踟蹰何所寄？惟凭尺一劝加餐。""帐外西风剪剪吹，屋梁落月不胜悲！途穷只觉风波险，亲老惟忧富贵迟。九月山城闻塞雁，五更魂梦绕江蓠。怀人中夜悲天问，又复高歌续楚词。""枫老秋林玉露浓，涉江何处采芙蓉？霜凋衰柳愁千缕，云障远山恨万重。楚陂犹然策良马，叶公元不爱真龙。歧途惆怅将焉往？痛苦遥追阮嗣宗。"倾诉了自己的遭际、对亲老的忧虑和对知己朋友的关心怀念。孙蕙在宝应接诗读后复函云："异乡落莫，满拟好友蜚翀，少添意兴；不意芜械无灵，致误云翼。文章憎命，不其然乎?抱歉抱歉!来什怜及牛马，传语加餐，足纫至爱。几番拈髭拟和，不成报章，大抵鞅掌之人，重以雒索，便语不成声矣……吾兄为亲老忧富贵迟，总(纵)使非迟，亦无奈亲日老也。惟期砥砺进修，祈宽过以报春晖，于愿足矣。兄台绝顶聪明，稍一敛才攻苦，自是第一流人物，不知肯以鄙言作瑱否耶？"[①]对自己的荐书不灵深感抱歉，对蒲松龄怀才不遇及其亲老忧虑极为同情，并劝慰其敛才攻苦，继续努力，以实现愿望。

同年秋末的聊斋诗《九月望日有怀张历友》和《独酌》所云"临风惆怅一登台"，"世人原不解怜才"，"独酌危楼夜月高"，"百感心伤首重搔"，都流露出蒲松龄怀才不遇、借酒浇愁的苦闷伤感情绪。而其《咏怀》诗所云："谋生计拙类鸠巢，鬓影双蓬短发交。岁月已随人事改，诗书总为世缘抛。云中鸡犬通丛舍，花里楼台接近郊。独向陇头悲燕雀，凭谁为解子云嘲？"则抒发了他壮志难酬且不为世人理解的苦衷，同时也表露了他藐视世俗庸人，并以怀才不遇的扬雄

①见路大荒：《蒲柳泉先生年谱》"康熙十一年"条。

自比的清高情怀。

其后数年间，他与丰泉乡王氏家族的王橘（雪因）及其子侄辈王观正（如水）、王体正（长人）、王一正（定甫）等过从密切，这一时期诗作中多有"独酌危楼月夜高"，"花里楼台接近郊"，"高阁闲清昼，蕉窗日影移"，"飘零客邸梧桐落，雨雪梁园鸿雁稀"，"独上高楼坐晚晖"，"高斋独坐思依依"等情景描写，有在王家设馆的迹象。[1] 其间也曾随唐梦赉等游览山水，东去崂山[2]，南登泰岱。还同王永印（八垓）与沈天祥（燕及）等人多有交往，不排除"共灯火"、坐馆的因素。正与王洪谋《柳泉居士行略》所云"遂从给谏孙公树百于八宝……自是以后，屡设帐缙绅先生家，日夜攻苦，冀得一第"[3]之情形相合。

从《聊斋诗集》看，康熙十四年（1657 年）仅存诗两题八首，其中并未涉及该年乡试情况，难知蒲松龄参加与否。康熙十七年（1678 年）的乡试，蒲松龄确实参加过，有诗为证。诗集卷二"戊午"《同安邱李文贻泛大明湖》云："北极台临北斗悬，两人把手意怆然。片帆无恙湖山雨，一棹忽冲荷芰烟。常卧齐云弹白帢，欲吟楚些问青天。挥髯共洒陵阳泪，此日相看最可怜！""百年义气满蓬蒿，此日登临首重搔。秋恨欲随湖水涨，壮心常凭鹊山高。鬼狐事业属他辈，屈宋文章自我曹。知己相逢新最乐，芒鞋踪迹遍林皋。"《明水阻雨》云："横流浩皛接苍冥，白鸟红莲缀远汀。急雨来时村舍黑，垂杨深处酒旗青。宁堪鸿雁随秋至，况是芭蕉向晚听。四十年来人似旧，可怜险阻已全经。"诗中的特定地点"大明湖"在省城济南，"明水"在济南东附近的章丘县境内，时间是秋季，作者和朋友"把手意怆然"，"共洒陵阳（卞和）泪"，及"险阻已全经"等语，都表明其情绪之悲伤，足以肯定系秋闱败北所致。

❶王枝忠：《关于蒲松龄生平经历的几点考订》，载《蒲松龄研究集刊》第 4 辑。
❷邹宗良：《蒲松龄的崂山之行》，载《蒲松龄研究集刊》第 4 辑。
❸转引自路大荒：《蒲柳泉先生年谱》"康熙十一年壬子"条下。

科举屡屡不第，对于蒲松龄的打击一次重于一次，难怪他的情绪如此低沉。正如他在《秋斋》诗中所说："回首生平事事非。"他自知"狂态招尤"而"清夜悔"，真让他"强颜于世"却又"素心违"。他并非甘心于"萧然仍四壁"的生活，可是天公偏不作美，淄川从康熙元年到三、四年间俱有灾害，特别是康熙十二、十三、十四年，以及十七、十八年间灾害不断。本来就"家无四壁妇愁贫"(《拨闷》)，连遇灾荒，他"不向首阳忧妇子，犹虞秋税费艰辛"(《喜雨》)。因为"完得官粮新谷尽，来朝依旧是凶年 "(《田间口号》)。当时他已是六口之家，灾年中的家庭生活景况令人心酸。其《日中饭》诗云："黄沙迷眼骄风吹，六月奇热如笼炊。午时无米煮麦粥，沸汤灼人汗簌簌。儿童不解燠与寒，蚁聚喧哗满堂屋：大男挥勺鸣鼎铛，狼藉流饮声枨枨；中男尚无力，携盘觅箸相叫争；小男始学步，翻盆倒盏如饿鹰。弱女踯躅望颜色，老夫感此心茕茕。于今盛夏旱如此，晚禾未种早禾死。到处十室五室空，官家追呼犹未止！瓮中儋石已无多，留纳官粮省催科。官粮亦完室已罄，如此蚩蚩将奈何？"灾年就已使人慌恐，而更可怕的是官府"征输"："吏到门，怒且呵。宁鬻子，免风波。纵不雨，死无他，勿诉公堂长官诃！ "(《灾民谣》)他不但为自己的家庭生活犯愁，为健在的老母犯愁，还"隔宿无粮代弟愁"(《偶感》)。家中无粮难抵饥，而教书的收入也终不解困。真是"到手金钱，如毛燎火，烘然 焠完之"。小年辞灶时，"瓦炉仅有香烟绕"，他只好祷告灶神，"倘上方见帝，幸代陈词：仓箱讨得千钟粟，从空堕万铤朱提，尔年此日，牺牲丰洁，两有光辉"。(《金菊对芙蓉·甲寅辞灶作》)类似戏谑的祈愿中包含的是无限的苦涩。

科举无望，难达青云之志，而灾年频仍，缺乏充饥之粮。全家七口(后又添丁)，还上有老母，"兄弟皆赤贫"(《述刘氏行实》)，难以

相顾。而年年谋新馆的不稳定生活,更难圆其科举功名梦。

中年的蒲松龄,身负重担,在人生道路的陡坡上艰难地挣扎。虽然“形容为愁槁”,“蓬发如病媪”(《酬如水留别》),但是这“乾坤一破衲,湖海老狂生”(《趺坐》)却没有低头。他怀着满腔希望,努力支撑,以求改变现状。然而前途茫茫,归宿何处?他不得已高喊出:“世上相逢惟按剑,明珠此夜向谁投?”(《偶感》)

第四节　西铺坐馆

康熙十八年(1679 年),40 岁的蒲松龄应同邑毕家聘请,设馆城西西铺庄。[1]淄川毕家,是县里当时的名门望族。馆东毕际有(字载积)的父亲毕自巖,是明末崇祯年间的户部尚书。毕自巖的六弟毕自寅,以举人选授知县,仕至南京户部主事;八弟毕自肃,以进士授知县,官至佥都御史,巡抚辽东。

毕际有明末荫为官生,清顺治二年(1645 年)拔贡入监,考授山西稷山知县,升江南通州知州。后因漕粮积年挂欠,变产赔补不及额,康熙二年(1663 年)被罢归里,居乡复修园林,诗酒自娱。著有《存吾诗草》、《泉史》、《淄乘徵》等。他与缙绅之家如同邑高珩、王鳌永,益都孙廷铨及新城王士禛家等多有交往并联姻,就连宰淄官吏也多与其攀结。

蒲松龄在毕家,与另一位塾师王宪侯同教毕际有的几个孙子。其《绰然堂会食赋》序云:“有两师六弟,共一几餐。弟之长者方能御,少者仅数龄。每食情状可哂,戏而赋之。”就是他初到毕家时的记载。毕际有仲子毕盛钜(字韦仲)共有八个儿子,这八个弟子先后都从师于蒲松龄。在绰然堂中,蒲松龄教弟子学习课业并与他们共

[1] 见袁世硕:《蒲松龄事迹著述新考·蒲松龄在西铺毕家》,齐鲁书社 1988 年版。

餐，有时还要亲自送他们去应试。几十年的心血，虽未教出个成大器的学生，然而这些富家子弟（除早卒者外）也都进了学，有的还成为贡、监生。这八个弟子的情况如下：毕世洎（字公远），雍正甲寅首贡；毕世演（字公范），增生；毕世渡（字公筏），增生；毕世浣（字公衣），附生；毕世瀓（字公见），附监生，候选州同知；毕世涵（字公纳），早卒；毕世溎（字公雨），监生；毕世汸（字公舟），附生。

在毕家，蒲松龄除了教书外，还代馆东作了大量的应酬文字等

西铺毕府（现为蒲松龄书馆）

杂务（这也是毕家长期聘用蒲松龄的重要原因）。如撰写（代毕际有）《重修玉溪庵碑记》[1]、《代毕韦仲贺孙祥云子游泮序》、《代毕韦仲贺韦玉霄任王村乡约序》、《代毕际有答陈翰林书》、《代毕刺史迎新邑侯赵公履任启》、《代毕韦仲与韩滦州樾依（逢庥）书》、《八月为毕载老复颜山赵启》、《代毕刺史复新城王启》、《代毕刺史复颜山孙启》、《代毕刺史与赵膏如启》、《代毕刺史祭刘少参源长文》、《代毕刺史祭李侍御野臣文》、《代毕刺史祭新城王十二太翁文》、《为毕刺史祭王陇西文》、《为毕通州祭张澹生》、《代毕韦仲祭岳母》、《代毕韦仲祭赵斋如》、《代毕韦仲祭颜神赵母翟太孺人》、《代毕韦仲援监

[1] 即《重修普云寺碑记》，今碑存淄川递铺村西。

祭岳文》、《代毕韦仲祭王司寇》等。从这些代老、少馆东为地方官吏、乡绅撰写的传记、序文、书启、婚启、祭文等作品，可见蒲松龄在毕家承担的事务与作用。且不说还参陪毕家迎送接待，甚至为馆东到济南物色菊种等杂务了。仅就以上代笔作品的高超水平而言，便引来周围诸多人慕名求索。代人歌哭，成了蒲松龄的一大额外负担。他“日久不堪其扰，因而戏索酒饵，意藉此可以止之；而远迩以文事相烦者，仍不少也。寒暑呻吟，极不可耐”！不得已，他只好将以往“所作，集而成册”，以“作应付之粉本耳”。（《聊斋文集·自序》）正如《学究自嘲》篇末所云：“寒自知苦自知，自嗟自叹，叹一回教书人儿好难：一个学生一个主，有爱宽来有爱严。欲待随高就低，又怕玷辱了圣贤；欲待执法径行，又惹出许多詈言。无奈何，好教我千难了万难！况今文风扫地，束脩甚是不堪，铺盖明讲自备，仅管火纸灯烟，夏天无有蚊帐，冬里不管煤炭，搬送俱在圈外，来回俱是自颠。抛妻抛子出门，人情事耽悬，细思好无来由，挣了几串铜钱。又搭上寄居三年五载，乡党邻里相烦，通启回启不少，请帖求帖多端，分书文书犹可，还有那休单冤单。有心不与人写，惹的人骂穷酸；一旦俱要应承，何日是个清闲？外人不知苦楚，反说那世修的周全，安坐无点事事，逐朝每日三餐。殊不知：一字思想不来，极（急）的两眼棒钻！天那天！好容易端的人家碗！墨染一身黑，风吹胡子黄；但有一线路，不作孩子王。”（《蒲松龄集·附录》）塾师生涯与代人歌哭的艰辛，可谓一目了然。

蒲松龄尽心教授弟子，还承担了毕家繁琐的文事杂务，深得馆东的信赖与礼遇。而毕际有不仅生活富足，且喜爱诗文、善交游，以蒲松龄为文友。宾主相处融洽，情谊深厚。当康熙三十二年（1693年）毕际有病卒时，蒲松龄也正卧病在家，故其诗《哭毕刺史》中称:“君卧病时我亦病,我来君已弃尘寰! 人逢死别情怀苦,数定前生饮啄悭。”从“今生把手愿终违,零落山丘对晚晖。海内更谁容我放? 泉台无路望人归。”“离奢始恨相知晚,聚久宁疑好会终?”“最悼十年同食友,不曾言别已分襟!”“年年花发子云居,此日登临泪满裾!”等句,可看出二人的友情及蒲松龄的悲痛心情。其后又写《征挽毕载绩先生诗序启》,对毕际有一生业绩、人品志趣作了高度评价。

毕际有去世后,掌家的重担便落到了毕盛钜的肩上(因其长兄盛鎡早逝,其弟盛后出嗣早卒)。这个富家子弟虽“性英敏,于书无不读”(《淄川县志》),但科举上并无大成就,最终以府拔贡选黄县教谕,养亲未仕。毕际有去世后,蒲松龄在毕家的作用,显得尤为重要。不用说教书兼掌管文事等杂务,恐怕连某些大事,他也是毕家难得的顾问。 在这种情况下,蒲松龄就是想走,毕家也会一再挽留。康熙三十六年(1697 年)作《赠毕子韦仲》(五首)云:“廿载金兰道义熏,青灯好月我同君。寒炉拨火尘生案,懒性摊书乱似云。暂到苦贫家易弃,久交垂老意难分。年年援止情无限,只恐别时不忍云。”(其一)此时蒲松龄来毕家已 18 年,50 岁的他与毕家感情深厚,似乎成为这个家庭的成员而难舍难离了。该诗后几首中云:“居斋信有家庭乐,同食久如毛里亲。生徒抱子皆如许,犹当童蒙提耳嗔。”“宵宵灯火共黄昏,十八年来类弟昆。”“高馆时逢卯酒醉,错将弟子作儿孙。”“梁鸿垂老因人热,鲍叔深交念我贫。他日移家冠盖里,拟将残息傍门人。”此后,蒲松龄又继续在毕家待了十余年,直至 70 岁始撤帐返里。可见他与毕家的情谊之深。

蒲松龄之所以能在毕家久待,除了宾主相处融洽、毕家需要,及自家也需要那份束脩外,还有另外的原因,即为求生活安定,方便应试、读书、著述等。

他在进毕家之前，屡设帐于缙绅之家，即使有主雇，也像《学究自嘲》所云“束脩甚是不堪”。倘遇灾年，家人生活难保，实无安定可言。他进毕家当年，适值灾荒。淄川夏旱，秋蚜蝣，大饥。流移载道，凶荒异常(《淄川县志》)。其《四十》诗句虽云：“贫因荒益累，愁与病相循。”然其仍有心绪撰写《聊斋志异》，可见毕家的生活条件及其待遇未受大影响。他在毕家期间，淄川多次遇灾。尤其康熙四十三

毕府绰然堂(蒲松龄教书、著书、休息处)

年(1704年)大灾，流民载道。尽管其诗云“男子携筐妻负雏，女儿卖别哭呜呜”(《流民》)，“可怜翁媪无生计，又卖小男易斗糠”(《饿人》)，“市中鼎炙真难问，人较犬羊十倍廉”(《饭肆》)，景象凄惨，目不忍睹，但他全家尚能安度荒年。次年春天，“道上仍多殣，僵横尽瘦男”(《道殣》)，然而其三子蒲笏、四子蒲筠竟能应试入泮。从其《四月十八日，喜笏、筠入泮》诗句“今岁校士遭奇荒，犹守旧辙恋鸡肋。妇子减餐供粮粮，资斧尤费周张力”，可以看出，其家确实受到灾荒影响，但并未到严重地步。特别是他从毕家撤帐归来，有“养老之田五十余亩”(蒲箬《柳泉公行述》)，这一切不能说与毕家的厚

待没有关系。

由于毕家的优越条件和优厚待遇，蒲松龄能在授徒、处理杂务之余，得以安心预习举业，以图博得一第。这期间，他曾多次到过省城济南，除陪弟子应试与为馆东办事外，有几次是为自己参加乡试，但都铩羽而归。其中有两次是因犯规被黜。一次是在康熙二十六年（1687 年）秋，因"闱中越幅"（即书卷之时，误隔一幅，不相接连）而被贴出（即将犯规考生试卷截角，并用蓝笔书其姓名事故，贴出场门之外，摈斥不准入试）。其词《大圣乐·闱中越幅被黜，蒙毕八兄关情慰藉，感而有作》云："得意疾书，回头大错，此况何如！觉千瓢冷汗沾衣，一缕魂飞出舍，痛痒全无。"将其在考场上发现自己"越幅"后的震惊状态及颓丧心情表露无遗。另一次是在康熙二十九年秋（1690 年），因故未获得终试而被黜。其词《醉太平·庚午秋闱，二场再黜》云："风檐寒灯，谯楼短更。呻吟直到天明，伴崛强老兵。萧条无成，熬场半生。回头自笑濛腾，将孩儿倒绷。"此时蒲松龄已经 51 岁，这两次失败，对他及家庭的打击太大了。尽管他还未死心，然而妻子却出面干预了。"先是，五十余犹不忘进取。刘氏止之曰：'君勿须复尔！倘命应通显，今已台阁矣。山林自有乐地，何必以肉鼓吹为快哉！'松龄善其言。顾儿孙入闱，褊心不能无望，往往情见乎词，而刘氏漠置之。"（《述刘氏行实》）

蒲松龄的科举梦破灭了，但其著述之心却始终未泯。他从年轻时便开始创作的《聊斋志异》，一直断断续续未能成集。来到毕家后，条件好了，尤其是石隐园的景色、万卷楼的藏书对他的陶冶和影响，更加上馆东毕际有的支持，他决心在这里续写《聊斋志异》这部巨著，以了心愿。当年他便着手整理书稿并正式命名，撰写了《聊斋自志》，还请独具慧眼的同邑名人高珩写了序。他在教书和为

毕家处理杂务之余，仍在不断地进行创作。“子夜荧荧，灯昏欲蕊；萧斋瑟瑟，案冷疑冰”，寒来暑往，日复一日，“集腋为裘”，“浮白载笔”，终于完成了他的“孤愤之书”。[1]与此同时，他还以淄川方言撰成了百姓喜闻乐见的《慈悲曲》、《姑妇曲》、《禳妒咒》、《磨难曲》等通俗俚曲及《闹馆》、《钟妹庆寿》、《闱窘》(附《南吕调九转货郎儿》)等戏三出。

他不仅致力于小说、诗文、俚曲、戏剧创作，而且对于社会生活各方面必需的资料工具书的编撰亦极其尽心。他充分利用毕家的万卷楼藏书，先后编撰、选录了《省身语录》、《怀刑录》、《历字文》、《日用俗字》、《农桑经》杂著五种与《婚嫁全书》、《帝京景物略选》、《小学节要》、《庄列选略》、《宋七律诗选》、《药祟书》、《家政内、外编》、《会天意》等诸书。

蒲松龄在执教之余，曾为家族做过一件大事，即修淄川《蒲氏族谱》。康熙二十七年(1688 年) 谱成，他又撰写了《族谱引》[2]。他还以“竹”字开头，续写了身后三十二代名辈：“竹立一庭，尚国人英，文章先业，忠厚家声，门多贤哲，代有公卿，庆延宗绪，万叶长荣。”可见他对后代寄予的期望。这部家谱，不仅成为其族后人续谱的唯一根据，也是研究蒲松龄家庭渊源的重要文献。

在毕家设馆期间，蒲松龄的家庭经济状况已有所改善，然而，随着儿女“渐次成立，遂为婚嫁所迫促”，“一子娶一妇，必授一室，岁岁营构，所得几何，岂堪供土木奁妆费”用开销？好在赖有贤妻刘氏勤俭持家，“助以纺绩”，才使“嗷嗷数口，频渡凶年”，且“尚能觅佣作堵，起屋增田，男婚以期，女嫁以时”。(《柳泉公行述》)此间，他家继前已构建的“绿屏斋”后，又盖起了“面壁居”，其诗《斗室落成，从儿辈颜之面壁居》(七律四首)有云：“茅屋如拳近舍东，晓窗

❶以上皆引自《聊斋自志》。
❷据庆应义塾大学所藏手稿本，而《蒲松龄集》中将此文作为《族谱序》。

深闭绿云中……颜为面壁佳名好，只恐蒲团日日空。”“斗室颜作面壁居，一床两儿地无余。”“短垣新筑更牵萝，略计青钱费两娑。橘下围棋容四叟，帘间破茧出双蛾……面壁佳名无虚负，莺花回首易蹉跎。”可见当时状况。

他数十年居斋西铺，每年只有年节休假，即使暂归家，仍然疑身在外，更顾不上教育儿孙。如其《家居》诗云：“久以鹤梅当妻子，直将家舍作邮亭。中宵酒醒闻秋雁，枕上还疑客里听。”“去时槐荫绿拂门，归时霜树已盈村……老夫岁岁天涯远，文事惟凭子教孙。”“明月初弦犹似客，飞鸿趁暖不知家……孺子能文犹可教，恨从放懒误年华。”其长子箬，早已采芹并食饩，但其余三子皆未入泮，这不能不是他的一大心事。他虽关心孩子们的学业，也明知“今日泮中芹，论价如市贾”，然而对于他们的屡次失败，也毫无办法，只能责之曰“不患世不公，所患力不努”（《试后示箎、笏、筠》）。当他偶读新试牍后，他才意识到儿辈失败的原因。其《试牍》诗云：“方此责儿孙，文苦不灵快。忽阅新试牍，亦复如儿辈。幕中不衡文，凭数为成败。诸儿仍偃蹇，呜呼何足怪！”好在三子笏、四子筠后都采芹。唯独二子箎“年年被黜放”（《试后勉儿箎、孙立德》），而终未进学。

蒲松龄的几位兄弟，尽管在当年析箸时都曾分得了“夏屋闲房与佃户居宅”，可是后来他们的日子过得并不太好。《述刘氏行实》称：“兄弟皆赤贫，假贷为常，（刘氏）并不冀其偿也。尝曰：‘吾常受人乞，而不乞于人，为幸多矣。’”其长兄兆专（字人枢，邑庠生，配韩氏）先于康熙三十一年（1692年）春病故。他写《哭兄》诗云：“除夕殷殷话语长，谁知回首变沧桑！謦欬不闻真似梦，酸辛频咽已沾裳。系念从来惟手足，伤心宁复过存亡！归来独向斋头坐，仿佛履声到草堂。”“长别人生终须有，雁行生折最伤神！忽看里社余双泪，每值团

圉少一人。恶业惨酷惟后死，悲心感切在终身。年年聚首无多日，悔向天涯寄此身！"其《又》云："昔日我归家，解装见兄来；今日我归家，寂寂见空斋。谓不知我至，惆怅自疑猜。或云逝不返，泪落湿黄埃。除夕话绵绵，灯昏剪为煤。可怜七情躯，一死如土灰！我今五十余，老病恒交催。视息能几时，而不从兄埋？人间有生乐，地下无死哀。死后能相聚，何必讳夜台！"二兄柏龄（字辛甫，邑庠生，配黄氏）于康熙四十八年（1709年）春去世。他写《二兄辛甫病甚弥留，自言适到壹处，门额一匾，大书黄桑驿。或谓余当居此。入视之，一望无际，止寥寥数屋耳。作此焚之》曰："兄弟年来鬓发苍，不曾三夜语连床。黄桑驿里如相见，别日无多聚日长。""百亩广庭院不分，索居应复念离群。驿中如许闲田地，烦构三楹待卯君。"其弟鹤龄（配张氏）家境最差，竟至"荡析离居"（蒲箬等《祭父文》），他以不能兼赡其弟多口之家为恨。可见他们兄弟间的情谊。

康熙四十八年（1709年），蒲松龄70岁，已在毕家设馆30年。随着四个儿子的成家立业，又有妻子刘氏的"纪理井井"，其家境已大好于前。两位兄长的先后辞世，更使他意识到人生的短暂。思前想后，年逾古稀的他决意撤帐，便与馆东毕盛钜告别，离西铺回归故里。

第五节　笃重交游

蒲松龄在西铺期间，由于馆东毕家的乡宦地位条件，更因其诗文尤其《聊斋志异》的广泛传播，使其声望与交游亦日渐扩大。他不仅与本邑友人、省内资深的名士交好，而且还受到邑侯、宪台以至朝官的青睐。其中如李尧臣、张笃庆、赵金人、高之滐、王敏入、王观正、王永印、沈天祥、邱希潜、袁藩、毕盛钰、毕盛统、毕世持、韩逢庥、孙蕙、谭再生、张元、杨万春、唐梦赉、钟辕、朱湘、吴木欣、张贞、李之藻、汪如龙、张嵋、时惟豫、喻成龙、黄叔琳、高珩、王士禛等，同孙蕙、毕际有父子一样，都曾对蒲松龄的生活、举业、思想乃至写作，产生过不同程度的影响。因而蒲松龄与他们的交情深厚，其诗文及《聊斋志异》中多有反映。

李尧臣，字希梅，号约庵，诸生。进士、孝丰知县李宪子。笃嗜诗书，称博洽，好金石文字，积书数千卷，皆手勘定。王士禛评其文谓“按之八家尺度，不爽毫黍”。康熙二十九年（1690年）曾分纂府志。著有《百四斋文集》、《诗集》、《笔势》、《书谱》等。传载《淄川县志·重续文学》。蒲松龄与其交情始终深厚，二人不仅同窗、结社，而且互助、相赏，至老不渝。他们或诗书赠答，或相聚畅叙，如聊斋诗所云“客窗对酒一开襟”（《赠友人李希梅》），“把手相逢意气消”（《寄怀李希梅》）。曾共同揭发淄川蠹役漕粮经承康利贞。康熙五十三年（1714年）李有怀蒲诗云：“与君少小即相亲，屈指于今六十春。百岁未知谁先死，他年话旧定伤神。”（《蒲柳泉先生年谱》引《百四斋诗集》）可见其交情。

张笃庆，字历友，号厚斋，自号昆仑山人，出于淄川世家书香门第，曾祖张至发，进士，明末官至礼部尚书兼文渊阁大学士，卒赠太子少保，赐茔田八百亩；祖泰象、父绂，皆贡生）。张笃庆14岁即作《梦游西湖赋》，弱冠已有乐府200首。康熙二十五年（1686年）以山左第一名拔贡，翌年应顺天乡试不中，归而发愤著书。王士禛手评其诗，称“史汉澜翻笔底，真冠古之才”，“七言歌行尤为擅场，不失崆峒，大复家法”，并采其诗入《渔洋诗话》。所著有《八代诗选》、《班汉昉截》、《五代史昉截》、《两汉高士赞》、《昆仑山房诗集》等。传

载《淄川县志》“贡生”与“重续文学”。蒲松龄与其同时进学，并为郢中社友，两人交情亦始终深厚。他俩经历、遭遇相似，都曾为人作幕并教书，只是在文学追求上各有不同。他认为蒲松龄不应沉湎于狐鬼小说写作，其诗称“聊斋且莫竞谈空”（《寄留仙、希梅诸人》），“谈空谈鬼计尚违”（《寄留仙》），“谈空误入《夷坚志》”，“蹉跎老大负平生”（《岁暮怀人诗》），略显其目光短浅。然而他也为《聊斋志异》题词（诗三首）赞誉。实际上，蒲、张二人的同学、社友情谊至老弥笃，连同李尧臣，称郢社三友，始终一节无少间。

袁藩，字宣四，号松篱，明天启七年（1627年）生于淄川萌水乡。清康熙三年（1664年）中举，多次赴京会试不第，至康熙十二年（1673年）经吏部铨选考取知县，然未得实职，而仍拚搏闱中。《淄川县志·续文学》称其“工翰墨，善谈笑，少时辄为宋元词曲，读书精于搜讨名山石室之藏，购求装潢不遗馀力。尝得苏长公手题孙莘老凤字砚，尽出所有古玩易之；又于东海获一秦镜，自为题咏，一时文人皆属和焉”。他曾数游大江南北，记述经历，著有《敦好堂诗古文集》若干卷。其后家遭水灾，荡然无存，于康熙二十四年（1685年）秋郁郁病逝。蒲松龄与袁藩系同邑友好，二人的交往情谊多体现于康熙二十四年（1685年）的聊斋词中。这一年，袁藩应毕际有邀请到西铺校刻毕自嚴的诗文集，寓居石隐园中数月，与在此坐馆的蒲松龄同在一家。不巧的是，蒲松龄正患病足，而袁藩亦有病在身，二人虽近在咫尺，却难以天天聚首，便作词相酬答，相互慰藉。聊斋词中有十几题近二十阕表现了二人的交往情景。如《念奴娇·新秋月夜，病中感赋，呈袁宣四孝廉》末阕云：“论交畴昔，每西窗剪烛，常愁遽舍。及至座中香迹近，又值抱疴犬马。数武门庭，两重院落，似隔云山者。”而袁藩的《念奴娇·再至石隐园，步蒲留仙韵》亦云：“远心亭畔西风里，是处秋容难舍。抱病东还今又至，瘦骨支离跨马。君足蹒跚，予形困惫，辜负良宵者……”（《敦好堂集》）两人酬答唱和，说志向，叹遭逢，讨论写作，互致关怀，情感日深。后来，袁藩不幸病逝，蒲松龄不仅写了数阕怀念词，而且还写了挽词悼念他。《聊斋志异》中的《古瓶》、《龙》篇，即记袁藩的经历见闻。

毕盛钰，字振叔，行八（毕际有三弟毕际孚第五子）。《淄川毕氏世谱》小传称其：“生而颖异，好学多文，弱冠游庠，连三第一。乡试十有六次，竟不一第，康熙己卯副榜，雍正癸卯恩贡，年七十有三，选莘县训导，未履任而卒，命亦穷哉。”蒲松龄与其论交三十载，“潭水深千尺”。康熙二十四年秋，蒲松龄病足三月，毕盛钰亦抱恙初起，二人寄诗，相互唱和。康熙二十六年（1687 年）秋，蒲松龄应山东乡试，因闱中越幅被黜，心情十分沮丧，当时毕盛钰的关怀与安慰，使他深受感动，因而写下了《大圣乐·闱中越幅被黜，蒙毕八兄关情慰藉，感而有作》。其词内容痛切感人，是有关蒲松龄乡试不第的一条难得的重要史料。另外，蒲松龄与毕盛钰之父际孚（字信涉）及毕盛钰之兄盛钥（字莱仲）亦交好，交情见《逸老园记》（代毕信涉）、《重阳毕莱仲邀集石隐园》等聊斋诗文。

毕盛统，字子帅（毕际有叔弟际彦长子），增生。蒲松龄与他交情深厚。聊斋诗中写于其设馆西铺第二年的《留别毕子帅》及康熙四十一年（1702 年）的《久不晤子帅，三月十七日相过，流连日暮，分手曰：“别矣，五月四日可再晤耳。”至念九日，讣音忽至，而窀穸之期，适是所订再晤之辰，悲哉奇矣》两诗，记载了二人“夙订金兰好，论交四十年”，“相逢五日便相思，每到相逢未忍离”的深情厚谊。

毕世持，字公权（毕自肃曾孙），康熙十七年（1678 年）山东乡试第一名，曾三赴会试未第。康熙二十六年（1687 年）因父丧哀毁病

殁,年仅39岁。王士禛为其作传称:"君长身玉立,望之若神仙中人,读书不事章句……康熙戊午以第一人领山东解额,其文传颂海内,不胫而驰,自齐、鲁、吴越、秦晋、闽楚岭峤之士,翕然宗之,所至,聚观如市,四十年来,文章之盛,倾动四方如君者,未之有也。"①蒲松龄与毕世持皆科举中人,曾同赴乡试,二人在西铺相距咫尺,多有交往。蒲松龄不仅佩服毕世持"议论丰标都不群",而且称其诗作"直将前无古人"。从聊斋诗文《挽毕公权》与《毕公权〈困佣诗〉跋》中可见其二人交情。

韩逢庥,字樾依,原籍青城,后居淄川。父庭芑,顺治进士,官至天津海防道副使。(《淄川县志·循良》)称韩逢庥"天资倜傥,弱冠援例通籍,出为武康令",以卓异升任新宁州知州,因关心百姓疾苦并喻以礼法,使瑶民"感戴至流涕"。任满归,丁父忧,起补滦州知州。在任不畏强暴,对犯法者严惩不贷。滦民德之,称其"有白面包公之目"。抚臣荐调定州知州,到任"改私派以苏民困,延名师以振士风",州人歌其德政,有"士知爱鼎自公始"之语。三年"廉明懋著",以病乞归,州人挽留不得,"至有叩头流血者"。后三十年,优游林下,"遗却声利,涵养性真",至八十四岁卒于家。传载《淄川县志·重续循良》。蒲松龄与韩逢庥的交往,见于聊斋诗文。聊斋文中《代刺史韩樾依与颜山孙孝堪启》、《为韩樾老祭念东先生文》,系代韩逢庥本人作;《代毕韦仲与韩滦州樾依(逢庥)书》,乃代馆东毕盛钜写给韩逢庥的。蒲松龄本人写给韩逢庥的两函为《与韩刺史樾依书,寄定州(五月十八日)》、《与韩樾依(逢庥)刺史》。前函写于韩逢庥离定州任前,为其未能升迁而抱不平,中云:"仕途黑暗,公道不彰,非袖金输璧,不能自达于圣明,真令人愤气填胸,欲望望然哭向南山而去!……弟素不达时务,惟思世无知己,则顿足欲骂,感于

①《文学毕君子万·解元公权家传》,《带经堂集》卷四十三。

民情，则怆恻欲泣，利与害非所计及也。”后启写作年代不详，其云：“去年光增茅庐，又不吝见一之书，未得面叩，于中歉然。自获福庇，又求卵翼亲朋，欲代人转求，可谓琐渎之甚矣。”可见韩逢庥前曾去过蒲松龄家中并对其有所关照，因而此札既表感谢，同时又求其佑护亲朋及代人求托。聊斋诗有《韩定州辞任归田》七绝二首，其云：“年来意志已阑珊，深闭柴门物色闲。仕宦知交无几个，频频曳杖看归山。”“逢人久说宦情微，不道飘然竟拂衣。廉吏自无游宦乐，达人岂为折腰归。”可见两人交情。

孙蕙（1632—1686），字树百，号笠山，淄川人。生于明崇祯五年（1632年），清顺治十四年（1657年）中举，后成进士，例选刑厅。康熙八年（1669年）授宝应知县，在任六年曾兼署高邮州事、充壬子江南乡试同考官。康熙十三年（1674年）以卓异行取入都，次年擢户科给事中。二十五年（1686年）病卒于家。著有《笠山诗选》、《历代循良录》、《安宜治略》等书行世，传载《淄川县志·循良》。蒲松龄与孙蕙的交往，在宝应期间最密切，后来联系渐少，关系疏远，最终断绝往来。他们之间关系的恶化，是由蒲松龄的《上孙给谏书》引起的。当时，孙蕙族人及其奴仆仗势欺人，横行乡里，蒲松龄有感而写此信。其云：“年年落魄，有负故人，自觉面目酸涩，不可以登君子之堂，因而疏节孔多，遂使曩年把臂之交，至不以我为人。古人云：‘为士者，要使工公大人闻名多而见面少。’某于此处，学得半边圣人，幸知我者勿讶也。所自信者，朋友之情，老而弥笃，可无愧于良友耳。先生铮铮朝宁，真为闾里生光，真为苍生造福！比读闽中闱墨，见月旦中具有深心，乃知河干竭蹶时，慷慨之心，未尝稍变也。藉藉官声，良惬敝愿。然而，为乡绅者，居官而有赫赫名，甚可喜；居乡而有赫赫名，甚可惧！某欲陈所见闻，又恐听者不我嘉纳，此际彷徨，真与谏

臣挑灯属草时无以少异。顾幸先生能为诤臣,知必能容诤友。草野之人,不敢谋居官之事,窃以为居乡所当知者,盖有数端,请得而言其略。”以下,蒲松龄论述了“择事而行”、“择人而友“、“择言而听”、“择仆而役“、“收敛族人”的必要性,并列举了“不择”或“不收敛”而出现的种种恶劣现象。虽未点名说破,然已实有所指。信末称:“凡此数者,皆弟之所目击而心热,非实有其事不敢言,非实有其人不敢道也。弟之言无可凭信,即先生问之他人,亦必以余言为诬。但祈先生微行里井而私访焉,倘有一人闻孙宅之名而不咋舌咬指者,弟即任狂妄之罪而不敢辞。先生存心何等菩提!乃使桑梓愚民,闻声而股栗,诚不知其可矣。曩者刘孔集自武康归,先生尝谓之曰:‘姜桂之药,亦宜相人而施。’某之言真辣于姜桂矣! 如可节取,则电毕而火之;如其荒谬,即不妨暴之同人,以彰吾过。弟年来无他进益,然能知非矣。断不敢谬执己见以自是也。临颖不胜悚仄之至!”蒲松龄信中所言,确为实情,在唐梦赉《县西关义市碑记》与高珩所写孙蕙墓志铭及张元所撰蒲松龄墓表中,都涉及孙蕙禁戒族人事,可以证明。看来孙蕙确曾采纳了蒲松龄的劝告,并为自己挽回了一些影响,然而对不顾情面、直陈其过的蒲松龄,则未必有好感,或真正谅解。这就使两人之间的友情受到伤害,直至断交。从孙蕙居家几年到其病故期间,聊斋诗文中再无二人交往的记载,更无挽悼其去世的作品。这也正体现了蒲松龄“天性伉直,引嫌不避怨,不阿贵显”[1]的高尚品质。

谭再生,字无竞,淄川人,康熙三十二年(1693 年)中举,三十九年成进士,授湖广溆浦县知县,再任直隶隆平县知县。(《淄川县志·选举》)蒲松龄与谭再生的交往,见《聊斋文集》。《与张益公同上谭无竞(再生)进士》,是蒲松龄为阻止淄川蠹役康利贞复任漕粮经承

[1] 蒲箬:《柳泉公行述》,《蒲松龄集》附录。

事写给谭再生的，函称：“数载专城，能为赵抚所称，则经济可知矣。吾乡巷无居人，遂使虎而冠者吞啖殆尽，不惟不敢声，并不敢息。康熙四十八年（1809年），康利贞为漕粮经承，妄造杂费名目，欺官虐民，每石派至二两一钱零，此亘古所未有，而自彼创之，阖县皆为切齿！四月中，藩台访其蠹状，行文到县，使不得复入公门，大众闻之，无不欢腾！今闻其厚赂显者，荐使复其旧任，想一啖人肉而不忘其美，故不惜重金以购之也，闻者莫不失色！适值老先生家居，方将共求为一邑柱，始知利贞即叛渔洋而营窟于先生之门者也。老先生出福苍生，处覆桑梓，且能驾驭之，必能进退之；亦勿失其吞啮之性，但使为猫，勿使为虎，可以改役别科，则其流毒有限。某等皆挑脚汉，福德无穷，皆受之老先生也。”从事件的发生时间可知，此函写于康熙四十九年（1710年），是蒲松龄继写《与王司寇》函后写的。《上谭无竞（再生）进士》，是蒲松龄遣子问候离任居家的谭再生以后而写的，函云“一别三年，老惫可以遥想。闻高尚而归，恨道远龙钟，不能面话间阔，遥遣小儿往候兴居，闻兄竟无一言问及老况，亦何其无情也？兄失偶时，弟往执手，代为邑邑；今弟亲尝，益觉情状难堪，兄又无片语相为慰吊，宜与夫礼若不相似。然鳣堂南面，遂已忘乘车戴笠之盟，无怪乎作大令者左如龙而右如虎也，笑笑！自省全无开罪，或有不觉处，亦当明示，方见四十年道义之谊。候教切切！”从时间看，此函写于康熙五十二年（1713年）秋蒲松龄夫人去世以后。以上可知，蒲、谭二人之间曾有过四十年的交情，康熙十一二年时就已订交。但为了公众利益，蒲松龄不顾个人情面，言词激烈，真乃“不复恤受者之难堪”。① 尽管他“以为此吾所无愧良朋也者”，然而谭再生却甚不以为然。蒲松龄写前函时，为公理不顾私情，过后并未放在心上，当谭再生丧妻时，他还前往执手，“代为邑

① 皆见蒲箬：《柳泉公行述》，《蒲松龄集》附录。

邑”，而自己失偶时，谭再生却“无片言”相慰吊，更甚者，他一听说谭再生离任归来，即遣儿子前往问候，而谭再生“竟无一言”问其老况。这使蒲松龄大失所望，因而对谭再生无情、无礼且无义的态度极为不满，认为他“已忘乘车戴笠之盟”，称其“作大令者左如龙而右如虎”。看来，谭再生亦与孙蕙相近似，都未能与蒲松龄友善始终。

张元(1672—1756)，字长四，一字殿传，号榆村，生于淄川世代书香之家。其高祖张中发，字智鹄，明相国张至发胞兄，虽未入仕，然陶情诗酒，专工书法，著有《回首窝稿》；曾祖张泰瑞，诸生，善翰墨；祖询，拔贡，善书工诗，晚年为宁阳县教谕，著有《静然堂诗古文集》；父张永跻，举人，致力于诗古文词，乐于祖孙父子一堂相师友，著有《四书问难》、《蕉雨斋诗古文集》。张元乃张笃庆从侄，幼承家教，力学过人，深得本邑名流赞许，长期于济南朱缃家设帐授徒，年五十余中举，数上春官不第，曾受永平府知府卢见曾之聘主教于敬胜书院，晚年就鱼台县教谕。著有《书香堂制艺》、《绿筠轩诗集》及《平山诗抄》等。其长子张作哲(仲明)，举人，十三岁诗作《清明郊游记》得其伯祖张笃庆批语：“石破天惊，此吾家千里驹也。”蒲松龄与张家数世有交。张元之父永跻，字式九，与蒲松龄有诗词往来。《聊斋词集》中有三阕与张永跻唱和之作，如《大江东去·与张式九同饮孙蕴玉斋中，蒙出新词相示，因和五调》云：

龙泉知我，频摸索十指，拳拳交捩。共道秀才康落了，红榜姓名高揭。关左伟男，江东豪曲，铁板歌三叠。私心窃幸，今番不伍时杰。

尽教造化颠倒，风流不减，郢中白雪。掩口胡卢，看连城双璧，燕石何别？读史不平，髑髅欲捉取，抽刀奝切。古来多恨，吾侪凄咽。

张永跻《蕉雨斋诗词稿》中有《贺新郎·读聊斋诸曲》一阕云：

大雅尊钟吕，问先生、新声小调，弹来奚取？道是阳春听易倦，不若巴音媚妩。那更耐，引商刻羽，日下江河流不转，对诸君，自是难庄语。请高坐，说与汝。

太常雅乐繁如许。看登歌，褒忠劝孝，篇章缕缕。千载明伦庠序校，春诵夏弦并举。总成了、一堆尘土。尽道老生休聒耳，那箫韶大夏谁还舞。且共赏，翻新谱。[1]

此为现在可以见到的唯一的一首称赞《聊斋俚曲》的题词。另外，张永跻还曾致书蒲松龄请对其祖父母等殉难事作《请表一门三烈呈》。[2] 张元比蒲松龄小三十多岁，又是晚辈，故两人直接交往不多，在各自著作中未曾留下记载。但张元肯定很了解蒲松龄，并尊重这位颇有文名的父执，因而当蒲箬请其为乃父作墓表时，他便欣然应允，且颇有感情、立意极高地撰写了《柳泉蒲先生墓表》，为后人研究蒲松龄及其著作留下了重要文献。其中云："学者目不见先生，而但读其文章，耳其闻望，意其人必雄谈博辩，风义激昂，不可一世之士；及进而接乎其人，则恂恂然长者，听其言则讷讷如不出诸口，而窥其中则蕴藉深远，而皆可以取诸怀而被诸世"，"雍正改元之三年，其孤将为碑以揭其行，而以文属余，以余于先生为同邑后进，且知先生之深也，乃不辞而为之文以表于墓。"可见当年张元对蒲松龄生前印象及其敬仰之情。另外，张元与其子张作哲都曾对《聊斋志异》的广泛传播做出过贡献。济南张希杰的"铸雪斋抄本"《聊斋志异》所依据的朱氏藏抄本，就是由张元出面从蒲家借来稿本过录的。而王金范选刻十八卷本《聊斋志异》所依据的"曾氏抄

[1] 转引自袁世硕：《蒲松龄事迹著述新考·张元及其父、其子》。

[2] 文载广州中山大学藏抄本《聊斋诗文集》附"致聊斋"。

本”，抄主为累官郴州知州的历城进士曾尚增，乃张元弟子，也当系依据张元所借蒲氏之稿本过录的。①

唐梦赉，字济武，号岚亭，别号豹岩，明天启七年（1627年）生，淄川人。清顺治五年（1648年）中举，翌年23岁成进士，授翰林院庶吉士，逾三年晋秩检讨。因谏阻翰林院译《玉匣记》、《化书》为满文，以违圣命、“干重典”被罢官。虽有人为其申辩，然其归意已决，竟拂袖而去。后数十年间，怡情松菊，优游林下，博览群书，精研理学，尤关心桑梓民瘼，提携后进，实为一邑之衣冠领袖。其诗文深得王士禛赞誉，评曰：“盖先生之胸中，浩浩然，落落然，如云之行太空，如风之行于江海，入世出世，随所遇而发之，而未尝有所执也。故其文近于蒙庄，而其诗近于东坡，读者欲以拘墟之见，尺寸而测之，失其意矣。”（《志壑堂集序》）他还参与《县志》、《府志》的纂修，著有《志壑堂集》二十四卷、《后集》八卷行世。早在康熙十一年（1672年）夏，蒲松龄即与其同游崂山，次年又同登泰岱，此后多有往来。康熙十九年秋，唐梦赉与举人苏元行（贞下）曾到西铺访蒲松龄，三人夜饮同宿绰然堂。康熙二十三年（1684年）重阳，唐梦赉与高珩及王广铨（次公）游北山归，又夜访蒲松龄于西铺斋中。唐梦赉很看重寒士蒲松龄的才学，并鼓励支持其创作。他不仅为《聊斋词稿》作序，还继高珩之后于康熙二十一年秋为《聊斋志异》写了序，对蒲松龄及其《聊斋志异》作了高度评价。序中云：“留仙蒲子，幼而颖异，长而特达，下笔风起云涌，能为载记之言。于制艺举业之暇，凡所见闻，辄为笔记，大要多鬼狐怪异之事。向得其一卷，辄为同人取去；今再得其一卷阅之，凡为余所习知者，十之三四，最足以破小儒拘墟之见，而与夏虫语冰也。……留仙所著，其论断大义，皆本于赏善罚淫与安义命之旨，足以开物而成务，正如扬云《法言》，桓谭谓其必传矣。”而蒲松龄非常

①见袁世硕：《蒲松龄事迹著述新考·张元及其父、其子》。

敬重唐梦赉这位师长的人品气节，更感激他的知己提携之情。聊斋词《沁园春·岁暮唐太史留饮》即道出了由于唐梦赉的赏识、爱护而发的感激之情。聊斋文《唐太史命作生志》，详述了唐梦赉的家世、生平，特别赞扬了他提携后进、关心桑梓、谏阻官兵滥杀百姓的种种德行。《为众绅祭唐太史文》称其"弱冠雄飞，蜚声艺苑，珥笔凤池。志不安于缩项，愿适遂乎拂衣。迨其归也：承颜事亲，提耳教弟；临流赋诗，登山蜡屐。文如金翅擘海，什如明锦铺地。大业垂于千秋，声施及乎百世。雅爱文人，尤怜才士，苟一艺之微长，辄称扬而不置。晚岁多更，益饶经济；罗斗宿于襟怀，森矛戟于胸次。为公任劳而不辞，为民丛怨而不避；无念不为苍生，无事不存岂弟；陈民隐于大僚，导循良以抚字，往往蔀屋之愚氓，阴受福而不知。"不仅歌颂了唐梦赉的人品、善举，而且对其逝世深表痛惜之情。《聊斋志异》中的《泥鬼》、《雹神》两篇还记述了唐梦赉不畏鬼神的逸事。篇末"异史氏曰"称之"盖以玉堂之贵，而且至性觥觥，观其上书北阙，拂袖南山，神且惮之，而况鬼乎?""唐太史道义文章，天人之钦瞩已久，此鬼神之所以必求信于君子也。"由此可见唐梦赉在蒲松龄心目中之高大。

朱缃，字子青，号橡村，生于济南一官宦之家(祖籍山东高唐)。其伯父即康熙初官至总督、死于鳌拜之手、后得昭雪的朱昌祚。其父宏祚，顺治五年举人，康熙九年(1670年)选授江苏盱眙知县，后行取御史，历任刑部主事、兵部郎中、直隶守道参议，擢广东巡抚，后升浙闽总督致仕。朱缃生于康熙九年，兄弟五人，为长子(二弟朱绛，官至广东布政使；三弟朱纲，官至云南巡抚)，及长，主持家政，只捐了个候补主事的虚衔，未入仕。一生在有湖山之胜的泉城过着悠然富足的林下生活。雅爱吟咏，曾从王士禛学诗，并得好评。著有《枫香集》、《云根清壑山房诗集》、《观稼楼诗集》、《吴船书屋诗集》行世。朱

缃喜爱结交文士，所与游多名流。38 岁卒，王士禛为其作墓志铭。蒲松龄与朱缃的交往，起因于康熙三十二年（1693 年），蒲松龄应邀赴济南为按察使喻成龙题写《梅花书屋图》诗，朱缃知道后，便通过唐梦赉与淄川知县时惟豫出面，借阅了部分《聊斋志异》稿本。[1]康熙三十五年秋，蒲松龄到济南面见朱缃，有《答朱子青见过惠酒》诗（七律三首），其中云"不嫌老拙无边幅，东阁还当附恶宾。""锦堂蕴藉诗千首，褐父叨沾酒一盛。""淫霖快读惊人句，未觉深秋旅夜长。"从二人的往来书札看，朱缃曾分几次借抄了《聊斋志异》全稿。康熙四十五年（1706 年），朱缃为《聊斋志异》题诗三首，其三云："捃摭成编载一车，诙谐玩世意何如？山精野鬼纷纷是，不见先生志异书！"含意是很深刻的。据蒲松龄的长孙立德撰《书〈聊斋志异〉朱刻卷后》云："（柳泉）公之名在当时，公之行著一世，公之文章播于士大夫之口，然生平意之所托，以俟百世之知焉者，尤在《志异》一书……而橡村先生相赏之义……谓夫屈平无所诉其忠，而托之《离骚》、《天问》；蒙庄无所话其道，而托之《逍遥游》；史迁无所抒其愤，而托之《货殖》、《游侠》；昌黎无所摅其隐，而托之《毛颖》、《石鼎联句》。是其为文，皆涉于荒怪，僻而不典，或诙诡绝特而不经，甚切不免于流俗琐细，嘲笑姗侮，而非其正，而不知其所托者如是，而其所以托者，则固别有在也。"[2]可见朱缃对蒲松龄的评价甚高，也相当中肯，非常难得。蒲立德文称："昔我大父柳泉公……独于济南橡村先生交最契。"正是因朱缃对蒲松龄创作《聊斋志异》的知赏之真，才更加深了二人的交情。康熙四十六年夏，朱缃病故后，蒲松龄满怀深情地写挽诗云："蕴藉佳公子，新诗喜共论。如何一炊黍，遂已变晨昏！历下风流尽，枫香墨气存。未能束刍吊，雪涕赋招魂！"《聊斋志异》中的《老龙船户》、《外国人》，即写朱缃之父朱宏祚在广东巡抚任上的事迹。而《司训》、《嘉平公子》的附则，

[1] 见袁世硕：《蒲松龄事迹著述新考·蒲松龄与朱缃》，齐鲁书社 1988 年版。

[2] 蒲立德：《东谷文集》卷一，旧抄本。

即引录了朱缃《耳录》中的同类故事。

蒲松龄在与朱缃的交往中，还结识了吴长荣与张贞等人。[1] 吴长荣，字木欣，别字青立，号茧斋，山东长山人，系朱缃之从姊夫。曾随朱父宏祚总督任内参赞公务。后常住济南，与朱氏兄弟时有唱和。蒲松龄曾为吴长荣的作品写过两篇跋文，其一为《题吴木欣〈班马论〉》，其二为《题吴木欣〈戒谑论〉》(见《聊斋文集》)。《聊斋志异》中的《鸟使》及《姬生》、《桓侯》两篇之附则，皆注明系吴木欣之见闻。

张贞(1637—1712)，字起元，号杞园，山东安丘人，诗书画印皆善。"好结客，北走燕赵，南泛江淮，一时操觚之士，引领愿交"，"其平生以友朋为性命"，"为文多出于邮筒赠答之馀"，[2]"御试第三名，授翰林院孔目，寻改待诏"。[3] 从聊斋诗编年看，蒲松龄与张贞结识是在康熙四十一年(1702 年)，地点在济南朱缃家中，其诗《朱主政席中得晤张杞园先生，依依援止，不觉日暮，归途放歌》云："先生卓荦绝世才，挥毫立洒烟云开。尤喜一庭三玉树，英英骥子皆龙媒。德星今日方东聚，斗南欲压眉山摧。高名日日喧吾耳，依稀百里闻风雷。华筵幸识紫芝面，琼树坐对融心怀。得登龙门展清啸，下视一切等浮埃。笼霄气爽惊四座，擘海金翅凌九垓。所恨抱璞悭一剖，明时遗弃空蒿莱。谈倾忽出《明湖记》，金石声发有馀哀。我亦头白叹沦落，心颜对此如死灰！久与罔两相向语，如此肮脏世所猜。握手缠绵示肝鬲，堕身云雾忘形骸。留连不觉日昏暮，雨余滑滑泥满街。趺蹶几将成泥鲋，倒着接䍦归去来。"从中看出蒲松龄对张贞的钦慕及两人相识倾谈的愉悦与激情。后来蒲松龄还应约为张贞的《远游图》题诗云："谁者肖作湖海人，将无似我老张君？箬笠犹沾绿江雪，奚囊尽括青山云。游仙欲把浮丘袖，笑我双瞳小如豆。髯兮髯兮游何之？布袜行缠从而后。"(《题张杞〈远游图〉》)《聊斋志异·张贡

[1] 见袁世硕：《蒲松龄事迹著述新考·蒲松龄与朱缃》。
[2] 李澄中：《张杞园〈或语集〉序》(转引自张崇琛：《蒲松龄与诸城遗民集团》，《蒲松龄研究》1989 年第 2 期(总第 3 期)。
[3] 见王平：《〈聊斋志异·张贡士〉小考》，《蒲松龄研究》1998 年第 3 期(总第 29 期)。

士》即记传说之张贞家事。①

汪如龙，字健川，宣城人，举人，康熙十八年（1679年）任淄川知县。《淄川县志·秩官》称其"天性慈祥，一介不取。催科之入，仅供鞘费而已。服御俭素，以门板为卧榻，高司寇曾以木床。数载瘝居，不以家累相随。辑《寿世汇编》，著《阳坡诗集》行世。设立义学，捐施药饵，四民煦煦，如登春台。引疾致政，邑人醵资相助，始克归。可谓古遗爱矣"。蒲松龄与汪如龙的交往，见康熙二十年（1681年）的聊斋诗文。从《答汪令公见招》（七律五首）内容看，汪如龙曾招请蒲松龄，故其诗题为《答汪令公见招》。诗中称汪如龙"仙令仙才总不群，衢歌巷舞自纷纷。花村乱湿梅花雨，凫舄长飞绮盖云。""桃李满城花乱开，河阳仙令亲手栽。冀群一顾遂无马，燕市千金更筑台。"作者自谓"会当侍从篮舆后，把酒青山细论文"。"偃蹇自拼人不伍，忽逢青眼涕沾巾！""倘逐紫鳞藏壑去，拟随黄雀报珠来。""踪迹迂疏应勿怪，生平曾不到公衙。"第五首云："青衫白帢久飘零，羞把文章占盛名。敢请筑台先郭隗，漫劳悬榻待徐生。春窗萤火分官烛，文社鸡坛续旧盟。残卷犹堪消岁月，穷愁何足累虞卿！"体现了汪县令的礼贤下士以及作者对他的感激。但他还是婉言拒绝了汪县令的邀请，更见得其耿直。蒲松龄在《寿汪令公二十四韵》（五古一首）中，既歌颂了汪如龙的政绩，又描述了淄川百姓对他的爱戴；不仅称赞了他的人品，而且表达了民众的心声。在《上健川汪邑侯书》中，蒲松龄除了赞颂汪县令的德政外，极言自己的不得志，企盼得到赏识、提携，并附寄部分著作以求教正。中云："松，载笔以耕，卖文为活。遍游沧海，知己还无；屡问青天，回书未有。惟是安贫守拙，遂成林壑之痴；偶因纳税来城，竟忘公门之路。漫竞竞以自好，致落落而难容。膏火烧残，欲下牛衣之泪；唾壶击缺，难消骥枥之心。归雁衔芦，畏霜自

①见王平：《〈聊斋志异·张贡士〉小考》，《蒲松龄研究》1998年第3期（总第29期）。

蔽；寒蝉抱树，吊影行吟。受廛为氓，叨在覆帱之下；依楼得月，幸处照临之中。于今鸡犬皆宁，鼓腹而感噢咻之赐；从此衣冠有主，高枕而安衡泌之栖。结绿青萍，咸望薛、卞而定价；龙文骥子，一睹伯乐而哀鸣。若残甲剩鳞，敢污巨斧；而秋虫春鸟，愿聒清闻。惟冀放极大之光明，烛兹酸态；幸勿以无端之歌哭，笑此狂生。一语游扬，重燕石于鼎玉；片言照抚，变寒谷于风烟。略录旧篇，用代鼓掌；附呈小品，聊博哄堂。庶王事鞅掌之余，一开笑口；而仁人仰屋之夜，小破愁颜。不揣侏儒，数首妄求冰鉴；弗嫌谫陋，八股尚俟陶钧。如或青眼窥人，谬荷栽培之眷；万一蓝衫利市，宁忘高厚之恩。”作为一位县令能如此礼遇治下的士子，确实令蒲松龄非常感激，因此，他对前途充满了希望，冀盼汪如龙这位伯乐能帮他脱离困境。二十多年后他在写给李尧臣的信中还曾提及“昔汪公在县，虽有小欲，而待以礼，故亦不能取祸”，可见蒲松龄一直没有忘记汪如龙对他的礼遇。

张嵋，字石年，仁和人，贡监，康熙二十五年（1686 年）任淄川知县。《淄川县志·秩官》称其：“神姿卓迈，历事精明，下车三月，百废俱举。凡官廨、祠坛，旌善、瘅恶亭以及城隍庙、养济院等工，皆倾囊修建，一时规制鼎新。至如严保甲、革陋例，饮冰茹蘗，不遣一役下乡，而博徒屏迹，永杜盗源。邑民讴颂功德，跻堂相继。乃簿书之暇，课士论文，吟诗作赋，城墉既固，邑乘重修。真二东之循良，而两台之储选也。”后来县志《续秩官》又称其“精明有才干，邑中百废俱举。雅意文献，邑乘重修。于（康熙）二十八年升巩昌府同知。淄人同故明吴江沈（琦）公立祠尸祝之，号曰‘沈张二公祠’。”张嵋是一位颇有才学的知县。他不仅政绩显著，而且喜爱诗文，还与设馆毕家的蒲松龄交情深厚。因此聊斋文中对张嵋多颂扬、感激之词。两人的友谊，始自张嵋到任之初，“丙辰（寅）之岁，制锦般阳，倾盖邮

亭，蒙相知爱”。[1]“初入驿舍接清尘，荣已拟于下榻；再向荒阶迎玉趾，迹直近于式庐。方欲识荆，倾风自想；遂劳说项，戴海难戡。抱刺三年，旧箧开而灭字；歔枯片语，寒谷变而生春。践阮籍之穷途，方将涕泪；邀孙阳之小顾，便欲骄嘶。”[2]可见张嵋对蒲松龄是别加青眼，甚至屈尊造访，且对其多有关照。张嵋给予的敬重，使蒲松龄激动异常，其亟盼“伯乐”的心愿，得到了暂时的满足。张嵋还在公务之余，与蒲松龄切磋诗艺，并请其为自己的诗集作序。蒲松龄为此作有《和张邑侯过明水之作》（七律八首）诗，并为张嵋的诗集《古香书屋存草》作序云：“虽则邑事纷拏，而公则好整以暇，犹以游刃之馀，肆力风雅，往往不相遐弃，时以新什见示，读之苍秀悲深，喜者豁人胸，悲者雪人涕也。但吉光片羽，了了恨其易尽；后得《纪游新草》，如获拱璧，晨夕展玩，未尝暂释，而犹以全豹未窥为憾；继复投以《古香书屋草》，掀髯快诵，即入娜嬛之室而窥其秘藏，不是过矣。又不以松不文，属赘一言为序。”为歌颂张嵋的德政，蒲松龄还写过《俚谣颂张明府》、《廉叔行》及《颂张邑侯德政序》等诗文。在歌颂张嵋政绩的同时，蒲松龄亦曾为其施政提出过一些建议。[3]两人的关系，已超越了官和民的隔膜。当张嵋三年任满擢升巩昌府同知时，还请蒲松龄代拟了《上巩昌府知府书》。张嵋的离任，对于淄川百姓而言，无疑失去了一位真正的“父母官”，而对于蒲松龄来说，则更是失去了一位知己。他在《送别张明府》诗前小序中称：“肌肤骨髓，受兰气之长薰；鸡犬桑麻，被河流之普润。且柴桑之钝子，谬增价于品题；而葵藿之愚忱，益衔恩于覆载！不意骊驹忽驾，凫舄将飞。瞻云外以牵愁，指日边而结恨……留鞭挽辔，千尺潭水之情；把酒临风，三叠阳关之曲。折一枝之杨柳，步步留连；遗满县之桃花，年年开放。”其诗中云：“三年久借韶光拂，两世同被化雨荣。”“衡茅三载

[1] 见聊斋文《〈古香书屋存草〉序》。
[2] 见聊斋文《呈石年张县公俚谣序》。
[3] 见聊斋文《上邑侯张石年（嵋）书》。

浃恩光，忽怅迢遥去路长……只恐文章能妒命，忍教陆氏一庄荒。”“听唱骊歌意倍难，攀辕涕泪绕河干。”[1]从中可见蒲松龄对张嵋的依依难舍之情，亦透露出他与长子蒲箬（康熙二十七年入泮）都曾受到张嵋的关照。对于张嵋的离淄，蒲松龄还作有《悲喜十三谣》，诗前“小序”云：“叔度来三年矣。日噢咻人，春和中人骨。闻拔擢去，如婴离母也抱者。适驾南巡，谋要遮之而以请。肩所摩满衢，踵所止满邑，涕所堕皆满眶。谋而合众心则喜。能行者驰之，弱者不能行资斧之；骑者、步者，肩负腰缠，如蚁迁其国，数十里尘无断际，缕缕憋憋然道相属。然万趾南图，而龙飞西去远矣。数矣哉!居者眩眩目睛劳，遇南北行人，絮絮捉问之。既得耗，无老幼皆懊，无灵蠢皆怆，无男妇皆涕洟。里中三五偶而语，口无杂典，悼今离，道昔德政慈语也。共言侯去悲六、喜七。初不解，请屈其指，恍然始信。感为谣，听辅轩采择焉。”以上足见淄川百姓对张嵋离任的留恋之情。而其诗中所写“农人悲”、“儒童悲”、“乡人悲”、“翁妪悲”、“肆贾悲”、“名士悲”及“衙役喜”、“博徒喜”、“豪强喜”、“讼师喜”、“端工（巫师）喜”、“娼户喜”、“苞苴喜”，则更反映了张嵋在任时的德泽教化与政绩。后来蒲松龄在给李尧臣的信中还称：“张公在县，虽故刚鲠，而清明异常，谦和异常，故人畏而爱之。”（《与李希梅》）在蒲松龄的心目中，张嵋是历来任知淄川的政绩最佳者。再从淄川人民为张嵋立祠尸祝看，蒲松龄对张嵋的颂扬不单纯是其个人的感情，更多的还是依据了客观实情，代表了民意。

时惟豫，镶蓝旗人，康熙三十三年（1694 年）任淄川知县，三十七年（1698 年）被劾去。（《淄川县志·续秩官》）他喜爱吟咏，在任期间，曾折柬召请蒲松龄宴饮官署，分韵唱和。聊斋诗《时邑侯署中赏梅，分韵得高字》云：“暂对梅花兴亦高，况逢良夜酌醇醪。寒香抱屋

[1] 此据路大荒：《蒲松龄集》。

人盈座，可惜生平饮不豪。”[1]《时明府署中，酬唱倾谈，不觉蜡泪沾衣，归后赋此却寄》云：“初绽官梅廨署清，漫劳折柬召狂生。快成佳句才情敏，洞启重门腑肺倾。马踏明月人半醉，香流墨气夜三更。青衫蜡泪淋浪在，留表贤侯下士荣。”“王门未许滥竽逃，又赐衙斋玉色醪。可喜孟公能倜傥，尚容叔夜纵爬搔。垂帘已觉琴书静，开卷全清鼓吹嚣。平昔最愁谒官苦，今逢贤令不能高。”从中可见当时宴饮酬唱的情形。后来，时惟豫又请蒲松龄为其书斋题词，聊斋文《题时明府馀山旧意书屋》称：“京洛词人，英才磊落；燕山国士，年少风流。得句则石破天惊，临笺则龙骇凤跃。凫舄飞来，随车而洒灵雨；桃花栽去，遍野而布阳春……循良作令，榆薤千村；文学为官，弦歌万户……除内廨之小堂，颜‘馀山’之旧意……馀闲片刻，科头半亩之宫；雅集崇朝，击钵五花之馆。熏炉夜热，云绕书城；烛炬宵明，香杂墨气。千里远仕，或发庄舄之吟；半道相邀，时度柴桑之履。涤笔之水瓯雪碗，触类皆工；列屋之酒臼茶铛，逐端并韵……松，老态从今，痴情似昔。羸滕数载，带断而续以绳；抱刺三年，缄开已灭其字……偶睹吉光片羽，信淡菊之如人；窃窥越布单衫，觉芳兰之竟体……”可见时县令的风流雅趣。时惟豫的夫人徐氏，是一位颇有才华且喜爱诗文的女性，然而其不幸卒于淄川。为此，蒲松龄曾写《祭时夫人》文以悼之。其云：“惟孺人，玉台宋子，金屋齐姜。谢安石之闺门，能吟飞絮；左太冲之娇女，早倚轻妆。世习礼官之容，为清门之第一；少受蓝田之聘，见白璧之成双。举案如宾，奉裳衣于公子；授巾沃盥，谨搔抑于姑嫜。迨夫从舄于般阳，辞燕云于畿甸，官衙冷淡，守桓、孟之高风；铃阁清严，出郝、钟之家范。为闺中金兰之友，佐吟诵于青灯；以堂上锦屏之人，襄劬劳于昧旦。知来赠佩，体风流尹好士之心；温德仁言，济神明宰如霜之断。时时而存岂弟，凛冬霜

[1] 赵蔚芝：《聊斋诗集笺注》，转引自张庆林藏抄本。

月，犹怜夜柝之寒；处处而洒慈悲，短发囚徒，尽饱官厨之饭。觇窗瞰牖，映清心于琴堂；雪爪鸿泥，留芳踪于花县……”《聊斋志异·周生》即写这位时夫人为“遣仆赍仪代往”朝拜碧霞元君，因署中幕客周生所写祝文中有“诉夫人之愤”的“栽般阳满县之花，偏怜断袖；置夹谷弥山之草，惟爱馀桃”等“淫媟之词”而“致干神怒”召“冥罚”：“未几，周生卒于署；既而仆亦死；徐夫人产后亦病卒。”以上看来，蒲松龄之所以对于“年少风流”的时惟豫颇多赞词，是因为他对自己的礼遇，也是出于应酬。而聊斋诗《雪后时候深夜过毕韦仲家，蒙见招，时已寝矣。次日赋四律即寄（时报驿正急，处处惶骇，恐似北征州邑官滥冒而不还也）》的诗题及“客窗未觉高轩过，犹拥匡床日一竿”，“流俗口能为谤誉，男儿志要在勋名”等诗句所云，也多少透露出对这位县令不太尊重的意思。据考证，时夫人曾通过唐梦赍借阅过《聊斋志异》，而蒲松龄也视这位“识文墨、有贤能”的时夫人为“知音”，并“投之以诗”。①（聊斋文《上唐太史济武梦赍先生》云：“其中虽无要紧之事，然所呈司内之书，无有副本，不讨之，恐归乌有耳。暇时留心，不在一日也。其诗一首，视可投则投之，亦非急务，但凭尊便而已。”其中所称“司内”即指时夫人。）《聊斋志异·周生》篇末“异史氏”曰：“狂生无知，冥谴其所应尔。但使贤夫人及千里之仆，骈死而不知其罪，不亦与刑律中分首从者，反多愦愦耶？冤已！”则表现出作者对时夫人的同情。

喻成龙，字武功，号正庵，汉军镶蓝旗人，以荫入仕，曾官山东盐运使，康熙三十年（1691 年）迁按察使，三十二年迁山东布政使，三十四年内迁太常寺卿，改大理寺卿，后官至湖广总督。②蒲松龄与喻成龙初识于康熙三十二年春，时为山东按察使的喻成龙因慕蒲松龄的文名，饬令淄川县令周统“尽礼敦请”之，而蒲松

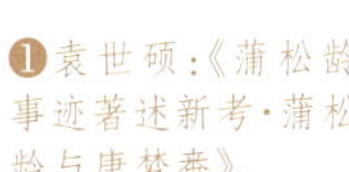
①袁世硕：《蒲松龄事迹著述新考·蒲松龄与唐梦赍》。
②据《清代职官表》。

龄却“倦于奔波，高卧不起”，后经馆东毕际有与毕盛钜“父子劝驾，乃肯一往。”喻成龙“礼仪有加，馆之幕中者数日”①。蒲松龄应喻成龙之请，为其《梅花书屋图》题诗云：“腊月梅花繁满枝，千朵万朵纷离披。时杂书香抱书屋，横斜疏影白如簇。庭院无风香自流，寒蕊堕地芳尘扑。翘想屋内白雪人，品似梅花淡烟拂。频倚画槛笑吟生，墨沛飞霞散珠玉。崩雷裂石青天惊，直探骊龙握双角。大雅真能起浮衰，宁止仁声遍空谷！剡溪安道肖作图，千里云山满尺幅。身入罗浮梦依稀，恍对旃檀闻清馥。我分笔札忆梅开，如坐春风登春台。”(《喻廉宪命题〈梅花书屋图〉》)诗内充满他对喻成龙的赞美之词及受其礼遇的感激之情。喻成龙当时之所以“尽礼敦请”蒲松龄，还有另一目的，即欲购其《聊斋志异》。② 此事是后来由蒲松龄的长孙立德在乾隆初年为推荐刊刻乃祖的《聊斋志异》而写给淄川县令唐秉彝的呈文中披露的。其文中句云：“在昔喻廉宪购以千金，未敢庭献；后黄臬台征来一札，旋即领还。”(《东谷文集》卷六)在这一点上，蒲松龄没有屈从这位臬台大人的意志，而出卖其著作权，足见他对自己一生心血结晶的《聊斋志异》之珍视。对此，喻成龙的胸怀也算“豁达”，他虽未达目的，但并未以其权势难为蒲松龄。康熙三十四年(1695年)，喻成龙由山东布政使改任京卿，蒲松龄作有《送喻方伯》(五古一首)与《又闻喻方伯迁京尹》(古体一首)两诗。其一云：“嘉树自有阴，良禽亦有媒。细麻生蓬中，虽直固不才。国士策高足，谁能终蒿莱？卞和抱荆璞，献上章华台。楚王愦不顾，弃之等尘埃。生平寡亲合，至老同婴孩。羞见城市人，口吃不能开。枯萤照蓬窗，冷几研灶煤。名贤莅东疆，伟抱倾琪瑰。叨陪何逊后，给札赋官梅。虚衷真爱士，暖律吹寒灰。招此飘泊魂，入室罗春醅。豁达见胸襟，爽气

①见蒲箸《柳泉公行述》及王洪谋《柳泉居士行略》。

②见袁世硕：《蒲松龄与朱缃》。

清九垓。猥以菅蒯姿，越府备三才。驽马遭孙阳，造物为忌猜。扫轨方恨晚，除诏何迫催！宇内有知己，万里犹庭阶。祝望在功勋，离别宁足哀！”从客观上说，喻成龙倾慕松龄的文名并尽礼敦请入藩署题诗，更进一步扩大了蒲松龄及其《聊斋志异》在省内外的影响。因而蒲松龄对喻成龙还是非常感激的。

黄叔琳，字昆圃，顺天大兴人。康熙三十年（1691 年）中探花，授翰林院编修，累迁侍讲。康熙四十七年（1708 年）任山东学政，三年，有贤称。康熙五十八年（1719 年）以左佥都御史授太常寺卿，雍正间为浙江巡抚，罣误罢职；乾隆初起复为山东按察使，至詹事府少詹事。是历康熙、雍正、乾隆三朝的名臣。蒲松龄与黄叔琳的交往，见聊斋文集。《上昆圃黄大宗师启》云：“伏维大宗师：文章宗匠，词翰仙曹。墨沛流传，遥散芝兰之馥；毫端培覆，并含霜露之仁。霁月光风，无减冬日；吹生拂物，俱载春和。咳唾垂恩，荣遂拟于华衮；眄睐成饰，价已贵于连城。山公未临，共切南斗之望；孙阳一顾，全空冀北之群。夙窥秀婉之章，每读则遐思丰采；及接温文之诲，既归则缅诉友朋。耿光之炙既亲，私淑之情已慰。生，身名偃蹇，镜影婆娑。唾盂敲残，骥齿已安于伏枥；吟髭拈断，葵心尚切于倾阳。每恨薛卞之门，无由定价；尤惭子云之貌，未足惊人。斜景萧条，无求风帆之助；诸雏谫陋，喜沾化雨之荣。春鸟秋虫，时自鸣其天籁；巴人下里，实不本于宗传。遥掷因而急奔，笑同钟会；迟行尚无善迹，还愧枚皋。乃以缮写付诸儿孙，实则增其悚惕；念以宽仁，逢此老诗，必且宥其衰慵。倘有偶中之言，冀赐不屑之教。”《又呈昆圃黄大宗师》云：“大宗师台台：玉鉴悬秋，冰心映日。抚婴拔薤，布有脚之阳春；止水平衡，消长乳之冤气。威名闻草木，虎戴冠而俱藏；盛治格豚鱼，鹰与眼而悉化。经纶在抱，发香缕于云烟；锦

绣为心，寄好音于珠玉。谢元晖之奖进，为孔阖写文；王江洲之风流，代柴桑作履。如斗山之共仰，望因重于识荆；倘蕉萃之堪收，意殊殷于说项。真足黼黻盛世，霖雨苍生，宁特君子之心，立却梗阳之狱，人伦之鉴，足空冀北之群而已哉！某，破砚生涯，寒缸灰烬。营巢抱卵，拙似春鸠；衔草随阳，劳同秋雁。卧袁安之雪，户少行迹；坐子桑之霖，家无爨火。场屋中更更闻漏，未解谜于'休哉'；风檐下岁岁镂心，初窜名于'康了'。暴鳃水次，未消伏枥之心；引领斗南，益切扫门之志。瞻召伯于棠树，望元礼于仙舟。宁冀出涸辙之枯鳞，升天而假以翼?惟祈哀穷途之落魄，拾骨而吹其魂。幸蒙华衮之褒，兼荷瑶章之赐。开芙蓉之匣，七宿交辉；出明月之珠，五衢异色。芸香满案，知咳嗽之皆恩；薇露沾巾，觉牙齿之并馥。踏临阳荒灾之什，人尽怆怀；赠八大山人之辞，我独陨涕。敢云云霄振羽，不荒陆氏之庄？且复妻子知恩，期作翳桑之报。闻弦仰秣，听曲耸鳞。处平原之囊，曾由自荐；碎禽息之首，盖为相知。砚田恐其就荒，因缓望尘之拜；云光喜其下覆，应怜倾日之诚。墨渖贻芳，歌思不已；蹄涔引手，翘切曷穷!"两函皆写于黄叔琳任山东学政时，故称其"大宗师"。此时，黄叔琳曾数至新城拜会其座师王士禛（康熙三十年会试主考），并遵嘱序《渔洋诗话》付之梓（《渔洋山人自撰年谱》），因而亦闻及蒲松龄的文名。蒲松龄早就读过黄叔琳的诗作，并曾用其"题《放鹇图》韵"写诗感谢王士禛赠阅《古欢录》（见聊斋诗《谢阮亭先生遥赐〈古欢录〉，用黄太史题《〈放鹇图〉韵》）。当黄叔琳索阅《聊斋志异》时，他便令儿孙抄录后附函寄去。蒲松龄自 44 岁补廪后，已到了预考岁贡之时[1]；况且，自己儿孙的前程也需要关照，因此，尽管他比黄叔琳大三十多岁，而他仍对这位颇有贤声的学政大人寄予了很大希望。黄叔琳同情蒲松龄

[1] 蒲箬《柳泉公行述》云："岁己丑，我父食饩二十七年，例应预考，庚寅岁贡。"

的遭遇，很欣赏他的才学，不论是当面还是在复函中，都给予了很高的评价，致使蒲松龄深为感激。蒲松龄康熙五十年（1711 年）赴青州考贡[1]，自然黄叔琳不无关照[2]；同年其长孙立德入泮，或亦与黄叔琳有关。

高珩，字葱佩，号念东，又号紫霞道人，生于淄川名门（其祖高举，万历庚辰进士，累官浙江巡抚。其父高所蕴，坪，万历壬子副贡；其兄高玮和从兄弟中的高坪、高琭以及其子高之騊皆进士）。明末成进士，授翰林院庶吉士。入清后，历任内翰林秘书检讨、国子监祭酒、侍讲学士、詹事府詹事、礼部右侍郎、都察院左副都御史、刑部侍郎。著有《栖云阁诗文集》十六卷等。蒲松龄与高珩的交情不仅仅是因其族间有姻亲关系，更主要的在于身为朝官的高珩能独具慧眼赏识蒲松龄的才学，并为其初步结集的《聊斋志异》率先作序，为之张目。高序批驳了那些以圣人“子不语”为辞，否定《聊斋志异》者的诸种论调，高度评价了蒲松龄的创作主旨与文学造诣，中云：“勃窣文心，笔补造化，不止生花，且同炼石。佳狐佳鬼之奇俊也，降福既以孔皆，敦伦更复无斁，人中大贤犹有愧焉。是在解人不为法缚，不死句下可也。”序末云：“吾愿读书之士，揽此奇文，须深慧业，眼光如电，墙壁皆通，能知作者之意，并能知圣人或雅言、或罕言、或不语之故，则六经之义，三才之统，诸圣之衡，一一贯之。异而同者，忘其异焉可矣。不然，痴人每苦情深，入耳便多濡首。一字魂飞，心月之精灵冉冉；三生梦渺，牡丹之亭下依依。檀板动而忽来，桃茢遣而不去，君将为魍魉曹丘生，仆何辞齐谐鲁仲连乎？”这表明高珩的文学观念不十分正统保守，看出了《聊斋志异》的文学价值。康熙十年（1671 年），高珩由都察院左副都御史改刑部右侍郎，十一月改左，蒲松龄有《与高司寇念东先生》书，云：“忽闻晋秩秋卿，金瓯

[1] 关于蒲松龄考贡时间，蒲箬等人称为“庚寅”，然而县志却称“辛卯”，经考证，蒲松龄赴青州，确在“辛卯”无疑。

[2] 袁世硕：《蒲松龄事迹著述新考·蒲松龄与其诸子及家孙》。

之覆，行不远矣，为之鼓舞！遂因便羽，寄土物二种，愧不成贺，聊将函信耳。”同年还有代孙蕙的《寄高念老》，其中有“老年伯大人荣转西曹，闻之不胜惊喜”句。翌年正月，高珩从刑部左侍郎任上，以“葬假”归里，一住八年。其间，蒲松龄曾随高珩与唐梦赉等东游崂山，还曾一度常住高家为西宾，陪侍高珩游眺、聊天等。[1] 聊斋诗《遥和载酒堂[2]唐太史韵》中有句云：“曾向三生联旧约，喜从累世续通家。”康熙十八年春，高珩为《聊斋志异》写序，十月，以原任赴京。这一年，蒲松龄始设帐于西铺毕家。该年的聊斋诗《次韵载酒堂倡和之什，寄郢社诸同人》有句云：“醉吟白雪诗千首，笑坐金鞍人一行。”“风流太傅东山卧，区画苍生自有方。”“主人逸兴广栽花，小结茆亭傍水涯。”“苦忆当年行乐处，名流千古重韶华。”“踏青伴去鱼窥沼，载妓人来鹦唤茶。”“何当再续十年约，蜡屐从君采石华。”康熙二十三年（1684年）秋，高珩与唐梦赉及王广铨（次公）西游白云山归，夜访蒲松龄于西铺斋中。聊斋诗《重阳王次公从高少宰、唐太史游北山归，夜中见访，得读两先生佳制，次韵呈寄》句云：“午夜敲门贵客践，登堂喧笑礼仪宽，未分胜友名山座，犹得奚囊妙句看。”“词人车马北山游，日暮携归诗句遒。爽气常存黄叶下，逸思欲抱白云留。”康熙二十七年（1688年），蒲松龄得读高珩的《劝世言》后，写《读高念东〈劝世言〉即寄》[3]，诗云：“至语缠绵道自真，三千世界破微尘。拟从珠串消前孽，敢乞莲花作后身。薄骨原无食肉相，病躯合是入山人。不知净土程多少，欲向普提一问津。”高珩亦有《寄聊斋》一札[4]，云：“别来数日，想进修益复骎骎也。往年看《志异》书未细心，今方细阅，卓然新出《艳异编》也，而尤胜之加倍者，则结构有法，点染多姿，四六、诗词无不佳妙，至跋语动人之劝惩，乐已之崇修，方知序中前身菩提，非漫语耳。……《志异》四册在敝斋，方摘抄

[1] 袁世硕：《蒲松龄事迹著述新考·蒲松龄与高珩》。
[2] 载酒堂，高珩之别业中建筑。
[3] 赵蔚芝：《聊斋诗集笺注》，转引张庆林藏抄本。
[4] 见广东中山大学藏《聊斋诗文集》旧抄本。

其有益于世者，数日内亦即送还也。”信中对《聊斋志异》的写作又有进一步的评价。康熙三十六年（1697年），高珩去世，蒲松龄满怀感情地写了《挽念东高先生》（七律三首），诗小序云：“先生观化气数，陵迟愈甚矣。栋梁摧折，风流顿尽，此吾鄙所共哀也。闻讣泫然，因成长句。所冀风雅词人，有同声而共涕者。”诗二云：“鹤驾乘风去不回，两楹奠罢古今哀。坡公老后犹书卷，疏广年来断酒杯。春梦婆能传哨遍，澧阳月已见云开。当年邀我同杖履，日日蹉跎愧不才。”其三云：“痛想当年慧业人，俚歌亦足破微尘。文无易稿从容就，口不择言表里真。绿野堂中蕉鹿梦、碧莲花上宰官身。瞻乌爰止于谁屋，俯仰黄垆涕满巾。”在《为韩樾老祭念东先生文》中，也高度概括评价了高珩的生平、人品。中云：“呜呼先生！海岳钟气，梓桐化身，文章道德，夐绝群伦……身登台阁之尊，志在江湖之侧……遍蜡屐之芳踪，树文坛之赤帜。慧业文心，尤阐宗义……且欲使苦海澄波，慈灯照世，寓劝惩于俚谣，皆慈悲之妙谛。”《聊斋志异》中的《上仙》、《侯静山》等篇，即记高珩经历及其亲属带有迷信色彩的故事。

王士禛（1634—1711），字子真，一字贻上，号阮亭，自号渔洋山人。明崇祯七年（1634年）生于山东新城（即今淄博市桓台县）数世显赫的官宦家族（其高祖重光，明进士，官至贵州按察使参议，曾祖之垣，进士，官至户部侍郎；伯祖象乾，进士，仕至兵部尚书；祖象晋，进士，官至浙江右布政使；父与敕，清初拔贡，未仕；兄弟中士禄、士祜皆进士，士禧，岁贡。王士禛清顺治八年（1651年）中举，十二年成进士，十六年选授扬州府推官。康熙三年（1664年）内迁，历官翰林院侍读、詹事府少詹事、都察院左副都御史、刑部尚书等。他一生交游甚广，是康熙间一代诗坛盟主。著有《带经堂集》、《居易

录》、《池北偶谈》、《分甘余话》、《香祖笔记》等三十六种。蒲松龄与王士禛的交往，始自康熙二十六年(1687年)春[1]，当时王士禛任少詹事兼翰林院侍讲学士，因父丧居家，期间曾到淄川与其家族世代联姻的毕家走亲。毕际有的夫人是王士禛的从姑母，毕际有为当时毕家风雅名士。作为其家西宾的蒲松龄自然有缘与王士禛相识。王士禛经其从姑丈的介绍，在居留期间浏览了蒲松龄的诗文和《聊斋志异》，印象极佳。他们认识后不久，王士禛便主动致函蒲松龄，借阅《聊斋志异》稿。为此，蒲松龄复函云："耳灌芳名，倾风结想。不意得借公事，一快读十年书，甚慰平生。而既见遽违，瞻望增剧。前接手翰，如承音旨……梅屋以索无期，姑缓之，中元之后日无不相寄者。蒙遥致香茗，何以克堪？对使拜嘉，临池愧悚！"随后，王士禛利用居家时间阅读了《聊斋志异》的稿本，并评点了其中部分篇章，还写了《戏题蒲生〈聊斋志异〉卷后》诗："故妄言之故听之，豆棚瓜架雨如丝。料应厌作人间语，爱听秋坟鬼唱时。"他还采摭了《聊斋志异》中的《五羖大夫》、《妾击贼》、《张贡士》、《赤字)、《小猎犬》等篇收入其康熙三十年编成的《池北偶谈》中。《聊斋志异》中的《龁石》、《庙鬼》、《四十千》、《王司马》等篇即记王士禛家族事。蒲松龄作《次韵答王司寇阮亭先生见赠》："志异书成共笑之，布袍萧索鬓如丝。十年颇得黄州意，冷雨寒灯夜话时。"后来，王士禛点志了《聊斋志异》中的部分篇章，请蒲松龄抄寄之。蒲松龄于康熙四十年(1701年)春寄去抄本，并附函云："十年前一奉几杖，入耳者宛在胸襟。或云老先生虽有台阁位望，无改名士风流，非亲炙謦欬者，不能为此言也。近于玉斧年兄案头，得诗集两种快读之，自觉得《论衡》而思益进。先生调鼎有日，几务殷烦，未敢遽以相质，而私淑者窃附门墙矣。前拙《志》蒙点志其目，未遑缮写。今老卧蓬窗，因得以暇自

[1] 见袁世硕《蒲松龄与王士禛的交往始末》(载《蒲松龄事迹著述新考》)及杨海儒《蒲松龄与王士禛的交往疑点探讨》(载《蒲松龄生平著述考辨》)。

逸，遂与同人共录之，辑为二册，因便呈进。犹之《四本论》，遥掷急走，惟先生进而教之。古人文字多以游扬而传，深愧谫陋，不堪受宣城奖进耳。”当时已任刑部尚书的王士禛上疏请急迁其祖、父葬，归里以后，始给蒲松龄复函，函称：“流金铄（炼）石，倍于往年。惟坐卧把奇书，当青松短壑、赤脚层冰耳。二册返璧，尚有几卷，统惟惠教。圈出三十馀则，并希录寄也。属序，固愿附不朽，然向来颇以文字轻诺，府怨取诟，亦自取之，遂欲焚笔砚矣。或破例一为之，未可知耳。今春拜手示，并获读《志异》书定本，以卧病久，兼之上疏请急，未遑裁答。匆匆归里，宿疾未痊，亦当稽尺一申候。而（雨）后新凉，遥承起居清泰。近刻数种，附呈教削。因舍侄行，草草申候不一。”[1] 蒲松龄接王士禛复函后，本拟至新城拜晤，这对蒲松龄来说，确实是件难得的荣幸，但他是个极自尊自重的穷秀才，限于地位的悬殊，斟酌不定，终未成行，王士禛假满回京，只得寄函作《送别》一首送行。其函云：“久拟一亲杖履，辄虑仓卒不能竟所欲谈，思近通德之门，觅一居停主人，侨寓五日，庶朝夕蹈隙，得以罄所怀来，荏苒因循，而舍人已趣装矣。近不能晤，远复如何？望树瞻云，只有怅切。松留心风雅，虽固有年，然东涂西抹，其实无所师授。少苦鲍、谢诸诗，诘曲不能成诵，故于五古之道，尤为粗浅。近妄拟古作，寄求指南，冀不吝数笔之涂，亦犹在夷貊则进之耳。《送别》一首，所谓贫别在骨，止足以供笑资，不堪笺奏。统俟挥掷，临池翘切！”《俚言奉送大司寇先生假满赶阙》诗云：“奎壁照齐鲁，光芒亘万丈。群登李郭门，共争滕薛长。白发卧衡茅，倾风起遥想。登高眺平原，山川何修广！恨无双飞翼，飘堕亲几杖。虽固隔尘情，梦中常独往。遥遥问何为？謦欬传云响。未睹衡气机，心情亦开朗。愧无项斯善，堪蒙士元奖。学类炳烛明，力衰志犹仿。怜此危败魂，老去更

[1] 中山大学藏《聊斋诗文集》抄本，附录“致聊斋”。

惚恍。喜近子云居，得奇冀参赏。忽复远违乖，中心殊怅惘。芳邻如他迁，四缭剩墟莽。圣明望治深，驾言不可强。名夹琉璃瓶，勋行炳天壤。舍人促装行，大地尽瞻仰！”王士禛接到蒲松龄的诗、函后，复赠其著《古欢录》。为此，蒲松龄于康熙四十一年（1702 年）写《谢阮亭先生遥赐〈古欢录〉，用黄太史题〈放鹇图〉韵》（五古一首）诗云：“怀中内双足，霜风下松杪。缅想古沉冥，高风亦已杳。遥惠《古欢录》，披读淡美好。名浮天地窄，才横渤澥小。调羹济苍生，想望亘四表。胡乃羡文人，结契海鸥鸟。”康熙四十三年（1904 年），王士禛以“王五”一案被诬罢归，蒲松龄闻讯后，作《阮亭先生归思二十四韵》赞其品德，诗云：“玉皇香案吏，谪为冠中枢。海内称三绝，鲁东止一儒。羽仪表朝宁，名字满寰区。不羡穿针巧，宁甘抱瓮迂。倾筐时倒屣，待漏尚操觚。文章驱屈宋，明允佐唐虞。名士风流在，良臣气概殊。眼中辽海阔，胸次点尘无。胡乃麑裘谤，忽成薏苡诬？事方理蝌蚪，人自吓鹓雏。蕉鹿终难判，马牛任所呼。久羞栈豆恋，适入寰瀛图。丛桂夙招隐，碧山不负吾。无如饮酒乐，岂必握兰趋？宦囊存诗窖，角巾出帝都。犹堪事游钓，喜不就橛株。人本如春柳，家原近白榆。到门无俗驾，悦耳有真娱。莲社欣相待，醴泉幸不孤。桑田故阡陌，剑槅旧眉须。聊复修花宅，何劳乞镜湖？君才吟哨遍，我欲论潜夫。赵妇雅能瑟，香醪许再沽。看他箫鼓竞，辛苦猎吴姝。”康熙四十七年，蒲松龄得到王士禛寄来近刻之诗集，读诵后，竟夜梦相逢，因而作《王司寇阮亭先生寄示近刻，挑灯吟诵，至夜梦见之》，诗云：“花辰把酒一论诗，二十馀年怅别离。曩在游仙梦中见，须眉犹是未苍时。”“自从供帐角巾还，春树萱云日日看，不是梦魂迷中道，徒缘惫骨怯征鞍。”描述了二人初次会面情景及其思念心理。同年蒲松龄还作《王玉斧赐〈蚕尾集〉久许不与。偶因渔洋惠近诗，夜梦索之，戏柬一绝》云："长史马豆真堪笑，忽得渔洋惠好音。最爱挑灯吟白雪，妄因数齿梦黄金。"康熙四十九年，时已撤帐居家的蒲松龄在与淄川蠹吏漕粮经承康利贞的斗争中曾致书王士禛，说明情况并劝其勿荐康利贞复任经承。其《与王司寇》书云："尺书久梗，但逢北来人，一讯兴居，闻康强犹昔，惟重听渐与某等。窃以刺刺者不入于耳，则琐琐者不萦于怀，造物之废吾耳，正所以宁吾神，此非恶况也，不知以为然否？蒙惠新著，如获拱璧，连日披读，遂忘昼曛，间有疑句，俟复读后再请业耳。适有所闻，不得不妄为咨禀：敝邑有积蠹康利贞，旧年为漕粮经承，欺官害民，以肥私橐，遂使下邑贫民，皮骨皆空。当时啧有烦言，渠乃腰缠万贯，赴德不归。昨忽扬扬而返，自鸣得意，云已得老先生荐书，明年复任经承矣。于是阖县皆惊，市中往往偶语，学中数人，直欲登龙赴诉。某恐搅挠清况，故尼其行，而不揣卑陋，潜致此情。康役果系门人纪纲，请谕吴公别加青目，勿使复司漕政，则浮言息矣。此亦好事，故敢妄及。呵冻草草。"王士禛接函后，果然未再荐举康利贞复任（此事在后来蒲松龄《与张益公同上谭无竞再生进士》书中所称"始知利贞即叛渔洋而营窟于先生之门者也"可得证实）。康熙五十年（1711年）蒲松龄夜梦王士禛过访，不知王士禛早在五月十一日就已病故，因而作《五月晦日，夜梦渔洋先生枉过，不知尔时已捐宾客数日矣》以挽之。诗云："昨宵犹自梦渔洋，谁料乘云入帝乡。海岳含愁云惨淡，星河无色日凄凉。儒林道丧典型尽，大雅风衰文献亡。薤露一声关塞黑，斗南名士俱沾裳！""遥忆黑头已珥貂，相逢快语彻清宵。角巾归后羊裘老，芒屐办成李杜遥。讣乍闻时惊欲绝，怀无倾处恨难消！衰翁相别应无几，魂魄还将订久要。""驴背红尘久惮劳，频烦尺一降林皋。夯台深已掩松露，卤簿喧犹入枕涛。久以家

传贻小许，犹遗剩馥溉群曹。牡丹一赋留宫禁，涕泪他年洒御袍。”“高轩闻作玉京游，老泪横披不自由。国士忍看埋玉树，达人已自乐瑕丘。衹深骚雅垂亡惧，不比寻常死别愁。道远未能将絮酒，垂缨屣履恨千秋！”其中既描述了作者本人对王士禛去世的哀悼，又追忆了二人的交情，还流露出未再晤面的遗恨，更表达了天下文士对一代诗宗逝世的痛惜。王士禛生前还为部分聊斋诗写过评语，并为《聊斋文集》题词曰：“八家古文辞，日趋平易，于是沧溟、弇州辈起而变之以古奥；而操觚家论文正宗，谓不若震川之雅且正也。聊斋文不斤斤宗法震川，而古折奥峭，又非拟王、李而得之，卓乎成家，其可传于后无疑也。”蒲松龄与王士禛不计身份地位，而相知、相赏，堪称清初文坛佳话。王士禛之奖誉，对蒲松龄坚定信念，坚持完成《聊斋志异》的创作，文名远扬，以及《聊斋志异》之广泛传播，都起了相当作用。

第六节　晚年小康

蒲松龄自康熙四十八年（1709 年）下半年回家后，终止了大半生的塾师职业，得以悠闲自适地安度晚年。

此时，他已有了“养老之田五十馀亩”，还有仆人，四个儿子“均输国课，不使租吏登门”。[①] 他可以心境闲暇地安居斗室中，日以抱卷自适，“时邀五老斗酒相会”[②] 以自娱；或养生学趺坐，或东阡以课农，虽说瓜壶豆角少肉食，然而生活富裕足供杯酌。这在灾荒年后已算得上不错的家境了。一如其《斗室》、《寂坐》、《课农》、《惰奴》诸诗中所云：“卓午东阡课农归，摘笠汗解尘烦息。短榻信抽引睡书，日上南窗竹影碧……垂老倦飞恋茅衡，心境闲暇梦亦适……”“余

①② 蒲箬：《清故显考岁进士，候选儒学训导柳泉公行述》。

室大如拳，丛竹如缭墙……生平喜摊书，垂老如昔狂。日中就南牖，日斜就西窗……卫生学趺坐，虚室生白光。”“雨晚无丰收，聊足供杯酌，两税仰诸儿，无须愁空橐。卧听稚孙读，心境殊不恶，斋居浑无事，扫径拾损箨。东阡课农归，瀹茗浇剧渴……两餐有馀富，瓜壶杂豆角。荒后肉食贵，安分忘馋嚼。”“一奴颇顽钝，见人始操作……偶尔过其侧，黑甜竟罔觉……怒已怜其愚，解颐为一噱。”

由于蒲松龄品学兼优、德高望重，并热心社会公益事务，被县学推为学长。其《力辞学长呈》云：“为钝拙衰老，不堪重任事：窃照学有四长，不惟宣扬德化，抑以表率生徒，排难解纷，责隆望众。过蒙师长宠异，列名其中，举之虽荣，当之有愧。生素不更事，聋而益痴，性不奈嚣。经年不履城市，盖以数里之奔驰为劳；生平未入公门，更以片言之颠倒是惧。人申说而不解其事，必将贻槁木之讥；官问马而误对以羊，宁不取大庭之笑？随行逐队，俾滥竽吹；丰草长林，徒惊鹿卧。况求效于椎鲁之士，老悖岂有长材？若选才于言语之科，学舍不乏能品。恳祈老师转达公堂，另推贤哲，庶几蕴藉河阳，可展栽花之令；疏狂叔夜，得安扪虱之慵。”话虽如此说，然从《聊斋文集》中的《请表彰贤迹呈》、《请表一门三烈呈》、《又投县呈》、《公举孝子呈》、《举张拔贡历友（笃庆）作大宾呈》、《举李希梅作介宾呈》、《请禁巫风呈》、《请祈速老呈》、《请清漕弊呈》、《求科试广额呈》、《又投学宪呈》、《请惩无品生员呈》等看，多是以阖学名义而作，确实为学校做了秀才班头，且尽职尽责。

康熙四十九年（1710 年），已被革职的淄川蠹役漕粮经承康利贞，厚赂罢职县令居家的谭再生荐复旧职，一邑皆惊。为此，蒲松龄当即与张益公共同致书谭再生，以阻康利贞复任。早在去年，淄川漕粮经承康利贞妄自提高漕粮征价，引起阖县公愤。在揭露蠹吏康

利贞的斗争中，蒲松龄为了公众利益，勇往直前。他先是数投呈文以求县衙缓征漕粮，降减米价，罢革康职；继而合同县学生员面质康利贞，皆未见效；不得已，他又投书县令，并借馆东毕家仆马亲赴济南布政使司衙门状告康蠹，终使藩司下文逐康不得再使复入公门。康利贞闻讯，携征银赴德州不归，后再扬言已得王士禛荐书，明年复任，未料想又被蒲松龄出面阻止。在这次斗争中，蒲松龄坚持不懈，直至全胜，充分体现了他为民请命、疾恶如仇的高贵品质。

是年十月初一，县里举行乡饮酒礼，[1] 他与当年的郢中社友张笃庆、李尧臣，被举为乡饮宾介，感慨颇多。其诗《张历友、李希梅为乡饮介宾，仆以老生，参与末座，归作口号》云："忆昔狂歌共夕晨，相期矫首跃龙津。谁知一事无成就，共作白头会上人。"道出了他们终生不第的苦闷心情。

康熙五十年(1711年)五月十一日，王士禛病逝。蒲松龄不仅写《五月晦日，夜梦渔洋先生枉过，不知尔时已捐宾客数日矣》诗四首以挽悼，还应毕盛钜嘱请，写了《(代)毕韦仲祭王司寇》文，其云："天下之士，生有轻于鸿毛，死有重于泰山，此其言如河汉而无极也……如公者：少年擢第，誉满人寰。德则丰玉俭谷，才则博翠浮澜；言则飞花粲齿，心则皎月光天；出则羽仪当代，处则奖掖后贤。故其存也，山川为之生色；其没也，天地为之黯然。迩年来老成凋谢，海岳无光，幸风流之不坠，属气运于渔阳，有斗南之一士，觉斯文之末亡。天乎胡不憖遗一老，而遽变乎沧桑？呜呼！名流尽归门下，朝士多赖奖成，咳唾皆为珠玉，四海奉为典型，虽哲人其云渺，犹百代而长生。其仕宦也：始于司李，终于秋卿，日以平反为事，不以鞶击为能，一介之不取，犹受知于圣明。"可见他对王士禛一生的高度评价。

是秋多雨，满街泥水，蒲松龄正愁无法出游，而其武定府朋友

[1]《清会典事例·乡饮酒礼》："顺治元年定：京府及直省府州县，每岁于正月十五日、十月初一日举行。"

李之藻突然来访，便忙于待客、安排食宿。其诗《雨后李澹庵至》云：“朝雨暮雨云不开，浊流滚滚漫庭阶。墙倾百尺声如雷，何以代堵高粱藉。老屋漏剧椽生苔，中宵移床坐徘徊。野水入村泥满街，我将出游没青鞋。回旋斗室难为怀，新雨可喜逢君来。驴子刍豆客村醅，不嫌隘陋眠荒斋。”李之藻来访，一是慕蒲松龄文名与之交流，二是请其为自己的画像图卷题跋。蒲松龄欣然应允，并满怀情感地撰写了四百余言的骈文《李澹庵图卷后跋》，同时还作有《李澹庵小照》七古一首，诗云：“琅琊山前碧万顷，结庐似不在人境。幕天席地何倘佯？大海澄波照双影。耐可东去寻瀛州，遥天尽处泛孤艇。展卷一望心眼开，欣动胸怀意遐骋，直欲乘翰坠颠顶。”可见他对李之藻广泛游历的羡慕之情。

这年冬十月，他赴青州应岁贡考试，一仆一骑，沿途吟咏，有诗数首。其《青州杂咏》诗云：“行李萧条马首东，山川寥廓霸图雄。重城连亘规模远，想见当年大国风。”（之二）“河流未冻岁寒初，晓柝重城胜国馀。此处人家农事毕，带花绵梗压茅庐。”（之三）“随地束妆自觉工，青州十里有殊风。城中犹自兴高髻，绕出城门便不同。”（之五）《归途》云：“旅店趣装向晓行，一鞭残月马蹄轻。青连近郭山无缝，翠接长桥路入城。日上烟消村舍出，雨余风动道尘清。归来投老应栖隐，百里奔波第次程。”《憩僧寺》云：“……日出叩禅关，应门惟僧雏。投鞭将入舍，鼾声出茅庐。”《口号》云：“七十老僧尚远奔，玉楼起墟马鞯温。馀年可学长安叟，风雨寒暑不出门。”在归途中，他顺便到李之藻新建的墅舍回访，适值其回武定家中未归，只得绕舍流连，作七古长诗一首而罢。当他从青州回到家，夜里下起了大雪，他不无庆幸地写诗云：“行旅休装日，马蹄带晓晖。途遥苦倦惫，雪甚幸旋归。炉火帏房暖，儿孙笑语围。始知在家乐，禽犬俱忘

机。”(《二十七日旋里,至夜大雪》)

令他高兴的是,不仅自己顺利通过了岁贡考试,而且长孙立德也于这年入泮。其《喜立德采芹》曰:“昔余采芹时,可曾冠童试;今汝应童科,亦能弁诸士。微名何足道?梯云乃有自。天命虽难违,人事贵自励。无似乃祖空白头,一经终老良足羞!”既可见他对孙子的期望,又可见其自愧心情。

次年春,他在写给毕盛钜的《老叹,简毕韦仲》诗中云:“四百四十五甲子,光阴忽如风过耳。遥忆年少见衰翁,自道此生永不尔。谁知白发增益增,百骸疲惰官不灵。”叹惜光阴逝速,并倾诉自己的老况:不仅病骨疲惫,且健忘,还耳聋、眼昏,连牙齿也不中用了。诗末称:“此况可与知者道,老友相怜无相笑。”

使他难以预料的是,几个稚孙同时病重,其中两个先夭亡,让这位“久绝世俗念”的老人又“忽怀儿女忧”。往日的祖孙满堂乐,变成了“入门无好景,随在听咿嘤”(《稚孙殇》)。后来,又有稚孙夭折,令他非常伤心,其诗《诸稚孙皆以痘殇,情不可忍》云:“暮岁无乐事,分甘诸童稚。何意一堂欢,已招鬼神忌! 学步方初成,一朝尽夭逝!眼泪忍不流,鼻酸不成涕。笑啼宛在傍,不敢一回忆。”

更使他不能接受的是,次子蒲篪学无所成,欲废去做差役。其诗《篪欲废卷》云:“不才无远志,匪伊朝夕间。虽操书卷业,实苦佔毕难。托事笔研耕,悠忽岁月迁。学问了不进,年年被放还。我归课旧业,成诵无完篇。逐逐惟蝇头,意不在简编。一年一赴试,徒以利傍观。今忽吐微情,弃卷拟执鞭。废读从此始,使我心刺酸! 自幼颇顽钝,早知有今年。废学从儿懒,杜老昔云然。不肖志已萌,已矣复何言!”

他对于自己五十年拼搏而终未得第,深感不平,当朋友们祝贺其考取岁贡时，他愈觉揪心、蒙羞，愧对妻孥。其诗《蒙朋赐贺》云："落拓名场五十秋，不成一事雪盈头。腐儒也得宾朋贺，归对妻孥梦亦羞。"

他虽然去年就已考贡，但是官府却迟迟不按旧例及时为他悬挂贡匾并支付贡银。不得已，他只得数投呈文催促之，直到临近腊月，县令谭襄才来赠匾。为此，他写《十一月二十七日，大令赠匾》诗云："白首穷经志愿乖，惭烦大令为悬牌。老翁若复能昌后，应被儿孙易作柴。"至于贡银，却是不催不支，即使催，甚至转托贵官写信去催，邑令仍作耳旁风。正如其《求邑令支发贡金》诗云："七月逢旱虐，粟豆皆无秋。数斗暂入瓮，旋尽为诛求。国恩有常例，推待贡士优。妇子苦难食，投词哀君侯。君侯惜筋力，一钱如拔抽。良友为贵官，转烦尺书修。春风过马耳，岁月忽已遒。"

康熙五十二年(1713年)，自春至夏，他与家人忙于建房，竣工之后，他写诗《磊轩落成示箬》云："我不耐愁思，生平乐苟安。人本有馀地，尔务为其难。半月采璞石，辇积如丘山。人畜赴涧谷，挥汗运陶砖。瓮罄错囊涩，日夜心忧煎。仲春徂季夏，拮据始告竣。客来一壶酒，登台望青山。客子快登临，主人快息肩；主客两相快，把盏一醺然。"

他因长年在外设馆，很少居家，故对族中后辈多不知名，为此，他感慨颇多，如《感怀》诗称："一村无他族，族姓百馀丁。伯叔一不存，兄弟皆凋零；侄行止六七，余者半玄曾。出门皆少年，十九不知名。何怪此老叟，白雪头忽盈！"他自知日益衰疲，也就懒于出门访友。平时或在竹荫中读读书，或饭后到田野里走一走，诗酒自娱，心情也算舒畅。其《自适》诗云："七十四岁叟，喜忧亦两忘。花应嫌我老，竹不厌人狂。梦醒无烦恼，歌呼任徜徉。馀年凭造物，何事费思量？"而《咏怀》诗称："一枕秋风昼掩关，树声萧瑟满庭间。不交

游为衰逾懒，长读书因老得闲。闭户遂知卧丰草，登台时一见青山。犹余文事为人役，身外俗情已尽删。”从中还透露出他仍代人歌哭的迹象。此时的《老乐》诗，才体现了他自适其乐的晚年情怀。其云：“人生知足无烦恼，能得逍遥贵贱均。大赦姑除酷吏虐，白头喜作太平民。入城恐以真为怪，疏节或缘老不嗔。架上书堆方是富，尊中酒满不为贫。老妻供客挑新菜，小仆篝灯网细鳞。幸有男儿知纸笔，可无庆吊苦风尘。陶公雅在羲皇上，邵叟真为快活人。沃壤犹堪留种黍，粗衣幸不至悬鹑。世间乐地盈天壤，何用劳劳役此身!”

可是，好景不长，就在他写自适老乐诗后的秋季，与他共患难的刘氏不幸病逝，使这位74岁的老人痛不欲生。他除饱含深情地撰写了一千三百余言的《述刘氏行实》全面概括缅述妻子的优良品德及事迹外，还满怀悲伤地写作了《悼内》等六首七律与一首五古及一首七绝诗以惋悼。其云：“人生原只等浮云，朝露方晞日已曛。不寐鳏鱼真似我，先驱蝼蚁最怜君！分明荆布搴帏出，彷佛嚬呻入耳闻。五十六年琴瑟好，不图此夕顿离分！”“自嫁黔娄艰备遭，家贫儿女任啼号。浣衣更惜来生福，丰岁时将野菜挑。怜我衰髦留脆饵，哀君多病苦勤劳。幸逢诸妇能相继，井臼无须手自操。”“烛影昏黄照旧帏，衰残病痛谁复知？伤心把盏浇愁夜，苦忆连床说梦时。无可奈何人似槿，不能自已泪如丝。生平未曾开君箧，此日开来不忍窥！”“古人念旧哭蓍簪，况共白头育四男！初学持筹将就木，久怜抱病复亲蚕。泪随绣线云千缕，肠断尘丝镜一函。相别明知无几日，此时分手最难堪！”“二十年来雪满头，挑灯犹自散牙筹。但陈簪珥情难已，时检仓箱涕欲流。始信人生真有死，悬知僵卧已无愁。泉台若复能知识，千载团圞正未休。”“浮世原同鬼作邻，况当岁过七馀旬！宁知杯酒倾谈夕，便是帏房诀绝辰！魂若有灵当入梦，涕如不下亦伤神。迩来倍觉无生趣，死者方为快活人。"《又》云："謦欬固宛然，如何谓之死？昨夕濒澌灭，呻吟卧床笫。事作不如程，开眸尚纪理。忽然声响绝，云已赴蒿里。触类纷刺心，泪下不能止。已而转自笑，人生谁不尔？叟年七十四，相别固无几。所恨不先行，白头问盐米。"《绝句》云："五十六年藜藿伴，枕衾宛在尔何之？酸心刺骨情难忍，不忆生时忆病时。"

是年九月，其四子蒲筠请寓居济南的江南画家朱湘鳞为他绘一肖像，他自己于画像上端亲笔题跋两则："尔貌则寝，尔躯则修，行年七十有四，此两万五千馀日，所成何事？而忽已白头，奕世对尔孙子，亦孔之羞。康熙癸巳自题。""癸巳九月，筠嘱江南朱湘鳞，为余肖此像。作世俗装实非本意，恐为百世后所怪笑也。松龄又志。"再次体现了他一生怀才不遇的无奈心情。

刘氏逝后，他极感孤独，只有借读书以消闷解愁。其《读书》诗称："故旧凋零谁与语？漫开浊镜论千秋。枕上数行眠欲坠，灯前一卷倦方休。老惟此物堪消闷，鳏更无聊借解愁。兴亡似看盘伶戏，懒效乘车马少游。"

在极度苦闷之中，他想到了武定府的朋友李之藻。此前，李之藻曾赠他以《墨竹》等礼物，并相约以后作五老之会。他亟欲与李之藻相见，然而又难于亲至，只得修书曰："别时相约，方期作五老之会，而竟渺然，屡向官庄问讯，则并无知行踪者，殊为怅惘！弟日益惫，又兼有悼亡之感，穷而无告矣。亟欲得老友一话间阔，恨道路修阻，不能躬亲一至耳。前蒙以《墨竹》见赠，感不去心！又遥惠嘉贶，愧仓卒无琼瑶之报，却之又失故人远餽之意，惟有汗悚而已！闻尊驾尚有东返之意，作大欢喜。引领翘切，不尽欲言。"(《与李澹庵》)

至十一月二十六日刘氏诞辰，其孙立德不忘祖母生日，归拜灵

帏，他因与恸哭并写诗云："逢君初度泪潸潸，何遽乘云去不还？犹忆去年今日里，共将杯酒祝南山。"（《二十六日，孙立德不忘祖妣初度，归拜灵帏，因与恸哭》）

次年春，他去看望刘氏的坟墓后，又写诗《过墓作》云："野有霜枯草，谷有长流川；草枯春复生，川流逝不还。朱光如石火，桃杏忽已残。登垅见殡宫，丛柏翳新阡。欲唤墓中人，班荆诉烦冤。百叩不一应，泪下如流泉。汝坟即我坟，胡乃先着鞭？只此眼前别，沉痛摧心肝！""朝看陵陂麦，郁郁见高坟。年少遭死别，情犹生于文；况乃白头侣，生子见曾孙！触类皆心酸，涕下欲沾巾！老屋汝所处，今日空无人：衾裯汝所寝，设置不复陈；华服汝所惜，散弃无复存；菽粟汝所蓄，抛掷等灰尘。性最畏荒寂，今独眠荆榛！勉哉汝勿惧，公姑为比邻。匪久襆被来，及尔醒晨昏。"可见他与妻子的深厚感情，以及对她的深切怀念，读来催人泪下。

不幸的是，他又有两稚孙被病魔夺去了生命，再度引起他的哀伤。其诗《哀两稚孙》云："零仃过岁涕沾裳，又见娇婴瘗北邙……人贵已知不如贱，又从遭际悟存亡。"这年五月，他还选录了《观象玩占》三册，其跋云："先得《会天意》一册，以其有量晴课雨之益，故依样录之。后见《观象玩占》，无论其卷册浩烦，不能缮写，且天文星宿，多所不解；仅取其人人共知，如日月北斗，风云雷雨之属，录为三卷，聊以备旱涝之秋，为瞻云望岁之助云尔。"（《抄录〈观象玩占〉跋》）可见其晚年仍关心农桑、勤于辑著之一斑。

画家朱湘鳞再次来淄，他与其见面时赠诗曰："江南快士朱湘鳞，携家北渡黄河津。卜居济西峿山下，近傍泺水买芳邻。生平绝技能写照，三毛颊上如有神。对灯取影真逼似，不问知是谁何人。东来辱与康儿戏，推衿送袍如弟昆。重门洞开无柴棘，义气万丈干青旻。

相对将人入云雾，谈笑满座生阳春。再到山城仅一悟，懆心如渴生埃尘。”(《赠朱湘鳞》)

至七月二十六日，馆东毕际有之妻王夫人病逝。他听说后即到西铺吊唁，途经奂山小憩，作诗云：“五年不践奂山道，乍到山头路欲迷。下马解装藉芳草，白云不断雁行低。”(《奂山小憩》)他受毕盛钜之嘱为其母所写《皇清敕封孺人进阶宜人毕母王太君墓志铭》曰：“余与毕世兄韦仲，同食三十年。甲午王夫人故，余往执绋。韦仲以余客门下久，习知家事，以墓志相属。呜乎!余安忍志夫人!顾义不容辞，谨疏厓略，以铭隧道。”用语千言，称颂了这位92岁的老馆东夫人一生贤淑风范，体现了他与毕家的深厚情谊。

其后，除重阳节同孙圣华、圣文兄弟与齐河许圣瑞及儿孙登东山，并到孙圣佐家赏菊外，至去世前几个月内，他居家不出，抱卷读史。所得感受，写诗以评，如《读史》、《崔伯渊》、《刘士安》、《元稹》、《慕容垂》、《杨妃》、《褚遂良》等。这些诗，既总结了历代统治阶级内部矛盾斗争的经验教训，如篡窃甚于僭越，庄言为佞甚于谄言，小人杀君子易而君子除小人难，宦官专权误国等，又评价了某些历史人物，如崔浩(伯渊)、刘晏(士安)、元稹、慕容垂(冲之误)、杨玉环、褚遂良等的功过遭遇。其中观点不乏新意。

临近过年，他大白天竟梦见了妻子刘氏。其诗《午睡初就枕，忽荆人入，见余睡而笑，急张目，则梦也》云：“一自长离归夜台，何曾一夜梦君来。忽然含笑搴帏入，赚我朦胧睡眼开。”可见他对妻子思念之切、眷恋之深。

其《除夕》诗云：“三百馀辰又一周，团圞笑语绕炉头。朝来不解缘何事，对酒无欢只欲愁。”这是蒲松龄逝前的最后一首诗。虽然年除夕儿孙笑围炉头，但是无论再欢乐的气氛，也排解不了他对亡妻

刘氏怀念的苦情。

康熙五十四年(1715年)春节,邃于易理的蒲松龄自卜不吉。正月初五,他率儿孙为父亲上忌日坟,归觉不快,似冒风寒,继以胁痛,微嗽而喘。医投理气之剂,其胁痛顿止,自是饮食尽减。至上元节,其遣人搬弟鹤龄来会,兄弟连榻,声息相闻。不意二十二日弟卒于朝,至暮他也倚窗危坐而逝。

其子遵其生前遗嘱,未敢久淹亲柩,于百日之内的三月二十四日将其合厝于刘氏之墓中。其墓园在柳泉东南里余之高冈处。

附：

蒲松龄年表

明崇祯十三年（1640年）

农历四月，蒲松龄生。

崇祯十五年（1642 年）

蒲松龄 3 岁。执友张笃庆生。

崇祯十六年（1643 年）

蒲松龄 4 岁。执友李尧臣生。

明崇祯十七年（1644 年）

清顺治元年

蒲松龄 5 岁。

李自成军陷北京，崇祯帝自缢。清兵入关；李自成军败走。清定都北京。

顺治四年（1647 年）

蒲松龄 8 岁。

高苑民谢迁聚众起义，攻陷淄川县城，占领数月。

顺治十二年(1655 年)

蒲松龄 16 岁。此前,蒲槃已为蒲松龄聘刘国鼎女。本年,讹传朝廷将选良家女充宫掖,人心惶恐,纷纷嫁女,刘国鼎送女来蒲家,与蒲松龄母董氏同寝处。讹言既息,始移归。

顺治十四年(1657 年)

蒲松龄 18 岁。与刘氏成婚。

顺治十五年(1658 年)

蒲松龄 19 岁。初应童子试,以县、府、道三第一进学,受知山东学政施闰章。

顺治十六年(1659 年)

蒲松龄 20 岁。与张笃庆、李尧臣结郢中诗社。

顺治十七年(1660 年)

蒲松龄 21 岁。应乡试未中。

康熙元年(1662 年)

蒲松龄 23 岁。长子蒲箬生。

康熙二年(1663 年)

蒲松龄 24 岁。应乡试未中。

康熙三年(1664 年)

蒲松龄 25 岁。兄弟析居,应邀就读李尧臣家。张笃庆有《和留仙韵》二首,讽其记叙神怪故事无益,表明前此蒲松龄已喜作狐鬼故事。

康熙四年(1665 年)

蒲松龄 26 岁。在本邑王村王永印家坐馆。

康熙九年(1670 年)

蒲松龄 30 岁。八月,应任江苏宝应知县的同邑友人孙蕙之聘,南游做幕。

康熙十年(1671 年)

蒲松龄 31 岁。春、夏在宝应、高邮。秋辞幕返里。三子笏生。

康熙十一年(1672 年)

蒲松龄 32 岁。四月,随本邑缙绅高珩、唐梦赉游崂山。秋应乡试未中。

康熙十二年(1673 年)

蒲松龄 33 岁。在本县丰泉乡王观正家坐馆。

康熙十四年(1675 年)

蒲松龄 35 岁。应乡试未中。四子蒲筠生。

康熙十八年(1679 年)

蒲松龄 40 岁。开始在本县西铺村毕际有家坐馆。三月,已作成之狐鬼小说初步结集,定名《聊斋志异》。高珩为之作序。

朝廷开博学鸿词科。

康熙十九年(1680 年)

蒲松龄 41 岁。母董氏病逝。

康熙二十年(1681 年)

蒲松龄 42 岁。前此孙蕙已擢户科给事中,族人、奴仆横行乡里。蒲松龄为此愤然上书孙蕙,劝其"择仆而役"、"收敛族人"。

康熙二十二年(1683 年)

蒲松龄 44 岁。作《婚嫁全书》。长孙蒲立德生。

康熙二十三年(1684年)

蒲松龄45岁。作《省身语录》。

康熙二十四年(1685年)

蒲松龄46岁。自春徂秋,病足卧床。本邑名士袁藩数上春官不第,本年应邀来毕家协助毕际有校刻其父毕自巖《石隐园集》。蒲松龄与之同病相怜,频繁填词倡和。八月袁藩病逝。

康熙二十六年(1687年)

蒲松龄48岁。春,结识大诗人王士禛。时王士禛任少詹事,居新城家中守制,来淄川毕家探亲。夏,王士禛来信索阅《聊斋志异》。秋,蒲松龄应乡试,因"越幅"被黜。

康熙二十七年(1688年)

蒲松龄49岁。受到淄川知县张嵋的敬重,为张嵋《古香书屋存草》作序。蒲箬进学。修族谱并序。

康熙二十九年(1690年)

蒲松龄51岁。秋应乡试,再次犯规被黜。

康熙三十二年(1693年)

蒲松龄54岁。春,山东按察使喻成龙慕名邀请,到济南作客数日。馆东毕际有病逝,蒲松龄作《哭毕刺史》八首。

康熙三十四年(1695年)

蒲松龄56岁。高珩病逝,蒲松龄作《挽念东高先生》。

康熙三十五年(1696年)

蒲松龄57岁。作《怀刑录》。秋,率毕氏弟子赴省城应乡试。济南朱缃相访于寓所,并邀至其家宴饮。前此,朱缃曾通过唐梦赉借得《聊斋志异》手稿抄录。

康熙三十六年(1697 年)

蒲松龄 58 岁。选《庄列选略》。朱缃寄诗、札,续借《聊斋志异》未读到的稿本。

康熙三十七年(1698 年)

蒲松龄 59 岁。六月,唐梦赉病卒,蒲松龄代本邑缙绅作《祭唐太史》文。

康熙四十年(1701 年)

蒲松龄 62 岁。春,致书王士禛,据其前圈出《聊斋志异》之篇目抄成二册寄之。五月,王士禛请假归里,有复函。十月,王士禛假满返京,投寄送别诗。

康熙四十一年(1702 年)

蒲松龄 63 岁。暮春赴济南,滞留数月,应乡试未中。王观正病卒。

康熙四十三年(1704 年)

蒲松龄 65 岁。 淄川一带大旱,有记灾诗、文若干。王士禛罢官归里,蒲松龄作《阮亭先生归思二十四韵》。

康熙四十四年(1705 年)

蒲松龄 66 岁。作《农桑经》。

康熙四十五年(1706 年)

蒲松龄 67 岁。作《药祟书》。朱缃抄录《聊斋志异》全书毕,题诗三首。

康熙四十六年(1707 年)

蒲松龄 68 岁。朱缃病卒,蒲松龄作《挽朱子青》。

康熙四十八年(1709年)

蒲松龄70岁。代民众揭发淄川漕粮经承康利贞妄增田赋银两。岁暮,撤帐归家,结束在毕家三十年的西宾生涯。

康熙四十九年(1710年)

蒲松龄71岁。十月,与张笃庆、李尧臣同举乡饮介宾。

康熙五十年(1711年)

蒲松龄72岁。五月,王士禛病逝,蒲松龄有《五月晦日夜梦渔洋先生枉过,不知尔时已捐宾客数日矣》四首挽之。十月,赴青州考贡,为岁贡生,受知山东学政黄叔琳。作俚曲《墙头记》。

康熙五十二年(1713年)

蒲松龄74岁。八月,刘氏病卒。

康熙五十三年(1714年)

蒲松龄75岁。抄录《观象玩占》。

康熙五十四年(1715年)

蒲松龄76岁。正月,病逝。

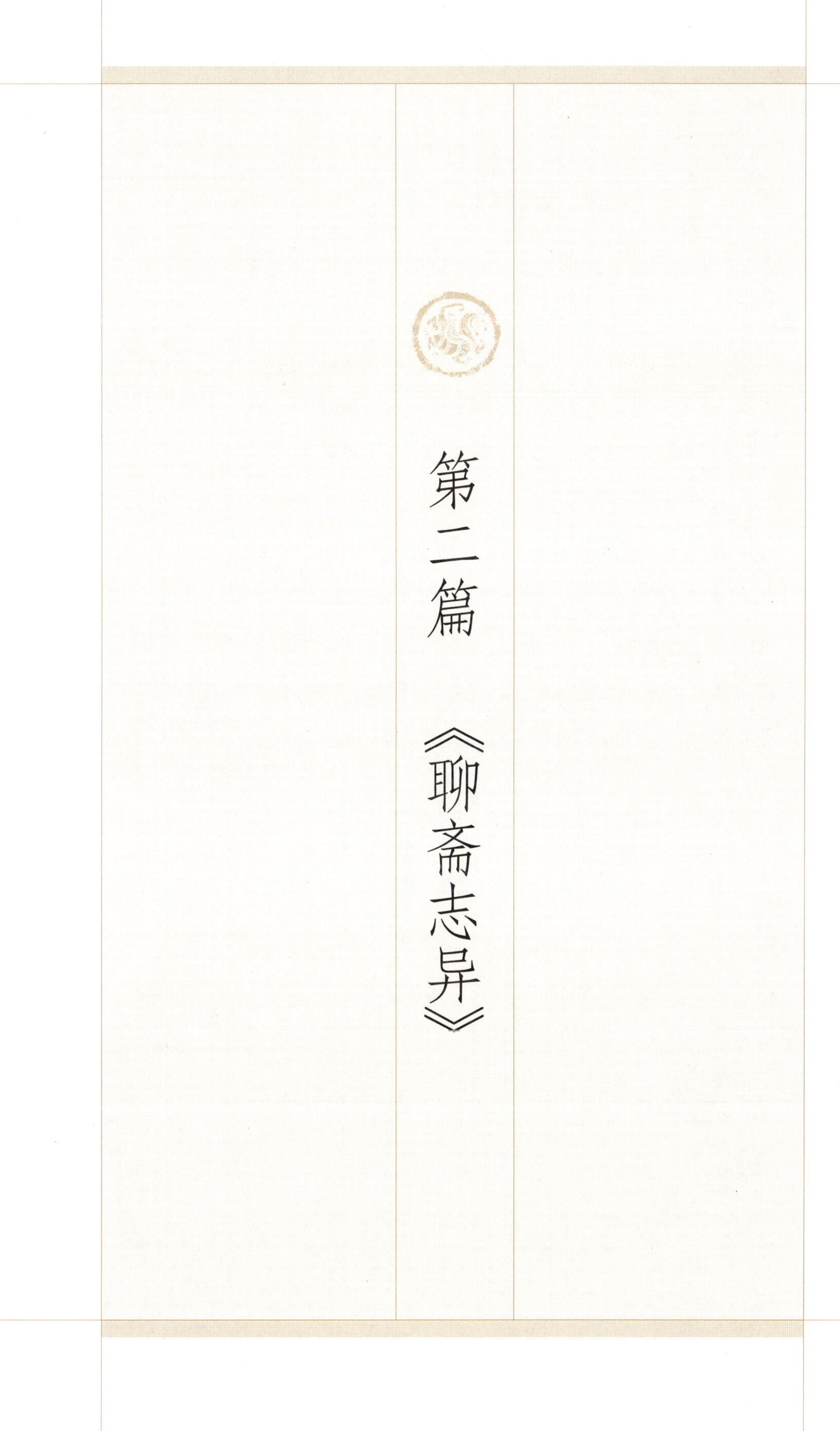

第二篇　《聊斋志异》

蒲松龄从20岁前后,便喜欢记述奇闻逸事,创作狐鬼小说。40岁时将已经作成的篇章,初步结集成书,定名为《聊斋志异》。此后仍继续创作,直到年逾花甲,方才逐渐搁笔。《聊斋志异》共有490余篇,多半是写狐鬼花妖神仙故事。蒲松龄继承和发展了中国古代志怪传奇小说的文学传统,借谈鬼说狐,针砭现实,抒写忧愤,表达个人的经验感受,寄托美好的理想愿望。将六朝志怪小说"明神道"的观念和唐传奇的手法,巧妙地转化为文学幻想的审美方式和表现方法,情节瑰丽,人物栩栩如生,成为富有现实意义、极受读者喜爱的文学名著之一。自刊行之后,二百多年来一直盛传不朽。其中许多篇章不断被改编为戏曲、电影、电视剧。《聊斋志异》的影响还波及国外,现有20多种语言的译本,在世界各地流传。

第一章　创作情况

第一节　创作始末

蒲松龄自青年时代便对志怪小说产生了浓厚的兴趣，至不惑之年时已将所作结集，并写了《聊斋自志》，申明创作志怪小说的宗旨。此后始终保持着创作的热情，直到去世前数年才停笔。《聊斋志异》倾注了蒲松龄大半生的心血。

蒲松龄的青年时代是志怪小说创作的准备期和初创期。蒲松龄青年得志，19 岁便以“县、府、道三第一”的优异成绩受知于著名诗人、山东学政施闰章，“补博士弟子员”，且“文名藉藉诸生间”。在读书应考的同时，他对志怪小说产生了浓厚的兴趣。蒲松龄的好友张笃庆于康熙三年（1664 年）在《答蒲留仙来韵》诗中说：“君自神仙客，吾岂帝者师？”这一年蒲松龄 25 岁，张笃庆却称他为“神仙客”，并不是说蒲松龄要求仙访道，或隐逸遁世，只是以此形容蒲松龄好谈神仙怪异之事，如他后来在《聊斋自志》中所说：“才非干宝，雅爱搜神；情类黄州，喜人谈鬼。”同年，张笃庆又有《和留仙韵》七律二首。其二云：

司空博物本风流，涪水神刀不可求。

(自注:张华,官至司空,著《博物志》,多记神怪事。)

君向黄初闻正始,我从邺下识应侯。

一时结客白莲社,终夜悲歌碧海头。

九点寒烟回首处,不知清梦落齐州。

首联说晋张华作《博物志》,多记神怪事,但这毕竟是虚幻不实之事。因此在第二联中便说明了两人文学志趣的不同。蒲松龄以黄初、正始为宗,爱记述奇闻逸事,喜创作狐鬼小说;张笃庆则要师法建安七子,以诗歌为自己的千秋之业。这就表明,蒲松龄从 20 多岁就开始了志怪小说的创作。

蒲松龄的同邑前辈唐梦赉是为《聊斋志异》作序的第二人,在序中说道:

留仙蒲子,幼而颖异,长而特达,下笔风起云涌,能为载记之言。于制艺举业之暇,凡所闻见,辄为笔记,大要多鬼狐怪异之事。向得其一卷,辄为同人取去;今再得其一卷,阅之,凡为余所习知者,十之三四,最足以破小儒拘墟之见,而与夏虫语冰也。

唐梦赉与蒲松龄初交于康熙十一年(1672 年)前后,他之所以赏识蒲松龄,在很大程度上是因为蒲松龄"能为载记之言",志"鬼狐怪异之事"。在交往中,他曾先后阅读了蒲松龄创作的两卷志怪小说。可见蒲松龄在 30 多岁时,其志怪小说的创作已颇有影响了。这其中当然包括蒲松龄南游做幕一年时的作品。

在南游途中,蒲松龄写了《途中》诗,中有"途中寂寞姑言鬼,舟上招摇意欲仙"的句子。"言鬼"即谈论鬼狐怪异之事,可理解为蒲松龄在搜集、构思、创作志怪类小说。在《十九日得家书感赋，即呈孙树百、刘孔集》诗中，有"新闻总入狐鬼史"一句。"入"就意味着记入、写进，"狐鬼史"则指志怪小说。这说明他在南游期间的确继续着《聊斋志异》的创作，虽然难以确指此时写了多少篇，但少数篇章可以确定为此时所作。如《莲香》篇末作者自云：

余庚戌南游至沂，阻雨，休于旅舍。有刘生子敬，其中表亲出同社王子章所撰《桑生传》，约万余言，得卒读。此其崖略耳。①

《巧娘》篇末作者自云：

高邮翁紫霞，客于广而闻之。地名遗脱，亦未知所终矣。

这里明确提到了"南游"、"高邮"，可知两篇故事得之于南游期间，也作于南游期间。

这次远游，还使蒲松龄领略到了苏北水乡的风光，了解了淮扬一带地方的风土人情，熟悉了地方官场的许多内情，开阔了眼界，增长了阅历，体察到了许多困居家乡所体察不到的东西，这对《聊斋志异》的创作非常重要。《王桂庵》篇描绘江村景物如画，《晚霞》篇写江南龙舟之戏，《白秋练》、《庚娘》以江上为故事背景，恐怕都与他这一段生活有关。

当然，蒲松龄的小说创作并非毫无阻力，包括好友张笃庆在内的许多友人都认为写这种狐鬼之文没有什么价值和益处。张笃庆在康熙三年(1664 年)曾有"涪水神刀不可求"的诗句；康熙二十一年(1682 年)，他在为《聊斋志异》所题的三首诗中，又说"君自闲人

①本篇所引《聊斋志异》原文，皆据二十四卷抄本《聊斋志异》，齐鲁书社 1981 年 9 月版。

堪说鬼，季龙鸥鸟日相依”；康熙二十六年，他在《寄留仙、希梅诸人》中，更明白地说：“此后还期俱努力，聊斋且莫竞谈空！”到了康熙三十二年（1693年），他在《寄蒲留仙》二首中再次说“谈空谈鬼计尚违”。可见张笃庆对蒲松龄作志怪小说始终是不以为然的。这不能不使蒲松龄感到有些惆怅，所以当他的小说创作意外地受到王士禛这位大人物的奖誉时，他情不自禁地说道：“一字褒疑华衮赐，千秋业付后人猜。此生所恨无知己，纵不成名未足哀！”（《偶感》）

早在王士禛之前，淄川的两位前辈文人高珩、唐梦赉已为《聊斋志异》写了序言。高序作于康熙十八年（1679年）三月，唐序作于康熙二十一年（1682年）仲秋。其时，蒲松龄还只是写了部分篇什，进行初步结集。两位前辈能够执笔为《聊斋志异》作序，这本身就是对蒲松龄的支持和鼓励。两人的序言重在破除俗儒拘墟之见，阐明《聊斋志异》虽曰志异，“大要多为鬼狐怪异之事”，然而却又是“以天常民彝为则”，“皆本于赏善罚淫与安义命之旨”，“足辅功令教化之所不及”，“亦可与六经同功”。这种论调虽然还有些封建道学气味，不尽完全符合《聊斋志异》的实际。但是，高、唐二序毕竟都是大破“子不语”之论，驳斥了对《聊斋志异》持怀疑、否定态度者的种种口实。高、唐二人的支持，减轻了蒲松龄思想上所受的压力，使他鼓足勇气继续创作。

《聊斋志异》的大部分篇章是在西铺毕家坐馆时写成的，毕家的良好环境为他的创作提供了有利条件。馆东毕际有是位自命风雅的人，家中藏书非常丰富，蒲松龄在这里读到了以往没有读到过的书籍。毕际有去世后，其仲子毕盛钜与蒲松龄更有兄弟般的情谊。蒲松龄在毕家30年里，平时住在绰然堂中，冬日有炉火取暖；夏日炎热便移居东园的效樊堂，或石隐园里的霞绮轩。就是在这种幽雅的环境中,蒲松龄创作出了许多瑰玮奇丽的狐鬼花妖故事。毕际有及毕家众多子弟都对蒲松龄的志怪小说有着浓厚的兴趣。《聊斋志异》中的《鸲鹆》、《五羖大夫》两篇就是在毕际有初稿基础上加工而成的,《杨千总》篇则是毕际有提供的材料。毕际有的从侄毕怡庵读了《青凤》后心向往之,从而又有了《狐梦》一篇。《马介甫》篇末云:“此事余不知其究竟,后数行,乃毕公权撰成之。”毕公权是毕自肃的曾孙,自幼聪明过人,有神童之誉。他对《聊斋志异》也很感兴趣,并动笔助成此篇。这些情况说明,蒲松龄的小说创作引起了毕家不少人的兴趣,一度以奇闻逸事为谈资,从而不仅为他提供了一些创作的素材,也为他继续进行创作创造了一个适宜的环境。

在《聊斋志异》创作的后期,蒲松龄为使某些作品更加贴近百姓和现实,充分发挥其伦理道德教化作用,开始着手将部分作品改编成百姓喜闻乐见的俚曲。在现存的15篇《聊斋俚曲》中,有7篇是改自《聊斋志异》的,即:《翻魇殃》演《仇大娘》的故事,《慈悲曲》演《张诚》的故事,《姑妇曲》演《珊瑚》的故事,《寒森曲》演《商三官》和《席方平》的故事,《禳妒咒》演《江城》的故事,《富贵神仙》和《磨难曲》演《张鸿渐》的故事。这些俚曲扩大了《聊斋志异》的社会影响。

第二节　题材来源

蒲松龄创作《聊斋志异》,主要是取材于现实生活。同时,吸收前人和同时代人提供的野史逸闻和民间传说,依据现实生活的需要进行创作,也是其题材来源的重要途径。

明清之际动乱的社会现实,成为《聊斋志异》主要题材来源之一。《张诚》、《林氏》、《韩方》、《鬼隶》、《乱离》、《野狗》、《宅妖》、

《公孙九娘》、《张氏妇》、《仇大娘》等以清兵的血腥暴行为背景或素材;《成仙》、《红玉》、《黄九郎》、《李司鉴》、《黑兽》、《罗刹海市》、《潞令》、《饿鬼》、《胭脂》、《聂政》、《考弊司》、《梦狼》、《张鸿渐》、《王者》、《公孙夏》等以封建吏治的腐败无能、贪赃枉法为素材。现实中的某些官员则成为贤良循吏的人物形象,如《胭脂》中的施闰章,《折狱》中的费祎祉,《公孙夏》中的郭琇,《于中丞》中的于成龙,《诗谳》中的周亮工,《老龙船户》中的朱徽荫,《新郑讼》中的石宗玉,《王十》、《赌徒》中的张嵋等。

蒲松龄个人的遭际和感受,也是《聊斋志异》的主要题材来源。蒲松龄大半生挣扎在科举道路上,饱受科举考试失败的折磨,一次次名落孙山的沮丧、悲哀、愤懑,使他创作出了《叶生》、《司文郎》、《于去恶》、《胡四娘》、《凤仙》、《何仙》、《三生》、《王子安》、《禄数》、《褚生》、《贾奉雉》等揭露和抨击科举弊端的作品。作品中的主人公往往带有作者自己的影子,如早期作品《叶生》,“借福泽为文章吐气”,基调是自悲,自悲中又含有不服气之意,对科举还抱有很大的幻想。中后期的《司文郎》,借盲僧之口讥刺考官一窍不通,就不再是自悲,而是对科举的嘲谑了。再晚一些的《贾奉雉》,让主人公以最拙劣的文章高中,自感无脸见人,遁迹山丘,逃离名场,隐含着看破科举之意,流露出了灰心的情绪。

许多人狐、人鬼、人妖相爱的篇章,男主人公大都是像蒲松龄一样怀才不遇的书生,不少是在富有的官宦之家坐馆的塾师。这些篇章也或直接或间接地反映了蒲松龄的感受、心态与经验,借花妖狐魅来弥补现实生活中的匮乏,使自己在心理上得到平衡,在精神上得到慰藉。《绿衣女》、《小谢》等即取材于此。

蒲松龄注意从各种渠道搜集丰富多彩的创作素材,正如他在

《聊斋自志》中所说："才非干宝，雅爱搜神，情类黄州，喜人谈鬼，闻则命笔，因以成编。久之，四方同人又以邮筒相寄，因而物以好聚，所积益伙。"据统计，《聊斋志异》中标明了故事提供者，或明确说明故事系得之传闻以及民间故老口谈者，就有一百多篇。如《山魈》开头便交代："孙太白尝言：……"《咬鬼》开头交代："沈麟生云：……"《侯静山》开头说："高少宰念东先生云：……"《龙肉》开头说："姜太史玉璇言：……"还有一些篇章在结尾处交代故事来源，如《祝翁》结尾说："翁弟妇佣于毕刺史之家，言之甚悉。"《胡四姐》结尾说："尚生乃友人李文玉之戚好，尝亲见之。"《莲香》结尾说："有刘生子敬，其中表亲，出同社王子章所撰桑生传，约万余言，得卒读。此其崖略耳。"《吴门画工》结尾说："莱芜朱拱奎曾见其人。"《巧娘》结尾说："高邮翁紫霞客于广而闻之，地名遗脱，亦未知所终焉。"《鸲鹆》篇开头说："王汾滨言……"结尾注明："此毕载积先生记。"从故事的来源到复述，都是友人所提供。《番僧》开头说："释体空言……"说明僧道之辈也为蒲松龄提供了素材。

当然，几乎所有的篇章开头便交代某地某人，主要是为了表明故事的真实可靠。其中有的人和事为实有，如《武技》所记淄川西郊李超事，《于中丞》所记于成龙破案事等，但这一类的篇目非常之少。较为多见的是人实而事虚，如《考城隍》中的宋焘，《庙鬼》中的新城诸生王启后，《李公》中的李著明，《梦别》中的王春李先生之祖，《泥鬼》中的唐梦赉，《紫花和尚》中的诸城丁耀亢之孙丁生，《狐梦》中的毕怡庵等等，都确有其人，但他们所经历的事就今天来看显然是荒诞不经的。更多的情况是人与事皆虚，如《王六郎》中的主人公王六郎，尽管说他"家淄之北郭，业渔"，但并非实有其人。再如《娇娜》中的孔雪笠，说他是"圣裔"，实际上有与孔圣人开玩笑之

意。《成仙》中的周生、成生,《青凤》中的太原耿去病,《陆判》中的陵阳朱尔旦,《婴宁》中的莒之罗店人王子服,《聂小倩》中的浙人宁采臣,《张诚》中的豫人张讷、张诚,《白于玉》中的吴筠,《小谢》中的渭南陶生望三,《恒娘》中的都中人洪大业,《葛巾》中的洛人常大用,《黄英》中的顺天人马子才,《书痴》中的彭城郎玉柱,《白秋练》中的直隶慕蟾宫,《陈云栖》中的楚夷陵人真毓生,《香玉》中的胶州黄生,《石清虚》中的顺天人邢云飞,《曾友于》中的昆阳故家曾氏兄弟,《苗生》中的岷州人龚生,《薛慰娘》中的聊城儒生丰玉柱等等,也皆虚构之人。这些人物的籍贯往往远离蒲松龄的家乡淄川,甚至远离山东,实际上是为了便于虚构故事。这些人与事皆虚的作品常常是最优秀的短篇小说,因为作者可以摆脱真人或真事的束缚,大胆想象,精心结撰。

在进行艺术构思和创作想象时,蒲松龄注意吸收前人所留传下来的素材以及民间传说,如《种梨》原本于《搜神记》中的《徐光》,《凤阳士人》基本上是源于唐传奇《三梦记》。然而更多的是借助逸闻传说,生发开去,无论是立意主旨还是情节结构都有了质的转变。如《瞳人语》与《万历野获编》卷二八“奇疾”条有题材的相似之处,但后者只记其病之奇,没有其他含义。蒲松龄则将耳疾、鼻疾改为眼疾,情节更生动曲折,立意乃在于惩罚轻薄儿。再如《叶生》与《太平广记》卷三五八“王宙”条有题材的相似之处,但蒲松龄只取后者离魂以报知己的情节,写叶生在科场失败后,化为鬼魂帮助别人应举,“借福泽为文章吐气”,以抒发自己半生沦落之悲痛。再如《张诚》与《因树屋书影》卷五“戚三郎”都是歌颂人与人之间的义气,蒲松龄把《书影》中朋友之间的义气改写成兄弟之间的义气,并且扩大了社会面,情节也更加离奇曲折。

据有关学者考证,《聊斋志异》中有民间传说根据的不下150篇,比较典型的如《促织》、《王六郎》、《侠女》、《爱奴》等,都有民间故事原型。《促织》写明宣宗朱瞻基"尚促织之戏,岁征民间",给百姓带来的惨剧,其蓝本为吕毖《明朝小史》卷六"宣德纪":

帝酷促织之戏,遣取之江南,其价腾贵,至十数金。时枫桥一粮长,以郡督遣,觅得其最良者,用所乘骏马易之。妻妾以为骏马易虫,必异;窃视之,乃跃去。妻惧,自经死。夫归,伤其妻,且畏法,亦经焉。

沈德符《万历野获编》卷二四"斗物"记述了宣德皇帝怎样斗促织,抚臣怎样因供促织而得官致富。谢肇淛《五杂组》卷九"物部"一记述了怎样饲养蟋蟀,使之善斗。陈元龙辑《格致镜原》卷九八引《虎苑》记述了斗蟋蟀求神助佑及蟋蟀神化。这些民间传说成为《促织》的情节素材来源。

《王六郎》是渔夫水鬼型的民间故事,来自民间口头传说。略晚于蒲松龄的张泓在《滇南忆旧录》"成公祠"(载《艺海珠尘》)中记述了同类故事,只不过地点不同、人物姓名各异。《成公祠》中的水鬼所放的"替生"是两个人三条命:孕妇与孝子。《王六郎》把孕妇改为抱子妇人,去掉了孝子,这样情节更为集中。《侠女》的故事与唐段成式《剑侠传·贾人妻》的情节非常相近,只不过《贾人妻》中女主人复仇后将所生儿子杀死,《侠女》中女主人公为感母子之德而为其生于延嗣。《爱奴》显然借鉴了当时流传于民间的《冥府延师》题材。与蒲松龄同时的吴宝崖(陈琰)在《旷园杂记》(上)中记述了类似的故事,地点、人物虽不同,但时间却都发生在腊初或除夕,内容也是

塾师回家或贫而无馆时所发生的奇遇。只不过《旷园杂记》没有恋爱情节。

综上所述，《聊斋志异》的题材来源是多方面的，但无论源自何处，蒲松龄都注意与现实生活相联系，进行独到的艺术加工与创作，那些优秀的作品尤其如此。

第三节　文学承传

《聊斋志异》是在广泛继承了神话、传说、史传、志怪、传奇以及宋元明白话小说等文学传统的基础上创作而成的，是文言小说长期发展积累的集大成之作和必然结果。

古代的神话传说主要保留在《山海经》、《穆天子传》、《楚辞》、《淮南子》等典籍之中，其奇丽的幻想、独特的想象为后来的小说创作提供了艺术创作的空间和方式。六朝志怪小说便直接承继了古代神话传说的传统，《聊斋志异》又是对六朝志怪小说的发展与继承。六朝志怪小说将社会上怪异传闻当作真正存在的事实照录不误，其目的乃在于“明神道之不诬”。《聊斋志异》却没有停留在这一层次上，它虽然也以花妖狐魅、神鬼怪异为描写对象和故事素材，但它更多的是把这些东西当作表达思想情感的载体和手段。在《聊斋志异》中，花妖狐魅大都借助于人的外貌形态出现，如《婴宁》中的婴宁，《莲香》中的一狐一鬼，《黄英》中的陶氏姊弟，假如不是在结尾处写出其真实身份，谁也不会想到他们竟然是些异类。还有一些篇章，尽管开头就说明了人物的异类身份，甚至自始至终都让他们以异类的面目出现在小说中，但仍如鲁迅先生所称道的那样：“独于详尽之外，示以平常，使花妖狐魅，多具人情，和易可亲，忘为异类。”[1]

唐传奇的出现，标志着中国文言小说第一个高峰的来临。唐传奇与六朝志怪小说的最大不同是它进入到了小说创作的自觉阶段。唐传奇的作者们或者用小说来表达对现实人生问题的态度，如《霍小玉传》、《李娃传》、《南柯太守传》、《东城老父传》等，或用小说来娱乐遣兴、寄托理想，如《柳毅传》、《任氏传》等。与六朝志怪小说相比，唐传奇的艺术表现技巧更为成熟，叙述宛转委曲，情节跌宕起伏，结构紧凑完整。一些优秀的唐传奇小说，注意在情节的发展中刻画人物性格，彻底改变了六朝志怪小说粗陈梗概的叙述方式。在语言的运用上也注意了文辞的华美雅洁，将史才、诗笔、议论熔为一炉。唐传奇的这些优秀文学传统也为《聊斋志异》所继承，并有所发展。 由于《聊斋志异》题材本身就含有怪异成分，所以情节更加委婉曲折，“出于幻域，顿入人间”，波谲云诡，变化无穷。进一步加强了人物性格的刻画，注意塑造典型形象，如众多的女性都人各面目，个性鲜明，而又具有一定的典型性。从语言上来看，《聊斋志异》具有多副笔墨，既有典雅的书面语，又有经过提炼的口语俚词；既有镂金错采的诗一般的语句，又有朴实本色、富有生活气息的言词。尤其是人物的语言，能够切合各自不同的身世经历、文化教养、男女长幼以及时间地点。这就比唐传奇的文辞华艳又向前迈进了一大步。正如鲁迅先生所概括的“用传奇法而以志怪”，《聊斋志异》兼采六朝志怪和唐人传奇之长，融会贯通，自铸新篇。

《聊斋志异》还继承了史传文学的传统。从结构方式来看，司马迁《史记》所创立的纪传体结构方式，以人物为中心来叙述事件，为短篇小说的创作提供了范式。《聊斋志异》中的大部分作品都是按照人物传记的形式组织而成的，开篇先介绍人物的姓名、籍贯、

[1] 鲁迅：《中国小说史略》第二十二篇。

身份、家世，然后开始叙述事件。但是，《聊斋志异》又不完全拘泥于纪传体的形式，对于人物的经历、遭遇并不是作全面的叙述，而是选取典型的事件，集中笔墨进行刻画描写。有些篇章的开头也不是首先介绍人物的姓名等情况，如《海公子》开头先讲述了东海古迹岛的情景，然后再让人物登场。《水莽草》先介绍水莽草的毒性，次介绍楚地的称谓习俗，然后再让人物出现。

从叙事方式来看，史传文学为后世小说提供了基本的叙事模式，叙述、描写、对话和作者的论赞构成了史传文学的四种表述方式，同时也是小说的叙事方式。《聊斋志异》与史传文学联系最密切的莫过于篇末的“异史氏曰”，这显然是借鉴继承了《史记》“太史公曰”的形式。蒲松龄借助这一形式或点明故事主旨，或向纵深挖掘，或借题发挥，或抒写自己的感受，矫夭变化，淋漓酣畅，将这种篇尾论赞形式发挥到了极致。史传文学多采用第三人称全知视角的客观叙述方式，《聊斋志异》也采用这种叙述方式。正因如此，才遭到了纪昀的责难：

令燕昵之词，媟狎之态，细微曲折，摹绘如生，使出自言，似无此理，使出作者代言，则何从而闻见之，又所未解也。①

《聊斋志异》写人写事，细致入微，甚至于深入到人物的内心，充分体现了全知视角的叙事特点。但是也并非完全如此，有时根据需要，也进行局部的限知视角的叙事。如《聂小倩》通过宁采臣的视角描写了聂小倩等鬼魅的出现：

宁以新居，久不成寐。闻舍北喁喁，如有家口。起伏北壁石窗

①转引自盛时彦：《〈姑妄听之〉跋》。

下，微窥之。见短墙外一小院落，有妇可四十余；又一媪衣黦绯，插蓬沓，鲐背龙钟，偶语月下。妇曰："小倩何久不来？"媪云："殆好至矣。"妇曰："将无向姥姥有怨言否？"曰："不闻，但意似蹙蹙。"妇曰："婢子不宜好相识。"言未已，有一十七八女子来，仿佛艳绝。媪笑曰："齐地不言人，我两个正谈道，小妖婢悄来无迹响。幸不訾着短处。"又曰："小娘子端好是画中人，遮莫老身是男子，也被摄魂去。"女曰："姥姥不相誉，更阿谁道好？"妇人女子又不知何言。宁意其邻人眷口，寝不复听。又许时，始寂无声。

这种限知视角的叙事，增强了情节的神秘感，为后面的叙事埋下了伏笔。此种例子，不胜枚举。客观叙述是史传文学的传统笔法，在叙事中不直接表示自己的倾向，让事实自己来说话。《聊斋志异》也采用了这种叙述方式，但是字里行间又浸透着作者的爱憎褒贬。作者并不想将自己的真实情感掩藏起来，却又避免简单的说教，如《劳山道士》、《种梨》等都是较好的例子。

《聊斋志异》不仅继承发展了六朝志怪和唐传奇等文言小说的传统，而且还借鉴了宋元以来大量的长、中、短篇白话小说的经验，以弥补、改进文言小说自身的局限。白话小说中生动曲折的情节描写和典型的细节描写，人物对话的声口毕肖，写一人肖一人的表现技巧等等，都被吸收到《聊斋志异》的创作之中，如《老饕》中刻画一叟一僮的武功绝技，令人暗暗叫绝，其效果与白话小说毫无二致：

邢窥其多金，穷睛旁睨，馋焰若炙。辍饮，急尾之。视叟与僮，犹款段于前，乃下道斜驰出叟前，急衔弓矢怒相向。叟俯脱左足靴，微笑曰："尔不识得老饕耶？"邢满引一矢去，叟仰卧鞍上，伸其足，开

两指如箝，夹矢住。笑曰："技但止此，何须而翁手敌耶？"邢怒，出其绝技，一矢刚发，后矢继至。叟手掇其一，似未防其联珠；后矢直贯其口，踣然而坠，衔矢僵眠。僮亦下。邢喜，谓其已死。近临之，叟吐矢跃起，鼓掌曰："初会面，何便作此恶剧？"

假如将此番描写与《初刻拍案惊奇》卷三《刘东山夸技顺城门》相比较，可以看出《老饕》更富于传奇色彩和变化起伏。

中国第一位浪漫主义诗人屈原和素有诗坛"鬼才"之称的唐代诗人李贺，对《聊斋志异》也有着深刻影响。蒲松龄在《聊斋自志》中曾说道："披萝带荔，三闾氏感而为骚；牛鬼蛇神，长爪郎吟而成癖。"屈原忧愤深广的正直人格，李贺奇特怪异的想象，都与蒲松龄的人格与艺术素质有着相通之处。蒲松龄的长孙蒲立德在青柯亭本《聊斋志异》的跋语中说："此《山经》、《博物》之遗，《远游》、《天问》之意，非第如干宝《搜神》已也。"青柯亭本的编辑者余集在序言中说："昔者三闾被放，彷徨山泽，经历陵庙，呵壁问天，神灵怪物，琦玮僪佹，以泄愤懑，抒写愁思。释氏悯众生之颠倒，借因果为筏喻，刀山剑树，牛鬼蛇神，罔非说法，开觉有情。然则是书之恍惚幻妄，光怪陆离，皆其微旨所存，殆以三闾侘傺之思，寓化人解脱之意欤?"都指出了《聊斋志异》对屈原文学精神的继承。

另外，戏曲文学善于设置矛盾、集中矛盾和展开戏剧冲突的艺术技巧也为《聊斋志异》所继承。甚至八股文论对《聊斋志异》的创作都有一定的影响。蒲松龄深谙八股文义之道，他在《作文管见》中曾说："文贵反，反得要透；文贵转，转得要圆；文贵落，落得要醒；文贵宕，宕得要灵；文贵起，起得要警策；文贵煞，煞得要稳合。"对行文的节奏与情感的起伏以及两者间的关系，领会得非常深透，并把这种精神贯串到了《聊斋志异》之中。许多篇章的情节富有波折起伏甚至大起大落，如《花姑子》、《西湖主》等。有时一篇小说要设计十几个甚至二十几个相交叉叠错的情节，造成抑扬顿挫、一波三叹的效果，如《续黄粱》、《促织》、《仇大娘》、《神女》、《葛巾》等。清代评点家但明伦就曾以八股文论评点《聊斋志异》，认为《聊斋志异》回肠荡气的艺术效果是八股文论的生动体现。在《葛巾》总评中他归纳出了"转字诀"：

此篇纯用迷离闪烁，夭矫变幻之笔，不唯笔笔转，直句句转，且字字转矣。文忌直，转则曲；文忌平，转则峭；文忌窘，转则宽；文忌散，转则聚；文忌松，转则紧；文忌复，转则开；文忌熟，转则生；文忌板，转则活；文忌硬，转则圆；文忌浅，转则深；文忌涩，转则畅；文忌闷，转则醒：求转笔于此文，思过半矣。

在《王桂庵》总评中他又归纳出了"蓄字诀"：

文夭矫变化，如生龙活虎，不可捉摸。然以法求之，只是一"蓄"字诀。……愈蓄则文势愈紧，愈伸，愈矫，愈陡，愈纵，愈捷：盖转以句法言之，蓄则统篇法言也。

但明伦用八股文论阐述《聊斋志异》的情节特点，虽难免有迂腐板滞之论，但两者之间也确实有相通之处。只不过蒲松龄在借鉴八股文论时，更注重艺术的独创性而已。

第二章　作品内涵

第一节　嘲谑科举

自隋唐以来，科举是文人进入仕途的主要途径；至明清两代，则几乎成了唯一途径。蒲松龄大半生的时间和精力挣扎在科场之上，对科场之苦有着亲身感受，对科举弊端有着切齿痛恨。他将这些经历和感受精心结撰成了二三十篇反映科举现实的小说，虽然仅占全部《聊斋志异》的二十分之一，但其深度和广度都具有重要价值。这些作品不只是表现了他个人的愤懑和不满，而是具有普遍的社会意义，与明清之际抨击科举制度的进步思潮融为一体。

《聊斋志异》对科举制度的嘲谑和抨击，首先表现在对士子阶层悲剧命运的揭示上。八股取士要求应举者代圣贤立言，文章的格式则千篇一律。这种以僵化的内容去填塞固定模式的文字游戏，难以衡量出才识高下和真正的水平。有些应试者事先临摹或熟背别人所作的文章，然后临场抄写完事。考官衡文，标准不一，有的考官又不学无术，再加上贿赂风行，因此，“黄钟毁弃，瓦缶雷鸣”的悲剧成为普遍现象。许多文人皓首穷经，以求一逞，到头来却是老死牖下，抱憾终生，成为科举制度的殉葬品。蒲松龄深有同感，以嬉笑怒骂的文字，抒发了自己的满腔幽愤。《叶生》、《司文郎》、《于去恶》、《王子安》、《何仙》、《三生》、《素秋》、《贾奉雉》等篇，都是这方面的代表作。

《叶生》是作期较早的一篇，表现了蒲松龄“借福泽为文章吐气”的思想。叶生的“文章词赋，冠绝一时”，但屡屡失意于科场。后为邑令丁乘鹤所赏识，向学使推荐，仍然落选，因而抑郁死去。但他死后精魂不散，为感激丁乘鹤的知遇之恩，主动帮他教育儿子，使之通过科举进入仕途。叶生认为自己之所以不能科考及第，是时运乖蹇，把自己的才学传授给丁子，便可“使天下人知半生沦落，非战之罪也”。这实际上是借叶生之口，发泄自己怀才不遇的怨懑。这种死不瞑目的失意情绪，更增强了其悲剧性。叶生的悲剧既是科场不公造成的贤愚颠倒，也是自身误入歧途的无法自拔。《司文郎》中的宋生也是如此，他“少负才名”，但同样“不得志于场屋”。其魂魄帮助朋友闱战，仍然事与愿违。他不禁大哭道：“仆为造物所忌，困顿至于终身，今又累及良友。其命也夫！其命也夫!”

《叶生》、《司文郎》等既有愤懑，又有对功名举业可望而不可即的惆怅，《贾奉雉》则由怨懑惆怅发展到对功名举业的鄙弃。贾奉雉也是名冠一时的才子，但他不屑于随人俯仰，让八股时文束缚自己的手脚，而是力主文贵不朽，然而却“试辄不售”。对此，他极为愤慨，决不屈服，认为靠八股滥调去“猎取功名，虽登台阁，犹为贱也”。后因受到郎生法术的控制，他在考场上不由自主地将一些粗滥不堪的文句拼凑成文，不料竟高中经魁。他清醒后羞愧得无地自容，气急之下，入山修道，远遁尘嚣。但他入道之志不坚，难耐凄凉，再返于世俗之中，继续参加科举，由进士进入官场。因为人耿直，不阿权贵，受到排挤诬陷充军辽阳。至此，他“顿悟荣华之场，皆地狱

境界”，终于随郎生入海飘然而去。贾奉雉试图抗拒科举毒害，但只能采取逃遁的方式，并未真正改变知识分子的悲剧命运。

其他如《于去恶》中的陶圣俞、于去恶，《素秋》中的俞慎、俞士忱，《王子安》中的王子安等，也都有着相同的遭遇。在《三生》篇中，蒲松龄告诉人们“其同病死者以千计”；在《王子安》篇末，蒲松龄对参加科举考试的知识分子的悲惨情景作了入木三分的刻画：

秀才入闱，有七似焉。初入时，白足提篮似丐。唱名时，官呵吏骂似囚。其归号舍也，孔孔伸头，房房露脚，似秋末之冷蜂。其出闱场也，神情惝恍，天地异色，似出笼之病鸟。迨望报也，草木皆惊，梦想亦幻。时作一得意想，则顷刻而楼阁俱成；作一失意想，则瞬息而骸骨已朽。此际行坐难安，则似被絷之猱。忽然而飞骑传人，报条无我，此时神色猝变，嗒然若死，则似饵毒之蝇，弄之亦不觉也。初失志，心灰意败，大骂司衡无目，笔墨无灵，势必举案头物而尽炬之；炬之不已，而碎踏之；踏之不已，而投之浊流。从此披发入山，面向石壁，再有以“且夫”、“尝谓”之文进我者，定当操戈逐之。无何，日渐远，气渐平，技又渐痒，遂似破卵之鸠，只得衔木营巢，从新另抱矣。如此情况，当局者痛哭欲死；而自旁观者视之，其可笑孰甚焉。

对士子们可悲可叹的心理状态，剖析得如此细致深刻，饱含着蒲松龄自己科场失意的辛酸苦痛。

有真才实学的士子遭遇如此悲惨，那些缺才少德的庸俗之辈反而能够高中。对这种“陋劣倖进而英雄失志”、“黜佳士而进凡庸”的怪异现象，蒲松龄在《聊斋志异》中也给予了揭露和抨击。前面提到的《贾奉雉》就是典型的一例，贾奉雉凭着才华写出的文章总被试官黜落，但七拼八凑而成的狗屁文章却能立刻高中。还有《司文郎》也是典型的一篇。王平子谦恭好学，德才兼备；另一书生余杭生则胸无点墨，倨傲刻薄。尽管盲僧嗅出了两人文章的优劣高下，断定王平子能够考中，但考试的结果却恰恰相反。科举考试就是这样颠倒是非，“公道不彰”！

《饿鬼》篇写一名出自于“操业不雅”之家的人，前世本是被乡人称为“饿鬼”的无赖子，“少不慧”，仅因家中广有钱财，其父“竭力经纪”，才考中了秀才。他的试卷是照抄了一篇糊在旅邸墙上的庸作，却居然“得优等，食饩焉”。《三仙》篇写一士人赴试金陵，途遇蟹、蛇、癞蛤蟆幻化的三个书生，与共论文。三怪各作一篇八股文，“秀才读三作，深为倾倒，草录而怀藏之”。后来入闱，所出题目即此三篇，这位秀才照抄上去，竟然考中。

这些陋劣凡庸之辈一旦取得功名，其所作所为便可想而知。《续黄粱》里的曾孝廉，刚刚通过会试，便妄想做宰相：“某为宰相时，推张年丈作南抚，家中表为参、游，我家老苍头亦得小千把，于愿足矣。”他在梦中爬上高位后，大煽威虐，无恶不作，朝野侧目，民怨沸腾。还有些昏庸之人不明事理，碌碌无能。《郭安》篇中的两位父母官乱判案件，令人啼笑皆非，便是典型的例子。一个名叫郭安的人被杀，其父告到官府。“贡士”出身的知县竟然判凶手顶郭安充当原告的儿子。还有一位女子控告某人杀其丈夫，知县将凶手拘来后不判其罪，而是拍案大骂：“人家好好夫妇，直令寡耶！即以汝配之，亦令汝妻寡守。”蒲松龄在篇末愤怒地指出：“此等明决，皆是甲榜所为，他途不能也。”科举制度就培养出来了这样一群无能之徒。

还有一些读书人会写几篇八股文章便自吹自擂，不可一世。《苗生》中作者借苗生之口痛斥那些互诵八股文相互标榜的秀才

们:“此等文,只宜床头对婆子读耳,广众中刺刺者可厌也。”《仙人岛》中的王勉因考场顺利,便目空一切。在仙人岛上,他卖弄文才,背诵诗句,结果读了上句,忽然忘了下句,被仙女讥笑为放狗屁。卖弄八股文时,又被仙女评为“不通又不通”。《嘉平公子》中的嘉平公子外表“风仪秀美”,但腹内却是空空如也,竟然能将“花椒”写成“花菽”,“生姜”写成“生江”,“可恨”写成“可浪”,以至于受到了女鬼的嘲弄和鄙视。

蒲松龄对科举制度的嘲谑抨击,其矛头主要指向学官与考官,他认为正是由于学官和考官的昏庸无识和营私舞弊才造成了是非颠倒的科场黑暗。《于去恶》篇讽刺这些“得志诸公,目不睹坟典,不过少年持敲门砖,猎取功名,门既开,则弃去;再司簿书十数年,即文学士,胸中尚有字耶!”这些考官靠八股起家,不知读书,评判考卷时,也就只有按照八股文的僵化框架决定取舍。新的一代考官又从这些录取者中选拔,如此恶性循环,其后果可想而知。《何仙》中,作者借何仙之口,指出了这一问题的普遍性与严重性:主持考试的“文宗”所关心的并不在文,一切都委托幕客们办理,而这些幕宾“前世全无根底,大半饿鬼道中游魂,乞食于四方者也。曾在黑暗狱中八百年,损其目之精气,如人久在洞中,乍出,则天地异色,无正明也。中有一二为人身所化者,阅卷分曹,恐不能适相值也”。百分之八九十的考官都是目无精气的秏鬼游魂,又有什么公正可言。《司文郎》中那位盲僧说得更尖锐:“仆虽盲于目,而不盲于鼻;帘中人并鼻盲矣。”《于去恶》则痛斥说:“数十年游神秏鬼,杂入衡文,吾辈宁有望耶!”

这些学官和考官不仅不学无术,而且还见利忘义、贪贿成风。《神女》篇中反复指出,“今日学使署中,非白手可以出入者……”

“今日学使之门如市，赠白金二百，为进取之资。”这就明确指出，要想求得功名，必须借助金钱之力。《考弊司》中管辖士子的衙门叫“考弊司”，司主却是“虚肚鬼王”。表面上他“气象森凛，似不可入一词”，当其长辈为书生求情时，他马上色变曰：“此有成例，即父命所不敢承!”一派正人君子模样。在衙门内立碣大书“孝弟忠信”、“礼义廉耻”，吹嘘要“两字德行阴教化，一堂礼乐鬼门生”。然而就是这位虚肚鬼王，竟然强迫每个士子割下大腿上的肉进贡给自己。“不必有罪，此是旧例。若丰于贿者，可赎也。”蒲松龄借人物之口愤然大呼：“惨惨如此，成何世界！”《僧术》通过阴间功名“论价如市贾”的描写，揭露科场中贿赂公行的丑闻。黄生“才情颇赡，夙志高骞”，却始终不能博得功名。一个和尚替他贿赂冥中主者，果然入泮。但因没按价给足，只能“以明经终；不然，甲科立致矣”。《饿鬼》中的那位马永，摘取学宫中圣贤塑像头上的木制帽子煨饭，被学官捉住要施以刑罚。马永表示能为学官生财，学官高兴得将他放掉。马永“探某生殷富，登门强索资，故挑其怒；乃以刀自劙，诬而控诸学。学官勒取重赂，始免申黜”。就是这位马永，转世之后也做了县中的学官，“官数年，曾无一道义交。唯袖中出青蚨，则作鸲鹆笑；不则睫毛一寸长，棱棱若不相识。偶大令以诸生小故，判令薄惩，辄酷掠如治盗贼。有讼士子者，即富来叩门矣”。除了金钱之外，权势关节也被考官所看重。只要是出身豪门，家中有权有势，或者有当道者的荐举，也可随意中试。《辛十四娘》写提学考试，冯生屈居第二，楚银台公子却名列第一。《何仙》中李生“固好学沉思之士，众属望之”，如以文章论，应评为一等，但却被考官压为四等。《胡四娘》中的程孝思能够考中秀才，靠的是岳父胡银台的面子。岳父去世后，尽管他“砥志研思”，却再也难于进取，甚至有家归不得，有妻难团圆，流落他

乡。后来被李兰台“见而器之,收诸幕中,资以膏火,为之纳贡”,才“连战皆捷,授庶吉士”。

《聊斋志异》对科举的嘲谑和抨击,还将笔触延伸到了更广泛的社会现实之中。科举制度严重摧残了读书人的身心,《王子安》中的王子安本是“东昌名士”,却“困于场屋”。近放榜时,“痛饮大醉,归卧内室”,白日见鬼,恍惚高中,又是“槌床顿足”,又是破口大骂,丑态百出。《郭生》中的郭生二十多岁了,还满纸错字。得到名流指教后,总算中了秀才,便“自以屡拔前茅,心气颇高”,终于半途而废,老大无成。《雨钱》中的滨州秀才让狐仙为之行窃,狐仙故意满足其要求,钱注如雨。“秀才窃喜,自谓暴富”。但当他“入室取用”时,则皆化为乌有。狐仙斥之曰:“我本与君文字交,不谋与君作贼!”《姬生》中写了一个亲自做贼的秀才,他“岁试冠军,又举行优”,却是一个梁上君子,深夜入室行窃。科举制度成了使读书人丧尽廉耻的罪魁祸首。

科举制度还造成了世风日下,人情浇薄。《镜听》抨击了“贫穷则父母不子”的世态炎凉。亲弟兄二人,老大中举,婆婆便对大儿媳另眼相看,当着二儿媳的面,让大儿媳到厨房外休息乘凉,却让二儿媳继续在闷热的厨房内干活。《凤仙》中凤仙鼓励丈夫苦读求取功名,她对丈夫说:“黄金屋自在书中,愿好为之!”又交给丈夫一面镜子,里面有她的影像,只要丈夫“锐志渐消”,镜中影便“惨然若涕”并背过身去不理丈夫。一旦丈夫“闭户研读,昼夜不辍”,镜中影便面朝丈夫,露出笑容。《颜氏》中的颜氏“朝夕劝生研读,严如师友。敛昏,先挑烛据案自哦,为丈夫率,听漏三下,乃已”。丈夫“再试再黜”,她厉声呵斥:“君非丈夫,负此弁耳!使我易髻而冠,青紫直芥视之!”《胡四娘》中胡四娘因丈夫程孝思没有博得一第,便在娘家无立锥之地,连哥哥娶亲都不让赴宴。当程孝思高中后写信至家中，“兄弟发视，相顾失色。筵中诸眷客，始请见四娘。姊妹惴惴，唯恐四娘衔恨不至。无何，翩然竟来。申贺者，促坐者，寒暄者，喧杂满屋。耳有听，听四娘；目有视，视四娘；口有道，道四娘也。而四娘凝重如故。众见其靡所短长，稍加安帖，于是争把盏酌四娘。”

《聊斋志异》虽未从根本上否定科举制度，但从各个方面描绘了考场内外由于科举弊端造成的危害，反映了科举制度发展到明清之际的腐朽特征。与过去同类题材的文学作品相比，已经有了长足的发展。

第二节　鞭挞不仁

蒲松龄是儒家学说的信奉者，他以儒家伦理道德准则来审视现实世界。不仁不义的黑暗现实与他的美好理想形成了巨大反差，从而酿成了他对封建吏治的极度痛恨，对道德沦丧的深刻忧愤。

《聊斋志异》中写了数以百计的县令，除了张石年、费祎祉等蒲松龄所熟悉肯定的清官外，绝大部分都是“贪暴不仁，催科尤酷”的贪官污吏。《潞令》中的潞城令宋国英“莅任百日，诛五十八人”，平均不到两天就要杀死一人，最终被鬼神处死。作者慨叹道：“呜呼！幸有阴曹兼摄阳政；不然，颠越货多，则‘卓异’声起矣，流毒安穷哉！”《鸮鸟》中的长山县令杨某“性奇贪”，乘西塞用兵之机，大掠民间骡马，“地方头畜一空”。“周村为商贾所集，趁墟者车马辐辏。杨率健丁悉篡夺之，计不下数百余头。”他的卑劣行径，使得民怨神怒，鸮鸟化为少年怒斥他“贪官剥皮”。《促织》中的华阴令为巴结上级官员，命成名进贡蟋蟀，以至于造成了成名一家的悲剧。成名用辛酸泪水为狡诈的县令换来了“卓异”之名。《梦狼》中的白翁长子甲做

了县令后，衙门口是“一巨狼当道”，里面“堂上、堂下，坐者、卧者，皆狼也。又视墀中，白骨如山”。甲则是一只吃人的老虎。作者愤怒地指出：“窃叹天下之官虎而吏狼者，比比也。”《放蝶》中的长山王某，“为令时，每听讼，按律之轻重，罚令纳蝶自赎；堂上千百齐放，如风飘碎锦，王乃拍案大笑”。这种县令荒唐透顶，怎能管理好地方行政。《胭脂》中的邑宰在受理胭脂父亲被杀一案时，单凭鄂生因未见过世面而表现出来的惶恐之情，便断定他是凶手。上解至郡，也是如此审讯，至使无辜的鄂生蒙冤难辩。《商妇》中写一小偷行窃时，见商人妇自缢而死，便赶忙逃遁。当商妇家人报案时，官府便拘捕其邻人审讯，屈打成招，并判了死刑。《张鸿渐》中的卢龙令十分贪暴，打死范生，其他同学仗义鸣冤告状，因赵以大量金钱贿赂高官，不仅冤不得伸，反给原告加上结党闹事的罪名加以逮捕。《盗户》中的邑宰惧怕盗贼作乱，反而曲意袒护他们，以至于狐魅也大声疾呼自己是盗户。作者讥讽说：“今有明火劫人者，官不以为盗而以为奸；逾墙行淫者，每不自认奸而自认盗：世局又一变矣。设令日官署有狐，亦必大呼曰‘吾盗’无疑也！”《某乙》中的淄川令不辨青红皂白，竟然为大盗挂“善士”门匾。《郭安》中的邑宰陈其善竟将杀人凶手判给被害者之父做儿子；济之西邑的县令将凶犯判给被害者的妻子做丈夫，更是令人感到可气可笑。难怪蒲松龄在《潍水狐》中把县令比为蠢驴转世，并辛辣地嘲谑道：“驴之为物庞然也！一怒则踶趹嗥嘶，眼大于盎，气粗于牛，不惟声难闻，状亦难见；倘执束刍而诱之，则贴耳辑首，喜受羁勒矣。以此居民上，宜其饮糙而亦醉也。愿临民者以驴为戒，而求齿于狐，则德日进矣。”

《聊斋志异》通过许多篇目揭示出，官场腐朽的重要原因是卖官鬻爵的肆行无阻。既然可以用钱买官，这就意味着有钱就能做官。因此，一旦官职到手，就必然贪暴不仁，为所欲为。《公孙夏》是其中有代表性的一篇。国学生某正准备赴京捐纳县尹时，忽然病倒。这时十一皇子的座上客公孙夏登门游说，自称与督抚有“昆仲之交”，劝他买县尹不如买太守有利，并愿替他向督抚说情，一半交现钱，一半可赊欠。当国学生听说能在本省做太守时感到非常惊讶，公孙夏则坦白地说：“君迂矣，但有孔方在，何问吴越桑梓耶！”无奈国学生阳寿已终，只能行冥贿买到一个城隍缺额。《僧术》通过黄生行冥贿买功名的故事，对这一现象嘲讽道：“岂冥中亦开捐纳之科耶？十千而得一第，直亦廉矣。然一千准贡，犹昂贵耳。明经不第，何值一钱!”

官如虎则吏似狼，在贪酷官员的庇护下，蠹役猾吏以及土豪劣绅更加肆虐猖狂，横行乡里，鱼肉百姓。《梅女》中的某典史因受了小偷五百钱的贿赂，便诬蔑梅女与小偷有奸情，要拘拿她审问对质，逼得梅女含冤自缢而亡。死后冤魂不散，直到16年后在冥中刺杀典史，才投胎获得新生。一位同情梅女的老妪在对典史进行“冥报”时怒斥道：“汝居官有何黑白?袖有三百钱，便而翁也!”《伍秋月》中，王鼎游历冥府，激于义愤，杀死了虐待无辜的皂役。作者最后说道：“余欲上言定律：‘凡杀公役者，罪减平人三等。’盖此辈无有不可杀者也。故能诛锄蠹役者，即为循良；即稍苛之，不可谓虐。况冥中原无定法，倘有恶人，刀锯鼎镬，不以为酷。”

地方上的土豪劣绅是封建吏治的基础，他们与官府勾结在一起，狼狈为奸，欺压良善。对此，《聊斋志异》也有非常深刻的揭露和批判。《商三官》中的邑豪嗾使家奴打死了商士禹，商士禹的两个儿子告到官府，“经岁不得结”，负屈而罢。商三官说得好：“人被杀而不理，时事可知矣。天将为汝兄弟专生一阎罗包老耶?”《向杲》中的

向晟被庄公子指使从人打死，向杲为兄伸冤，赴郡告状，结果庄公子"广行贿赂，使其理不得伸"。《红玉》中的邑绅宋御史"坐行赇免，居林下，大煽威虐"，竟然明火执仗地抢夺民妇。冯相如四处告状，"上至督抚，讼几遍，卒不得直"。《窦氏》中的南三复凭借贵族世家的身份欺骗了窦女，窦女含冤而死。窦女之父告到官府，南三复以千金行赂得免。

蒲松龄不仅对下级吏治给予了全面揭露，而且对整个官僚体制进行了剖析和抨击。《席方平》借阴间地狱影射阳世人间，从狱吏到城隍，从城隍到郡司，从郡司到冥王，全都是贿赂公行，公道不彰。作者借二郎神的判词，一一历数了上自冥王、下至隶役的罪状，显示了蒲松龄对封建吏治较为清醒的认识。更为难能可贵的是，《聊斋志异》的少数篇目还把批判的矛头指向了皇帝。《鸮鸟》篇末"异史氏曰：'圣天子爱惜民力，取一物必偿其值，焉知奉行者流毒若此哉！'""焉知"二字，表面是为皇帝开脱，实际上含有讥弹之意。《促织》篇末"异史氏曰：'故天子一跬步，皆关民命，不可忽也。'"以含蓄的笔调表示了对皇帝的不满。《续黄粱》对皇帝优容包庇曾孝廉亦颇有微词。蒲松龄认为"爱者仁之始，仁者爱之推"，他正是从儒家的这一仁政思想出发，鞭挞了上自帝王、下至胥吏的不仁行为。

第三节　讽喻世情

在鞭挞不仁的同时，蒲松龄从劝善的愿望出发，写了许多讽喻世情的小说，希望借此唤醒"村庸"、"市媪"，使传统美德能够更加完善。他曾在《为人要则》中说："王八垓兄有感于世情之薄，命十二题属余为文，以教子弟，亦见其忧患之心也。遂率笔撰之。"十二题的内容是正心、立身、劝善、徙义、急难、救过、重信、轻利、纳益、远损、释怨、戒戏。《聊斋志异》中的许多篇目表达了这一内容。

儒家文化强调个人修养，修身成为"齐家、治国、平天下"的前提和出发点。最根本的修身方法便是要依靠自身力量，凭借内心自觉。《瞳人语》中长安士子方栋，"颇有才名，而佻脱不持仪节。每陌上见游女，辄轻薄尾缀之"。一次，他又故技重演，不料所调戏者乃是仙女，双眼被仙女用尘土所眯，后竟失明，"百药无效。懊闷欲绝，颇思自忏悔"。他听说《光明经》可以解除病障，就请人代为朗读，"初犹烦燥，久渐自安。旦晚无事，唯趺坐捻珠。持之一年，万缘俱静。"最后，左眼终于重见光明，"由是益自检束，乡中称盛德焉"。由一个轻薄文人转变为谦谦君子，所依赖的就是"正心、立身"。《画壁》中，朱孝廉与友人孟龙潭偶游庙宇，见禅舍壁画中有一垂髫女郎，"拈花微笑，樱唇欲动，眼波将流"，便"不觉神摇意夺，恍然凝想"。他虽没有做出轻浮的举动，但内心还未达到"万缘俱静"的境界。因此他不由自主地身入壁上，与垂髫女得以欢聚。正在乐不可支之时，忽有金甲使者前来捉拿下界凡人。他急忙藏匿于榻下，"既久，觉耳际蝉鸣，目中火出，景状殆不可忍"。被老僧叫醒之后，"灰心木立，目瞪足软"。作者最后论道："幻由人生，此言类有道者。人有淫心，是生亵境；人有亵心，是生怖境。菩萨点化愚蒙，千幻并作，皆人心所自动耳。"

"正心、立身"之后便是"齐家"，《聊斋志异》对家庭中的父子、兄弟、夫妻、姑妇、嫡庶等伦常关系都有生动的描述，并以相应的道德规范评价了其善恶美丑。孝，是儒家传统伦理道德观念的核心，《聊斋志异》便以"仁孝"来开宗明义，在首篇《考城隍》中就出现了

孝子宋焘的形象。在作者看来，孝是人生第一要义，孝子孝行可以得到神佑鬼助，可以得到爱情，可以博取功名富贵。《钟生》中的孝子钟庆余在孝与功名的矛盾中，宁愿舍弃功名也要回家去看视命在旦夕的老母。他的孝心感动了冥王，赐其母“阳寿一纪”。《陈锡九》中的孝子陈锡九为寻求父亲遗骸，沿途乞食，远赴秦地，终于达到了目的。他的孝行得到了鬼神的佑护，夫妻团聚，还意外得到了一笔财富。《席方平》中的孝子席方平为报父冤，大闹冥府，不惧怕任何刑罚，终于感动了上帝殿下九王，伸张了正义，惩治了大大小小的贪官污吏。

悌也是儒家传统伦理道德观念的重要内容，它强调兄爱弟敬，和睦相处。《聊斋志异》中的《斫蟒》、《张诚》、《向杲》、《二商》、《湘裙》、《曾友于》等便是这方面的代表作。《湘裙》中，晏伯、晏仲兄弟二人情同手足，晏伯夫妇无嗣而卒，晏仲感兄之情，“每思生二子，则以一子为兄后”。但是生一男后，仲妻又死。晏仲酒后不觉进入阴间，与兄嫂一家欣逢于地下。晏伯在冥府已得两男，便遣幼子跟随叔叔回到人世，又将妾妹湘裙嫁给晏仲。晏仲甚爱侄子，教读不倦，意在为兄延嗣。后晏仲为色鬼所迷，冥然而死。晏伯知道后，千方百计解救晏仲，使其复活。《张诚》篇表彰了张讷、张诚同父异母兄弟之间的情谊，《向杲》篇也是如此。《曾友于》中，作者径直让正面主人公名“悌”，字“友于”。《二商》则从反面描写了兄弟关系，批评了大商手足之情泯灭的丑恶灵魂。对兄弟之间嫡庶的关系矛盾，作者始终站在庶出子女一边，让他们在嫡庶之争中得到胜利；同时，对不可一世的嫡出子女给予了讥讽。《曾友于》让庶出的曾友于成为孝悌美德的代表，而嫡出的孝、忠、信三人却自私狭隘、倨傲跋扈，败坏家风，最终自尝恶果。《胡四娘》中，庶出的胡四娘沉默寡言、谦和知礼,作者给她一个美好的命运。嫡出的二娘恶语相向,拨弄是非,结果遭到了人们的耻笑。

夫妇关系也是儒家伦理道德观念的重要内容,“糟糠之妻不下堂”、“不以妍媸易念”、“白头偕老”、“坚贞不二”等道德原则,在《聊斋志异》中都有所表现,如《张鸿渐》、《辛十四娘》、《林氏》、《红玉》等都是如此。《张鸿渐》中,张鸿渐亡命途中虽与狐仙舜华相爱,但仍念念不忘妻子方氏。他对狐仙说:“小生离家三年,念妻孥不去心,能携我一归乎?”舜华闻听此言,面露不悦之色。张鸿渐又劝解道:“谚云:‘一日夫妇,百年恩义。’后日归念卿时,亦犹今日之念彼也。设得新忘旧,卿何取焉!”尽管作者没有否定一夫多妻的婚姻制度,但却表现出了对夫妇关系的尊重。《林氏》中的戚安期,一向佻侻轻浮,其妻林氏婉言相劝,他却不以为然。当林氏宁死不屈、坚葆贞操时,戚安期大为感动。虽然林氏的容貌大不如前,但他“不以为丑,爱恋逾于平昔。曲巷之游,从此绝迹”。林氏劝他娶妾,他坚决不同意。《辛十四娘》中的冯生,年少轻脱纵酒,但见到辛十四娘后,不顾一切地去追求。得知辛十四娘是狐女,他仍不改初衷,“阴念若得丽人,狐亦自佳”。历经磨难,终于结为夫妻。辛十四娘对尘俗世界感到厌苦,为冯生另觅一良偶,要离冯生而去。冯生坚决不同意,表现了白头偕老的愿望。

有正面的歌颂,也有反面的批判抨击。《马介甫》中的尹氏异常悍妒,对丈夫和公公动辄鞭挞斥骂。后来改嫁给一个屠夫,“狂悖犹昔。夫怒,以屠刀孔其股,穿以毛绠,悬梁上,荷肉竟出。号极声嘶,邻人始知。解缚抽绠;一抽,则呼痛之声,震动四邻。以是见屠来,则骨毛皆竖”。尹氏可谓是自作自受。《大男》中的申氏虐待丈夫和妾何氏,逼得丈夫逃离他乡。申氏改嫁给保宁贾,“不安于室,梁缢井

投，不堪其扰。贾怒，搜括其资，将卖作妾"。后来，何氏成为正室，申氏却成了侧室。《锦瑟》中的兰氏瞧不起出身清贫的丈夫，嫁给了陕中的富商，结果自尽而死。《牛成章》中的江西布商牛成章33岁死去，遗一子一女，皆未成年。其妻郑氏"不能贞，货产入囊，改醮而去。遗两孤，难以存济"。后来牛成章的鬼魂狠狠惩治了郑氏。《云翠仙》中的梁有才，不务正业，用诳言骗娶云翠仙后，为了满足吃喝赌博的需要，竟然要将云翠仙卖为娼妓。后来沦为乞丐，病死在狱中。《姚安》中的姚安，爱新而杀旧，又因妒嫉而误杀新妻。最后"贫无立锥，忿恚而死"。《丑狐》中，通过狐女之口痛骂负心的穆生"背德负心"。《韦公子》中批判了淫婢宿妓的韦公子。

儒家传统的交友之道标举"信义"二字，《聊斋志异》中有不少篇目是为了弘扬这一伦理道德准则的。《宫梦弼》中柳芳华"财雄一乡，慷慨好客，座上常百人，急人之急，千金不靳"。由于其慷慨好施，家渐衰落，以至于死后无力治办丧事。这时在柳家曾"假贷常不还"的宾友，除优人李四"义赠一金"外，其余富有者均一毛不拔。对这些忘恩负义的"朋友"，作者通过柳芳华之子柳和之口，一针见血地指出："昔之交我者，为我财耳。""生平无所乞请"的宫梦弼却无私地帮助和教育柳和，使之摆脱贫困，并发愤读书，"三年中乡选"，从此自立，尽享荣华富贵。作者议论道："雍门泣后，朱履杳然，令人愤气杜门，不欲复交一客。然良朋葬骨，化石成金，不可谓非慷慨好客之报也。"《雷曹》中的乐云鹤在莫逆之交夏平子死后，不仅在其妻因家贫不能葬夫的情况下，为之料理丧事，而且以后还对其妻儿"尽心周恤"。《素秋》中的俞慎在执友俞士忱死后，待其妹如亲妹，关怀备至。《酒友》中以狐仙之报肯定了车生重义轻利的品德。《梦别》以生死相通强调友情之深。《崔猛》以道士说法让崔猛厚结赵僧歌终于赖其活命等等,都突出了“朋友有信”的道德规范。

《聊斋志异》还宣扬了“义”这一道德准则,《蛇人》、《二班》、《义犬》、《义鼠》、《毛大福》、《八大王》等都是如此。作者让蛇、虎、犬、鼠、狼、鳖等有情有义,目的在于反衬世情的浇薄。《蛇人》中作者议论道:“蛇,蠢然一物耳,乃恋恋有故人之意。且其从谏也如转圜。独怪俨然而人也者,以十年把臂之交,数十年蒙恩之主,辄思下井复投石焉。又不然,则药石相投,悍然不顾,且怒而仇焉者,亦羞此蛇也已。”《义犬》中作者议论道:“一犬也,而报恩如是,世无心肝者,其亦愧此犬也夫。”在《大力将军》中,通过描写查伊璜慷慨帮助乞儿,乞儿贵为将军后,厚报于查。作者议论道:“厚施而不问其名,真侠烈古丈夫哉! 而将军之报,其慷慨豪爽,尤千古所仅见。如此胸襟,自不应老于沟渎。以是知两贤之相遇,非偶然也。”在《丁前溪》中,肯定了贫穷好客、不受丁前溪报酬的杨某夫妇,也赞扬了丁前溪对杨某的厚报。作者议论道:“贫而好客,饮薄浮荡者犹为之;最异者,独其妻耳。受之施而不报,岂人也哉?然一饭之德不忘,丁其有焉。”

对那些为富不仁、吝啬不义之流,《聊斋志异》则给予了尖锐的讥讽。《种梨》对吝啬的卖梨者讽刺后又议论道:“每见乡中称素封者,良朋乞米,则怫然,且计曰:‘是数日之资也。’或劝济一危难,饭一茕独,则又愤然,又计曰:‘此十人、五人之食也。’甚而父子兄弟,较尽锱铢。……诸如此类,正不胜道,蠢尔乡人,又何足怪。”

《聊斋志异》对世情的讽喻,涉及面非常之广,以上所述,仅仅是较有代表性的作品,在更多的作品中都或多或少地与此相关。可以见出,蒲松龄是一位非常重视社会伦理道德的作家。

第四节　寄托理想

《聊斋志异》虽然内容驳杂，其中有些是记述社会传闻，甚至直录友人的口述或笔记，如他在《聊斋自志》中所云："闻则命笔，久以成编"，"四方同人，又以邮筒相寄，因而物以好聚，所积益伙。"但是，更有许多篇章，特别是那些名篇佳什，却是直写其个人的生活感受、体验，凝聚着他大半生的苦乐，表现着他对现实人生的思索和憧憬。

《聊斋志异》创作的这个特点，不仅为它以前以后的志怪传奇系统的小说所罕有，而且也为由话本发展起来的白话短篇小说所鲜见。志怪传奇小说叙的是世间罕有的"怪异非常之事"，更是作者的身外之事，它们的作者只是充当好事者传述之而已。六朝人的志怪书自不必说，唐人传奇中的一些篇章，如《任氏传》、《谢小娥传》等，篇末就缀以这样的声明，或者再加几句感叹语。其中固然有张鷟的《游仙窟》、元稹的《莺莺传》，前者用了第一人称，后者是就作者个人的一段生活经历作成，但毕竟是绝无仅有的例外。话本系统的小说是用说书人或摹拟说书人立场、口吻，总是与所叙故事拉开距离，作者在叙述中只是偶尔介入，做几句解释和评论。这种情况，到了明末清初才悄悄发生变化。《聊斋志异》虽然是谈鬼说狐，篇中大都带有程度不同的超现实、超人间的虚幻性，但是，许多篇章所展示的内容却不是世外之事、身外之事，而是蒲松龄个人心声的抒发。

蒲松龄的寄托理想的作品，在爱情故事中占有相当的比重。他写了大量优美的爱情篇章，其数量占《聊斋志异》作品总量的四分之一左右。这一现象固然可以用爱情是文学的永恒主题来解说，但作者个人主观意趣的因素亦不可忽视。因为只要稍一留意便会发现，在《聊斋志异》的一部分爱情故事中，存在着一个相当稳定的结撰模式：男主人公大多是现实社会中贫寒失意的书生（包括落魄的塾师），女主人公则多出于幻域，大都年轻貌美，温柔多情，善解人意。故事的展开往往遵循着以下的程式：一开始，男主人公率先登场，而伴随着他出现的是一种孤苦无依、穷愁潦倒的窘境。他们偶尔也去寻求爱情，但更多的情况是女主人公不请自至。她的出现，不但给书生以性爱上的满足，而且往往助书生摆脱穷困或科举有成。为避免叙述得过于空泛，不妨举出《红玉》为例。此篇中的冯生很穷，“家屡空”。一天晚上，狐女红玉“自墙上来窥”，继而“梯而过，遂共寝处”，此后“夜夜往来”。冯父发现，将其拆散。临别之际，红玉“出白金四十两”，助冯生娶妻生子。后乡绅作恶，以致妻死子散，当冯生陷入悲苦之际，红玉领着冯生的儿子再度出现，不出半年，家业重振，冯生亦“遂领乡荐”。需要说明的是，这不过是信手拈来的一例，诸如此类者即使仅开列出篇目，也需要相当的篇幅。这样的故事读多了，不能不令人顿生疑窦：蒲松龄为什么要不厌其烦地编撰这些故事？这些故事的意义和功能何在？合理的解释可能是：这不过是蒲松龄所做的白日梦而已，以借此弥补现实的缺憾，使受挫的心理得以平衡。具体说来，有如下几点：

第一，孤寂心境的慰藉。《聊斋志异》中写人与狐鬼花妖相爱的篇章，如《绿衣女》、《连琐》、《香玉》、《小谢》等，都是写一位书生或读书萧寺，或书斋临近郊野，忽有少女来就，或吟咏，或嬉戏，或相狎，给生活寂寞的书生带来乐趣，数度相会，方知为狐鬼花妖，或者进而生出一些波折，以明“情之结者，鬼神可通”，并无别的意蕴和

寄托。联系蒲松龄个人的生活状况,有理由认为这正是他长期处在孤独寂寞的生活境遇中所生发的天真幻想。他大半生在缙绅人家游学,坐馆,一年中只在年节假日里返家小住几日,如他在《家居》诗中所说:“久以鹤梅当妻子,且将家舍作邮亭。”况且蒲松龄从馆于官宦世家,每到夜幕降临,他这边孤身一人,“萧斋兀坐衾半寒”,而主家那边却妻妾成群,莺声燕语,两相对照愈显难堪。长时期的独身生活,缺少夫妻团聚的欢乐,加之周遭环境的刺激,这位本来就富于想象幻想的文学家,也就少不了想入非非。他在毕家坐馆的时期,夏日住在毕家宅第旁边的石隐园里,夜阑人静,曾有诗云:“石丈犹堪文字友,薇花定结欢喜缘。”(《逃暑石隐园》)这是他在孤独寂寞中假想象以自慰,而这自慰的想象也正是他在现实中所渴望得到的慰藉。《绿衣女》、《连琐》等篇,只不过是将他“石丈犹堪文字友,薇花定结欢喜缘”的诗句,化为幻想故事,编织成自我安慰的文学图像罢了。明于此,我们就会理解,为什么在个别篇章中对超越“颠倒衣裳”津津乐道的蒲松龄,却在大多数篇章中对“颠倒衣裳”显得有点迫不及待。男女主人公甫一见面,说不上三言两语,“遂共寝处”、“遂相欢爱”、“遂相狎”。这不能视为蒲松龄才情贫乏,而是真实地反映了在压抑状态下情感的饥渴躁动。而这种虚幻方式的介入,则使之得到了暂时的排解。

第二,生活理想的向往。旧时代的士子当然以金榜题名为最高企盼,但在通向这一目标的过程中,他们也渴望得到“红粉知己”之助。“夜读书”时旁有“红袖添香”,那是他们所向往的一种理想的生活方式。在《聊斋志异》的有些故事中,狐鬼花妖的出现不只是让苦读的书生或做了馆师的书生解除了寂寞,还使书生得到敬重、鼓励,事业上也获得上进,正是对这种理想生活方式的表述和肯定。

《嫦娥》篇“异史氏曰”所谓“阳极阴生，至言哉！然室有仙人，幸能极我之乐，消我之灾，长我之生，而不我之死”，更以明确的语言反映了这种幻想。蒲松龄曾写过一出小戏《闹馆》和俗曲《学究自嘲》，反映穷书生做乡村塾师的辛酸，其中自然有他个人的亲身感受。而写河间徐生坐鬼馆的《爱奴》却是另一番景象：鬼馆东蒋夫人礼遇厚待徐生，徐生为她“既从儿懒，又责儿工”大发脾气，她赶忙“遣婢谢过”，最后还将徐生喜爱的婢女相赠，“聊慰客馆寂寞”。篇末“异史氏曰”：“夫人教子，无异人也，而所以待师之厚也，不亦贤乎！”这正是一般做塾师的书生们跂予望之的。狐女凤仙将穷秀才刘赤水带到了家中，狐翁对女婿们“以贫富为爱憎”，凤仙以丈夫“不能为床头人吐气”为憾，留下一面镜子相激励。刘赤水“朝夕悬之，如对师保，如此二年，一举而捷”。篇末“异史氏”曰：“吾愿恒河沙数仙人，并遣娇女婚嫁人间，则贫穷海中，少苦众生矣！”（《凤仙》）这也只能是像作者一样困于场屋的书生的天真幻想。

第三，价值失落的补偿。一个美貌的少女不以贫富所动，爱上一个落魄的书生，这类故事历代皆有，不足为奇。但众多的美女像着了魔似地对那些落魄的书生们频送秋波，就大乖常情，在物质生活相对菲薄，人的素质普遍相对低下的古代社会，更是如此。对现实有着清醒认识的蒲松龄，对此不可能全无觉察，但他为何仍乐此不疲？心理学告诉我们，人都有一种自我补偿的心理调节功能。当欲望受挫之后，总会另寻出路以求自我确认，使失衡的心态恢复平衡。而以幻想的方式与现实相对立，则是这种自我补偿现象的最常见的形式。《聊斋志异》中美女加寒士的情爱模式，正可以从此得到解释。蒲松龄才华横溢，抱负很大，但结果却是“落拓名场五十秋，不成一事雪盈头”（《蒙朋赐贺》）。自身的价值就这样被社会所荒

废和冷落，蒲松龄怎能不耿耿于怀?“世人原不解怜才”(《九日有怀张历友》)、“世上何人解爱才”(《访逯济宇不遇》)、“世人何人解怜才”(《中秋微雨，宿希梅斋》)，对价值失落的愤懑，使得他顾不上斟词酌句，不避重复地发出了如此撕心裂肺的呐喊。但是，蒲松龄对造成这一切的现实又徒呼奈何，无能为力，只好以艳遇的幻想进行自我拯救。“天生佳丽，固以报名贤；而世俗之王公，乃留以赠纨袴。”(《青梅》)清贫的文士被社会所抛弃，但美貌的女子向他们敞开了怀抱；他们失了科场，但在情场上能独领风骚。相反，王公贵人可以占尽泼天富贵，却无法赢得尊重和爱情。就这样，现实的不满足在非现实中得到了满足，失落的价值通过虚幻的方式得以补偿。这反映出蒲松龄对自我价值的执著和确认，而不肯对命运作消极默认，尽管其中不乏自欺的意味。

当然，这些以婚姻爱情为题材的作品，也表现了蒲松龄对爱情自由、婚姻自主的向往与追求，并从一定程度上对封建的婚姻制度给予了揭露和批判。他在《娇娜》篇的“异史氏曰”里，提出了“娇艳妻”不如“腻友”的观点，实际上是说夫妻间应该有心灵的契合。《乔女》篇写乔女在丈夫死后虽然没有应允穆生的求婚，没有许之以身，但却在穆生死后为之守护家产、抚育孩子，尽了“未亡人”的职责，就是许之以心了。《连城》篇更是歌颂了连城和乔生与父母包办婚姻抗争的生死之恋。

《聊斋志异》中寄托理想的作品，也集中见于那部分反映文人科举失意、嘲讽科场考官的篇章。蒲松龄自 19 岁进学，文名日起，却屡应乡试不中，断绝了功名之路。这是他一生最感遗憾的事情。饱受科举考试的折磨，一次次名落孙山的沮丧、悲哀、愤懑，不仅烙印在他的诗词中，也很自然地假谈鬼说狐以出之。如《叶生》篇中的叶生，“文章词赋，冠绝当时，而所如不偶，困于名场”。这正是他自己的境况。叶生抑郁而死，却死不瞑目，仍以幻形留在世上，将生前拟就的制艺传授给知己者之子。同样的文章却产生不同的结果。那位青年便连试皆捷，进入仕途。叶生解释他这样做是为了“借福泽为文章吐气，使天下人知半生沦落，非战之罪也”。意思是生前科举不中，并非是文章不好，而是命运不济，死后这样做是为文章争口气。这番话虽然说得颇为气壮，而骨子里却含有无可奈何的悲哀，只是聊以自慰而已。此篇末尾附有一大段“异史氏曰”，直抒其科举失意的悲愤，语气至为沉痛，同他壮年所作《大江东去·寄王如水》、《水调歌头·饮李希梅斋中》两首词，意同而词亦相近。可见此《叶生》篇是借鬼事抒写作者自己当时的那种心态。清代评点家冯镇峦评曰：“余谓此篇即聊斋自作小传，故言之痛心。”非常中肯。

第三章　艺术特征

第一节　志怪新质

在中国古代以记叙怪异故事为基本特征的志怪传奇小说中，蒲松龄的《聊斋志异》是最杰出的。其文学成就之高，流传之广，影响之大，不但大大地胜过它的先驱者，继它之后问世的这一类型的作品，也没有一部可以与之匹敌。这已成为举世的公论。

不少评论者曾就《聊斋志异》怎样继承和发展了志怪传奇小说的文学传统的问题，做过研讨和论述，从不同的方面揭示它高出于六朝志怪书和唐人传奇的地方，如说它反映社会生活广泛深刻，提出了重要的社会问题，注重了人物的刻画，情节更曲折生动等等，这都是符合实际的。但是，它何以取得如此高的成就？还需要做更深一层的探讨。这里从小说创作的角度，论析《聊斋志异》与六朝志怪书和唐人传奇的更为根本的差异，以显示其在志怪小说艺术方面呈现的新的基本特征。

《聊斋志异》内容驳杂，创作手法也多种多样。单就其取材而言，有假借前人记述过的故事复加改制点染的，如《种梨》原本于《搜神记》中的《徐光》，《凤阳士人》所叙情节与唐白行简的《三梦记》无异,《续黄粱》明显脱胎于唐沈既济的《枕中记》等;有来自当时的社会传闻、直录友人的舌笔的,如《龁石》、《林四娘》、《杨千总》、《蛙曲》等;也有许多并无口头传说或文字记述的依据,完全或基本上出自作者虚构的篇章。以往的评论者比较注意前两类作品,着力稽考其故事之来历,认为《聊斋志异》的大部分是作者搜集整理加工的民间传说,甚至连作者自写其怀才不遇的悲哀之《叶生》,也认为是源于唐陈玄祐之《离魂记》,这都是由旧的成见所形成的误解。实际上,倒是那些无所依据、完全或基本上出自作者虚构的篇章,多为脍炙人口的名篇佳什,最足以代表《聊斋志异》的文学成就,体现着它与六朝志怪书和唐人传奇不同的文学特性。这是欲解开它长期盛行不衰之谜,揭示其在中国小说史上的历史地位时,所应当首先予以明确和把握的。

《聊斋志异》题名"志异",自然是如鲁迅所说,"不外记神仙狐鬼精魅故事"(《中国小说史略》)。从故事情节这个层面说,绝大部分篇章具有程度不同的超现实的虚构性。有的是人入幻域幻境,如《画壁》、《罗刹海市》、《梦狼》、《席方平》等;有的是狐鬼花妖精魅化入人间,如《莲香》、《画皮》、《陆判》、《黄英》、《葛巾》、《素秋》等,中间往往写有人、物互化的情节;有些篇章基本是写现实人生的,也少不了要缀上一、二虚幻之笔,在社会生活的图画上涂抹上些许奇异的色彩,如《张诚》、《田七郎》、《乔女》等。这自然也可以说与六朝志怪书同伦。由于它的许多篇章,"描写委曲,叙次井然",加强了人物形象的刻画,狐鬼花妖形象"多具人情,和易可亲",有别于六朝志怪书之"粗陈梗概",而又与唐人传奇相类。所以,鲁迅在其《中国小说史略》中,称之为"拟晋唐小说",总括其特点为"用传奇法,而以志怪"。

“用传奇法,而以志怪”,鲁迅先生的这一论断,现在经常为评论《聊斋志异》的论著所称引,几乎成了说明它的艺术特点的口头禅。这一论断虽然不失为中肯,符合实际,但鲁迅先生显然只是从故事情节这一层面做出概括,还不足以充分显示《聊斋志异》的更根本性的特征,对此还应当做进一步的补充、深化。这中间的一个核心问题是:《聊斋志异》之“志怪”,与六朝人之“志怪”有着根本性的差异。六朝人之“志怪”,恰如其名,是搜集、记述“怪异非常之事”,同当时人记述世间平常之事,都是当作曾经发生过的事情来记述的,只是所记之事有“非常”和“平常”之不同,两类著作都被视为史书之支流,而不是有意识地在做小说,不是有意识地运用想象和幻想进行文学性的虚构。《搜神记》的作者干宝,在其书的序言中就曾郑重声明:书中采自前代典籍者若有“失实”非其本人之罪;“若使采访近世之事,苟有虚错,愿与先贤前儒分其讥谤”,并且还说记述这类“怪异非常之事”,可供人“游心寓目”,“亦足以发明神道之不诬也”。可见这位六朝志怪书的代表作者,对他记述的那些“怪异非常之事”,虽然也半信半疑,但还是当作实有之事来记的。那些“怪异非常之事”,自然是不曾发生过和不可能发生过,其中已含有人的想象、幻想的因素,但那并非志怪书的著述者自觉进行想象、幻想的结果,而是人们的神道意识的历史积淀。所以,志怪书的作者记述那些“怪异非常之事”,虽然已发觉有“游心寓目”的功用,但还只是传述其事而已,并不一一考虑它们含有什么意蕴,要表现什么题旨。其中的一些故事,如《搜神记》中的《李寄》、《韩凭妻》、《干将莫邪》等,自然也有其各自的意义,为后世文学史家所称道。但是,那意义是那些故事原本所含有的,事与意密不可分,并非记述者立意要表现的。

《聊斋志异》之叙狐鬼花妖精魅之事，如果还以其故事之奇异而称作"志怪"，那么这种"志怪"的内涵就不同了。它的作者不只是记述怪异之事，而且还有意识地结撰奇异的故事。就后者来说，这是作家运用想象、幻想进行文学性的虚构，是文学创作，同写实小说的作者运用想象虚构如同现实生活一样的故事情节是一样的，区别只在于所虚构出来的故事情节有无超现实的奇异性。尽管它的作者在结撰狐鬼花妖精魅的故事中，也尽量写得合乎人之情理，仿佛是实有之事，有时还有意制造一种真实可信的假象，但那是为了适应读者的心理，实际上，作者不相信自己虚构出来的那些狐鬼花妖的故事是实有的和可能有的事情，也无意让读者信以为真。可以这样说，它的作者结撰这类奇异的故事，是作为文学事业，以寄托情怀，期望于读者的是能够领会其中的情趣和意蕴。

例如《狐梦》篇，记述作者的友人毕怡庵，读过作者已作成的《青凤》，羡慕篇中的男主人公耿去病与狐女青凤相爱的艳福，心向往之，于是也发生了梦遇狐女的一段姻缘。有趣的是，此狐女与之诀别时，向他提出了一个希望："聊斋与君文字交，请烦作小传，未必千载下无爱忆如君者！"作者将自己明白地扯了进去，这就泄露了他作此篇之奥秘：毕怡庵可能真的说过羡慕的话。他一方面觉得这位友人太天真，竟由虚构的故事而想入非非，另一方面又以自己的作品写得引人入胜而沾沾自喜，遂借此编出这样一个故事，个中半是调侃，半是自我欣赏。这篇《狐梦》虽然算不上优秀篇章，但却可以较明显地看出《聊斋志异》的创作特点。这是随意的虚构，作者和他的友人都不会信以为真，只是借以戏谑，寄托某种情趣。作者既然可以假编织此等狐女故事以游戏，自然也可以寄托严正的题旨。

唐人传奇自然已经是"有意为小说"，与记述奇闻逸事"未必尽

幻设语”之六朝志怪书大不一样。明人胡应麟早就揭明了这一点，鲁迅先生亦作如是观。但是，唐传奇在自己的进程中曾一度转向，有些作者从志怪中流离出来，去写人间事，并不加虚构成分，如《霍小玉传》、《李娃传》、《莺莺传》等，都是传世的佳作。而拘守志怪异事一途的作者，特别是后期着力于作传奇的作者，仍然是重在构想之幻、情节之奇，不甚考虑有所寓意。传奇之名称就是由此而得。像《枕中记》、《南柯太守传》，以及“假小说以排陷他人”的《周秦行记》等假幻设以寓意的作品，是比较少的，没有成为创作的主流。

《聊斋志异》较之唐人传奇有了巨大的飞跃，假幻设以寓意成了它的作者创作意识中的主导原则。也就是说，它的作者虚构狐鬼花妖的虚幻的和半虚幻的故事，固然诙诡荒忽，有奇情异彩，并不下于唐人传奇，应当说更富有幻想文学的艺术魅力，但却不是他的主要的、根本的创作目的，而成为他自觉运用的习惯性的创作手法，或者说文学表现方法。固然他也并不放弃、放松对作为小说的故事情节层面的追求，力求写得瑰丽奇玮，为此而付出了巨大的精力，但那是为了使他的作品更有情趣，更富神话般的艺术魅力，更有文学的欣赏价值，而更深层更根本的目的却在于表现他的现实感受，经验之理、生活情趣，或精神上的向往、追求。其《聊斋自志》云：“人非化外，事或奇于断发之乡；睫在目前，怪有过于飞头之国。遄飞逸兴，狂固难辞；永托旷怀，痴且不讳”，后面又说：“集腋为裘，妄续幽冥之录；浮白载笔，仅成孤愤之书。”可见蒲松龄假虚拟狐鬼花妖故事以抒发情怀，寄托忧愤，已成为主导的创作意识，他期望读者的不是信以为真，也不只是感到有奇趣，而是能领会寄寓其中的意蕴。在六朝志怪小说中，“怪异非常之事”是作品的内容；在《聊斋志异》里，神仙狐鬼精魅的怪异故事作为小说的思想内蕴的载体,也就带有了表现方法和形式的性质。

与这个变化同时发生的还有更深层次的思维性质及其功用的变化。贯穿六朝志怪小说中的神道观念及其思维模式,诸如灵魂不灭,人死为鬼;物老成精,能化人形;幽明相通,梦幻与现实世界互渗互补,都具有神秘性质。蒲松龄也因袭了这些神秘思维模式,结撰出诡谲奇丽的狐鬼花妖故事,从思维形态、方式上看并无二致,但却不完全是在原来迷信意义上的因袭,而是弃其内质而存其形态,作为文学幻想的审美方式和表现方法用于小说创作中,从而也就摆脱了神道意识的拘束,在这个领域里获得了自由,可以随意地借以观照现实世界,抒写人生苦乐,出脱个人的内心隐秘。

《聊斋志异》结构故事的模式之一是人入异域幻境,其中有入天界,入冥间,入仙境,入梦,入奇邦异国。在宗教文化及受其影响的志怪传奇中,天界、冥间、仙境是人生理想归宿和善恶的裁判所,具有神秘的权威性,令人企羡、敬服、恐惧;梦是人与神灵交往的通道,预示着吉凶祸福。在《聊斋志异》里,这一切都被形式化,多数情况是用作故事的框架,任意装入现实社会的或作家个人心迹的映象。在作为仙境出现的仙人岛上,并没有成仙得道的仙人,在那里上演的是一幕轻薄文士被一位慧心利舌的少女嘲谑的喜剧(《仙人岛》)。在作为前后对照的两个奇邦异国中,大罗刹国不重文章,以貌取人,而且妍媸颠倒,必须"花面逢迎";海市国里推重文士,能文的游人便获荣华富贵。这都不过是在怀才不遇、处世艰难的境遇中的作者心造的幻影。前者是现实的讽刺漫画,后者是戏拟的理想图,以"海市"名之,便寓谈空的意思(《罗刹海市》)。在表现梦境的《梦狼》里,白姓老人梦中到了做县令的儿子的衙门里,看到满是吃人的狼,白骨堆积如山,儿子也在金甲猛士面前化为虎,被敲掉了

牙齿。嗣后获知，现实中儿子果然在那一日醉中坠马，跌落牙齿。这显然是为表现“官虎狼吏”这个比喻性的主题而虚拟了这样一个奇异之梦。其中虽然有天罚，梦也有应验，但作者为惩罚方式并施于喻体和喻本，寓意明显，颇有奇趣，本来的神秘意义也就被冲淡了。《聊斋志异》中，幽冥世界的形式化最为明显。鬼的观念产生于人类早期对死亡的恐惧，鬼所生存的冥间的主宰者也成了主宰人的生死的神。佛教传入后，注入了地狱和果报观念，对人施加的影响更强烈，更令人恐惧。部分志怪小说也起了传播作用。蒲松龄对冥间及鬼官的描写，没有屈从渗透进民间信仰中的本有的观念和固定模式，而是随意涂抹。如果说有些篇章赋予阎罗、城隍以公正的面貌，如《考城隍》、《李伯言》；用冥间地狱作为对人的恶行恶德的惩罚、警告方式，如《僧孽》、《阎王》，艺术幻想还没有跳出信仰意识的窠臼，另外一些精心结撰的篇章则是只用作映照现实社会的艺术工具，而且镜头多是对着官府的。席方平为受凌辱的父亲入冥府伸冤，但城隍、郡司、冥王各级衙门，都是贪贿、暴虐，屡受酷刑，让他感到“阴曹之暗昧尤胜于阳间”。(《席方平》)冥间的考弊司，堂下石碣刻着“孝悌忠信”、“礼义廉耻”，司主虚肚鬼王却是专事榨取，初来之秀才“不必有罪”，“例应割髀肉”，行贿才可赎免。闻人生入考弊司目睹秀才们被割肉的情景，愤而大呼：“惨惨如此，成何世界！”(《考弊司》)这种类似游戏之笔，既是对阴司之神的玩亵，也明显地是将人世官府的黑暗、官僚的贪残映照出来，读者自会意识到两者的对应关系，对冥间的揭露其实就是对现实社会的揭露。最值得称道的《公孙九娘》，它写的是莱阳生入鬼村与鬼女公孙九娘的一段短暂的姻缘，像是六朝志怪小说已有、唐以后的传奇小说中更多见的幽婚故事，然而，这只是故事的框架。小说开头先交代了背景：

“于七一案，连坐被诛者，栖霞、莱阳两县最多。一日俘数百人，尽戮于演武场中，碧血满地，白骨撑天。”这个事实是故事生发的基础，也定下了故事的悲怆基调。莱阳生入鬼村，先后见到死于“于七一案”的亲故——朱生、甥女，新识的公孙九娘母女，全是温文柔弱的书生、女子，听他们一一泣诉遭株连而死于非命的不幸。他与公孙九娘成亲的花烛之夕，“忽启金镂箱里看，血腥犹染旧罗裙”，九娘“枕上追怀往事，哽咽不能成眠”。在这里，人鬼之遇合实际上是为那些惨死者设置的吐苦情、诉幽怨的场合。人鬼遇合是子虚乌有，而吐诉的却是真实的血泪，幽婚式的故事里装入的是现实政治主题。

总之，在《聊斋志异》的创作中，“志怪”成为文学表现方法、手段，故事情节作为小说的思想意蕴的载体，也就带有了形式的性质。这使它摆脱了六朝志怪小说的窠臼，从整体上冲破了唐人传奇的模式，并且避开了这一类小说容易陷入的侈陈怪异、诞而不情、不知所谓的泥潭，开创了一个崭新的创作境界。

第二节　鬼狐形象

蒲松龄曾将他的志怪小说题名为“狐鬼史”，这清楚不过地说明了狐鬼（也包括神仙、花妖、精魅等）在其作品中的地位和比重。凡读过《聊斋志异》的人，无不对其中那个光怪陆离的狐鬼世界留下最深刻的印象，也从接受的角度证明了这一点。众所周知，将狐鬼作为文学的表现对象，决不是蒲松龄的专利，但只有到了他的笔下，才创造性地实现了对这些异类的意象化改塑，从而赋予了其新的面貌和内涵。

上面说过，《聊斋志异》结构志怪故事的模式之一是人入异域

幻境，但相形之下，另外一种模式，即狐鬼经幻化进入人世，则更为多见。异类以人的形象出现，而和人产生瓜葛，这在六朝志怪小说中已经出现。但它们虽然获得了人的外观，但绝少人情，本性未变。它们不是作为人类的可以相处的伙伴，而是作为对人类的一种破坏性力量降临人世的。因而其偶然出现，肯定意味着不幸，至少是不祥，人对它们也只会心怀恐惧，不会产生愉悦之感。例如，幻化为美女是狐鬼变形的最常见的形式，它们作为人间男性（通常是书生）的敌人，是要吸干为它所惑的人的精气，以增加自己的能量，其美貌和娇媚不过是利用人的弱点而加害于人的诱饵罢了。“狐狸精”至今仍是以淫荡害人的女子的代名词，就是这种观念的遗响。蒲松龄承继了狐鬼幻化这一大的情节框架，但在具体的表现中则推陈出新，与六朝志怪已然貌合神离。《聊斋志异》中的异类，尤其是女性，是以人的形神、性情为主体，只是将异类的某些属性特征融入或附加在其身上。花姑子是獐子精，所以让她身上有香气（《花姑子》）；阿纤是鼠精，写其家窖有储粟，人“窈窕秀弱”，“寡言少怒”，与鼠的本性相符（《阿纤》）；绿衣女“绿衣长裙，宛妙无比”，“腰细殆不容掬”，善歌“声细如蝇”，都是依据蜜蜂的特征写出的（《绿衣女》）。这种幻化、变形不是神秘的，而是艺术的幻想。狐鬼形象更只是写其为狐为鬼，带有些非人的特点，性情则完全与常人无异。下面以《张鸿渐》为例，作一具体说明。

《张鸿渐》是《聊斋志异》中的名篇，聊斋俚曲中的《富贵神仙》和《磨难曲》均据它改编而成，可见作者本人对它也颇为得意。这篇小说暴露官府黑暗之犀利深刻，情节发展之跌宕起伏，都令人称道。而人物形象的塑造亦不可忽视，其中狐女舜华尤其值得注意。像《聊斋志异》中其他由狐鬼幻化的女子一样，舜华也带有某些神奇性的特点，如能使其房舍昼隐夜显，千里之途可瞬息而至等等，但令人过目难忘，以至于将其神异色彩冲淡殆尽的，是她那丰富多彩而又合情入理的人性表现。

名士张鸿渐因替无辜受害者抱不平而遭到官府的追捕。一天傍晚，“资斧断绝，无所归宿”，便闯入一人家求宿。家中老妪见他可怜，便瞒着小娘子舜华，让他在院子里暂住一夜，不料被舜华发现：

女怒曰：“一门细弱，何得容纳匪人！”

在“家无男子”、“一门细弱”的情况下，老妪竟自作主张，将贸然闯入的陌生男子留宿家中，对此，舜华作出这样激烈的反应是再正常不过了。可等见到张鸿渐，事情便发生了变化：

女审诘邦族，色稍霁，曰：“幸是风雅士，不妨相留。然老奴竟不关白，此等草草，岂所以待君子。”命妪引客入舍。

这一变化似乎有些突兀，但从舜华房中“几上有《南华经》注”这一作者特意埋伏的细节看，倒有些自然。原来这位狐女也不失风雅，情趣相投，遂对“风雅士”张鸿渐油然而生好感，态度由此转变也就在情理之中了。在这之后，舜华向张鸿渐表达了爱慕之情：

(舜华)腆然曰：“妾以君风流之士，欲以门户相托，遂犯瓜李之嫌。得不相遐弃否？”

语气温婉，神情“腆然”，很符合一个纯情的闺中女子在此情境下的

特有表现。当张鸿渐以家有妻室相告时，舜华更被此“诚笃”所感动，其情益坚。从怒斥老妪到“色稍霁”，从“引客入舍”到执著而又不无羞涩地追求爱情，富有层次地写出了舜华的情感历程，真实自然，令人信服。

三年后，张鸿渐思念家中的妻儿，提出回去探望一下。舜华听后，其反应是：

女似不悦，曰：“琴瑟之情，妾自分于君为笃；君守此念彼，是相对绸缪者，皆妄也！”

男女性爱带有强烈的排他性。舜华既然深爱着张鸿渐，也就不会对他“守此念彼”无动于衷。因此，由“不悦”而语露怨怪，便自然之极。非如此，便无以显其性情之真；非如此，便无以见其爱情之切。面对舜华的不理解，张鸿渐晓之以理：“一日夫妻，百日恩义……设得新忘故，卿何取焉。”面对张鸿渐的坦诚相见，舜华也敞开心扉：

妾有偏心：于妾，愿君之不忘；于人，愿君之忘之也。

舜华对张鸿渐当然有占有欲，但可贵的是，她没有因这种“偏心”而丧失理性。她不愿意轻易放弃自己的情感，但也理解别人的处境。这段话，实实在在，如见肺腑，读来亲切感人。后来，她又幻化成张鸿渐的妻子去试验张鸿渐对自己的感情。当她听到张鸿渐对“妻子”说：“我与彼虽之情好，终非同类；独其恩义，难忘耳。”知道留人易留心难，便显形说道：

君心可知矣！分当自此绝矣。犹幸未忘恩义，差足自赎。

爱情失落的痛苦，溢于言表。但张鸿渐的“未忘恩义”，又使她有所感动，引为安慰。这进一步展现了她的缠绵多情。正是这一性格，使她毅然送张鸿渐回家与妻儿团圆，使她后来在张鸿渐再次落难之际全力救助，事成飘然而去。蒲松龄就是这样以委曲细腻的笔触，描绘出舜华这一狐女的鲜明形象。在这一形象身上，散发着人情的温馨，让人神往，同时又符合生活和性格的逻辑，令人信服。

窥一斑而知全豹。《聊斋志异》的狐鬼形象，特别是其中的女性形象，大都像舜华这样“多具人性，和易可亲”，使人于不知不觉中“忘为异类”。而作者又多在故事进展中或行将结束时，才显示一下其来历和属性，从而使读者在充分领略其人性味的同时，又增添“偶见鹘突，知复非人”的艺术情趣。《聊斋志异》里的狐鬼形象，也寄寓着作者对社会、对人生的观照和理解。前一个方面，以上有关部分已经涉及，此不重复。在《聊斋志异》中，还有些篇章深入发掘人的心灵世界，进入了人生的更高的境界。这类作品尤其值得注意。

在《聊斋志异》表现爱情的篇章中，常常可以看到这样的故事：女主人公将与心爱的人结合视为人生的最大的幸福，为了赢得这种幸福，富贵不能淫，贫贱不能移，威武不能屈，与对立面全力抗争，甚至以付出生命为代价也在所不惜，如阿宝、细侯、连城等等。她们的追求无可非议，她们的精神可歌可泣，她们的不幸令人黯然神伤，她们的胜利让人扬眉吐气。但是，爱情的意义是否一定意味着占有？换言之，在爱情上除了占有是否还存在着别样的境界？蒲松龄对此作了探索，并给出了颇具启发性的回答。

《聊斋志异》的《阿绣》篇写的是女狐、刘子固、美女阿绣三角恋爱的故事。爱情故事本身即容易引起人们的兴味,这也就是爱情何以成为文学的永恒主题的原因之一;况且是三角恋爱,更易迭起波澜,不但如此,又有一个女狐穿插其间,自然少不了奇幻怪诞。因此,即使文才远逊于蒲松龄者,要把这样一个故事写得离奇曲折,也并不困难。但是,如果要将虚幻的故事给人以真实的感觉,进而让读者在领略了情节的紧张刺激之后,掩卷而思,体味其中的人生意蕴,则绝非易事。而蒲松龄做到了这一点。

故事中的女狐热恋着刘子固,想方设法从他那里得到情感和生理上的满足。在刘子固向阿绣求婚未遂、不胜沮丧之际,女狐幻化为阿绣翩然而至。“既就枕席,宛转万态,款接之欢,不可言喻。”蒲松龄写男女之事有时语涉秽亵,但此处不能作如是观。这是一个有血有肉的、充满着七情六欲的、鲜活的生命,而不是一个理念的单纯的传声筒。正因为这样,愈显出她作出选择的难能可贵,这就是当她真实的身份暴露以后,转而成全了刘子固与阿绣的爱情。需要说明的是,这并不是她因能力不济而放弃了竞争,相反,这恰是她有能力的绝好证明,因为正是她从兵乱中营救了阿绣。也就是说,她是出于自主之意志,把幸福推给了情敌,而自己去品尝失落的苦涩。她之所以这样做,按蒲松龄明确的交代,是在貌美上比起阿绣来自愧不如,但蒲松龄暗示给读者的,同时也是更重要的,是有感于刘子固对阿绣的痴情。小说开头,作者写了刘子固如何对杂货铺中的阿绣一见钟情;如何为了接近所爱,“蹈隙辄往”,买一些自己根本不需要的东西;又如何将阿绣用纸包好,以舌舐粘封的物品,“怀归不敢复动”,唯恐弄坏了阿绣的舌痕。这段情节取自晋宋刘义庆所撰《幽明录》中的《胡粉女》,但描写之细腻入微,生动传神，已与《胡粉女》的“粗陈梗概”不可同日而语。作者通过对刘子固痴情的极力渲染，不但为他对阿绣的矢志不移作了铺垫，而且也为女狐的选择提供了动因。她不是没有强烈的情感，而竞争对手的陷入水火也曾给她以机遇，但她还是为所爱者的爱情所感动，助他与心上人结成眷属。在女狐身上，人生的缺陷反显示人生的完整，爱情的失落导致了爱情的升华，达到了更高的文明层次。

鲁迅认为，《聊斋志异》中的花妖狐魅“多具人情”，读来令人“忘为异类”。就其中的大多数而言，这无疑是正确的。但具体到阿绣之类，就有修正的必要。因为在这些形象上所表现出的人情的丰富和优美，恐怕就不是单纯令人“忘为异类”的问题了，而是让人觉得它们比人更像人！从而在惊叹之余，引发对自身的反思和对理想的憧憬。

《聊斋志异》中还有一类狐鬼形象，它们的性格、行为表现的是一种情态、意向，可以视为象征性的文学意象。黄英是菊花精，名字便由“菊有黄花”化出。菊花由于陶渊明的“采菊东篱下，悠然见南山”诗句，被赋予高洁的品格，喻淡泊名利，安贫乐道的清高节操。蒲松龄笔下的黄英，精于种菊、卖菊，以此致富。她认为“自食其力不为贫，贩花为业不为俗”，以种菊、卖菊致富是“聊为我家彭泽解嘲”。她与以市井谋利为耻的士子马子才婚前婚后的分歧、纠纷，马子才总是处在尴尬不能自处的位置上。黄英的名字寓意与实际作为之间的背反，象征着传统的清高观念的变化。(《黄英》)《婴宁》叙写王子服追求狐女婴宁结成连理的故事，但并非爱情主题，读后给人印象至深的是婴宁的爱笑和憨痴。她的笑不择地点，即使爬到树上，也“狂笑欲堕”。她的笑不顾对象，对王子服固然笑态百出，在未来的婆婆面前“犹浓笑不顾”。她的笑不分场合，“行新妇礼”本特

别需要循规蹈矩，可她“笑极不能俯仰”，致使仪式无法进行下去。一句话，想笑就笑，想怎么笑就怎么笑，任情而发，毫无顾忌。她的憨痴也令人惊异，竟不懂得“蒹葭之情”与“夫妻之爱”的区别，也不明白有些事是不可向外人道的隐私。“年已十六，呆痴才如婴儿”，的确不可思议。但蒲松龄本来就不是在写实，他不过是借此来表达自己的意念而已。“婴宁”之名，取自庄子所说：“其为物，无不将也，无不迎也；无不毁也，无不成也，其名撄宁。撄宁也者，撄而后宁者也。”所谓“婴宁”，就是指得失成败都不动心的一种精神境界。蒲松龄也用过这个意思，其《趺坐》诗云：“闭户尘嚣息，襟怀自不撄。”婴宁的形象可以说是这种境界的象征体现。赞美婴宁的纯真，正寄寓着对老庄人生哲学中所崇尚的复归自然天性的向往。

第三节　结撰维新

掌握了规律便赢得了自由。当蒲松龄确立了传情达意这一符合文学本质特征的创作追求时，笔下的狐鬼故事就具有表现形式的性质，与此伴生并互为因果的是，其创作的自由度便大大增强了。这使他得以摆脱现成的作法、模式的羁绊，不拘一格，恣意挥洒，从而不但在意蕴上，而且也在形式上，将文言短篇小说推向了前无古人后无来者的境地。

蒲松龄创作的不拘一格表现在创立了独特的小说体式。《聊斋志异》一出，好评如云，但也有不同声音。盛时彦在为《姑妄听之》所写的跋语中转述其师纪昀的意见云：

先生尝曰：《聊斋志异》盛行一时，然才子之笔，非著书之笔也。

虞初以下天宝以上古书多佚矣，其可见完帙者，刘敬叔《异苑》、陶潜《续搜神记》，小说类也，《飞燕外传》、《会真记》，传记类也。《太平广记》事以类聚，故可并收；而今一书而兼二体，所未解也。小说既述见闻，即属叙事，不比戏场关目，随意装点。……今燕昵之词，媟狎之态，细微曲折，摹绘如生，使出自言，似无此理，使出作者代言，则何从而闻见之，又所未解也。

纪昀的责难表现了其小说观念的陈腐，自不待言，但“一书而兼二体”，确实揭示了《聊斋志异》在小说体式上的特征，也在无意中道出了《聊斋志异》在表现形式上的一个成就。

所谓“一书而兼二体”，是指笔记体与传奇体的并存。《聊斋志异》有一部分属笔记体作品，或写鬼妖怪异故事，如《耳中人》、《尸变》等；或写社会上的奇人怪事，如《小人》、《男生子》等；或写自然界中的奇特现象，如《地震》、《蚰蜒》等；或写异国边地的人物风情，如《外国人》、《沅俗》等。这类作品内容上不外乎搜奇记异，没有或甚少意蕴，基本上与六朝志怪无异。形式上篇幅一般比较简短，其最极端者如《男生子》，文不足两行，字不满六十，让人仅知有其事而已，一如六朝志怪之“粗陈梗概”。据有人统计，这类作品接近《聊斋志异》总数的一半，可见其数量之多。研究者尽可以因《聊斋志异》的主要成就不在此而忽略它们，但它们的确是真实存在的。至于《聊斋志异》中的传奇体作品，历来为人注意，解说颇多，且其特征下文自现，兹不单独论列。

所谓“一书而兼二体”，亦指笔记体与传奇体的互渗。鲁迅所说的《聊斋志异》“不外记神仙狐鬼精魅故事，然描写委曲，叙次井然，用传奇法，而以志怪”（《中国小说史略》），指出的就是这一特点。

下面试以《种梨》为例作些分析，以获得对这一特点的具体体认。

《搜神记》卷一有"种瓜"(《徐光》)，《聊斋志异》则有《种梨》，大的情节框架类似，可以肯定地说，二者之间有传承的关系。但是，它们的具体表现却相当不同。"种瓜"故事云：

吴时有徐光者，尝行术于市里。从人乞瓜，其主勿与。便从索瓣，杖地种之。俄而瓜生蔓延，生花成实。乃取食之。因赐观者。鬻者反视其所出卖，皆亡耗矣。

一望而知，这篇故事篇幅异常短小，记叙相当简略。读后仅使人知其梗概而已。至于徐光乞瓜时，卖瓜人为何"勿与"，怎样"勿与"，徐光又如何"杖而种之"，失瓜后卖瓜人的反应如何等等，一概不得而知。到了《聊斋志异》的《种梨》篇，则极尽铺张、渲染之能事。如写卖梨的乡人如何拒绝"丐于车前"的道士：

有乡人卖梨于市，颇甘芳，价腾贵。有道士破巾絮衣，丐于车前。乡人咄之，亦不去；乡人怒，加以叱骂。道士曰："一车数百颗，老衲止丐其一，于居士亦无大损，何怒为？"观者劝置劣者一枚令去，乡人执不肯。

"咄之"，"怒，加以叱骂"，旁观者劝拣一个坏梨子打发道士了事，亦"执不肯"，叙次井然。乡人执拗之态栩栩如生。虽然梨子"颇甘芳，价腾贵"，不轻易施人有情可原，但执拗如此便有过分之嫌，这又为道士的报复作了铺垫。

再如写道士如何种梨：

肆中傭保者，见喋聒不堪，遂出钱市一枚，付道士。道士拜谢。谓众曰：“出家人不解吝惜。我有佳梨，请出供客。”或曰：“既有之，何不自食？”曰：“吾特需此核作种。”于是掬梨大啖。且尽，把核于手，解肩上镵，坎地深数寸，纳之而覆以土。向市人索汤沃灌。好事者于临路店索得沸渖，道士接浸坎处。万目攒视，见有勾萌出，渐大；俄成树，枝叶扶疏；倏而花，倏而实，硕大芳馥，累累满树。道人乃即树头摘赐观者，顷刻向尽。

种梨的过程描写细致入微，其间又杂以“万目攒视”的衬托、渲染，将一个种梨的场面写得活灵活现，如在目前。

又如写道士分梨之后，伐树荷之而去，乡人的窘境是：

初，道人作法时，乡人亦杂众中，引领注目，竟忘其业。道士既去，始顾车中，则梨已空矣。方悟适所俵散，皆己物也。又细视车上一靶亡，是新凿断者。心大愤恨。急迹之。转过墙隅，则断靶弃垣下，始知所伐梨本，即是物也。道士不知所在。一市粲然。

由上可见，《搜神记》的“种瓜”，不过是提供了一个粗疏的故事框架，经蒲松龄妙手装点，才变得血肉丰满，生气四溢。当然，蒲松龄的贡献还不限于情节的充实丰腴和记叙的详备委婉，更值得注意的是，随之而来的意趣的变迁。《搜神记》的“种瓜”故事只是在显示徐光法术的高超而已，而且由于缺乏必要的铺垫，读者对他的法术并不能产生好感。而《聊斋志异》的《种梨》，则以道士的慷慨和“一市粲然”来反衬、嘲弄乡人的吝啬，以一梨不舍而梨却尽失说明守财奴必适得其反。寄托如此，道士的法术如何倒在其次了。

《聊斋志异》创作的不拘一格，也表现在小说类型的丰富上。从内容角度看，由于《聊斋志异》的艺术触角深入到了社会生活的各个方面，所以有政治批判小说、社会风情小说、爱情小说、科学小说等种类。对此，学术界已有比较广泛和深入的研究，这里不再一一说明。除了这些之外，《聊斋志异》中有些作品反映人们在长期的社会生活中积累的经验和智慧，其中有这样那样的带有普遍性的哲理意蕴，可称为哲理小说。对这类小说，已有的研究注意不够，或注意了但不无曲解，因此，值得稍加申说。如《劳山道士》写王生闻劳山多仙人，便负籍前往，希望学到一些神法异术，无奈“娇惰不能作苦”，仅月余便萌去意，但又不甘心于空手而回，就请求老道传授穿墙而过之术，老道笑而允之。王生回家想在妻子面前炫耀一下，却“头触硬壁，蓦然而踣……额上坟起，如巨卵焉”。有人说这则故事揭露了剥削阶级不劳而获的本质，看似深刻，其实失当。有人说这是一则宗教故事，此亦不妥。故事中确实渲染了道家法术的高超：一壶酒七八个人竟屡饮不空；筷子可以化为嫦娥起舞佐酒；甚至能飘然而上，饮酒月宫。但作者写这些，意不在宣扬宗教迷信，而是将这些作为人生和事业的较高境界的象征。故事告诉人们，要想达到这种境界，非苦心志、劳筋骨而不能，任何投机取巧的企图，不但注定要失败，而且会像王生那样成为笑柄。《田七郎》写猎户田七郎受了富家公子的救助之恩，后来又为报恩而拼上性命。田七郎诚然是勇敢的，但展示这种勇敢却不是蒲松龄结撰这篇小说的主要意图之所在。小说突出展示的是田七郎意识到受人恩就要报人恩，极不愿受人之恩，以避免承担报恩的义务，但由于家贫而未能幸免。这样，报恩的故事也就含有了深刻的悲剧内容，显示出作为社会交往的道德准则：“受人知者分人忧，受人恩者急人难”，表面上是彼此平等的，但由于人各有别，用以为报的也就不同："富人报人以财，贫人报人以义"。知恩报恩的道德准则实际上是片面的、不公平的。蒲松龄对人际道德原则之一的"义"的思考、质疑，既有着深刻的现实意义，也蕴含着带有普遍性的生活哲理。因此，在不放弃揭示《聊斋志异》的现实意义的同时，注意发掘其哲理小说和其他小说中所包含的哲理内蕴，无疑会扩展、丰富对这部伟大作品的认识和理解。

从故事情节的角度看，《聊斋志异》的小说类型也具有丰富性的特点。《聊斋志异》中精心结撰的故事多是记叙详尽而委曲，有的篇章还特别以情节曲折有起伏跌宕之致取胜。如《王桂庵》写王桂庵江上初逢芸娘，后沿江寻访苦于不得，再后偶入一江村，却意外地再见芸娘，却又由于一句戏言，致使芸娘投江；经年自河南返家，途中又蓦地见到芸娘未死，好事多磨，几乎步步有"山穷水复，柳暗花明"之趣。《西湖主》写陈明教在洞庭湖落水，浮水登崖，闯入湖君禁苑、园囿、殿阁，本来便有"犯驾当死"之忧，又私窥公主，红巾题诗，到了行将被捉，必死无疑的地步，却陡地化险为夷，变凶为吉，做了湖君的乘龙快婿，极尽情节腾挪跌宕之能事，可以说情节的趣味性胜过了内容的意义。然而，这也只是作者创作的一种艺术追求。《聊斋志异》里也有不重故事情节、乃至无故事性的小说。《婴宁》有故事情节，作者倾力展示的却是婴宁的性格，其他的人物，如为她的美貌倾倒而痴情追求她的王子服，以及她居住的幽僻的山村、长满花木的院落，都是为烘托她那种近于童稚的绝顶天真而设置的；入世以后受礼俗的束缚，"竟不复笑，虽故逗亦终不笑"，也是意味着原本天真的消失。这篇似可称作性格小说。《绿衣女》写一位绿衣长裙的少女进入一位书生的书斋，发生的只有平淡而不俗的

欢娱情状,没有故事性,结尾处一个小波折,只是要显示少女原是一个蜜蜂精,似乎可称作散文式小说。许多篇幅不太长的篇章,只是截取生活的一个片段,写出一种情态、心理。如《王子安》写的是一位秀才应乡试后放榜前醉卧中瞬间的一种幻觉:听到有人相继来报,他已连试皆中,不禁得意忘形,初而喜呼赏钱,再而要“出耀乡里”,受到妻子儿女的嘲笑。《镜听》写的是一对妯娌在做饭时由婆母的势利态度而引起的次子妇的愤恨举动,只有一个短暂的场面。《金和尚》没有事件,无情节可言,而是零星写出一位僧侣地主的房舍构造、室内陈设、役使仆从、出行等方面的情况,以及死后殡葬盛况,更像是一篇人物特写。《聊斋志异》里作品类型的多样化,既表明作者仍然因袭了旧的内涵无明确界定的小说观念,所以其中也有简单记事的短篇,但也表明作者又有探索性的创造,增添了不专注故事情节的小说类型。

《聊斋志异》创作的不拘一格还表现在小说结构的多变上。《聊斋志异》集搜奇记异、反映现实、表现自我于一身,决定了它的结构不是一成不变的,而是因事而异、互不雷同。大致说来,主要有单线、复线、多线三种方式。

以一人一事作为中心线索贯穿全篇,是单线结构小说的基本特征。《聊斋志异》中的短篇小品,由于故事的简略和情节的单纯,采用这种结构方式的居多。但篇幅较大的作品采用这种结构方式的也不少见。《促织》一篇以“宣德间,宫中尚促织之戏,岁征民间”为背景,写出了主人公成名一段饱含血泪的故事。成名本来就“薄产累尽”,又“会征促织”。作为一个“操童子业,久不售,为人迂讷”的书生,他无计可施,“忧闷欲死”。听了妻子的劝告,早出暮归,寻觅蟋蟀,可一无所获,被官府打得皮开肉绽,“转侧床头,惟思自尽”。后得神巫指点，捕得佳虫，“举家庆贺”，不幸又被儿子弄死，儿子亦投井自尽。“夫妻向隅，茅舍无烟，相对默然，不复聊赖”。幸亏儿子幻化成的蟋蟀“轻捷善斗”，博得皇帝欢心，成名才祸尽福来。这篇故事主要围绕成名的遭遇结撰而成，所以尽管它内容丰富，情节曲折，篇幅长大，但就结构来看，仍是单线式的。

复线结构，顾名思义，即在一篇小说中存在着两条线索。就两条线索呈现的方式看，又可分为两种情形。一是两条线索交替出现，互相照应，如《阿绣》篇中的狐女与刘子固、刘子固与阿绣。一是两条线索有明暗之分，如《宦娘》篇中先叙温如春向鬼女宦娘求婚不成，情节便转入他与葛良工的爱情故事。这看来是单线结构，其实不然。宦娘与温如春这条线索并没有消失，只是潜伏为暗线在发展罢了。在复线结构的小说中，无论两条线索交替出现，还是一明一暗，总有程度不同的主辅之分。在《阿绣》中，狐女与刘子固的瓜葛，使刘子固与阿绣的爱情得到了考验，从而显得更加美好。在《宦娘》中，尽管大部分篇幅写的是温如春与葛良工的爱情与婚姻，但主线却在宦娘一边，因为正是她以人力所不能及的方式，一手导演了温、葛的爱情喜剧。此篇题作《宦娘》，理所当然。

所谓多线结构，是指小说中存在三条或三条以上的线索。如《仇大娘》一篇，结构相当复杂。就人物看，仅仇氏家族中就有七人之多，而且都不是可有可无的人物。仇家之外，尚有小人魏名上蹿下跳，范公子、赵阎罗亦非等闲。就情节看，诸如奸邪小人屡放冷箭，必欲置人死地；浪子倾家荡产，回头是岸；无心插柳，喜结良缘；充军流放反父子兄弟团圆；贞女冰心玉壶，矢志不嫁；一把大火墙倒屋塌，瓦砾见金；女丈夫振臂一呼，家道复起拟于世胄，纷至沓来，目难暇接。但蒲松龄写来既纵横开阖，大起大落，又收放自如，

一笔不乱。所以如此，在于蒲松龄以简驭繁，紧紧抓住了仇大娘这一轴心，使各条线索在此汇合如百川归海，各条线索又由此向外辐射如天女散花。所以人物尽管众多，但出入有致，头绪尽管纷繁，但条理井然，其布局谋篇的高超功力，令人惊叹。

第四节　小说诗化

蒲松龄能诗，见于《聊斋诗集》者达一千余首，就是明证。艺术是相通的。当他从事小说《聊斋志异》的创作时，便会自觉不自觉地接受了诗的浸润影响，从而使其中某些篇章呈现出比较突出的诗化倾向。

诗入小说，不自蒲松龄始。就文言小说而论，六朝志怪已肇其端，唐人亦偶尔有之（个别篇章例外）。至明代传奇小说，如《剪灯馀话》等，斯已滥矣。篇中人物以歌诗通情传意，几成惯伎。这不但落入俗套令人生厌，而且其中的诗词又并非小说的有机组成部分，“不过作者要写出自己的那两首情诗艳赋来，故假拟男女二人名姓而已”（曹雪芹《红楼梦》第一回）。蒲松龄处此等风气之中而不为所动，他的小说诗化并不表现在诗句的频频亮相，而表现于对诗艺的融会无间的贯通。所以，尽管能诗的蒲松龄在《聊斋志异》中很少写出整首的诗词，但仍能让读者感受到浓郁的诗意。正是在这里，显示出他以诗入小说的艺术匠心。

《聊斋志异》的诗化倾向表现在蒲松龄所创作的某些小说具有诗一般的意境。这其中有两种情形：一是虽然没有或甚少诗句出现其间，但整个故事却借助传统诗歌意象建构而成。《宦娘》中的爱情婚姻是以音乐为媒介，宦娘由爱温如春的琴艺而爱其人，宦娘为温如春谋得的妻子良工善筝，全篇的构思便是建立在古诗名句“琴瑟友之”（《诗经·周南·关雎》）的意蕴上。《黄英》写菊精，以“菊有黄花”命其名，写她以艺菊货菊致富，自谓是“聊为彭泽解嘲”，显然是借陶渊明造成的菊的诗歌意象做反面文章。一是以诗作为结撰故事的重要关目，赋予故事以诗意。这方面最突出的当数《白秋练》。此篇写的是水中白鳖豚精白秋练和小商人慕生的爱情婚姻故事。这样的题材在《聊斋志异》中可谓俯拾即是，但令人惊奇的是，他们的情爱经历竟完全以诗串联而成。故事大略谓：直隶少年慕生辍学从父至楚经商，然酷爱诗，每有闲暇，辄便吟诵。白秋练闻之，顿萌爱意。惜无由会晤，致相思成疾，经慕生一吟诗病态全无。私下结合后，欲幽会便以双方吟诗声相约。后慕父闻知，不允婚事，携子北归。慕生思念秋练一病不起，巫医并进，仍无济于事。慕父无奈，转求秋练，白秋练如法炮制，慕生亦霍然病除。终成眷属后，白秋练自楚地到慕家，每餐必食所带湖水少许，以维持生命。一日水尽，白秋练遂病，临死前嘱咐慕生：“一吟杜甫《梦李白》诗，死当不朽。”慕生便像一日三餐般吟诗三遍，半月后，湖水来到，白秋练果然不朽，复生如初。由此看来，诗确为一篇之主脑：情缘诗而起，生命赖诗延续，他们之间的情感因诗升华。耐人寻味的是，蒲松龄赋予笔下这对男女的身份，一是小商人，一是水中的白鳖豚精，而且不让他们作诗，只让他们吟诗，且只吟作为诗的典范的唐诗。如此安排，似寄寓着这样一层意思：他们比起那些醉心于作几句香诗艳语的才子佳人来更懂得诗的真谛，他们比那些以风雅自许的文人骚客来更雅气袭人。因为他们用对诗的全身心投入表明：诗意味着爱，诗意味着生命，诗意味着美。这篇奇异的精灵故事也由此而诗意盎然。

《聊斋志异》的许多篇章程度不同地带有空灵飞动、不可凑泊

的诗趣，这是蒲松龄小说诗化的又一表现。《聊斋志异》多涉奇幻怪异之事，正如作者自己所说："人非化外，事或奇于断发之乡；睫在眼前，怪有过于飞头之国。"（《聊斋自志》）但蒲松龄又非为志异而志异，而是要借此以传情写意，有所寄托。这种艺术目的固然使得他笔下的事物无论多么奇幻怪异，总因为有现实的内蕴在，而不会让人觉得虚无缥缈。但另一方面，这现实的内蕴又因为采用了奇幻怪异的表达方式，也就容易变得不好捉摸。《婴宁》通过少女婴宁无拘无束、多种多样的笑声和近乎童稚无知的话语，塑造了一个娇憨纯洁、一派天真的形象，使人感到"和易可亲，忘为异类"。但她经历了一场人间是非后，"矢不复笑"、"竟不复笑"、"虽故逗之，亦终不笑"。这无疑又提醒人们，这一形象在现实中并无立足之地，只能产生、存活于幻境之中，如雾里看花，可远观不可亵玩，给人以"空山不见人，但闻人语响"（王维：《鹿柴》）的美感。再如《寄生》述寄王孙与两个女子发生爱情纠葛，历经波折，最后二美一夫。写法上两条线索交替发展，时真时幻，亦真亦幻，真幻相生，空灵多变。正如但评所说："事固离奇变幻，疑鬼疑神；文亦诡谲纵横，若离若即。反复展玩，有如山阴道上行，令人应接不暇，及求其运笔之妙，又如海上三神山，令人可望而不可即。"又如《翩翩》，其故事袭用了古老的刘阮天台遇仙女式的框架，翩翩存在于白云仙乡，可以为罗子浮采白云、蕉叶制衣，以及她导演出的罗子浮的衣随心变的谐谑剧，富有神话传说的妙趣，而她为原本浮浪的罗子浮医疮，为之生儿育女，警告性闺房戏谑，又犹如现实生活中的妻子，最后又让她归入虚幻，罗子浮再也找不到了。这个真幻交融的故事，不再是对仙界的憧憬，也非一般爱情的颂歌，大概是作者心造了一个温和而又能正丈夫之心的贤能妻子的幻影吧！空灵而又鲜活，颇有诗的"镜花水月”之韵致。

《聊斋志异》的叙事也吸取了诗的含蓄蕴藉的特点。诗贵含蓄，能诗的蒲松龄深谙此道，且借鉴运用于小说创作。在《聊斋志异》中，他虽然用全知的视点，却时而故作含糊，造成扑朔迷离的意味。如《花姑子》开头写安幼舆暮归：

经华岳山中，迷窜山谷中，心大恐。一矢之外，忽见灯火，趋投之。数武中，欻见一叟，伛偻曳杖，斜径疾行。安停足，方欲致问。叟先诘谁何。安以迷途告，且言灯火处必是山村，将以投止。叟曰：“此非安乐乡。幸老夫来，可从去，茅庐可以下榻。”安大悦，从行数里许，睹小村。叟扣荆扉，一妪出，启关曰：“郎子来耶?”叟曰：“诺。”

这段叙述便有许多疑点，也就是伏有一些悬念，待读完全篇方才知道“灯火”是什么，老者何以要疾行，老妪何以知道“郎子”要来，这一切又是意味着什么？这样写法对读者便有吸引力，造成艺术的愉悦感。《西湖主》最后一段是：陈明教入赘洞庭湖君家，自然是成了仙，又写他仍在人间家中，一如常人。他的一位友人舟过洞庭，受到他的款待，返里后却见他仍在家中，问：“昨在洞庭，何归之速?”他笑着答曰：“君误矣，吾岂有分身术耶！”是耶？非耶？答案留给读者。他如《连琐》、《劳山道士》、《绿衣女》等，都是结而不尽，留有余韵。堪称绝唱的是《公孙九娘》的结尾，九娘嘱托莱阳生将她的骨殖迁回故乡，待莱阳生百年后并葬在一起，使她这个不幸的女子总算有了归宿。作者并没有让她的愿望得以实现，莱阳生“忘问志表”，无法找到九娘的葬处。来年再来寻找，而九娘却怒而不见了。就事论事，无法对九娘不谅解莱阳生的粗心做出合理解释。然而，

这也正显示出作者作如此结尾之良苦用心：不肯以九娘死后愿望的满足，减弱她生前无法消除的冤恨，冲淡全篇的悲怆的意境气氛。留下这个似乎不可理解的疑问，篇终而意不尽，正可以使读者品味，从而不会掩卷即忘公孙九娘及她代表的那些惨遭不幸的人们及那个历史事件，不独余韵而已。

《聊斋志异》的小说诗化还表现在景物描写方面。首先，蒲松龄写景状物富有诗情画意。《王桂庵》写男主角因相思而入梦幻：

一夜，梦至江村，过数门，见一家柴扉南向，门内疏竹为篱，意是亭园。径入之。有夜合一株，红丝满树。隐念诗中"门前一树马缨花"，此其是矣。过数武，苇笆光洁。又入，见北舍三楹，双扉阖焉。南有小舍，红蕉蔽窗。

康熙九年（1670年），蒲松龄赴江苏宝应县做孙蕙的幕宾，这是蒲松龄一生中首次、也是最后一次南游。其间游过扬州，也随孙蕙任到过高邮。他曾与孙蕙议论南北山水的长短（见《与树百论南州山水》诗），可见江南独特的风物给足迹一向囿于淄川一带的蒲松龄印象之深。小说借王桂庵所见描绘出疏竹为篱，红丝满树，苇笆光洁，红蕉蔽窗的江村风景，清丽如画，"点缀景色绝好"（《王桂庵》冯评）。为求功名，蒲松龄常到济南应试。济南的名胜大名湖的优美景色不时出现于他的诗中，也出现于其小说《聊斋志异》中。《寒夜芙蕖）篇写道：

亭故背湖水，每六月时，荷花数十顷，一望无际。宴时方凌冬，窗外茫茫，惟有烟绿。一官偶叹曰："此日佳集，可惜无莲花点缀！"

人俱唯唯。少顷,一青衣吏奔曰:“荷叶满塘矣!”一座尽惊。推窗眺瞩,果见弥望青葱,间以菡萏。转瞬间,万枝千朵,一齐都开,朔风吹来,荷香沁脑。

“时方凌冬”有此“荷叶满塘”的景观,当然事涉荒诞,不过意在显示道人高超之法术而已。但剔除其中的怪异成分,蒲松龄描画出的不正是一幅独具特色的夏日明湖图吗?“万枝千朵,一齐都开,朔风吹来,荷香沁脑”云云,与其诗句“风起荷香四面来”(《重建古历亭》)何其相似乃尔!

其次,蒲松龄的写景状物景中有情,情景交融。在中国传统诗歌中,自然景物不是孤立地纯客观地存在,而是诗人主观情感外化和投射的产物,此即所谓“一切景语乃情语也”。蒲松龄作小说亦常臻此境。《婴宁》写王子服对婴宁一见倾心,但苦于不能相会,便独自往南山寻访。在他眼中,婴宁居处的周围环境是:

遥望谷底丛花乱树中,隐隐有小里落。下山入村,见舍宇无多,皆茅屋,而意甚修雅。北向一家,门前皆丝柳,墙内桃杏犹繁,间以修竹,野鸟格磔其中。

婴宁的居屋之景是:

见门内白石砌路,夹道红花,片片堕阶上;曲折而西,又启一关,豆棚花架满庭中。肃客入舍,粉壁光明如镜;窗外海棠,枝朵探入室中。裀藉几榻,罔不洁泽。

这段描写，既是写景状物的锦绣文字，同时也是对婴宁纯真烂漫性格的形象写照。景因人而生，人因景而活，其中饱含着蒲松龄对“我婴宁”的难以自制的欣赏和赞美之情。

诗一般的语言的运用，也是《聊斋志异》小说诗化的一个重要方面。具体说来，一是凝练。凝练，乃所有文学作品语言所必需，非诗所独然。但由于特定体式的制约，诗不能不在这方面有更突出的表现。蒲松龄以诗入小说，体现在语言上，便形成了凝练的特点。《胡四娘》写程孝思困蹇之时，家人对他和其妻子胡四娘都冷眼相看。及程孝思发迹，“申贺者，捉坐着，喧杂满屋。耳有听，听四娘；目有视，视四娘；口有道，道四娘也。”语言异常简约凝练，增减一字即有多少之嫌，活画出那帮势利小人先骄后谀的丑恶嘴脸。二是形象。文学作品的语言除了要精炼外，还要有鲜明的形象性，令人读来如见其形，如闻其声，如入其境，如此方能取得预期的艺术效果。《红玉》篇对冯相如与红玉的初次见面作了这样的描写：

一夜，相如坐月下，忽见东邻女自墙上来窥。视之，美。近之，微笑。招以手，不来也不去。

这段文字凝练至极，同时又生动形象。“美”、“微笑”、“不来也不去”，一个美丽温文、脉脉含情而又不失羞涩的少女跃然纸上。三是音乐性。诗歌由于句式的整饬和押韵的限制，自然带有音乐之美。作小说虽不必如是，但适当借鉴，不仅可以丰富语言的表现力，也能给人以视觉上和阅读上的快感。蒲松龄正是这样做的。他利用诗歌艺术的成功经验，利用文言这一特定的形式，在某些篇章、段落赋予了其小说语言诗一般的韵致。如《雷曹》描写天上的景象：

少时,乐(云鹤)倦甚,伏榻假寐。既醒,觉身摇摇然,不似榻上;开目,则在云气中,周身如絮。惊而起,晕如舟上。踏之,软无地。仰望星斗,在眉目间。遂疑是梦。细视星嵌天上,如老莲实之在蓬也,大者如瓮,次如瓿,小如盎盂。以手撼之,大者坚不可动;小星动摇,似可摘而下者。遂摘其一,藏袖中。拨云下视,则银海苍茫,见城郭如豆。愕然自念:没一脱足,此身何可复问。俄见二龙夭矫,驾缦车来。尾一掉,如鸣牛鞭。车上有器,围皆数丈,贮水满之。有数十人,以器掬水,遍洒云间。忽见乐,共怪之。乐审所与壮士在焉,语众曰:"是吾友也。"因取一器授乐,令洒。……乃以驾车之绳万尺掷前,使握端缒下。乐危之。其人笑言:"不妨。"乐如其言,飗飗然瞬息及地。视之,则堕立村外。绳渐收入云中,不可见矣。时久旱,十里外,雨仅盈指,独乐里沟浍皆满。归探袖中,摘星仍在。出置案上,黯黝如石;入夜,则光明焕发,映照四壁。……正视之,则条条射目。一夜,妻坐对握发,忽见星光渐小如萤,流动横飞。妻方怪咤,已入口中,咯之不出,竟已下咽。

这段文字全以散文笔法写成,但多以四言出之,间杂二言、三言和少量长句,句式比较整齐而又不失变化,语气疾徐有致,声调抑扬谐和,读来朗朗上口,视之为一篇优美的散文诗,是不过分的。至于那些骈散相间或纯然四六的文字,前者如《罗刹海市》中龙女给马骥的长信,后者如《胭脂》中学使施愚山的判词,这些特点就更突出了。

第五节　反讽艺术

就整体而言,《聊斋志异》并不以讽刺而见长,所以对《聊斋志

异》颇多好语的鲁迅认为:直到后来“吴敬梓《儒林外史》出,……说部中乃始有足称讽刺之书”(《中国小说史略》)。但是,当蒲松龄以“寓赏罚于嬉笑”的方式去直面现实和人生时,讽刺这一源远流长的表现方法便不能不纳入他的艺术视野,于是在《聊斋志异》中,讽刺之作或具有讽刺意味的段落细节屡见不鲜,也就不足为奇了。蒲松龄在运用讽刺艺术上所取得的成就, 和他在其他方面取得的成就一样,不可忽视。

《聊斋志异》的讽刺大体上分为两类:一类可称为正面的讽刺。所谓正面的讽刺,是指作者不但不掩饰对对象的鄙薄嘲谑,反而以种种手法予以张扬,故其讽刺之意旨、笔法一望而知。这类讽刺多集中于对吏治黑暗的暴露和对科举弊端的揭发。

《考弊司》述阴间有一管辖秀才的名叫考弊司的机构,其司主虚肚鬼王对初来的秀才,不管有罪与否,一律要割髀肉以示惩罚,只有“丰子贿者”,可免此难。然而堂下两块碣石上大书“孝悌忠信”,“礼义廉耻”。《公孙夏》写一贵官接受了某国学生的贿赂,在给他真定太守的冥缺时,勉以“清廉谨慎”。这两则故事都是通过表现对象言与行的矛盾,显示其荒谬可笑。《郭安》写郭安被李禄杀死,郭父鸣于官,县令却判李禄给郭父当儿子了事。而另一县令更绝。“济之邑西有杀人者,其妇讼之。令怒,立拘凶犯至,拍案骂曰:‘人家好好夫妇,直令寡耶! 即以汝配之,亦令汝妻寡守。’遂判合之。”《放蝶》述王姓县令喜欢赏蝶,“每听讼,按律之轻重,罚令纳蝶自赎。堂上千百齐放,如风飘碎锦,王乃拍案大笑”。这两则故事以夸张的手法,极力突出对象的荒谬,以收到讽刺的效果。《司文郎》写一个老和尚有一绝活,他可以凭用鼻子嗅纸灰判断出文章的高下。可是考试的结果和他的判断完全相反: 他认为可以得中的王生名落孙山，而余杭生的文章他闻了作呕，但余杭生却高中。对此，老和尚不由仰天长叹："仆虽盲于目，而不盲于鼻；帘中人并鼻盲矣。"《三仙》写某士子拿着分别由蟹、蛇和蛤蟆作的三篇文章去应付考试，居然"擢解"。此皆以夸张、幻化之手法讥刺考官不辨优劣，有眼无珠。

蒲松龄一生对官吏贪暴昏庸深恶痛绝，对科场龌龊不公耿耿于怀。满腔愤懑，无由排解，一吐于文，势难自禁。故其讽刺多了一些切肤之痛的宣泄，少了一些出乎其外的静观；多了一些痛快，少了一些节制；多了一些笔无藏锋，少了一些含蓄蕴藉。等而下之者，便近乎谩骂了。这类文字从考察蒲松龄的思想和认识当时的现实来看，自有价值。但若以讽刺艺术论，似非上乘。

在《聊斋志异》中，更值得注意的是另一类讽刺方式，即反讽。所谓反讽，是指作者从自身特定的生活境遇中摆脱出来，以冷静的态度，以客观有时甚至是略带欣赏的笔调，来达到对对象的怀疑或嘲弄。古人所谓"皮里阳秋"，鲁迅所谓"幽伏而含讥"，其意几同。

《聊斋志异》的《死僧》篇写一个死去的和尚于夜深人静之时直入佛殿，登佛座抱佛头而笑，久之乃去。这一切恰被一个投宿寺中的道士看在眼里，甚觉蹊跷，便查验佛首，"见脑后有微痕，刓之，内藏三十馀金"。作为出家人，本应视钱财为身外之物，可这个和尚不唯生前敛财，死后且念念不忘，其财迷心窍，比起《儒林外史》中为点着两根灯草而不肯咽气的严监生来犹有过之。蒲松龄在叙述这个故事时，娓娓道来，不加褒贬，但反讽意味甚明，特别是"死僧""抱佛头而笑"这一细节，生动传神，读后令人忍俊不禁。可惜的是，蒲松龄最后终于按捺不住，在"异史氏曰"中以"生不肯享，死犹顾而笑之，财奴之可叹如此"云云而道破，遂有添足之嫌，颇失"婉而

多讽”之趣。无独有偶，蒲松龄在另外一篇中也写了一个死去的和尚，但该篇在反讽艺术手法的运用上较之《死僧》更胜一筹，可以说是代表了蒲松龄在这方面取得的最高成就，它就是《金和尚》。

在《聊斋志异》中，《金和尚》算是比较特殊的一篇。全篇没有任何怪异的成分，且所记山东诸城五莲山金姓和尚，确有其人，确有其地，又确乎其然。与作者蒲松龄同时的大诗人王士禛，在其《分甘馀话》卷四对这个和尚也有记述。但比较起来，蒲文与王文在表现上相当不同。

先看王士禛记金和尚生活之豪奢：

益置膏腴，起甲第，徒众数百人，或居市中，或以自随。居别墅，鲜衣怒马，歌儿舞女，虽豪家仕族不及焉。

寥寥数语，精炼得无法再精炼了。而在《金和尚》篇，却是条叙缕述，对其宅第构造、居室陈饰、役使徒众、饮食宴乐、出行气派等诸方面，一一作了形容性的描述。如写其内寝：

朱帘绣幕，兰麝香充溢喷人。螺钿雕檀为床，床上锦茵褥，折叠厚尺有咫。壁上美人、山水诸名迹，悬粘几无隙处。

是就其陈饰之物显现其人之奢华，又有俗艳之趣。写其饮食宴乐：

客仓卒至，十馀筵可咄嗟办，肥醴蒸熏，纷纷狼藉如雾霈。但不敢公然蓄歌妓，而狡童十数辈，皆慧黠能媚人，皂纱缠头，唱艳曲，听睹亦颇不恶。

更见得其饮食声色之好，何止是不减世俗的富贵中人。写其役使徒众：

一声长呼，门外数十人，轰应如雷。细缨革靴者，皆乌集鹄立，受命皆掩口语，侧耳以听。

确如冯镇峦所评："总写其役使之盛，居然王侯。"写其出行：

一出，前后数十骑，腰弓矢相摩戛。

俨然是一员大将军的气派。再如写其结纳交通：

又广结纳，即千里外呼吸亦可通，以此挟方面短长，偶气触之，辄惕自惧。

这比王士禛文中"公然与冠盖相交往"，更能见其势焰，连州守县令，乃至地方大员都不敢稍有触犯，一般的平头百姓更只能是怕得要死，俯首任其作践了。

对金和尚之死后殡葬情况，王士禛只说了句："有往吊者，举人斩衰稽颡，如俗家礼。"而在《金和尚》篇，却是一大段描摹工细的文章：

殡日，棚阁云连，幡幢翳日。殉葬刍灵，饰以金帛；舆盖仪仗数十事；马千匹，美人百袂，皆如生。方弼、方相，以纸壳制巨人，皂帕金铠；空中而横以木架，纳活人内负之行。设机转动，须眉飞舞；目光铄闪，如将叱咤。观者惊怪，或小儿女遥望之，辄啼走。冥宅壮丽

如宫阙，楼阁房廊连亘数十亩，千门万户，入者迷不可出。祭品象物，多难指名。会葬者盖相摩，上自方面，皆伛偻入，起拜如朝仪；下至贡监簿史，则手据地以叩，不敢劳公子，劳诸师叔也。当是时，倾国瞻仰，男女喘汗属于道；携妇襁儿，呼兄觅妹者，声鼎沸。杂以鼓乐喧豗，百戏鞺鞳人语都不可闻。观者自肩以下皆隐不见，惟万顶攒动而已。

这一段恐怕是中国古文中摹写丧事最工细的文字了，颇类似白话小说《红楼梦》里写秦可卿之出丧。看其所写殉葬刍灵之奢华、工巧，冥宅之宏丽，出殡场面之盛况，直是不啻当时的极富极贵之家。这自然不无夸张的成分，但是，即便缩小几成，也够可观的了。

通过以上的引述，可见《金和尚》篇较之王士禛之简括记述，大为形象而生动，两者在作法上有着明显的差别：王士禛用的是笔记体，直记其事，文简事约，并不讲究文笔，辞达而已；蒲松龄用的是文章家之笔法，或正面记叙，或似面用笔，或作传神之白描，都不放弃形容和夸饰，甚至还铺张扬厉地作一番工细的描绘，从而便突破了一般记人记事之文的格局，具有美文学的性质。

上面之所以不吝赘引《金和尚》里的几段文字，目的还不在于显示它比王士禛的记述具体而生动、富有文学性，更主要的是要从这些文字看出蒲松龄作此文之艺术匠心及其笔法之妙。

首先，"金和尚"全文用"零星叙法"，罗列式地叙写主人公生前生活和死后殡葬的诸般情况，尽管表面上看来有点琐碎，以致有评论者认为"段落最难勾出"。但是，个中有一个贯穿全文、胶合"零星"各事的东西，可以将它叫做观照点。这就是本篇的标题、开头简介和结末"异史氏曰"所一再显示的：主人公是一个和尚，一个名义上皈依了佛门，理应看破红尘，摒除了世俗的情欲，做到“五蕴皆空，六尘不染”的佛门圣徒。依照这样一个观照点，来展示主人公的各个方面，所“零星”叙写的各段文字，也成为必要的、有意义的，从而便构成了一个和谐一致的整体。譬如说，广置膏腴，多起甲第，陈设奢华而俗艳，食荤茹腥，这类事情对于世俗的王公贵人来说，虽然未必尽可称道，过分的奢侈浮华毕竟算不了美德，但也不足为奇，无可厚非。其中有些事情，如内寝“朱帘绣幕”，“壁上美人、山水诸名迹，悬粘几无隙入”，以及不忘有后，“买异姓儿，私子之”，对世俗人更是绝对无可非议。而对于一个剃度出家、身居佛门的和尚来说，这一切便全与其身份、信念、戒律不大相合，形成了反差，成了可议、可讥的事情，更何况还有比此等事更甚的诸如交通官府、挟制地方、欺凌百姓，以及在道德方面最引人厌恶的色欲方面的隐私！正是由于作者利用了这样一个不言自明的观照点，一切无关紧要的都会变为紧要的，所以才独辟蹊径，采用了这样一种“零星叙法”，不嫌琐碎地写出金和尚生前死后的各个方面的情况，勾画出一个“五蕴”不“空”，“六尘”皆“染”的丑恶和尚的真面目。

其次，此篇题目《金和尚》，文记金和尚事，但对金和尚其人却极少作正面的叙写，不图其形貌，基本上没有正面描述他所做的事情，连一句话都没有让他说，只是篇首对他做了几句简括的交代而已。主要的篇幅是叙写其宅第构造，居室陈设，供其役使的徒众“受命皆掩口语，侧耳以听”之态，供其欢乐的“狡童”“慧黠能媚人”之姿，以及死后殡葬之盛。只是在无法完全避开的情况下，才偶尔一露其鳞爪。一句话，全文重点叙写的是金和尚周围的事物和上下各类人等的屈从样子。这种笔法颇类似《三国演义》之写“三顾茅庐”。毛宗岗批曰：“此卷极写孔明，而篇中却无孔明。盖善写妙人者不于

有处写,正于无处写。……见孔明之居,则极其幽秀;见孔明之童,则极其古淡;见孔明之友,则极其高超;见孔明之弟,则极其旷逸;见孔明之丈人,则极其清韵;见孔明之题咏,则极其俊妙:不待接席言欢,而孔明之为孔明,于此领略过半矣。"(《三国演义》会评本第37回回前总评)这篇《金和尚》不也是"正于无处写"、"隐而愈显"吗?文中写出了金和尚居室陈设之奢华俗艳,饮食尽为腥鲜,"狡童""皆黠慧能媚人",徒众皆俯首听命,噤若寒蝉,应命则"轰应如雷",地方大员都甚为畏惧,不敢稍有触犯,死后殡葬又是如此盛大,那么其人如之何,他究竟是怎样的一个和尚,也就烘托出来,读者也就不难想象了。这种尽量避开正面的描写,着重从主人公周边的与之有关系的人、事、物来显示其人的笔法,在文学作品中并不罕见,但多是于作品的部分章节中用之,像《金和尚》这样作为全篇的主要笔法,却是极为少见的。

再次,与上述两点相联系的是,《金和尚》在叙述上表现出一种"言其外无臧否,而内有所褒贬"的讽刺风格。就作者的命意言,显然是揭露金和尚之丑恶。篇末"异史氏曰"用一种幽默的口吻,列举了数类身披袈裟而所行各异的"和尚",结末以提问的方式,让读者自己判断金和尚应归属于何类,但意思是明显的,金和尚是属于最后的"和幛"一类,他应得到的判词是:"狗苟钻缘,蝇营淫赌"。"和幛"是作者杜撰的一个词,大概是取其为口语骂人行为不端曰"混账"二字的谐音。然而,全篇记叙金和尚生前死后诸般现象,却只是极客观地记述,既没有热衷于专写其令人发指、令人作呕的劣迹丑事,像白话小说集《三言》、《二拍》中一些写恶僧淫僧的篇章那样,也没有在叙写中加入一些否定性的评议,没有使用明显的贬义词。十分明显,作者要做的不是直露式的揭露和词气浮露的讽刺,而是追求另一种文章境界、风格：叙写表面上取极客观的态度，不露褒贬之意，而实则是笔有藏锋，内含讥刺；出语力求平和，不露声色，而实则辛辣之至。如前面摘引的写金和尚的内寝陈饰、饮食宴乐的文字，字面上看仿佛只是奢侈浮华，但是，这里写的是和尚，其意蕴和分量就大为不同了。试想，一位和尚的住房里，竟然充溢着女人闺房里的兰麝香气，壁上贴满了美女图，还豢养着一些有姿色的娈童，时而唱"艳曲"，这类人们一眼便可看出其荒唐的事情，岂不是如同鲁迅在《什么是"讽刺"？》里所举"洋服青年拜佛"、"道学先生发怒"（《且介亭杂文二集》）两个事例一样，如实写照便自然成了讽刺。

更有意义的是，作者在行文中做了许多埋伏，让读者自己去寻绎文字背后隐藏的内容。如说金和尚"但不敢公然蓄歌妓"，岂不是意味着这样一个思想："他暗地里蓄歌妓"，只是"不敢公然"而已。特别是写五莲山寺的数十处外院的僦屋佃田者一段：

凡僦屋者，妇女浮丽如京都，脂泽金粉皆取给于僧，僧亦不之靳，以故里中不田而农者以百数。时而恶佃决僧首，瘗床下，亦不甚穷诘，但逐之去，其积习然也。

这一段叙述，仿佛是轻淡描写，事情很寻常，然而却句句耐人寻味，句句内含讥刺，个中隐藏着许多不堪讲述的事情。金和尚座下的众多僧徒，不吝钱财，十分大方地供养着一大批女人华妆艳抹，连她们全家都可以不劳而温饱无虞，其间的隐情不言自明。这里时而有和尚被人杀掉，也不甚追究，并且是"积习然也"，其中的缘故也不言自明。从这里读者不难想象到：金和尚主宰的五莲寺已成了充满

淫乱、凶杀的肮脏场所，哪里还算是佛门净地！这本来是十分丑恶的事情，却被如此轻巧地叙出，中间时而加入“僧亦不之靳”、“其积习然也”一类似轻松而实刺骨的冷言冷语，也就力透纸背，“字字皆成斧钺”了。

冯镇峦总评之曰：“通篇满纸腥膻，文章皆如锦绣。”非常中肯。《金和尚》确乎是这样一篇妙文：它别具一格，几乎全用皮里阳秋的笔法，将东鲁名刹的大和尚之丑恶叙述得如此轻巧，愈是下庄语，愈是显示出其荒唐，读之也就愈觉得有韵味，被引发的不只是对金和尚的厌恶，更是阅读优秀的文学作品才会有的愉悦之感。

第四章 版本流变

《聊斋志异》之传播，大体经过传抄、刻行、评注、辑遗、整编几个阶段，版本甚多。兹分类摘要著录如下。

第一节 稿本 抄本

蒲松龄作《聊斋志异》历时40余年。由于无力刊行，稿本藏于家。早在他陆续写作之际，即有抄本传出，他逝世后，远近慕名借抄者更多，是书遂以传抄形式走向四方。近世先后发现者，除蒲松龄手稿本外，刻本出现以前之早期抄本凡6种。

一、聊斋志异手稿本

蒲松龄自订稿本。原系蒲氏迁至辽宁西丰之后裔蒲文珊旧藏。稿中字迹与蒲氏其他遗墨相同，确为手稿，仅有7篇字迹各别，殆其子孙代抄者。全稿原装8册，除一册首有高珩、唐梦赉二序，并"聊斋自志"，正文首页书"聊斋志异一卷"，显为第一册，其余各册均无卷次，表明蒲氏生前未厘定卷次。8册共收文237篇，其中《猪婆龙》篇重出，《木雕美人》篇有目无文，《牛同人》残缺。汇总诸抄本、刻本，《聊斋志异》共494篇，约为此稿篇数之倍，是为原稿之

半部。其中一些篇之篇名、文字有所涂改,《狐谐》、《续黄粱》涂改特重。此系作者手稿,又有涂改的情况,对整理和研究这部文学名著,具有重要的文献价值。原书现藏辽宁省图书馆。

影印本有:《选印聊斋志异原稿》,满洲银行袁金铠编,1933年用珂罗版影印手稿24篇,后附史锡华撰"校勘记"。《聊斋志异》,北京文学古籍刊行社1955年照手稿本影印,分装四册,册次参照铸雪斋抄本总目和青柯亭刻本目录编排,后附一册补印手稿本所残缺之文字。《聊斋志异》,香港南天书业1969年据文学古籍刊行社本影印。《聊斋志异手稿本》,台北世界书局1972年据文学古籍刊行社本影印。

二、康熙抄本

直接据手稿本过录本。其抄写格式、行款与手稿本基本一致,若干字体亦照手稿本抄写。现存四册,另二小册。以《考城隍》为首篇的一册,一如手稿本首册,首页标明"聊斋志异一卷",篇目仅少《海大鱼》一篇,且事出有因,手稿本此篇有勾删符号。以《王者》为首篇的一册,首页首行写明"聊斋志异卷二",卷尾有张笃庆、王士禛题词,"禛"字不避讳,而没有一般抄本、刻本所有之朱缃题词,实则为康熙年间抄本。 此抄本大小六册,共收文260篇。其中两册,即写明"聊斋志异一卷"的和以《酒虫》为首篇的两册,为与手稿本所共有,另两册和两小册之篇目,则为手稿本所佚失者,是则有助于借以窥知手稿本之原貌。现藏山东省博物馆。

三、《异史》

《聊斋志异》易名抄本,凡6卷,抄主不详。卷首有高珩、唐梦赉二序并“聊斋自志”。高、唐二序中有极少量异文，是抄主为改易书名而改动的字句。六卷末附有王士禛、张笃庆、朱缃三家题词，及高凤翰跋文。“禛”字缺末笔，避雍正讳；正文中前五卷“弘”、“历”二字不避，末卷“弘”字则经涂抹，变为缺末笔，是则抄于雍正末、乾隆初。此抄本收文最齐全，比《聊斋志异》现知全目仅少《跳神》、《丐仙》、《人妖》等篇。在现存诸抄本中，亦为最早之厘定卷次者。原书现藏北京中国书店，曾于1990年影印发行。1993年安徽文艺出版社出版标校本，仍用“异史”题名。

四、铸雪斋抄本

历城张希杰乾隆抄本。张希杰，字汉张，号练塘，作有《铸雪斋集》（稿本）。此抄本卷末有殿春亭主人跋、高凤翰跋，还有署“练塘老人”的自作识语，后题“乾隆辛未九月中浣”。殿春亭主人为朱缃之子，跋语中叙明经其家西宾张元借得蒲氏手稿，由抄手抄成，并厘定卷次之始末，是为济南朱氏抄本。张希杰与朱氏兄弟有交往，可知其抄本是依据朱氏抄本于乾隆十六年（1751年）抄成的。全书12卷，卷首总目计488篇，而正文则缺少14篇，实收474篇，且有的卷篇目次第与总目不尽一致，殆由于抄成后曾经受火而有所残损，所损毁篇章未抄补齐全，补抄者也未尽行复位。其卷首总目当录自据手稿本过录之朱氏抄本，虽经朱氏分卷，但篇目次第有助于窥知手稿本各册之原次第，对重新整理此小说名著甚有参考价值。

五、二十四卷抄本

乾隆抄本。1962年发现于山东淄博市周村区。卷末除了附有王

士正（即王士禛，为避雍正讳官定名字）、张笃庆、朱缃三家题词，又有钱塘包燻、金坛王乔两家题词。两者题词亦载于王金范于乾隆三十二年做长山（治所在周村）县丞时所刻18卷本。包燻从乾隆十三年起任长山典吏。此抄本当抄成于乾隆三十二年前几年。此抄本分卷最多，共收文474篇，与铸雪斋抄本相等，两者有13篇互为有无，而抄写则较之认真，与手稿本对勘，异文较少。原书现藏山东出版集团。

齐鲁书社1980年据之影印出版。1981年又排印发行。

六、黄炎熙选抄本

乾隆选抄本。原书12卷，现存10卷，卷1、卷12两卷帙失。扉页左题"淄川蒲留仙先生著"，中大字篆书"聊斋志异"，左下题"榕城黄氏选尤"。各卷目录页题"古闽黄炎熙斯辉氏订"。黄炎熙，乾隆间福建闽侯贡生。所选篇目有18篇不载青柯亭刻本，与手稿本比勘，异文极少，且两者有一定的对应关系。文字避乾隆讳，"弘"字缺末笔，"曆"作"歴"。可断为乾隆间青柯亭刻本刊行前据郑方坤抄本选抄。内有《猪嘴道人》、《张牧》、《波斯人》三篇，其他本子皆无，经考证，系误收他人的作品，原书现藏四川大学图书馆。

七、聊斋志异遗稿

旧抄本残帙，裱做卷子，分花、月、雪三卷，收文17篇。日本庆应大学聊斋文库藏。似应尚有"风"之卷，当是已佚失。格式、行款颇类康熙抄本。"雪之卷"末有淄川孙锡嘏同治壬戌跋语，中云："今于渐逵蒲表侄书笥中，得睹《志异》原稿一卷，舒而观焉，竟被鼠蠹伤之过半。今由残缺章幅中选择整片最佳者，仅此数十篇，装订成册，

庶几以传永久，免作散纸矣。”裱作卷子当在其后，原装一册也非止此17篇。抄写字体与手稿本不同，不是出自蒲氏手笔，然既使出自其后裔，亦甚可宝贵。

第二节　刻　本

蒲松龄逝世约50年，《聊斋志异》方有刻本，先是赵起杲、鲍廷博刻于杭州，是为青柯亭刻本，继有王金范刻于山东长山，为18卷本。青柯亭刻本影响最大，据之翻刻、评注本丛出，近200年来之刻本、石印本和铅印本，多依其规模。

一、青柯亭刻本

《聊斋志异》最早刻本。扉页右下题“青柯亭开雕”，世称青柯亭刻本。主其事者为赵起杲，亦称赵刻本。赵起杲，山东莱阳人，乾隆三十年（1765年）官浙江睦州（今建德）知府，府衙后院旧有亭，又有树绿叶常荫，故以青柯亭名其斋。卷首有余集序、赵起杲“弁言”，次高珩、唐梦赉二序、“聊斋自志”及《淄川县志·蒲松龄传》，继有赵起杲作“刻书例言”，16卷总目。卷末附蒲立德乾隆五年所作跋。“弁言”说明：底本系据郑方坤（字荔芗，福建人，乾隆初曾官山东兖州、沂州知府）得自淄川蒲家的“原稿”（当非手稿）之过录本，出资赞助刻书的是出版家鲍廷博，担任校勘的是其幕宾余集等人。“刻书例言”中讲道：“原本凡16卷，初但选其尤雅者，厘为12卷。刊既竣，再阅其馀，复爱莫能舍，遂续刻之。”“删汰单章只句、意味平浅者，计48条。”“弁言”作于乾隆三十一年（1766年）五月，赵起杲旋即病卒，全书之刻行最后是由鲍廷博完成的。经近世研究者校勘，此刻

本在文字上也做了些窜改，改变了原稿中有违时忌的词句。但它对《聊斋志异》的传播，起了很大的作用。山东图书馆有藏本。

嗣后，相继出现了数种重刻本。一种扉页题“乾隆乙巳（五十）年重镌，青柯亭藏版”，行款、边栏与初刻本相同。卷首余集序，末页刻“杭州油局桥陈氏刊”，另在唐梦赉序之后，增有得闲居士鲍廷博“刻聊斋志异纪事”，记述青柯亭刻书始末，谓乾隆三十年五月，刻成 12 卷，赵起杲病卒，“未竟之绪，予竭蹶踵其后”。是则后四卷是鲍廷博编成的。此外，还有乾隆乙卯（六十）年重刊本，道光八年（1828 年）敬业堂重刻本。近世有台北艺文印书馆 1956 年影印本。

二、王金范刻十八卷本

乾隆分类刻本。扉页题“乾隆丁亥孟夏，介景堂藏版”。丁亥为乾隆三十二年。是则此本较青柯亭初刻仅迟数月。卷首王金范序云：“辛巳（乾隆二十六年）春，余给事历亭，同姓约轩，假得曾氏家藏抄本，公退之馀，爰择其可观者，删繁就简，分门别类，手抄而点窜之，阅寒暑，始得成帙。同人怂恿付梓，公诸同好。”末题“乾隆丁亥孟夏横山王金范书于周村且居书屋”。题词甚多，除诸本皆有之王士禛、张笃庆、朱缃三家外，还有余允睿、王升（即王约轩）、包爊、王乔、包耀、王廷华、李维梓、陆同文诸家，末附宋允睿跋。其时，王金范为长山县（治所在周村）丞，包爊为典史，其他诸人大都为二人之亲友或当地文人。此本为选刻本，宋允睿跋称之曰“摘抄”，版心上端亦留有“志异摘抄” 字样。全书收文 275 篇，其中 11 篇系从原篇分出之后附文。与其他不同处是打乱原来的篇目次序，仿《太平广记》“采摭菁类，裁成类例”之方法，将所选篇目分做孝、悌、智、贞、义、贤、梦征、勇、情痴、书痴、炎凉等 26 类，其中“不孝”一类无文,故只有25类。最不可取处是擅自改易篇名、窜改原文。这大概是此本流传不广之原因。浙江图书馆、南开大学图书馆有藏本。

另有乾隆乙巳(五十)年郁文堂重刻本,光绪间王毓英改题《聊斋志异新本》之重刻本。

三、聊斋志异精选

乾隆选刻本。扉页左题:“淄川蒲留仙先生著,古鄗(当为鄚)小芝山樵选”,中刻“聊斋志异精选”。卷首有选刻者自序,末署“乾隆甲寅(五十九年)夏四月浴佛后三日,小芝山樵序于珠溪之廿砚山房”。选入58篇,分做6卷,所选都为篇幅较长、叙事委婉的篇章,名篇如《娇娜》、《叶生》、《婴宁》、《促织》、《王桂庵》、《梦狼》等,皆在其中。北京王利器先生有藏本。黄山书社1991年出版校点本。

四、步云阁刻本

乾隆选刻本。扉页题“乾隆乙卯(六十年)重镌,步云阁梓行”。全书10卷,选文140篇, 目次与青柯亭系统的本子变化较大。特点是版面较大,与普通古籍版相同。山东图书馆有藏本。

第三节　评注本　绘图本

清嘉庆以后,《聊斋志异》广泛流传,引起众多文士的重视,适应社会上更大范围的读者之需求,相继出现了何守奇、吕湛恩、何垠、但明伦、冯镇峦等人评注本,继有铁城广百宋斋的图咏本,底本均为青柯亭系统的本子。这种情况表明,《聊斋志异》在19世纪已成为小说中的畅销书。

一、何守奇批点本

最早出之青柯亭本的评点本。扉页左题“道光三年新镌”，中题“批点聊斋志异”，右下题“经纶堂藏版”。全书16卷，版心下刻“知不足斋原本”，各卷首页均题“淄川蒲松龄留仙著，新城王士正贻上评，南海何守奇批点”。何守奇，生平无考。卷首有唐梦赉、赵起杲、高珩序和青柯亭“刻书例言”、“聊斋自志”，及王士禛、张笃庆、朱缃题词。卷末附蒲立德跋。唯独没有何守奇序跋。

此《批点聊斋志异》，又有天德堂重刻本，版心下亦刻“知不足斋原本”。唯增有道光乙未（十五年）绣谷杨慎修题词。

二、吕湛恩注本

首出之青柯亭本的注释本。先有观左堂刻本，只刊注释，不载原文。卷首有梁溪蔡培序，注者文登吕湛恩序，皆作于道光五年（1825年），据蔡培序，可知吕湛恩，字叔清，山东文登人，髫年应童试受知于山东学政阮元，成诸生，久困场屋，志不得伸，与聊斋先生等，乃注其书，“以发其抑郁之气”。自序谓喜读《聊斋》成癖，披阅之下，于其所征引，搜摭无间，卒以成书。又有“例言”，说明由于原书卷帙浩繁，遂取注而不释之体，故止于注出章句典故、近世人事、僻奥字音义，“使阅者得此更无翻阅之劳”。吕注虽然尚有应注未注之处，但有开创之功，并且即此对阅读者亦甚有裨助。其后，旋即有苏州步月楼重刻本，魅文堂增补重刻本。

道光二十三年（1843年）广州五云楼将吕湛恩注与《聊斋志异》原文合刻，道光二十六年三让堂又据之重刻，后来诸家坊本亦多用其注。

三、何垠注本

青柯亭本注释本。初刊于道光十九年(1839年)。扉页右上题“道光己亥”,中刻“注释聊斋志异”,左下题“版存花木长荣之馆”。卷首有何垠“自题”及沈道宽、陈元富、何彤文诸序。各卷首页题“淄川留仙蒲松龄著,江宁地山何垠注释,鄞县栗仲沈道宽校订,南陵芰亭何彤文校刊”。何垠,生平不详。自序云:“读《聊斋志异》,即以无注释为憾,嗣见吾友亦言,用择其一二易知者,勉为考订,游幕中岁月五匝,集成卷帙。”可知其为一做幕之人。其注重注字词音义,很少注典故、人事。此书的特点是版式分上下两栏,上栏为注文,下栏为原文。初刊后,何垠又对其注文做了许多订正,有道光庚子(二十年)、道光癸卯(二十六年)重刊本。

《注释聊斋志异》,又有光绪七年(1881年)邵州经畬书屋评注合本。

四、但明伦评本

继何守奇评本又一独家评本。扉页右上题“道光壬寅(二十二年)仲夏”,中刻“聊斋志异新评”,左下题“广顺但氏开雕”。但明伦,字叙五,贵州广顺人,嘉庆进士,道光间先后官山西、山东、两淮盐运使。《广顺州志》有传。卷首有高珩、唐梦赉序、赵起杲“弁言”、“聊斋自志”、赵起杲“刻书例言”、“聊斋小传”、蒲立德跋。末为但氏自序,中云:“岁己卯,入词垣,先后典楚、浙试,皇华小息,取是书(《聊斋志异》)随笔加点,载以臆说,置行箧中。”“兹奉命莅江南,张桐厢观察、金瀛仙主政、叶素庵孝廉诸友,复怂恿刊布,以公同好。”其评颇多中肯识见,对其特别欣赏的篇章,往往尽兴发挥,富有整体的阐释性、赏析性。原刊以墨印正文,以朱印评语,两色套印,甚

为清晰、精致。所以影响较大。

嗣后，据之刊行的有：光绪三年（1877年）文馀堂翻刻本；光绪二十三年（1897年）耕山书庄排印本，附吕湛恩注及同文书局本绘图；民初商务印书馆排印本，附吕湛恩注及同文书局本绘图；1918年上海广益书局排印本；1983年台北学生书局排印刘阶平编校本，题名《增图补校但刻聊斋志异》；1994年齐鲁书社排印本，题名《但明伦批评聊斋志异》。

五、诸家评注合本

清同治以降，出现题名《聊斋志异评注》的诸家评注合一本。有同治五年（1866年）维经堂刻本，合王士禛评、吕湛恩和何垠二家注；咸丰十一年坊刻本，合王士禛评、吕湛恩注；咸丰间坊刻本，合王士禛评、吕湛恩注、但明伦批。咸丰十一年（1861年）刻本有1979年台北新文丰出版公司影印本。咸丰间坊刻本有商务印书馆排印本。

最有价值的是光绪十七年（1891年）合阳喻焜刻四家合评本。书名《聊斋志异合评》，牌记为"合阳喻氏校刊"。各卷首页题："淄川蒲松龄留仙著，新城王士正贻上、南海何守奇体正、涪陵冯镇峦远村、广顺但明伦云湖合评"。王、何、但三家评已刻行，冯镇峦评语则是首次付刻。卷首有喻焜序，谓冯镇峦是"一官沈黎，寒毡终老"，著有《晴云山房诗集》、《红椒山房笔记》及《读聊斋杂说》，生前皆刊行。又谓他获读冯氏评点《聊斋》传抄本，以为"出自手眼，别具会心，洵可与但氏新评并行不悖"，遂刊此合刻。序末题"光绪十七年仲春月下浣，合阳喻焜湘荪氏叙于补拙书屋"。据冯镇峦《读聊斋杂说》，其评《聊斋》时在嘉庆二十三年（1818年），是则冯评早于何、但两家，而其刊出则甚晚，其时他当已辞世数十年。此合评本版式为上中下三栏，上中栏刻评语，下栏刻正文。

光绪末，重庆一得山房有据喻氏本重刻本。

六、图咏本

光绪十二年上海同文书局石印《详注聊斋志异图咏》。扉页题“丙戌孟夏，聊斋志异图咏，铁城广百宋斋藏本，上海同文书局石印”。底本用青柯亭吕湛恩注本。卷首除高珩、“聊斋自志”等序外，有高昌寒食生（即山阴何镛）序，并“聊斋著书图”。广百宋斋主人“例言” 。据青柯亭本431篇，各绘图一幅，连同一题二、三则者，共绘图444幅，每图系七绝一首，使原书图文并茂。

其后，有光绪十五年悲英书局仿印本。民初上海扫叶山房加入王士禛、但明伦评语之石印本，上海华文书局据同文书局仿印本，1956年香港广智书局影印本，1976年香港珠海书院影印本，1981年北京中国书店影印本，台北新兴书局影印本，山东画报出版社2002年排印文字影印图像本。

第四节　“拾遗”本

晚清，由青柯亭本繁衍而出的各种本了风行天下，便有人以其删去若干篇什、未能见《聊斋志异》之全豹为憾。于是，有得见其原稿、抄本者，陆续从中辑出青柯亭本所未收篇章，刊行出来。

一、《聊斋志异遗稿》

道光四年（1824年），黎阳段𣂏辑刻。段𣂏自序云：“己巳春，于

甘陵贾氏家获睹雍正年间旧钞，是来自济南朱氏，而朱氏得自淄川者。内多数十则，平素坊本所无。余不禁狂喜，遂假录之，两朝夕而毕。”“兹于道光癸未，与德州刘仙舫雨夜促膝言及之，仙舫毅然醵金，余遂得于甲申（道光四年）秋，录而付梓，俾遗珠得合浦。”全书4卷，收文51篇，皆为刻本所缺者。书中间有段甡（署雪亭）及参与者胡泉（署者岛）、冯喜赓（署虞堂）、刘瀛珍（署仙舫）诸人评语。这是拾遗本中较完整、可靠的本子。

光绪四年（1878年），北京聚珍堂据之翻刻，改名《聊斋志异拾遗》。1936年，刘阶平据之排印，改名《聊斋志异未刊稿》。

二、《聊斋志异拾遗》

道光十年刊《得月簃丛书》本。长白荣誉辑。卷首胡定生序云：“《聊斋志异拾遗》一卷，都四十二则，乃荣小圃通守随尊甫筠圃先生任淄川时，得自蒲氏裔孙者。”全书收文39篇，其中一篇题《龙四则》，故云“都四十二则”。而实际上《龙》只有三则，应为“都四十一则”。其中有《蛰龙》、《爱才》、《龙》“博邑有乡民王茂才”三则，不见于现存手稿本和早期诸抄本，是否蒲松龄原作，尚有疑问。此书篇名、文字，与各本有些差异，如《李象先弟》一篇，各本题目均无“弟”字。

此书后有1912年上海蟫隐庐覆印本，上海进步书局排印《笔记小说大观》本，商务印书馆排印《丛书集成初编》本。1961年香港明德图书馆排印校点本。

三、《聊斋志异逸编》

1914年肇东刘滋桂辑刻本。卷端题：“淄川蒲松龄留仙著，庄河刘滋桂馨山评注，通化周维新止敬参校，沈阳王书铭味三、张景荣荫侯校梓。”前有刘滋桂序，中云：“同治己巳，先君需次教职，携桂至沈阳读书，有淄川蒲留仙先生七世孙价人砚庵氏，精日者术，出其家藏《聊斋志异》全集二十余册，卷皮摩损。先君披阅，有未能锓梓者五十六条，按条录竣，重为装潢璧还。维时桂甫成童，迄今阅五十载矣。”刘滋桂说明所刊《逸编》是从蒲氏家藏稿本辑出的，更重要的价值是透露出《聊斋志异》手稿本的信息。全书分 2 卷，收文 53 目，56 则，都是青柯亭本所未载者。刘滋桂还以“恢默子”之名加了一些评注。

1919 年裕盛铭纸局据刘滋桂刊本排印出版。

四、《聊斋志异遗稿辑注》

1969 年我国台湾中华书局出版。刘阶平辑注。卷首自序：“本编所辑，则为据《聊斋志异》原手稿，与最早之铸雪斋抄本，其溢出于‘青本’者，益之以《遗稿》、《拾遗》及黄炎熙《选志异抄本》所独溢出者，共收篇目七十有四，不独为最多之遗稿，而大都辑自原手稿、初抄本，则皆原稿矣。”其中有误，即铸雪斋抄本并非最早抄本，亦非初抄本。自序后又有“辑注提要”。遗稿又分两类，一为“遗刊篇文”，二为遗刊后附文。所注为所辑篇中涉及之人物、时事。

第五节　辑校本　合编本

20 世纪以来，《聊斋志异》更有许多新注本、白话译文本相继而出，传播愈广，不详具。值得注意的是几种新的辑校、合编本。

一、《聊斋志异会校会注会评》

张友鹤辑校。1962年中华书局上海编辑所出版。辑校者汇总十多种本子：会校方面，以手稿本和铸雪斋抄本为主，校以青柯亭本，部分参考了同文书局图咏本和段𪍑《遗稿》本。会注方面，取吕湛恩、何垠两家注，以吕注为主，以何注为辅。会评方面，辑录王士禛、冯镇峦、何守奇、但明伦，以及手稿本所录无名氏、《遗稿》本段𪍑等家评语。全书依铸雪斋抄本"总目"和手稿本目次，厘定为12卷，共收文494篇，另有从《遗稿》本和黄炎熙抄本辑出的9篇，以不能确定是否原作，作为附录。此书可称作集已往稿本、抄本、刻本之大成，在《聊斋志异》传播史、版本史上，占有重要地位。

嗣后，1978年上海古籍出版社出版新一版，增章培恒《新序》。1986年该社再版，删去经中外学者考证非蒲松龄作之《猪嘴道人》、《张牧》、《波斯人》三篇。

、

二、《聊斋志异原稿及赵刻合编》

张景樵编。1978年，台北鼎文书局出版。收入杨家骆主编的《中国学术类编》。

三、《全本新注聊斋志异》

朱其铠主编。朱其铠、李茂肃、李伯齐、牟通校注。1989年人民文学出版社出版。此本大体如张友鹤"三会"本，主要分别以半部手稿本、铸雪斋抄本为底本，不同者是铸雪斋抄本有目无文和未收篇目，包括后附文，则以张友鹤所未见之康熙抄本、二十四卷抄本为底本，故比"三会"本多出四条"异史氏曰"。总计亦为494篇，而附录亦去掉了非蒲松龄作的三篇。全书亦依据铸雪斋抄本之"总目"

排定卷次和篇次。新注基本上是直接释文，于若干典故、人事亦有所征引。

四、《全校会注集评聊斋志异》

任笃行辑校。2000年齐鲁书社出版。该本以手稿本、康熙抄本为底本，以《异史》本、二十四卷抄本为校本，更接近蒲氏原著，并恢复手稿八册之原状。此本还改正了吕、何两家注释之误，增入王芑孙等人评语。

五、《聊斋志异》传世收藏版

袁世硕主编。2005年，扬州广陵书社为纪念蒲松龄诞辰365周年，出版了《聊斋志异》传世收藏版。收藏版将青柯亭本、康熙抄本、黄炎熙抄本合在一起，既可彼此参照，又能相互补充，基本可以看出手稿本原来的存在形态，校勘出诸种本子文学上的差异，再现出这部世界名著原初的真实面貌。收藏版采用宣纸影印，仿古手工线装。手稿本眉批原系朱笔，这次影印眉批也为朱色。这在《聊斋志异》影印本中尚属首次。

第六节　民族语译本

一、《满汉合璧聊斋志异》

别称《摘译聊斋志异》。札克丹译。道光二十八年(1848年)刻。全书24卷，选择作品126篇。卷首有穆齐贤、庆锡序。光绪三十三年(1907年)，北京二酉堂出版翻刻本。

二、蒙文《选译聊斋志异》

苏克德尔译，克兴额等校订。1928年沈阳东蒙出版社排印出版。系由札克丹满文译本转译，篇目、分卷相同。

三、蒙文《选译聊斋志异》

德木克图译，汪睿昌校订。1928年北京蒙文出版社出版。全书8卷，选译作品111篇。卷首有连生（译音）序，称："本书的译者按照原文的风格译出，译笔非常生动。"

四、维文《聊斋志异选》

郝关中、阿不都许库尔译。1979年乌鲁木齐新疆人民出版社出版。

第七节　外文译本

《聊斋志异》自19世纪末便有外文译本流布海外，迄今有20余种语言的译本，多为选译本，品种甚多，难于列举，兹摘其重要者简录于下。

一、日文译本

日本最早的译本是神田卫民题名《艳情异史》的书。顾名思义，所译是花妖狐鬼爱情故事类的篇章。1887年东京明进堂出版。嗣后，有许多翻译者出版了各种选目不同、译法各异的选译本。其中最重要的有以下几种：

柴田天马选译的《和译聊斋志异》，1919年东京玄文社出版。共选译作品34篇，并附有插图，颇受读者的欢迎。柴田氏锐力翻译《聊斋志异》，1933年又译出《全译聊斋志异》第1卷，由东京第一书房出版。由于受到禁止发行，到二战后的1951年方才由东京创元社出版了青柯亭本的全译本。1955年又修订为《定本聊斋志异》，东京修道社出版。卷首有译者自序。书的前半部并译有吕湛恩注，后半部有译者作的注释。出版时，曾发行了祝《定本聊斋志异》刊行的专号，目加田诚、前野直彬等写了文章。

继柴田氏之后的又一全译本是增田涉、松枝茂夫、藤田祐贤、大村梅雄合译的《聊斋志异》，1958年至1959年东京平凡社作为《中国古典文学全集》第21、22册出版。依青柯亭本译出，凡16卷。上卷末有藤田祐贤的"解说"，对《聊斋志异》在日本的流传、翻译、影响，以及本书的翻译情况，做了全面介绍。

1970年、1971年平凡社又出版了增田涉、松枝茂夫、常石茂据《聊斋志异会校会注会评》本译出的12卷本，作为《中国古典文学大系》之40、41册。卷头常石茂"例言"说，本书是用三人旧稿，经过各自订正，按照底本卷次编成。注文基本上是译者自注，间或引用吕湛恩、何垠两家注。未收诸家评语。上册末，有常石茂所撰"解说"。

二、朝文译本

朝鲜文有全译本《聊斋志异》。韩国崔仁旭译。1966年汉城乙酉文化社出版。崔仁旭，韩国小说家，古汉语造诣颇高。书据青柯亭系统的本子译出，译文445篇。为适应韩国读者，有些标题做了改动，卷首有朝汉文对照目录。书目附印原书木刻插图。

三、越文译本

越文译本主要是越南汉学家阮克孝的选译本。阮克孝，号散陀。从事报纸的编辑工作，20世纪20年代曾先后任《友诚杂志》与《安南杂志》主编。他的主要作品有：《国史训蒙》、《散陀文集》、《金云翘传注解》等。他酷爱《聊斋》一书，并积极进行翻译，可惜去世过早，只译出《任秀》、《张诚》、《赵城虎》、《红玉》、《鲁公女》等18篇作品，集为《聊斋》第一集，于1937年出书。1957年由河内“明德”出版社重新出版。

四、英译本

早在19世纪中叶，便有美国传教士、语言学者卫三畏（Samuel Wells Williams）、英国驻中国外交官迈耶斯 （William Frederick Mayers）和艾伦（Clement Francis Romilly Allen）等人的《聊斋志异》单篇译文发表，本世纪以来选译本在多个地方出版，品种较多，最有影响的是以下两种。

翟理斯英译本《聊斋志异选》。翟理斯（Herbert A.Giles）是著名汉学家。英译《聊斋志异选》，共选译《考城隍》、《瞳人语》、《劳山道士》、《婴宁》、《侠女》等164篇（其中有13篇采用了迈耶斯等早已译出的译文），附有唐梦赉序。书前有译者的自序，介绍原作者蒲松龄，引录了“聊斋自志”全篇（译文）。此译本1880年由伦敦T.德拉津公司初次出版。 后来，1908年、1911年、1928年由上海别发洋行印过三版，1925年纽约保尼与利物赖特出版社也印过一版。

中国学人邝如丝（Quong Rose）选译本。书名《中国鬼经与爱情故事集》，共选译《阿宝》、《莲香》、《香玉》、《姊妹易嫁》、《小猎犬》等40篇作品，由纽约潘西恩图书公司于1964年出版（328页）。此书每篇译文中都附有插图，这些插图并不是《聊斋志异》中文本的插图，而是为增加读者阅读兴趣，由《红楼梦》、《西厢记》等中文书籍中选来的，邝如丝在书前扉页上说明，插图由纽约哥伦比亚大学、波士顿艺术博物馆等单位提供，他对这些单位表示感谢。

此外，杨宪益和戴乃迭曾合译《聊斋志异》10 篇，分别发表在北京外文出版社出版的《中国文学》(Chinese Literature)1956 年 1 月号、1959 年 6 月号、1962 年 10 月号。

五、法文译本

最早翻译《聊斋志异》的是法国人于阿里（Huart），《种梨》译文发表在巴黎《亚洲杂志》1880 年 117 期。此后，法国传教士维格(Leon Wieger S. J)编译的《汉语入门》第五卷，收有《聊斋志异》译文，如第 37 课为《赵城虎》、第 49 课为《考城隍》、第 51 课为《劳山道士》等，作为法国人学习汉语的法汉对照课本。

最早的法文选译本是中国驻巴黎公使馆参选陈季同编译的《中国故事集》，共译《王桂庵》、《白秋练》、《青梅》、《香玉》、《辛十四娘》等 26 篇。1889 年巴黎卡尔曼出版社出版。

20 世纪的法文译本有：阿尔方(J. Halphen）编译的《中国短篇小说集》，收《聊斋志异》里《瞳人语》、《画壁》、《劳山道士》、《娇娜》、《叶生》等 16 篇译文。1923 年巴黎尚皮翁书局出版。路易·拉卢瓦(Louis Laloy）翻译的《魔怪集：蒲松龄小说选》。书中收《画壁》、《劳山道士》、《聂小倩》、《婴宁》等 20 篇译文。1925 年巴黎文艺出版社出版。

法文本选译篇目最多的是皮埃尔·道丹（Pierre Daudin）的译本，书名《中国故事集——聊斋志异选》，包括《考城隍》、《瞳人语》、

《人妖》、《封三娘》、《细柳》、《神女》、《马介甫》、《人妖》、《细侯》等译文50篇。1940年西贡万方书局出版。附中国驻法大使顾维钧的序文。

六、德文译本

德文译本最早的是李德顺(Li-te-Schun) 翻译的《蒲松龄的中国小说》,1901年莱比锡传记研究所出版。

影响较大的是德国哲学家、语言学家马丁·布贝尔翻译的选译本,书名《中国鬼怪和爱情故事集》,1911年莱茵河畔法兰克福的吕腾与勒宁出版社出版。书中共收入了《画壁》、《陆判》、《婴宁》、《莲香》、《阿宝》、《竹青》、《香玉》、《宦娘》等16篇译文。书前有译者撰写的"导言",对《聊斋志异》做了较全面中肯的评价,在欧美有很大影响。邝如丝的英译本曾转录。

德国传教士尉礼贤(Richard Wilhelm) 编译的《中国民间故事集》,收有《聊斋志异》的《婴宁》、《田七郎》、《娇娜》等16篇译文,1914年耶那的欧根·迪德里希斯出版社出版。尉礼贤在19世纪末到中国青岛传教、办学,通晓古汉语,曾翻译了《易经》。后返国任中国文学研究所刊物《中国学》主编,又曾译出《辛十四娘》、《瞳人语》两篇,分别发表在《中国学》第11期(1927年9月)、《大西洋》杂志第1期(1929年4月)。

七、俄文译本

第一位翻译《聊斋志异》的是莫纳斯迪列夫(Monactipeв),其《水莽草》译文,发表在1878年《国闻》杂志第195期。继有瓦西里耶夫(л.B.Bacuлieв) 翻译的《阿宝》、《庚娘》,收入1883年圣彼得堡出版之《中国文选》第 1 册。

20 世纪《聊斋志异》俄文译本中译文最多、水平较高、影响最大的是前苏联著名汉学家瓦西里·米哈依洛维奇·阿列克谢也夫(B.M. Алексеев）的第一个译本《狐狸的魔力：聊斋志异选》，选译《婴宁》、《胡四姐》等 29 篇，1922 年由彼得堡国家出版社出版。汉学家费德林(H.T. ф edopeh)(л .з.айлum)综合上述几个译本，共选出 90 篇，书名《聊斋志异选》，1975 年由莫斯科国家出版社出版。费德林在序言中称赞阿列克谢也夫的译文高超，能够充分传达原作的意思和精神，所作注释也具有独立的学术价值。

八、意大利文译本

意大利文译本，鲁·尼·朱拉（L. N. Giura）的译文最多，其中有《考城隍》、《聂小倩》、《狐谐》、《红玉》、《刘海石》等，共 99 篇。1926 年米兰蒙达多里出版社出版。

九、捷克文译本

捷克文译本是雅罗斯拉夫·普实克(Jaroslav.Prus ěk)翻译的，书名《命运六道的故事》，选译《瞳人语》、《画壁》、《狐嫁女》、《折狱》、《诗谳》等，共 51 篇。1955 年布拉格国家文学音乐与美术出版社出版。普实克是捷克著名汉学家，他撰写的关于《聊斋志异》的论文在国际汉学界有一定影响。

十、罗马尼亚文译本

罗马尼亚文的《聊斋志异选》，封面题《黄英》。托尼·拉迪安(Toni.Radian)选译。1966 年布加勒斯特世界文学出版社出版。全

书选择《黄英》、《商三官》、《荷花三娘子》等15篇。

十一、波兰文译本

波兰文译本的《聊斋志异选》，是由塔杜施·日比科夫斯基(Tadeusz.Ibikowski)等人联合翻译的，共选译《妖术》、《王成》、《婴宁》、《王子安》、《何仙》等18篇。书前有塔杜施·日比科夫斯基写的“前言”。1961年华沙星火出版社出版。

据悉，《聊斋志异》尚有匈牙利、保加利亚、西班牙、比利时、挪威、瑞典、荷兰、马来西亚、印尼等数种语言的译文，因未见有关资料，暂从略。

第三篇　诗文　俚曲　杂著

蒲松龄以一部《聊斋志异》擅名后世，但其成就并不限于此。他一生“旁骛斜驰”，奋笔不辍，既在作为传统文学正宗的诗文方面不无建树，又在创制通俗俚曲上卓有成就；既孜孜不倦于文学上的追求，又写下了大量内容广泛丰富的杂著，其中包括多种为老百姓所作的科普读物。这在古代著名文学家中是仅见的。由此不难见出蒲松龄深厚的文学功底、关心民生疾苦的思想人品、雅俗交融的艺术趣味与追求。

第一章 诗 文

第一节 聊斋文

蒲松龄的《聊斋文集》现存13卷。第一卷为赋，计11篇；第二卷为传、记，计14篇；第三卷为引、序、疏，计82篇；第四卷为论、跋、题词，计13篇；第五卷为书启，计131篇；第六卷为文告、呈文，计23篇；第七卷为婚启，计56篇；第八卷为生志、墓志、行实，计3篇；第九卷为祭文，计41篇；第十卷为杂文，计20篇（附楹联8联）；第十一卷为拟表，计31篇；第十二卷为拟表，计48篇；第十三篇为拟判，计66篇。以上共计539篇，各种文体皆备。

《聊斋文集》原来分册而不分卷，只有400余篇。[①] 后人递相摭拾，篇章逐渐增多，至光绪间，山东巡抚李秉衡，始请秀才李席珍多方搜辑，厘定为12卷。今本作13卷，539篇，应有路大荒先生收罗之功在内。《文集》中有4篇见于《聊斋志异》：《聊斋志异自序》见于《志异》卷首；《酒人赋》见于《八大王》；《花神讨封姨檄》，见于《绛妃》；《妙音经续言》见于《马介甫》。《文集》中有两篇亦见于蒲立德之《东谷文集》：一为《羽士沈坚白传》，一为《清韵居记》（二文皆见《聊斋文集》卷二）。前篇题目与《东谷文集》相同，后篇《东谷文集》

①参见蒲松龄五世孙蒲庭桔《聊斋文集志》、王敬铸《蒲柳泉先生遗集序》、孙乃瑶《蒲柳泉先生遗集跋》。

作《为黄鲁岩新韵居记》。二篇皆应为蒲立德之作。[①]

从写作动机来看，蒲松龄的文章可分为三种情况。一种是自作，即根据自己的所见、所闻、所知、所感而写，如写景抒情的古赋，为应酬而写的书信、序跋、碑志，以及由现实而引发的记事之文等等。再一种是代作，即根据他人意志命笔，为人送迎，代人歌哭，替人发号施令，如婚启、贺词、寿词、祭文、呈文、文告等等。第三种是拟作，即为将来应试而进行的习作，如拟作的表、判等。三种情况中，以第二种代作的文章最多，占全部文章的五分之二强。

《聊斋文集》中骈散兼备，而以骈文为主，约占五分之三。赋、婚启、祭文、表、判，全是骈文。即使是散文，也常常夹带数量不等的骈句。

从内容上来看，蒲松龄的文章反映了当时的许多社会现实，可以概括为以下六个方面。

一是天灾祸民。《康熙四十三年记灾前篇》、《秋灾记略后篇》，集中反映了康熙四十二年至四十三年（1703—1704年）淄川遭受的自然灾害。这场灾害持续的时间长，灾害的种类多，灾情的程度深。《秋灾记略后篇》云："去年天作孽，邑绝贫民；今年再作孽，邑无富民；今年之天，又作来年之孽，恐邑少生民矣！"《记灾前篇》云："癸未四月，天雨丹，二麦欠收。五月二十四日甲子，风雨竟日，自此淫霖不休，垄中清流瀡瀡出焉。农苦不得耨，草迷疆界，与稼争雄长。六月十九日，始大晴，遂不复雨。低田水没胫，久晴不涸，经烈日，汤若煮，禾以尽槁。高田差耐潦，然多蜚；蜚奇臭，族集禾簳，簳为坟起。剖之纷纷四出，日既上，则入土而伏。禾被以枯，以秕，藍尽臭，牛马不食。……顾久旱，田深半尺无润土，种麦愆期。中秋小雨，不可耕，农憋憋自急，或起浮土，时播数亩，苦置之。念七又雨，倍中

①见袁世硕：《蒲松龄事迹著述新考》第261页。

秋，天已寒，无敢不耕。犁入地，仅没其锐，耕且耰，温覆而干承之，五日后，燥不可耕矣。”这场灾害给百姓造成的危害十分严重。《记灾前篇》又记载说：“道殣无人瘗，禽犬分葬之，人俭而畜丰矣。郡城为流人所聚，国若焦。郊关善士，为掘智井，深数尺，纳尸焉；既满复掘，盖十馀井，犹未已也。货人肉者，凌晨驱驴，载送诸市肆，价十分羊之一；或炼人膏而渍之，以杖荷罂，击铜板市上，价视乌麻之槽磨者。得入智井，犹大葬也。不死者，露秽眠道侧，将死亡羞，虽生亦忘情。或偕口俱出，死其一，行矣不顾，尸横路衢，无鸣哭者。草间有弃儿，怜者收恤之。至是人益贱，垂髫女才易半粟。”两篇记灾的散文详细具体而且感情沉重，真切地表现了蒲松龄对百姓的关怀与同情。

二是重赋病民。《淄邑流弊》与《淄邑漕弊》两篇，集中地反映了淄川大粮与漕粮重赋病民的情况。所谓“大粮”，即按户征收的钱粮。所谓“漕粮”，即为运粮及其他差役征收的钱粮。《淄邑漕弊》云：“按明季淄米，原运本色(邑)，签批报富户运之。其间雨湿赔累，脚价烦多，一斛米而家倾矣。况且一报数户，贿到则免，年年如遭兵火。韩忠烈公(讳承宣)灼知此苦，详请上台，力复‘条鞭’，犹俗言‘一条鞭’，勿论绅衿士庶，都派之也。上台准行，遂将解粮之脚价、盘费，解米之轻賫、席草、脚价，与运军之行粮、月粮，及驿马、班匠、花绒、狐皮等项，俱作银两，撒入四等地内，与粮并征。即此外另有不测徭役，一切皆官家办之，里下坐听不与闻也。”按照“条鞭”法，大粮之外，所征已包括漕粮，不应向民间重派差役，但事实却不是这样。《淄邑流弊》云：“后奉行无贤者，遂按数征粮，而差出仍派民间，于是‘条鞭’皆成大粮。此淄之税所以独重于他邑也。”淄川漕米，购自临清、德州，“昔年临清仓米七百馀石，该脚价银一百二十

馀两；德州南城米六百馀石，该脚价银一百三十馀两。自奉旨临米改折，德州改兑，则两项全消，而所省脚价等银，仍应解部，与民无与。今则临米帮解、德米部费各二百馀两，皆于漕粮中征之。窃思不解而何以用帮？不到部而何以有费？如此等类，不可指数。”漕粮并入大粮，脚价另外征收，杂费多至正米数信，已令人吃惊；更使人惊奇的是，漕米已折兑银两，所省脚价，仍要照常上交。蒲松龄对于这些弊病可以说是深恶痛绝。

三是政策困民。《禁籴说》和《钱粮比较说》分别反映了当时两种政策对百姓的危害。所谓“禁籴”，即丰收之年禁止四方之民来丰收地区籴粮。理由是“四方来籴，则本处之粮大贵；或且籴者多而粮必尽，贫民必至于饿死”。蒲松龄认为：“夫籴者，非强人而籴之也，有粜者而后有籴者。其粜粮何为也哉？曰：以封粮也，以纳米也，以买布也，以买絮也，以办人事往来也。”“但一经禁籴，则粮价顿贱”，“向来可以少粜而有馀者，今反使之多粜而不足。”这就说明禁籴不利于丰收地区的百姓。“夫一县即不为邻县荒俭计，而在知府则均其属也；一府即不暇为他府荒俭计，而在抚司则均其属也。朝廷以四海为家，直省告饥，方且蠲之赈之。南方之绵帛，北方之貂参，西方之羢羊，东方之鱼茧，皆未尝禁其贩卖。今荒俭之处，日望籴粮者至，苟延旦夕之命，而贩粮之罪，又律中所不载之条乎！”这就说明禁籴不合于救饥之道。蒲松龄最后感叹说：“今一方少收，四方有来贩者，是天欲少苏此一方民命之苦，且大救四方民命之苦，而官必设法以困之，使粜者不得粜，籴者不得归，彼此远近俱困，是诚何心哉？”所谓“钱粮比较”，即官府催交钱粮。《钱粮比较说》对此给予了大胆的抨击：“自顺治十八年以来，钱粮稍急，州县勤于催科，或五日一比，或三日一比，于是无日不比，无日不打矣。”

"其实民间所恃者庄农,凡钱粮皆麦后封一半,秋后一半,何尝有三百六十日逐日封粮耶?"这种做法,对农民有害,对差役有利。"在受比者,去乡村或百里,或百五十里,于是在官之日反多,而至乡粜粮卖布之日反少矣。在州县经承皂隶等役,利于比较、打板,日日有常例入已,断断以为善政。曰:不如此,则钱粮断不能完。"州县官吏,忙于催比,"打之声,彻昼彻夜"。对于治民教民等事务,却完全置之不顾了。

四是绅吏侵民。地方上的土豪劣绅,依仗亲族中的高官,横行乡里,欺压人民;官府中的奸贪胥吏,凭借手中的权力,营私舞弊,鱼肉小民。前者如孙蕙的族人亲戚,后者如漕粮经承康利贞。蒲松龄在《上孙给谏书》中直言不讳地劝告孙蕙要"收敛族人":"凡一人之望重,则举族之人,多窃其声灵,以作威福。力之大者,则把持官府;力之小者,则武断乡曲。甚且族人之奴仆亲戚,亦张我之旗帜,以欺山中之良懦,良可骇叹!况贵族威名,远迩藉甚,即时时收敛之,彼且人人以给谏为名;若稍加阿护,则邑中之太爷公第,无空闲处所矣。凡此者,恶虽出于众作,怨实丛于一人,所当与门下人同一箍束者也。……凡此数者,皆弟之所目击而心热,非实有其事不敢言,非实有其人不敢道也。弟之言无可凭信,即先生问之他人,亦必以余言为诬。但祈先生微行里井而私访焉,倘有一人闻孙宅之名而不咋舌咬指者,弟即任狂妄之罪而不敢辞。"蒲松龄与孙蕙可称得上是至交,但他并不循情沉默,而是坦率陈言,毫不犹豫迟疑。康利贞是淄川漕米经承,蒲松龄在《与孙爻文转示吴县公》中说:"漕粮之害,一甚于高尚,益甚于李合经,去年康利贞则腰缠万贯而逃。小民有限之血力,纵可取盈;蠹役无底之贪囊,何时填满?官不知为民贼,而视为良臣。"对康利贞盘剥百姓的罪行和官府的袒护给予了

大胆揭露。在《与张益公同上谭无竞再生进士》中又说:"康熙四十八年,康利贞为漕粮经承,妄造杂费名目,欺官虐民,每石派至二两一钱零,此亘古所未有,而自彼创之,阖县皆为切齿。四月中,藩台访其蠹状,行文到县,使不得复入公门,大众闻之,无不欢腾。今闻其厚赂显者,荐使复其旧任,想一啖人肉而不忘其美,故不惜重金以购之也,闻者莫不失色。适值老先生家居,方将共求为一邑砥柱,始知利贞即叛渔洋而营窟于先生之门者也。老先生出福苍生,处覆桑梓,且能驾驭之,必能进退之:亦勿失其吞啮之性,但使为猫,勿使为虎,可以改役别科,则其流毒有限。"《与王司寇》书中亦云:"敝邑有积蠹康利贞,旧年为粮漕经承,欺官害民,以肥私橐,遂使下邑贫民,皮骨皆空。当时啧有烦言,渠乃腰缠万贯,赴德不归。昨忽扬扬而返,自鸣得意,云已得老先生荐书,明年复任经承矣。于是阖县皆惊,市中往往偶语。……康役果系门人纪纲,请谕吴公别加青目,勿使复司漕政,则浮言息矣。"蒲松龄就是如此仗义执言,不管是多么显赫的高官,为了伸张正义,他都敢于挺身而出,慷慨陈词。

五是钦差扰民。《(代)拟请拨补驿站,上巡抚书》、《高邮驿站》两篇,集中地反映了钦差过境骚扰地方的苦况。前者说道:"甚之意外飞差,骤如风雨,夫马供应,动计数百,且勘合曰夫十名,而公差则索数十名;勘合曰马十匹,而公差则索数十匹;即不用夫马者,亦必多为需索,以便按其数目,折而入之腰橐。稍拂其意,呵骂不啻奴仆。"后者写道:"高邮当水陆之冲,南北差使,势若云集。头站一到,家丁四出,登堂叫骂,鸡犬不宁。夫船有供应矣,而又索勒马匹;廪给有额规矣,而又索勒折干;稍不如意,凶焰立生,轮鞭绕眶,信口喷波,怒发则指刺乎睛,呵来则唾及于面,曾是缙绅家之婢仆所不屑受,而以朝廷之职官,竟吞声受之而不敢辞。……倘有些微可征之钱粮，尚期凑一粟以填沧海，即有那(挪)移可支之杂项，亦无难拆西舍以补东邻；乃邮邑自佟知州在任，熟田钱粮，已征收无馀矣，即诸项杂办，亦那(挪)移殆尽矣。以万金之驿，而令卑职以白手应之，且夫可不食而聚、马可不饲而生乎？……现今南北供应，如遭兵火，典衣鬻物，刮凑数金，如火燎毛，一烘而尽。倘大差复到，挞辱当前，既不堪其叱詈，又无以作应酬，势非投环(缳)刎头(颈)，而他无所复之矣。”钦差打着朝廷旗号，作威作福，骚扰地方，蒲松龄一针见血地指斥了他们的危害。

六是科场舞弊。《请祈速考呈》云：“窃照淄川县自去年六月不雨，直至于今，禾黍全无，赤地百里，千钱斗粟，人不聊生。饿未死之孑遗，今悉远窜；肆无忌之贼盗，日益成群。……昼无饱餐，夜不安枕，实难赴郡以应考试。幸蒙大老宗师轸念艰辛，陆续调取，欢甚疗饥，恩深切骨。共于初一日限期以前，揭资投郡。计算五六日可以归复。今过限尚无考期，资斧业已断绝，再迟数日，则士中必有饿死之人；尤恐半月不归，而家内亦罹杀夺之祸。恳祈大老宗师怜念窘急，速试放归，庶癯儒无野死之虑，远人免内顾之忧。”考生准时来参加考试，主考官却不按时举行考试，既不说明原因，又不宣布考试日期。主考官的用心就是想乘人之危，暗中索取贿赂。《又投学宪呈》云：“窃照淄邑虽系山城，自昔颇称才薮，数十世人文蔚起，三百年科第蝉联；今虽衰歇之馀，不乏攻苦之士。科试旧额，例取五十馀名，前任朱宗师减去五分之二，俾穷经士子，瞻棘围以怆怀；苦志寒儒，望龙门而短气。自大宗师岁试案临，淄邑试卷，曾谬蒙华衮之荣褒；今大宗师科试录才，应考诸生，皆妄希伯乐之赐顾。叩恳天恩，准复旧额。”为了恢复原来的名额，就要给大宗师送礼。蒲松龄为此写了一份劝贿传单，中云：“今公议具呈文宗，请复旧额。然为奥灶

之媚，略费‘道德’之数，所损有限，所益或多。若自分无须乎此，则斯言有愧同人；如或云广不及予，则此来宁非多事？遍告百馀士，预存战北之忧；各掷五十文，共买图南之路。”[1] 考官以增加名额诱使考生行贿，蒲松龄明知此中底细，但为了科举功名，不得不忍气吞声去向考官送礼。

蒲松龄的有些文章是为感叹身世而作。在《又呈黄昆圃大宗师》中，他向黄叔琳倾诉了自己的科场蹉跌：“某，破砚生涯，寒釭灰烬。营巢抱卵，拙似春鸠；衔草随阳，劳同秋雁。卧袁安之雪，户少行迹；坐子桑之霖，家无爨火。场屋中更更闻漏，未解谜于‘休哉’；风檐下岁岁镂心，初窜名于‘康了’。暴鳃水次，未消伏枥之心；引领斗南，益切扫门之志。”倾吐了寒窗苦读、屡试不售的辛酸和不甘就此罢休的志向。在《上健川汪邑侯启》中，他向汪如龙倾诉了自己落落寡合、难遇知己的苦恼：“松，载笔以耕，卖文为活。遍游沧海，知己还无；屡问青天，回书未有。唯是安贫守拙，遂成林壑之痴；偶因纳税来城，竟忘公门之路。漫竞竞（兢兢）以自好，致落落而难容。膏火烧残，欲下牛衣之泪；唾壶击缺，难消骥枥之心。归雁衔芦，畏霜自蔽；寒蝉抱树，吊影行吟。”在《责髭文》中，他以戏谑之笔，对自己垂老无成作了嘲弄，对生不逢时表露了愤慨之情：“官有汝，则致恶于大僚；士有汝，则取厌于文宗。冯唐于焉淹蹇，颜驷因而飘蓬。嗟汝白髭兮胡不情？汝宜依宰相，汝宜附公卿，勋名已立，尚不汝惊。我方抱苦业，对寒灯，望北阙，志南溟；尔乃今年一本，明岁一茎，其来滚滚，其出营营，如襁襶之客，别去复来，似荒芜之草，划尽犹生：抑何颜之厚而不一赧也？”然后用白髭口吻，反过来指责作者：“乘时邓禹，弃儒终军，年方弱冠，置身青云。我犹未至，彼已轶群，我之既生，彼为无勋。白头宰相，世所常闻，抑亦何恶于我焉？子乃蹉跎岁

[1] 此处“五十文”，疑应为“五千文”。因所谓“道德”之数，实指老子《道德经》五千言，故“五千文”似更妥。按当时规定，五千钱不过折合银三至五两，见《清史稿·食货志五·钱法》。

月，四十无闻，人脱白纻，子尚青衿，不面目之自靦，而何怨我之纷纷也？”寓庄于谐，幽默风趣。

蒲松龄还有许多写景状物的文章，如《秦松赋》、《古历亭赋》、《趵突泉赋》、《煎饼赋》、《荷珠赋》等等。《秦松赋》描写了泰山的五大夫松：“泰山之半，有古松焉：遥而望之，苍苍然，郁郁然，槎枒黄岘之岭，轮囷曲盘之路。俨五老之古装，恍四皓之伟步；骀背鹤发，龙翔凤翥。俛首类揖，曲躬似语，磬折伛偻，磅礴交互。……尔乃清标独耸，大盖孤垂，意挺挺而自若，似无喜而无悲。至如奇情诘曲，懿致妩媚，月来当画，瞰上疑帷，龙鳞蜿蜒，蛇影离披，因风时舞，得雨欲飞，虬枝半横，棘刺全低；夜则涛声沸涌，昼则烟雨凄迷。止容鼠窜，未许禽栖。游子休装，行人息辔，颠倒围量，流连坐憩。”比喻贴切，想象奇特，从整体到局部，以至于周围的景物，烘托了五大夫松的雄奇挺拔。《趵突泉赋》描写了济南的趵突泉：“尔其石中含窍，地下藏机，突三峰而直上，散碎锦而成漪。波汹涌而雷吼，势澒洞而珠垂；砰訇兮三足鼎沸，鞺鞳兮一部鼓吹。沈鳞骇跃，过鸟惊飞，羌无风而动藻，迳上栏而溅衣。夜气长熏，涛声不断；沙阵抟云，波纹似线。天光徘徊，人影散乱；快鱼龙之腾骧，睹星河之隐现；未过院而成溪，先激沼而动岸。漱玉喷花，回风舞霰；吞高阁之晨霞，吐秋湖之冷焰。树无定影，月无静光，斜牵水荇，横绕荷塘。冬雾蒸而作煖，夏气缈而生凉。”紧紧抓住趵突泉的特点，驰骋想象，绘声绘色。《煎饼赋》描写了煎饼的形状及制作过程：“溲含米豆，磨如胶饧。扒须两歧之势，镞为鼎足之形。掬瓦盆之一勺，经火烙而滂溯，乃急手而左旋，如磨上之蚁行，黄白忽变，斯须而成；‘卒律葛答’，乘此热铛，一翻手而覆手，作十百于俄顷。圆如望月，大如铜钲；薄似剡溪之纸，色似黄鹤之翎，此煎饼之定制也。若易之以莜屑，则如秋练之

辉腾；杂之以蜀黍(指红高粱)，又如西山日落，返照而霞横。”普普通通的煎饼，经过生花妙笔的描写，便具有生动形象的外貌特征。

蒲松龄的某些文章表现了他的文学观点。《庄列选略小引》对《庄子》、《列子》给予了高度评价：“千古之奇文，至《庄》、《列》止矣。……盖其立教，祖述杨、老，仲尼之徒，所不敢信；而要其文洸洋恣肆，诚足沾溉后学。时文家窃其唾馀，便觉改观；则借杨老之糟粕，阐孔孟之神理，当亦游、夏所心许也。……余素嗜其书，遂猎狐而取其白，间或率凭管见，以为臆说。但求其顺理而便于诵，其虚无之奥义，固余所不甚解，即有所能使余解者，余亦不乐听也。”从中可以看出蒲松龄对幻奇文学的喜爱和独特的审美趣味。《宋七律诗选跋》对宋诗给予了中肯的评论：“宋人之什，率近于俚，而择其佳句，则秀丽中自绕天真，唐贤所不能道也。……吾于宋集中选唐人，则唐人逊我真也，敢云以门户自立哉！”蒲松龄重视唐诗，但不鄙薄宋诗，就是因为宋诗也自有其长处。从中不难看出蒲松龄卓越的文学眼光。

从艺术上来看，蒲松龄的文章也取得了很高的成就。王士禛在《题〈聊斋文集〉后》中说：“八家古文辞，日趋平易，于是沧溟、弇州辈起而变之以古奥；而操觚家论文正宗，谓不若震川之雅且正也。聊斋文不斤斤宗法震川，而古折奥峭，又非拟王、李而得之，卓乎成家，其可传于后无疑也。”朱缃在《〈聊斋文集〉题辞》中说：“暑退秋晴，伫望华不注，恍若新晤，奇矣！今披读先生文，苍润特出，秀拔天半，而又不费支撑，天然夷旷，固已大奇；及细按之，则又精细透削，呈岚耸翠，非复人间有。然则华不注之形模，唯先生文似之；华不注之神骨，唯先生文得之；非但剽窃一二，徒依象貌为也。”王士禛从文章的发展脉络方面指出了蒲松龄文章的特点，朱缃则从艺术感受方面概括了蒲松龄文章的“神骨之大奇”。蒲松龄文章的艺术成就可以概括为以下四个方面。

一是取材广泛。蒲松龄的文章对种种社会现实及生活琐事都给予了记述描写，如天灾人祸、友人结社、岁旱祈雨、恶人酗酒、蜚虫害稼、狂风摧花等等无不形之于笔墨。取材虽有大有小，有雅有俗，但都亦庄亦谐，亦实亦虚，不拘一格，出之以奇。

二是立意高超。蒲松龄虽未取得高官厚禄，但其关心国计民生的忧患之心却异常炽热，许多文章都是为解民倒悬、指斥奸佞而发，如前引《记灾前篇》、《秋灾记略后篇》、《淄邑流弊》、《淄邑漕弊》、《禁粜说》、《钱粮比较说》、《高邮驿站》、《请祈速考呈》、《上孙给谏书》、《与王司寇书》等等。对朋友的过错，他也毫不留情地给予批评。郢中社诗友王鹿瞻，任凭悍妻凌辱父亲，蒲松龄在《与王鹿瞻》中写道：“客有传尊大人弥留旅邸者，兄未之闻耶？其人奔走相告，则亲兄、爱兄之至者矣。谓兄必泫然而起，匍匐而行，信闻于帷房之中，履及于寝门之外。即属讹传，亦不敢必其为妄，何漠然而置之也？兄不能禁狮吼之逐翁，又不如孤犊之从母，以致云水茫茫，莫可问讯，此千人之所共指。……”对王鹿瞻，既同情又气恼，喻之以义，晓之以理，动之以情，尽到了朋友的职责与情谊。

三是构思巧妙。如前引《秦松赋》，在描述五大夫松的形貌和受封经过之后，笔锋一转，借松树之口说道：“秦虽以我为大夫，我未尝为秦大夫也。为鲁连之乡党，近田横之门人，高人烈士，义不帝秦。秦皇何君？而我为其臣！”五大夫松不以受封为荣，反以臣秦为耻，突出了其高尚节操。《煎饼赋》在描述了煎饼的形状和制作过程之后，又突出煎饼在凶荒之年的特殊功能：“奈尔东人运蹇，奇荒相

继，豆落南山，拟于珠粒。穷惨淡之经营，生凶荒之妙制，采绿叶于椒榆，渍浓液以杂治，带藜烟而携来，色柔滑而苍翠，野老于此，效得酱于仲尼，仿缩葱于侯氏，朵双颐，据墙次，咤咤枨枨，鲸吞任意。左持巨卷，右拾遗坠。”《祭蜚虫文》在叙述了蜚虫之害后表示要坚决将其歼除：“苟不率尔子孙，刻期远避，是必欲致人于死，而使无生全之计也。我将诉诸金阙昊天，牒诸伏魔大帝，缚臭神，问臭罪，夷臭党，剿臭类，举族全诛，霆击糜碎，贬尔于铁围阴山，无俾遗臭于年年岁岁。”在代孙蕙写的《放生池碑记》中，由放生之鱼想到求生之民；由困于涸辙、穿于柳条之鱼，想到待杀和已杀之囚；由竹篮中和砧板上的鱼，想到百姓所受的压榨。因小见大，富有深意。

四是语言隽丽典雅、活泼生动。蒲松龄特别擅长骈文，讲究对仗、声律、使事、用典。如《绰然堂会食赋》：“迨夫塞户登堂，并肩连袂，夺坐争席，椅声错地。……箸森森以刺目，臂密密而遮眶，脱一瞬兮他顾，旋回首兮净光。……箸高阁，饼干咽，无可奈何，呼葱觅蒜。既饱馃粮，乃登粥饭，众口流啜，声闻邻院。”用骈词俪句写争食境况，有声有色，形神备至。《荷珠赋》对仗工稳，音调铿锵，极富韵律之美：“一曲之沼，十亩之塘，气蒸新草，影暗垂杨。荷结丛而族处，根据水而分疆。……若夫地脉发，天气清，濛菘下，颗粒生，月涵星泣，烟斜雾横，见遗鳞与剩璧，睹碎玉与残晶。……湿不沾盖，白可眩睛；既无风而欲滴，才着雨而忽倾。”对荷池、荷花、荷珠都作了形象的描绘，语言与景物相互映衬，美不胜收，妙不可言。使事用典，尤为蒲松龄所长，如《拟判·漏泄军情大事》写道：“项伯与子房有旧，遂成联夜之婚姻；子反听华元登床，竟告军情之隐秘。”项伯对张良泄军情之事见于《史记·项羽本纪》。子反对华元泄漏楚国军情事见于《公羊传·宣公十五年》。再如《拟判·夜禁》：“城外寒山半夜钟，尚复披星而往；枝头啼乌三更月，依然衣锦而行。若非待鸡鸣于函关，即欲盗狐裘于内寝。”其中用了唐人张继《枫桥夜泊》诗句、战国时孟尝君故事、《史记·项羽本纪》“衣锦而行”的语句。《为花神讨封姨檄》几乎句句用典。这些典故的运用，使语言更富文采，使内容更为深邃蕴藉。

蒲松龄的散文句式长短错落，语言变化有致。如《龙泉桥碑》云：“余自西鄙趋颜山，经由此道三，尝遭泥滑。马至此踟蹰，强策进之，终畏蹶，紧其衔，马亦知戒惧，步每不咫；怵怵没阶，胆始放，不数武，上青天矣。乘者不可仰，以鞍受膺，如虫缘腻壁；马咻咻汗喘，窟乃出，乃得坦途，无复井中天也。闻之常往来者，有时山雨骤至，则怒涛汹汹，上拍天，陵谷震摇；此时骑者下，车者休，荷者弛其担，两岸行人蚁而集，虎尻蹲露草中，相望愁闷，以待沧桑之变，御轮者或愆期焉。又且日西下，暴客借为奥府，暮行踽踽，则伏莽者施白梃矣。艰危矣哉！”写龙泉道峡谷的地势之危、行路之难，句式由三字句至八字句，古拆奥峭，动人心魄。再如《王如水〈问心集〉序》，对王如水的德行涵养极为赞赏：“呜呼！有心者宁独一人，而当问者宁独一心乎哉？而独怪王子者，长于侯门，年方弱冠，而磬折温文，见之可忘寒暑，每一晤语，怳怳然真不啻从牛医来也；及读是集，又爽然自失之矣。向见其三月杨柳以为度，山河海岳以为胸，精金美玉以为骨，而孰知更秋阳江汉以为心也。噫！他日故人之中，有击水扬鬐，抟扶摇于九万里之上，为纲常名教作藩篱者，非他人，必此公也。”骈散相间，跌宕起伏，富有气势。《为人要则·轻利》对利义的关系辨析透彻，语言犀利尖锐，极富说服力：“古人云：‘用当其可之谓俭。’不当用而用，固为荡子；当用而不用，亦是财奴。每见相与之不终，多因利起，计算锱铢，遂成嫌怨，往往而然。其或一时欢洽，慷

慨推贷，在受者曰：'我必速偿。'在施者曰：'是区区之物，何劳挂齿。'迨过期不至，而吝情难忍，追索渐急，而愁怨遂生。至于此，而推货之义何在乎？反不如吝之于初，止得一鄙细之名，而犹不至仇恨之深也。我谓借人以物者，即当念此物之必不复还，其还也，便如拾之，如其不还，我固早已安之矣。故吾愿天下受人与者，无时而忘；亦愿天下与人者，漠然而忘之也。”

总起来看，蒲松龄的骈文艺术性更高一些，而其散文，实用性更强一些。骈散结合，文实并重，乃其文章的主要特点。

第二节 聊斋诗

蒲松龄的《聊斋诗集》共计五卷，外加《续录》和《补遗》，共有诗1039首。从青年时代起，蒲松龄就开始了诗歌创作，这从他写的《郢中社序》可以看出。可惜的是，他早年的作品没有流传下来。现行的《聊斋诗集》为路大荒编定，起于康熙九年庚戌（1670年），止于康熙五十三年甲午（1714年），共1029首。其中卷一的《独酌》和《续录》中的《独酌》，字句相同，系重出。《续录》中的《趵突泉》（2首）、《游龙寺》（1首）、《暮春泛大明湖》（一、三2首）、《千佛山》（1首）、《游大佛山》（1首）、《白云亭泛舟》（1首）、《登历下亭》（1首）、《北渚亭》（1首）、《环碧亭》（1首）等11首诗，系他人作品混入。[①] 去掉以上重出和赝品，《聊斋诗集》实有诗1017首。蒲松龄的佚诗，近来时有发现：英国伦敦牛津大学图书馆《听秋声馆抄书·聊斋诗草》中有五首，淄博张庆林家藏《聊斋诗集》抄本中有14首。[②] 邹宗良从二卷本《聊斋诗集》中发现一首，加上这20首佚诗，共1037首。但高翰生《聊斋诗集跋》称蒲松龄共有诗1295首，故尚有250余首诗的差

❶李伯齐：《窜入〈聊斋诗集〉的几首赝品》，《蒲松龄研究集刊》第三辑。

❷见赵蔚芝：《聊斋诗集笺注·补遗》。

距。

蒲松龄的诗，有古体，有近体。古体诗共285首，共中三言1首，四言5首，五言143首，七言93首，杂言43首。近体诗共754首，其中五律50首，五绝56首，七律370首，七绝269首，五言排律17首，七言排律2首。从以上数字可以看出，除了六言古诗外，古代诗歌的各种体制，蒲松龄都运用过。近体诗的数量接近全部诗作的四分之三，尤为擅长七律和七绝，七律超过了全部诗作的三分之一。

蒲松龄的诗，题材广泛，内容丰富，概括起来，有以下七个方面。

一为反映社会现实的诗作。这首先是反映百姓苦难的作品，无论是天灾，还是人祸，蒲松龄都用诗歌作了记载和表现。康熙四十二年前后，淄川遭受了连续三年的“奇灾”，蒲松龄在《纪灾》诗中写道：

半载酷阳麦夭殒，蔫之盈筐不受捆。六月初雨田始青，蚜蛢蜿蜒大如蚓。禾垅聚作风雨声，上视丛丛下蠢蠢。……枯茎满地蝗犹飞，老农涕尽为一哂。剩有莜菽待秋成，生途益窄民情紧。叶萎花焦望雨零，片云吹散朔风狠。去年卖女今弃儿，罗尽鼠雀生计窘。

更有甚者，竟出现了卖人肉的惨相：“旅食何曾傍肆帘，满城白骨尽灾黔。市中鼎炙真难问，人较犬羊十倍廉！”(《饭肆》)灾情严重到如此程度，地方官却谎报丰年：“年丰幸有中丞报，犹缓君王东顾忧。”(《邸报》)灾年未过，官员已准备征粮：“青苗遍野麦输芒，南北流人道路僵。为问播迁何自苦？月中传说要征粮。”(《口号》)不仅征粮，

还要增加"羡金"。蒲松龄写道:"金非雨自天,两税增民羡。羡金问几何?略抵税之半。愿竭我膏脂,共资尔巧宦。谷尽难取盈,涕泣零如霰。"(《齐民叹》)

其次对于科场弊端,蒲松龄也深有体会,在许多诗中作了揭露和指斥。《试后示篪、笏、筠》写道:

昔日学中士,获荣在稽古;今日泮中芹,论价如市贾。额虽十五人,其实仅四五。益之幕中人,心盲与目瞽。文字即擅场,半犹听天数。矧在两可间,如何希进取?悠悠岁月迈,稚齿为衰姥。

《历下吟》五首是蒲松龄在济南目睹黑暗科场的实录。第一首写考生在唱名时受到的鞭笞和羞辱:"黑鞭鞭人背,跋扈何飞扬。轻者绝冠缨,重者身夷伤。退后迟噭应,逐出如群羊。贵倨喜谩骂,俚媟甚俳倡。"第二首写考试结束两月,试官为了索贿迟不放榜,又不准考生回籍:"日久资斧绝,历下犹漂泊。踵决衣带断,乞食在郊郭。……丐活何可长?恐将葬沟壑。"第三首写放榜之后,借口淄川有"关节",推翻原案,另行评选:"佳文受特知,反颜视若仇。黜卷束高阁,凭取任所抽。颠倒青白眼,事奇真殊尤。"考生是否录取,关键在于是否行贿。

再次对于吏治黑暗,蒲松龄在《廷尉门》中写道:

廷尉门,报晚衙。清若何?无纤瑕。雀有角;鼠有牙。公庭下,鬼含沙。堂上怒,血如麻。谁理直?相公家。

诗中对含沙射人的鬼蜮,对不问青红皂白、滥施刑罚的廷尉给予了

辛辣的讽刺和揭露。《大人行》揭露了钦差大臣对地方官民的骚扰和搜刮：

金貂学士来帝傍，鸣钲喤聒高盖张。旌旆摩戛鸣刀枪，凤鬃雾辔云锦行。……尘霾暗天白日黄，庐儿狰狞噪官堂。前驱跋扈尤猖獗，圉卒毒掠肢残伤，驿吏鞭背掣马缰，疾呼大令斩铃索，唾面诟骂等获臧。部牒乘传有定额，目努索奢十倍强。十倍半折金钱入，橐中万蹄千帆樯。大令抽息仰颜色，剜肉熠息买容光。农人榜人废生业，上下骇窜真仓皇。可怜大令虽强项，库储搜竭民亦殃……

蒲松龄的诗作就是这样多方面地反映了社会现实。

二为描写山水田园的诗作。蒲松龄在不到一年的南游做幕期间，写下了许多山水景物诗，如《黄河晓渡》、《射阳湖》、《泛邵伯湖》、《湖津夜泊》、《扬州夜下》、《河堤远眺》、《堤上作》、《泰山远眺》、《扁舟渡河》等等。这些诗作对江北水乡景物描摹得极为细腻形象。如《射阳湖》其二：

巨笔一洗千顷墨，濯天疑侵星头黑。万片碎金乱夕阳，八荒一株琉璃色。镜面平铺光不留，其中深浅那可求？燃犀烛之不见底，龙精蛟怪拥蝌蚪。鼓楫问尔扁舟叟，苍莽之处有天否？

他带着异乡人的目光，将江淮的景色写得那样怪异奇特。

在《登岱行》中将五岳之尊的泰山刻画得雄伟无比：

兜舆迢迢入翠微，往来白云荡胸飞。白云直上接天界，山颠又

出白云外。黄河泡影摇天门，千峰万峰列儿孙。放眼忽看天欲尽，跂足真疑星河扪。瑶池借寄高岩宿，鸡鸣海东红一簇。俄延五更黍半炊，沆漾明霞射秋谷。吴门白马望依稀，沧海一掬堆琉璃。七月晨寒胜秋暮，晓月露冷天风吹。顷刻朝暾上山觜，山头翠碧连山尾。及到山下雨新晴，归途半踏蹄涔水。回首青嶂倚天开，始知适自日边来。

《崂山观海市作歌》一方面写出了崂山的秀丽高峻，一方面描绘了海市的奇幻缥缈：

山外水光连天碧，烟涛万顷玻璃色。直将长袖扪三台，马策欲挝天门开。方爱澄波净秋练，乍睹孤城悬天半；埠垸横亘最分明，缥瓦鱼鳞参差见。万家树色隐精庐，丛枝黑点巢老乌。高门洞辟斜阳照，晴光历历非模糊。缁属一道往来者，出或乘车入或马。扉阖忽留一线天，千人骚动谯楼下。转眼城郭化山丘，猎马百骑皆兜牟。小坠腾骧逐两鹿，如闻鸣镝声飂飕。飚然风动尘埃起，境界全空幻亦止。人世眼底尽空花，见少怪多勿须尔。……

在登淄川豹山时，描写了山石如林的景象："丛舍遥含春树里，危峰对插梵宫西。眼看石阵云霞护，想见军容步(部)伍齐。"(《豹山》)在游青云寺时，描写了寂静幽深的环境："山静桃花幽入骨，谷深溪柳淡如僧。崩崖苍翠云霞满，禅院荒凉鬼物凭。"(《闰月朔日青云寺访李希梅》)在蒲家庄至王村西铺的道路上，他留下了密密的足迹，沿途的景物也成为他诗歌描写的对象："十里烟村花似锦，一行春色柳如腰。榆钱雨下黄莺老，麦信风来紫燕飘。"(《奂山道上书所见》)"五月新蝉荷始花，丰年此日到农家。连朝时雨初耘豆，夹道春田更艺麻。”(《麦收》)他长期设帐授徒的毕家石隐园,给他留下了深刻印象,许多诗便取材于此:“年年设榻听新蝉,风景今年胜去年。雨过松香生客梦,萍开水碧见云天。老藤绕屋龙蛇出,怪石当门虎豹眠。我以蛙鸣间鱼跃,俨然鼓吹小山间。”(《石隐园》)

三为吟咏历史和古迹的诗作。前者如《崔伯渊》、《褚遂良》、《淮阴》、《读汉高祖本纪》、《读三国志》、《读平泉记》等,后者如《霸王祠》、《白雪楼》等。这些咏史诗或以历史人物、或以历史事迹、或以历史遗迹为吟咏对象,借古抒怀,议论风生。如《咏史》其一:

良马非不骏,盐坂徒悲鸣。美玉非不贵,抱璞为世轻。高士卧隆中,畴乃知其名?从容起南阳,谈笑魏吴惊。男儿事蚕桑,后世有何称?

以良马困于盐坂、美玉藏于璞石自喻,慨叹生不逢诸葛亮奋起南阳那样的机遇。再如《杨妃》:“马懿临终厌老媪,绝世红颜老便休。三十八龄殉社稷,还留风韵在千秋。”司马懿曾逼其老妻自杀;杨贵妃三十八岁便在马嵬兵变中身殉社稷,虽然死去,但其绰约风韵却千秋长存。这显然与传统的观念相违背。再如《读汉高祖本纪》:“果然帐下皆屠狗,孺子何尝任甲兵!”对刘邦能够延揽各类人才给予了肯定。再如《霸王祠》:“项王祠外晓冥冥,灵迹荒唐不可听,一曲离歌征月暗,千年恨血楚江腥。深房雾暗吹阴火,秋草烟寒落湿萤。有客凭临多涕泪,恨无尊酒酹空庭。”对楚霸王的悲剧命运给予了同情。

还有一些咏史诗是为了总结历史的教训,表明了蒲松龄的历史观,如《读史》其四:

宦竖备洒扫，不敢干阃外，世主伊何心，沐猴使冠戴？刑馀性鸷忍，苍生任姑嘬。片言为生杀，一从所憎爱。鼻气成龙虎，公卿望尘拜。久久跋扈成，深宫如被械。大臣受秘旨，谋泄遭屠害。党锢一网尽，国势亦沦败。读史迄汉唐，不可复聊赖。无须咸被诛，浮白为一快。

对封建社会的痼疾——宦官专权的原因、危害以及应采取的措施作了深刻的分析。

四为与友人唱酬及往来吊贺的诗作。这一类诗歌在《聊斋诗集》中占有相当大的比重。其中有送别诗、留别诗，有寄人诗、怀人诗，有赠答诗、应和诗，有庆贺诗、哀挽诗等等。这些应酬诗所涉及的人物大体可分为三类：一为地方缙绅名流，如高珩、唐梦赉、毕际有、孙蕙、王士禛等。他们都年长于蒲松龄，既有官爵，又有声望，且能诗文。蒲松龄敬重他们，一方面是因为他们位高望重，另一方面也因为他们赏识自己的文采，支持自己的创作。高珩、唐梦赉先后为《聊斋志异》作序，王士禛对蒲松龄的小说与诗文都极为赞赏。孙蕙聘其为幕僚，毕际有聘其为西席，也同样是对蒲松龄的敬重和赏识。蒲松龄向唐梦赉表示："略见雕虫技，辄承华衮褒。"(《寿唐太史》)向王士禛表示："愧无项斯善，堪蒙士元奖。"(《俚言奉送大司寇先生假满赴阙》)向孙蕙表示："尚有孙阳怜瘦骨，欲从玄石葬荒丘。"(《感愤》)这些都表明了蒲松龄既感激又惭愧的心情。二为地方官员，如先后任淄川县令的汪如龙、张嵋、时惟豫，新城县令郎廷槐，莱芜县令范溥，由按察使转布政使的喻成龙等。这些官员都能不同程度地做到礼贤下士，因而赢得了蒲松龄的信任。蒲松龄在与他们的酬答诗中，总流露出一种独立不羁的骨气。在《答汪令公见招》中写道:“小语未能分上座,短髯聊足备参军”,“岂同弹铗三千士,聊附处囊十九人”。表示自己虽身居下位,但不同于弹铗以求厚禄的食客,而是能左右上官的髯参军郗超和脱颖而出的毛遂。在《饮时明府署中,酬唱倾谈,不觉蜡泪沾衣,归后赋此却寄》中写道:“王门未许滥竽逃,又赐衙斋玉色醪。可喜孟公能倜傥,尚容叔夜纵爬搔。”以好客的陈遵比时惟豫,以嵇康自比。三为作者友人,如刘孔集、李希梅、王如水、毕韦仲等。他与同在宝应幕府中的刘孔集可谓情投意合,《忆刘孔集》写道:

忆彼苍髯叟,生平志四方。藏金不终夕,挥霍意慨慷。明珠何暗投?逢人而桂姜!昔智非今愚,所际诚不臧。心偏天地窄,触目成刺芒。欲以己才慧,律其膝下郎。忧长数以短,命乖而心强。造化焉可梗?己身徒受殃。生为裘马客,殁无隔宿粮。但觉宇宙间,君去遂无光。年年唯柳婆良友为悲伤。

对刘孔集的豪爽性格、坎坷遭遇、悲惨结局作了生动描述,并表示了自己的崇敬与哀悼。他与郢中社诸友情同手足,在《贻希梅》中写道:

青青蕙兰草,结根在岩穴。佳人怜幽芳,采之佩玉玦。玉玦尚可把,幽芳不可掇。怀刺已三年,开怀字迹灭。热受恶木阴,志士良不屑。平津设草具,故人责疏节。人情贵异物,习处交情亵。

诗中认为做人应坚持德操,而不要随波逐流,屈服于恶势力,以此与李希梅共勉。他非常感佩丰泉乡王如水救人急难的侠义德行,在

《薄有所蓄,将以偿负,又为口腹耗去,深愧故人也,慨然有作,情见乎辞矣,寄怀王如水》中写道:“慈帏昔见背,正值年岁荒。猝谋周身具,时势何匆忙……谁能当此际,剜肉医人疮?王生闻此变,慷慨倾错囊。君虽贵介胄,实无升斗粮。自觉心太忍,分薇于首阳。国士重一饭,没齿结中肠。”王如水慨然解囊助己葬母,使蒲松龄终生难忘。毕韦仲是蒲松龄在西铺的馆东,蒲松龄曾为其父写过《哭毕刺史》,为其母写过《南山歌寿毕年伯母》,与其本人有过许多唱和之作。《赠毕子韦仲》写道:“居斋信有家庭乐,同食久如毛里亲。生徒抱子皆如许,犹当童蒙提耳嗔。”在毕家相处犹如家人父子一般。蒲松龄甚至表示,晚年要移居西铺,依傍毕家的几个弟子生活:“梁鸿垂老因人热,鲍叔深交念我贫。他日移家冠盖里,拟将残息傍门人。”(《赠毕子韦仲》)。

五为吟咏爱情及描写艳情的诗作。前者多写青年男女对爱情的追求,如《采莲曲》:“返棹孤舟漾碧丛,少年逼趁半塘中。若非邻女来相唤,渐入深荷路欲穷。”“两船相望隔菱茭,一笑低头眼暗抛。他日人知与郎遇,片言谁信不曾交。”也有些诗写青年夫妇的离愁别绪,如《子夜歌》:“今日上西秦,明日上东鲁,不如不归来,还省别离苦。”“问谁往江南,还寄物一裹。不是我念郎,但恐郎念我。”“郎去白雪飞,郎来青苗长,只说不自由,还是不曾想。”还有的诗写思妇的复杂心情,如《拟古》:“妾如云中雁,行行风中断;君如天上云,泯泯中道散。鸿雁至深秋,尚有归来时;野云无定迹,去去少归期。弃妾空房长独守,团团寒玉照残漏。香云委情支深更,红线暗滴无声瘦。自怜改尽菱花色,但恐归来不相识。”蒲松龄的艳情诗以赠孙蕙的居多,如《戏赠孙树百》其三:“琅玕酒色郁金香,锦曲瑶笙绕画梁。五斗淋浪公子醉,雏姬扶上镂金床。”也有戏赠沈燕及的,如《遥听沈燕及夫人摘阮戏贻四绝》其二："风流公子福无涯，月府仙人降翠华。百尺楼头明月夜，双鬟把酒听琵琶。"此外，蒲松龄还模仿唐人的宫怨诗，写了5首七言绝句《宫辞》，反映了宫女嫔妃的孤寂之苦。还模仿唐人的闺怨诗，写了5首七言绝句《闺情》，反映了深闺少妇的相思之情。

六为咏物诗及其他诗作。前者所咏之物非常广泛，诸如古镜、红梅、紫薇、飞蝗、猫等等。有些咏物诗借物托讽，含意深刻，如《养猫词》："……鼠夜来，鸣啾啾，翻盆倒盏，恍如聚族来谋。……猫在床头，首尾交互；鼠来驰骋，如驴齁齁。推置床下，爬枨依然弗顾；旋复跳登来，安眠如故。怒而挞之仍不悟，戛然摇尾穿窗去。"显然是讽刺尸位素餐的官吏。也有些咏物诗是赞颂美好的事物，如《紫薇花》："含苞初绽月三更，日日丹霞照眼明。痒着抑搔长影颤，暖经雨水怒条生。鸣蜩爱荫尤先占，旅蝶随香已远侦。映日丛丛花满树，欲将紫艳斗春荆。"咏物诗之外，蒲松龄还有少数拟作和代作的诗歌。如模仿李贺的《马嵬坡拟李长吉》，模仿唐代边塞诗的《拟边衣》，模仿古代应制诗的《拟南郊瑞雪应制》等。代作的诗歌如《送卫方伯代振叔》、《代王玉斧呈宋观察》、《赠僧代毕刺史》等。这些诗作或出于应试需要，或出于亲友的请托，从中亦可看出蒲松龄的艺术才华。

七为感叹身世的诗作。蒲松龄虽有较强烈的功名进取心，但命运却总与他相悖。为了谋生，他大半生过着舌耕的生活，艰难地与贫困作斗争。《日中饭》描写了儿女急食麦粥的情景，《二月二十三日询内人病》为自己不能教育儿子而感到难过。《五月十二日抱病归斋》尤为伤感，诗中写道：

抱病归斋意暗伤，嚬呻短榻倍凄凉。家贫况值珠为粟，儿懒何

堪妇卧床。梦里红尘随路远，镜中白发与愁长。终朝（宵）辗转闻残漏，月下空庭雪满廊。

尽管家贫位贱，但他的耿介秉性却绝不改变，《杂诗》中说："西施颦眉黛，翩翩若惊鸿。宁不知其美，新态殊难工。"他胸怀大志，希望能够有所作为："我有涪洼刀未试，欲从河海斩长鲸。"（《呈树百》）他对那些目瞽心盲的试官十分不满，又怨自己命运乖蹇："憎命文章真是孽，耽人词赋亦成魔。"（《寄怀张历友》）他不甘心自己的失败，激愤地质问上天："呼吸若能通帝座，便将遭遇问天孙。"（《九日同丘行素兄弟父子登豹山》其三）他始终坚持进取之心："长茅束卷置高阁，重将解结挥尘蒙。"（《自嘲》）在《寄紫庭》三首中，他概括了科举道路上的辛酸苦辣："良禽高飞尽，吾党数何奇！莫下陵阳泪，三年黍一炊。""不恨前途远，止恨流光速。回想三年前，含涕犹在目。""三年复三年，所望尽虚悬。五夜闻鸡后，死灰复欲然。"他自己虽然未能如愿以偿，却把希望寄托到了后世身上，在《四月十八日喜笏、筠入泮》中说："眼中但见一芹青，抱卷亦犹生颜色。"在《喜立德采芹》中说："微名何足道，梯云乃有自。……无似乃祖空白头，一经终老良足羞。"

蒲松龄的诗歌不仅题材广泛，而且风格多样。他的古诗，前期多学习李贺，后期多学习汉乐府和新乐府。他的艳情诗，继承了南朝宫体诗和晚唐香奁诗的传统。他的格律诗，特别是七律，受到了杜甫、苏轼、陆游等人的影响。

李贺的诗虚幻诡谲，奇峭瑰丽。蒲松龄的有些诗在题目上就明确标出是仿李贺之作，如《秋闺拟李长吉》、《马嵬坡拟李长吉》。更多的是词章结构等方面都学习李贺，如《大风》里的"石破五色青天惊”，显然是学习模仿李贺的“石破天惊逗秋雨”（《李凭箜篌引》）；《旅邸》里的“鲤鱼风起荷花老”，是由李贺的“鲤鱼风起芙蓉老”（《江楼曲》）而来；《赠谭近公代箸》里的“仙人孙思邈，日日耕烟种瑶草”，是由李贺的“呼龙耕烟种瑶草”（《天上谣》）而来；《锐淮阳道》里的“幽灯如漆迎新人”，是由李贺的“漆炬迎新人”（《感讽五首》其三）而来。《马嵬坡拟李长吉》在篇章结构上借鉴了李贺的《苏小小墓》。《把酒问青天》在艺术构思上继承和发展了李贺的诗风，大胆运用神话传说，驰骋想象，奇幻瑰丽。

汉乐府“感于哀乐，缘事而发”，新乐府“即事名篇，无复依傍”，句式灵活，语言质朴。蒲松龄写了许多拟乐府诗，或学习汉乐府，或学习新乐府。如《堕驴行，仿古乐府赠丘行素……》，句式参差错落，语言质朴古拙，极似汉乐府中的《孤儿行》。再如《贫女》：

东家有二女，少小嫁同乡。长者适贫儒，少者适富商。贫女来归宁，荆布无华裳；富女来归宁，门庭耀红妆。荆布入门坐，苦苣间青粱。红妆裁入户，烹肥罗酒浆。殷勤择甘旨，奉于小女尝。贫女向翁媪，致词色声怆：“我岂爱冻饿，遣嫁由爷娘。遣我与贫偶，乃憎贫无光！因贫复得贱，不齿儿女行。”拂袖出门去，里社为怜伤。

语言浅显质朴，极似白居易的《新乐府》。

蒲松龄的格律诗能够兼取各家之长，陶冶熔铸，形成“苍劲峭刻”的独特风格。其中借鉴杜甫的诗句特别多，如“芳洲蛱蝶深深见”（《湖上早饭得肥字》）化用杜诗“穿花蛱蝶深深见”（《曲江二首》其二）；“渔艇暮灯犹泛泛”（《河堤远眺》其四）化用杜诗“信宿渔人还泛泛”（《秋兴八首》其二）；“空庭尚有藤萝月”（《草庐》其二）化用

杜诗“请看石上藤萝月”(《秋兴八首》其二);“迎秋坠粉莲房老”(《稷下毕振叔斋中》)化用杜诗“露冷莲房坠粉红”(《秋兴八首》其七);“千家野哭闻墟舍”(《赋得满城风雨近重阳》)化用杜诗“野哭千家闻战伐”(《阁夜》;“春阳管动又飞灰”(《十六日途中得灰字》)化用杜诗“吹葭六琯动飞灰”(《小至》);“好花忽自雾中看(《夜饮再赋》)化用杜诗“老年花似雾中看”(《小寒食舟中作》)等等。苏轼长于七律,对蒲松龄的影响也很明显。蒲松龄许多诗句是化用苏轼诗句而来,如“柴门乱落豆楷灰”(《大雪连朝》)化用苏诗“江云欲落豆秸灰”(《歧亭道上见梅花,戏赠季常》);“烦构三楹代卯君”(《二兄新甫病甚……作此焚之》)化用苏诗“东坡持是寿卯君”(《子由生日以檀香观音像……为寿》);“桑榆厄似黄杨闰”(《哀两稚孙》)化用苏诗“只有黄杨厄运年”(《退圃》);“细柳长摇溪水清”(《清明》)化用苏诗“溪柳自摇沙水清”(《新城道中二首》其一);“壮心端不受贫降”(《遣怀》化用苏诗“壮心降尽倒风旌”(《地炉》)等等。

蒲松龄的艳情诗学习借鉴了南朝萧纲、徐陵、陈叔宝、江总及晚唐韩偓等人的宫体诗和香奁诗,从体态容貌、服饰舞姿、歌唱技艺以及男女调笑等各个方面展现了上层社会的享乐生活,构成了蒲松龄诗歌风格的另一方面。

蒲松龄诗歌的艺术特点也非常突出,其古体诗善于状物、长于叙事;其近体诗工于对仗、精于用典。他善于在继承中创新,在立意、结构、语词等方面都有其独创性。

善于状物。蒲松龄能够用形象的语言突出事物的特征,如《麻姑雀》写枯枝被大风吹断,横空如桥,雀巢便建在这枯枝之上。巢内的小鸟处境危险,母雀欲哺小鸟又无枝可凭,徘徊跳掷,无计可施。描写得细致具体,形象逼真。再如《病疟歌寄孙蕴玉》写疟疾患者先冷后热的症状;《题赵晋石借山楼》写楼依山而建、上攀下眺的特征;《瓮口道夜行遇雨》写谷深雨急、山洪暴发、人马难行的情形,都表现了他善于状物的艺术才能。

长于叙事。蒲松龄的叙事诗或叙述某一事件的片断,如《堕驴行》;或叙述某一事件的全过程,如《侠女行》。《侠女行》描写了一位严武式的巾帼英雄,她因为父亲听信侧室的谗言虐待自己的生母,又不便劝谏父亲,便在嫂嫂的帮助下,杀死父亲,为母报仇,然后自杀。从行刺的原因,到姑嫂密谋,到伺机行刺,到自缢身亡,叙述了事件的整个过程,如同一篇动人的“刺客传”。

工于对仗。蒲松龄的七律诗对仗异常工稳,异常精切。有的既对仗又切合人物的身份,如“故人憔悴折腰苦,世路风波强项难”(《闻孙树百以河工忤大僚》),前句把孙蕙比为做彭泽令的陶渊明,后句把孙蕙比为洛阳令董宣。有的既对仗又切合人物的处境,如“楚陂依然策良马,叶公元不爱真龙”(《寄孙树百》其三),前句比自己如良马陷于困境,后句比自己如真龙未受赏识。有的既对仗又切合人物的姓氏,如“尚有孙阳恋瘦骨,欲从玄石葬荒丘”(《感愤》),前句以孙阳代孙蕙,后句以刘玄石之醉死喻自己之境况。他有时把唐人的诗句融入对仗,如“但馀白发无公道,只恐东风亦世情”(《三月三日呈孙树百,时得大计邸钞》),前句融入了杜牧的诗句“世间公道唯白发”,后句融入了罗邺的诗句“唯有东风不世情”。他有时把前人的语言融入对仗,如“轩轩方是奇男子,悻悻犹为小丈夫”(《送赴试者》),前句化用了唐人王适的话“天下奇男子王适愿见将军白事”,后句化用了孟子的话“予岂若是小丈夫然哉”。他有时把古人的嘉话溶入对仗,如“敢请筑台先郭隗,漫劳悬榻待徐生”(《答汪令公见招》其五),前句用燕昭王尊礼郭隗之事,后句用陈蕃尊礼

徐穉事。蒲松龄还善于将并列的对句变为流水对，如“途穷已尽行焉往，青眼忽逢涕欲来”（《偶感》）；“未分胜友名山座，犹得奚囊妙句看”（《重阳王次公从高少宰、唐太史游北山归，夜中见访，得读两先生佳制，次韵呈寄》）；“千间广厦拼如许，七尺匡床占几何”（《荒园小构落成，有丛柏当门，颜曰绿屏斋》其八）；“倘有一人能相骨，何妨四海更无家”（《答汪令公见招》）。他的对仗，有时用来写景，如“藓苔初长青犹涩，禾黍新苏绿未匀”（《喜雨》）；有时用来抒情，如“狂态招尤清夜悔，强颜干世素心违”（《秋斋》）；有时用来议论，如“文章元自无双士，抚字群推第一官”（《送别张明府》其三）；有的用来叙事，如《寿唐太史》。总之，蒲松龄七律诗的对仗工稳，显示了其卓越的艺术才华。

精于用典。蒲松龄的近体诗用典既多且精，有的律诗竟句句用典，如《赠医士卢鹤友》：“斗室垂帘近酒垆，刀圭一下患全苏。苏仙故井犹存楚，秦国良医旧姓卢。庑下何妨高寄迹，髯童且喜近行沽。年年长抱维摩病，欲问仓公治得无？”八句用了八个典故。有的律诗一事多典，如《贺人生子》围绕生子之事用了六个典故。蒲松龄诗中的典故出处异常广泛，有的出自经史，如“雀有角，鼠有牙”出自《诗经》；“岂同弹铗三千士，聊附处囊十九人”出自《史记》。有的出自诸子百家，如“蕉鹿疑为梦”（《为友人写梦八十韵》）出自《列子》，“西施颦眉黛”（《杂诗》）出自《庄子》，“悻悻犹为小丈夫”出自《孟子》，“叶公元不爱真龙”出自《新序》。有的出自名人诗句或文章，如“但馀白发无公道”用杜牧《送隐者一绝》诗句，“只恐东风亦世情”用罗邺《赏春》诗句，“冀群一顾遂无马”（《答汪令公见招》其三）用韩愈《送温处士赴河阳军序》一文中的句意，“君疲马牛身犹病”（《寄孙树百》其一）用司马迁《报任安书》一文中的句意。有的出自笔记小说，如“欲从玄石葬荒丘”出自《搜神记》，“长鳃我自暴清流”出自《辛氏三秦记》。有的出自佛道典籍，如“年年常抱维摩病”出自《维摩经·方便品》，“近得黄庭秘”（《寿唐太史》）出自《云签七笈·上清黄庭内景经释题》。蒲松龄用典非常灵活自如，善于变化，如《东观汉记》说梁鸿少年不肯“因人热”，是指高士拒绝俗人帮助，但在《赠毕子韦仲》里，却变成了“梁鸿垂老因人热”，表示老年后愿意接受人们的帮助。再如《答朱子青见过惠酒》其二“褐父叨沽酒一盛”，用的是《左传》“旨酒一盛兮，余与褐之父睨之”。蒲松龄将“睨之”变为“叨沽”，由看酒变为尝酒。再如《午餐阻雨》“东食西宿路半里”，指的是在毕家石隐园住宿，回旧斋吃饭，与《艺文类聚）引《风俗通》“东家食西家宿”含义不同，蒲松龄取其词而不取其意。再如《送喻方伯》“细麻生蓬中，虽直固不才”，和《荀子》中的“蓬生麻中，不扶而直”含义正好相反。有些典故用得非常自然，看不出用典痕迹，如《贺沈惠》“阅人亦已多，更无如此郎”，是从《旧唐书·房玄龄传》“仆阅人多矣，未见如此郎者”借用而来，却不留痕迹。再如《病疟歌寄孙蕴玉》的最后两句“疟兮疟兮虐如此，今岁又闻病君子”，是从《世说新语》“来病君子，所以为虐耳”化用而来，也无斧凿之迹。

语词的借鉴与创新。蒲松龄借鉴前人诗句有三种情形。一是沿用，如“白杨何萧萧“（《忆侄龠斯》）沿用了《古诗十九首》，“山中无历日”（《五月黄花》）沿用了太上隐者的《答人》，“良时不再至”（《秦邮官署》）沿用了李陵的《答苏武诗三首》其一。二是化用，如“夕阳多向乱流明”（《舟中独酌》）化用了韦应物的“夕阳明灭乱流中”（《自巩洛舟行入黄河即事，寄府县僚友》），“烟雨楼台十万家”（《泰山远眺》）化用了杜牧的 “多少楼台烟雨中”（《江南春》），“翘首乡关何处是”（《射阳湖》）化用了崔颢的“日暮乡关何处是”（《黄鹤楼》），“江人依

绿水”(《客署作》)化用了王湾的“行舟绿水前”(《次北固山下》)。三是由借鉴而创新。如“途穷书未著,愁盛酒无权”(《独坐怀人》),分别由司马迁著《史记》和李白“举杯消愁愁更愁”的诗意转变而来。再如“不怨菊英坠,但愿梅花早”(《酬如水留别》其二),分别由《离骚》“夕餐秋菊之落英”与陆凯《赠范晔诗》“聊赠一枝春”转变而来。还有许多诗句则是蒲松龄的独创,如“云低隔树断,雾湿压篷垂”(《早过秦邮》;“暑自宵中减, 秋从雨后生”(《秋夜临池》),“酿雨不成难似酒, 蒸云易散速于炊”(《密云不雨》),“归鸿尚忆南征路,病鹤难消北海心”(《客署作》);“来从远树仍穿郭, 去作长溪更绕城”(《般河》)等等,这些优美的诗句显示了蒲松龄的艺术匠心。

蒲松龄的诗歌运用了多种修辞手法。一是比喻,如“弦歌原于推廉吏”(《平河桥贻孙树百》, 把孙蕙比为以礼乐教化百姓的孔子弟子武城宰子游;“遽去修文白玉楼”(《挽毕公权》其一),把毕公权比作被上帝召去为白玉楼落成作记而早亡的李贺。二是借代,如“遂以牵萝烦德耀”(《荒园小构落成,有丛柏当门,颜曰绿屏斋》其七),以梁鸿之妻孟光(字德耀)喻自己的妻子;“徒将种秫问罗(雍)端”(同上),以陶渊明之子雍端代自己的儿子。三是反语,如“只恐东风亦世情”,是罗邺诗句“唯有东风不世情”的反语;“壮心端不受贫降”(《遣怀》),是苏轼诗句“壮心降尽倒风旌”(《地炉》)的反语。四是双关,如“暗锁愁云咽秋雨”(《夜坐悲歌》),既写天气浓阴不雨,又暗含作者愁愤郁结;“惜哉文绣身,乃以贪得死”(《惜斑貍坠井》),既为贪食黄雀坠井而死的斑貍惋惜,又对贪求富贵而丧生的纨绔膏粱提出警告。五是夸张,如“吴门白马望依稀”(《登岱行》),夸张泰山之高可以望见苏州白马;“坟起五岳填满胸”(《自嘲》),夸张心胸之大可以装满五岳。六是讽刺,如“归家尚得首丘死,尽荷君王覆载恩”(《流民蒙君恩载送东归》),讽刺统治者不准灾民逃生,使其饿死家乡;“年丰幸有中丞报,犹缓君王东顾忧”(《邸报》),皮里阳秋,讽刺地方官匿灾不报。七是调侃,如“争来童子因人热,望断机头老孟光”(《又寄孙树百兼贻鲁坛》),嘲讽高鲁坛被求教的女弟子纠缠,忘掉了家中老妻;“自能免交谪,不用唱回波”(《唐子向以近作见示,又赠》),调侃唐子向不必惧怕,因妻子读书知礼不会撒泼。八是藏词,如“山灵福报将无乃“(《九日与同人登虎头石》),“无乃”后藏“不可”(《左传》用“无乃不可”共 20 处);“三人踏雪还登堂”(《王八垓烹羊见招……作烹羊歌》),“三人”前藏“不速之客”(《易·需》上六爻辞“有不速之客三人来”)。

综上所述,蒲松龄的诗歌无论是内容还是形式都取得了较高的成就。

第三节　聊斋词

蒲松龄的词现存 119 阕,包括三个部分。一是残存的词稿,原藏于蒲氏后裔孙某,再藏于淄川李席珍,三藏于光绪年间山东巡抚李秉衡,四藏于武安高智怡。[1] 这部残稿系副本,共计 42 纸,包括词 86 阕,其中末阕《沁园春·留别钟圣舆》,只存词调和标题,实有 85 阕。二是《聊斋诗集》六卷抄本中末卷《诗馀》多出的 7 阕。三是北京图书馆所藏《聊斋文集》抄本中《词集》二卷多出的 26 阕。路大荒先生所编的《蒲松龄集·聊斋词集》只收录了上述前两部分。

蒲松龄的词,小令、中调、长调皆有,尤喜用长调。《聊斋词集》中收小令 15 调 21 阕,中调 9 调 11 阕,长调 27 调 61 阕。其中《沁园春》有 7 阕、《贺新郎》(或为《贺新凉》)有 10 阕。最长的《西施三

1 见高智怡:《蒲松龄词稿手迹题记》,《蒲松龄集·聊斋词集》附录。

叠》长达213个字。

《聊斋词集》基本上按时间先后编排，根据种种线索，对大多数词作仍能推定其写作年代。

康熙十三年(1674年)前后，蒲松龄在丰泉王家坐馆，结识了王氏昆仲。《贺新郎·王子巽续弦即席戏赠》等6阕，都是围绕着王敏入续弦而写的戏谑之作。《大江东去·寄王如水》，似为壬子或乙卯乡试落榜后与王如水同病相怜的悲愤之辞。

康熙十三年(1674年)甲寅写的《金菊对芙蓉》，题目注明为“辞灶”作，紧接的《喜迁莺·岁暮作》在“辞灶”之后，似应作于同年。《思帝乡》以下至《沁园春·岁暮唐太史留饮》，似应作于康熙十四年。

康熙十四年乙卯，孙蕙入京，把姬妾顾青霞留在了淄川家中。《西施三叠》以下7阕，是围绕顾青霞写给孙蕙的戏谑之词，时间当在这一年之后。

康熙十八年己未，蒲松龄40岁，到西铺毕家坐馆。《少年游·戏赠韦仲》至《尾犯》6阕，当作于是年。与袁藩酬唱自此年始，先后有《念奴娇·新秋月夜，病中感赋，呈袁宣四孝廉》4阕，《贺新凉·喜宣四兄扶病能至，挑灯伏枕，吟成四阕，用秋水轩唱和韵》4阕，《贺新凉·读宣四兄见和之作，复叠前韵》、《贺新凉·喜雨一阕，并寄之》诸阕。此外尚有《满庭芳·中元病足不能归》4阕，《浣溪沙·秋柳》、《乌夜啼》、《钗头凤》、《金人捧玉盘·雨夜》、《行乡（香）子·忧病》各1阕，亦应作于是年。

康熙二十一年(1682年)壬戌，淄川大水成灾。《贺新凉·淫雨绵绵，三日水止，既复患之》、《水龙吟·风雨坏稼》、《长相思》、《一剪梅·戏简袁宣四孝廉》、《一剪梅·听雨》、《虞美人·夜雨》、《长相思》、《醉太平·早起自忏，已而自嘲》、《大圣乐·自遣》、《贺新凉·喜晴复叠前韵》诸阕当作于是年。

康熙二十四年乙丑，袁藩应毕际有之请，复至石隐园，校刊毕自严的《石隐园集》。蒲松龄有《临江仙·送宣四兄东归》、《钗头凤·中秋前雨阻，宣四兄不得归，戏作此将寄之，闻已冒雨行矣》、《瑞鹧鸪·中秋怀宣四兄》、《蝶恋花·涉石隐园怀宣四兄》、《沁园春·闻宣四兄病笃》、《念奴娇·挽袁宣四》。是年，蒲松龄因足疾卧病，自《庆清朝慢·卧病》至《应天长·贫家乐》，中间不涉及袁氏的其他作品，亦应作于是年。

康熙二十五年（1686 年）丙寅，张历友、毕盛钜选府拔贡。蒲松龄有《水调歌头》二阕，第一首题为《腊初稷下雪中遣怀》，第二首题为《送毕韦仲东旋》，似应作于是年。

康熙二十六年丁卯，蒲松龄乡试因越幅被黜。《大圣乐·闱中越幅被黜，蒙毕八兄关情慰藉，感而有作》当作于是年。

康熙二十九年庚午，蒲松龄乡试二场因故被黜，《醉太平·庚午秋闱，二场再黜》当作于是年。另据路大荒〈蒲柳泉先生年谱》云："二场因故被黜，主司惜之。自此亦不复闱战矣。"则《大江东去·与张式九同饮孙蕴玉斋中》与《又寄〈露华〉一调》皆为乡试落榜而作，亦应作于是年。

康熙三十三年（1694 年）甲戌，蒲松龄有《丘采臣草堂落成》诗，《潇湘逢故人》词中亦涉及此事，故亦应作于是年。

综上所述，蒲松龄创作词始于在丰泉王氏家坐馆之初，或更早，结束于在西铺毕家坐馆之后。

《聊斋词集》的内容可概括为以下五个方面。

一是感慨身世。如《大江东去·寄王如水》、《大圣乐·闱中越幅被黜，蒙毕八兄关情慰藉，感而有作》、《醉太平·庚午秋闱，二场再

黜》、《大江东去·与张式九同饮孙蕴玉斋中,蒙出新词相示,因和五调》、《又寄〈露华〉一调》等5阕。《大圣乐》上片云:

得意疾书,回头大错,此况何如?觉千瓢冷汗沾衣,一缕魂飞出舍,痛痒全无。痴坐经时总是梦,念当局从来不讳输。所堪恨者:莺花渐去,灯火仍辜。

科举失利造成的精神折磨,是如此深重。

《大江东去·寄王如水》上片云:

天孙老矣,颠倒了天下几多杰士?蕊宫榜放,直教那抱玉卞和哭死!病鲤暴鳃,飞鸿铩羽,同吊寒江水。见时相对,将从何处说起?

主考官如同"天孙",颠倒是非优劣:自己如同抱玉而哭的卞和,犹如"病鲤暴鳃,飞鸿杀羽"。他虽为此而气愤得"不觉五岳填胸"(《又寄〈露华〉一调》),"欲击碎王家玉唾壶"(《大圣乐》)。但气愤一消,仍然重理旧业,准备秋闱再战。

二是讽刺现实。如《金菊对芙蓉·甲寅辞灶作》:

到手金钱,如毛燎火,烘然一焠完之。值祠神时节,莫备肴胾。瓦炉仅有香烟绕,酹灶前浊酒三卮。料应神圣,不因口腹,捏是成非。

况复盎碗相依,念区区非吝,神所周知。倘上方见帝,幸代陈词:仓箱讨得千钟粟,从空堕万铤朱提,尔年此日,牺牲丰洁,两有光辉。

通过对灶神的揶揄，既反映了个人生活的穷困，又讽刺了那些捏造是非、妄加灾祸的地方官员。

再如《沁园春·戏作》，一针见血地指出了社会的丑陋：要想富贵就必须先做小人。《尾犯·戏作》用《孟子·离娄下》“齐人有一妻一妾”的寓言，讽刺了不以背后乞怜为耻的丑恶现实。

三是歌颂友情。在与友人唱酬的词中以袁藩为最多，如《念奴娇》五阕、《贺新凉》六阕、《一剪梅》、《临江仙》、《钗头凤》、《瑞鹧鸪》、《蝶恋花》等各一阕。《念奴娇·挽袁宣四》写道：

三秋淫雨，日惓惓相与，投桃报李。返驾无期，人道是，萌水松篇逝矣。藤茧犹新，笔花似故，谁信人真死！窥园不见，还疑暂复归耳。

遐想潇洒生平，吟髭捻断，了才思如绮。不道堂前燕子来，回首河山非是。古往今来，茫茫泉路下，曾无雁鲤。夜台寥阔，知君何处栖止？

执友的不幸去世，给蒲松龄带来了极大的痛苦，他不相信这是现实，疑心友人不过是暂时离开。但幽明路隔，音信断绝，他更加关心友人在九泉之下的命运。《沁园春·岁暮唐太史留饮》对唐梦赉能够赏识礼遇自己深受感动。“我狂似絮”、“君淡如梅”表明了两人以道义相交、不拘形迹的真挚友情。

四是描写景物。如《风流子·元宵雪》：

金吾不禁夜，谁散玉屑糁回廊？想天女散花，将花捻碎，抟来粉手，抛落青苍。乱飘泊，洒楼飘细细，入竹响锵锵。第一月明，无双灯

火,天真好笑,为甚仓忙?

多应嫦娥意,招滕六偕来,并赏灯光。仿佛射残素雁,猎罢银獐。料人间岁始,天官春暮,遥池杨柳,飞絮颠狂。独惜梅花冷落,瘦损寒妆。

运用比喻,驰骋想象,将元宵之夜的雪景描写得非常生动形象。《蝶恋花·涉石隐园怀宣四兄》从季节、风日、花木、池水、落叶、飞蝶、庭院、门窗等各个方面,描绘了石隐园的寂静凄凉。“黄叶无人飞片片,风欺不在翻书卷。”把对袁藩的思念之情写得含蓄深沉。《潇湘逢故人》、《花心动》、《水龙吟》等描写景物也都非常出色。

五是描写男女之情。如《山花子》:

十五憨生未解愁,终朝顾影弄娇柔。尽日全无个事,笑不休。

贪扑蝶儿忙未了,滑苔褪去凤罗钩。背后谁家年少立?好生羞。

将天真烂漫的少女形象刻画得活灵活现,又揭示了其情窦初开的内心。《酒泉子》:

闻道伊来,粉颈低垂不起。刚才过去复依依,暗相窥。

婿如若个足无亏,见后此心耿耿。对人未敢颂丰姿,怕他知。

一位已经许字待嫁的少女,暗中窥视未婚夫,感到合乎自己的心愿,但又不敢向人表露喜悦之情。对女子的心理活动刻画得非常逼真。《促拍丑奴儿·闺思》描写了思妇孤独寂寞之情。另外还有一些艳情词,大都以戏谑之笔,与友人消遣,如《西施三叠·戏简孙给谏》、《贺新郎·王子巽续弦，即事戏赠》等等。

蒲松龄的词兼有婉约豪放之长，同时又具有自己的特色。他的爱情词，写少女思妇对男子的爱慕相思，柔情蜜意，纤细缠绵，显然是婉约派的词风。他的艳情词，虽然也写男女之情，但由于以戏谑之笔，达消遣之意，多以长调，进行铺叙，直而不婉，繁而不约，具有慢词的特点。他的感慨身世、讽刺现实的词，多通过比喻、想象，借用民俗典故。唐梦赉在《聊斋词集序》中认为蒲松龄词的主要特色是"峭"，"峭如雪后晴山，岞崿皆出，一草一石，皆带灵气。"即以诙谐幽默的语言，抒写胸中的块垒，使作品富有奇趣。

蒲松龄的词在语言上的特点也很鲜明，主要表现为以下几点：

一是善用诙谐之言。有时是用来戏谑，如《望远行·戏赠刘乾庵》："奇特，十载衾裯断爱，直恁刚肠抛得！若个畸行，远绝情理，此窍谁人能识？异日倘然归去，逢人陌上，切要端详尽悉。莫一时孟浪，炫金路侧。"刘乾庵仕宦在外，与妻子长期分别，甚至记不清妻子容貌。蒲松龄对他的这种"畸行"表示怀疑，并戏谑他将来回家见了妻子，不要像秋胡那样炫金戏妻。有时用来讽刺，如《大江东去·与张式九同饮孙蕴玉家中……》："关左伟男，江东豪曲，铁板歌三叠。私心窃幸，今番不伍时杰。尽教造化颠倒，风流不减，郢中白雪。掩口胡卢，看连城双璧，燕石何别。"对科举的不公正作了讽刺："燕石"与"连城双璧"相混淆，造化颠倒了黑白。自己虽仍是"康乐了"的秀才，也不屑与这类"时杰"为伍。有时用来嘲弄，如《醉太平·庚午秋闱，二场再黜》："回头自笑蒙腾，将孩儿倒绷。"为乡试落第而自嘲。再如《石洲慢·中秋足患稍瘥，不能纵饮》，"广寒何处？愿与捣药三年，服劳不索佣工价。但乞好嫦娥，赐玄霜一把。"为盼望病足早痊而自嘲自慰。自嘲之外，也往往嘲弄友人，如《一剪梅·戏简袁

宣四孝廉》:“西风剪剪雨梭梭,朝也滂沱,暮也滂沱。一庭秋水细生涡,阶下成河,床下成河。涉泥踏泞苦蹉跎,炊者咨嗟,饷者咨嗟。主人张盖仆披蓑,一惮奔波,一怨奔波。”嘲而不谑,表达了对友人的同情,并且表露了两人友谊的深厚。

二是善用典故成语。如《沁园春》:

人寿几何?俟河之清,清于何年?看贩儿瓮破,雄赀安往(在),春婆梦醒,短烛依然。易去光阴,傥来轩冕,尽是沤波薤露缘。真堪笑,笑饿夫断骨,自吃馋涎。

锄云自种花田,归市儿童柳贯鲜。学坡仙拔闷,妄谈故鬼;清公上座,杜撰新禅。薄抹清风,细批明月,犹恨古人占我先。三杯酒,尽陶陶且醉,半饷高眠。

“俟河之清”,见于《左传·襄公八年》;“贩儿瓮破”,见于苏轼《又寄诸子侄诗》附注;“春梦婆”,见于赵德麟《侯鲭录》卷七;“傥来轩冕”,见于《庄子·缮性》;“锄云自种”,见于元人马臻《山居写兴》“分将药草锄云种”;“柳贯鲜”,见于黄庭坚《次韵曾子开舍人游籍田载荷花归》“钩鱼柳贯鲜”;“坡仙拔闷谈鬼”,见于叶梦得《避暑录话》;“清公杜撰新禅”,见于黄庭坚《答李德素书》;“抹风批月”,见于苏轼《和何长官六言次韵》其五。蒲松龄运用典故成语,有时把古人的原话嵌入词中,如《大江东去·寄王如水》中的“未能免俗,亦云聊复尔尔”,比《世说新语》原文“未能免俗,聊复尔耳”只增加了“亦云”二字,改“耳”为“尔”。《东风齐着力》中的“锐减小腰围”,比《西厢记》中的“清减了小腰围”,只减了一字,改了一字。《念奴娇·新秋月夜……》中的“悲矣秋之为气”,比《九辨》中的“悲哉秋之为气也”,

只改动了两个虚词。《沁园春·岁暮唐太史留饮》中的“尤难处，在世人欲杀，我意怜才”，比杜甫《不见》中的“世人皆欲杀，我意独怜才”，也只减了两个虚词。《昼锦堂·秋兴》中的“月白风情如此夜，良辰美景奈何天”，上句比苏轼《后赤壁赋》中的“月白风清，如此良夜何”，只减了两字；下句照用《牡丹亭·游园》原文。这些典故成语，用得灵活自然，丰富了作品内容，显示了蒲松龄的学识与才华。

三是善用俗言俚语。如《西施三叠》“斯妮子，我见犹怜”；《庆清朝慢》“别后想，见后爱，挑拔得情绪有几千般”；《山花子》“背后谁家年少立？好生羞”；《水调歌头·饮李希梅斋中作》“昨日袖，今日舞，已郎当。便能长醉，谁到三万六千场？”；《水龙吟·风雨坏稼》“病客越添幽闷，便狂呼，如何了得！”；《瑞鹧鸪·中秋怀宣四兄》“传言良夜曾无价，卖与离人不直钱”；《行乡子·忧病》“有三分痛，七分痒，万分忧”。《尾犯·戏作》下片使用俗言俚语尤为集中：“吉莫靴声厉，一片纥梯纥榻。若个偻罗，教翁翁光乍。喏不敢，区区儿辈，现今作子敖前马。奢遮男子，就便恁底轰轰价。”“纥梯纥榻”形容靴声；“若个偻罗”意指伶俐能干的家伙；“教翁翁光乍”，指使老头子突然荣耀起来；“喏不敢”，自谦儿辈官小，只能给右师王驩当马前卒；“奢遮”，形容出众惊人；“恁底”言如此；“轰轰价”，言轰轰烈烈。

四是善用散文句式。如《大江东去·寄王如水》“天孙老矣”；《满庭芳·中元病足不能归》其二“蹉跎骨固将惫矣”；《念奴娇·挽袁宣四》“人道是，萌水松篱逝矣”，《尾犯·戏作》“合盘儿托将出也”；《念奴娇·新秋月夜，病中感赋，呈袁宣四孝廉》其四“于今可笑人也”；《沁园春·秋怀》“终日沉吟浑似惯也”；《尾犯·戏作》“齐父齐兄，都要施施者”；《念奴娇·新秋月夜……》“数武门庭，两重院落，似隔云山者”；《齐天乐·山居乐》“穷途返后名心死，但求一身佳耳”；《念奴

娇·挽袁宣四》“窥园不见，还疑暂复归耳”；《沁园春·岁暮唐太史留饮》“雪煮团茶，座延国士，何数浅斟低唱哉！”；《醉太平·早起自忏，已而自嘲》“须将皤然，躯真惫焉”；《大圣乐·闱中越幅被黜……》“嗒然垂首归去，何以见江东父老乎？”……这些词句，由于在句末加了助词，使得语气舒缓跌宕，表现了情感的变化。

第二章 俚 曲

第一节 创作情况

聊斋俚曲，是蒲松龄利用时调俗曲的曲牌，用白话及方言俚语填词创作的长篇讲唱叙事故事。据张元《柳泉蒲先生墓表》碑阴记载，蒲松龄著有俚曲14种："墙头记、姑妇曲、慈悲曲、翻魇殃、寒森曲、琴瑟乐、蓬莱宴、俊夜叉、穷汉词、丑俊巴、快曲、禳妒咒、富贵神仙后变磨难曲、增补幸云曲。"其中《丑俊巴》为未完成作品。《磨难曲》是《富贵神仙》的增订本，在流传中成为两个独立的本子。所以俚曲实为15种，共计62万余字。除《琴瑟乐》外，其他的俚曲均见于中华书局和上海古籍出版社的《蒲松龄集》，《琴瑟乐》则于1986年首次刊于《聊斋佚文辑注》①。

俚曲的创作年代，除少数有据可查外，其他篇目多为考证推断而定，尚待进一步验证。据天山阁藏抄本内题，《琴瑟乐》作于康熙十三年（1674年）。从《俊夜叉》中有"康熙爷乙卯年"的字样推断，该曲当作于蒲松龄36岁时。据毕子俊旧藏抄本末尾题："康熙十五年岁次丙辰下浣"看，《穷汉词》作于蒲松龄37岁时。从蒲松龄诗作《老翁行》作于康熙五十年（1711年）推断，《墙头记》也当是此时的

①盛伟：《聊斋佚文辑注》，齐鲁书社1986年1月版。

作品。从作品的内容及反映社会现实的深度与广度上看,《磨难曲》中的百姓逃亡的情节酷似康熙四十二至四十三年(1703—1704年)时淄川大灾的情景,所以该曲似是蒲松龄65岁以后的作品。又从康熙四十八年淄川漕粮经承康利贞杂派米价搜刮民脂,蒲松龄投递公呈为民请命的情节看,该曲又可能写在蒲松龄70或71岁时。从蒲松龄58岁《赠毕子韦仲》诗五首及《姑妇曲》的序诗看,与作者撰写杂著服务于农民相印证,《姑妇曲》当写于蒲松龄63岁时。《禳妒咒》是在康熙四十三年(1704年)蒲松龄编撰《日用俗字》以后写成。《蓬莱宴》写于康熙十三年前后,《丑俊巴》、《快曲》写于康熙十五至十七年(1676—1678年)。由此看来,俚曲创作可分为两个时期,蒲松龄40岁以前为前期,这时的俚曲多为单线结构的抒情性作品,形式也多为单曲联套的说唱。蒲松龄60岁以后为后期,这时的作品结构复杂,内容深刻;形式上多为多曲联套。无论是思想深度还是艺术成就,都达到了他创作的高峰期。

促成蒲松龄写作俚曲的因素是多方面的,其中经济状况与政治地位的低下,是形成他为平民百姓创作的前提与基础,而世界观的转变则是促成他创作俚曲的决定因素。蒲松龄虽有文才,但在乡试中的屡屡失败,却使他仕途无望,终生为民。他虽有儒士的济世思想,但他那匡扶社稷的理想和“欲从河海斩长鲸”的抱负,却无从实现,甚至连他写《志异》的用心也被人讥笑。严酷的现实使他认识到,他的知音不在大夫学士中,而在青林黑塞间,在社会的最底层。经济状况的低下,使他能够体察百姓的痛苦;政治地位的低下,使他能够站在百姓的立场上去认识社会。他与他们有着共同的命运,有着共同的语言。这时,他的作品已不再只是个人理想的寄托,而是对整个社会的关注,对百姓命运的关注。这是蒲松龄创作思想上的一个转变,也是他世界观的一个飞跃。正是因为有了这一转变和飞跃,才使他从寄托性的狐鬼世界里走了出来,面向平民百姓的生活,用他们喜闻乐见的文艺形式创作出这一批通俗俚曲。

蒲松龄虽然是被排斥在仕途之外的人,但他仍不忘以匡济天下为己任。他希望通过俚曲的传播,进一步表达对社会问题的看法和主张。于是惩恶劝善,宣扬伦理道德,醒世救弊,便成了俚曲创作的又一重要动机和主题。正如其子蒲箬所说:"如:《志异》八卷,渔搜闻见,抒写襟怀,积数年而成,总以为学士大夫之针砭;而犹恨不如晨钟暮鼓,可参破村庸之迷,而大醒市媪之梦也,又演为通俗杂曲,使街衢里巷之中,见者歌,而闻者亦泣,其救世婆心,直将使男之雅者、俗者,女之悍者、妒者,尽举而陶于一编之中。呜呼!意良苦矣!"① 这是对蒲松龄扬善惩恶救世婆心的确切阐释,也是蒲松龄创作俚曲的一个重要原因。

从客观方面来看,明清俗曲盛行,巫戏及地方剧种兴起,为蒲松龄创作俚曲提供了极好的社会环境条件。明人沈德符在《万历野获编》"时尚小令"中曾记载:

元人小令,行于燕赵,后浸淫日甚。自宣、正至成、弘间,中原又行[锁南枝]、[傍妆台]、[山坡羊]之属。……自兹以后,又有[耍孩儿]、[驻云飞]、[醉太平]诸曲,然不如三曲之盛。嘉、隆间,乃兴[闹五更]、[寄生草]、[罗江怨]、[哭皇天]、[干荷叶]、[粉红莲]、[桐城歌]、[银纽丝]之属,自两淮至江南,渐与词曲相远……比年以来,又有[打枣竿]、[挂枝儿]二曲,其腔调约略相似。则不问南北,不问男女,不问老幼良贱,人人习之,亦人人喜听之,以至刊布成帙,举世传诵,沁人心腑,其谱不知从何而来,真可骇叹!

①蒲箬:《柳泉公行述》,《蒲松龄集》附录。

运用小曲联套讲唱长篇故事，早已有之。明成化间刊刻的《赛驻云飞》集中的《题西厢记》，曾有以十七曲组成的代言体小曲联套，衍述崔、张故事。明冯梦龙也曾有以俗曲组成的联套，“在蒲松龄编写俚曲之前，山东境内已经有用民间流行的俗曲编写戏文的先例”[1]。蒲松龄的俚曲便是对小曲联套的继承与发展。

我国的戏曲有悠久的传统，明代又陆续出现了许多以民间曲调为基础的声腔系统。道情、宝卷之类的俗文学演唱活动也很盛行，“二千年来，习俗披靡，村村巫戏。商农废业，竭赀而为会场；丁户欠粮，典衣而作戏价。”[2]这种以宣扬宗教故事为内容的巫戏，所用曲调多为当时的俗曲，其名目为《聊斋俚曲》采用过的，就有[耍孩儿]、[西江月]、[劈破玉]、[叠落金钱]、[银纽丝]、[罗江怨]等24种[3]。它的文体体制及其曲牌，均为蒲松龄创作俚曲提供了最直接的参考。俗曲与巫戏的盛行，不仅为蒲松龄创作俚曲提供了可资借鉴的艺术形式，也为俚曲的落地生根培养了良好的群众基础和社会土壤。

此外，蒲松龄还具有创作俚曲所必备的艺术修养，他在青年时期便开始了俚曲创作，到了晚年，便以更成熟的思想和艺术经验，酿就了这一前无古人后无来者的俗曲演唱巨著。

第二节　思想内容

聊斋俚曲的思想内容可归纳为两大主题，一是揭露贪官污吏的种种罪行，抨击封建吏治的黑暗与腐朽，反映黎民百姓的困苦灾难，讴歌人民群众的反抗精神。二是热情关注黎民百姓的日常生活，以救世婆心宣扬伦理道德，惩恶扬善，鞭笞嘲讽社会丑恶现象，

❶见纪根垠：《柳子戏》。
❷见《蒲松龄集》第206页《请禁巫风呈》。
❸见车锡伦：《明清民间宝卷中的小曲》，载台北《汉学研究》总第40号。

赞美劳动人民的优秀品德。

首先，俚曲全面而深刻地揭露了封建官僚专制的罪行，透彻地剖析了其黑暗腐朽的本质。在《磨难曲》中，作者通过书生张鸿渐因替屈死的范生鸣冤而遭迫害，流浪在外历经磨难，后又甲科高中锦归故里的故事，用大量血淋淋的罪证，揭露了衙役如虎、县官似狼、军门枉法、司院贪赃，以及整个封建官僚集团的凶残、贪婪、黑暗、腐朽。这个卢龙县令“有十万枉法赃，况且是库里又欠三万账；加二加三收大粮，拿短少的票子几千张”，在颗粒无收的旱蝗灾年，他不许百姓报灾，并趁机敲诈灾民，追逼钱粮。他滥施刑罚，颇感得意：“这班生意真真好，板上皆生银子钱”，“听说有赦着重打，打死了欠户四百名”！在如此暴虐贪酷之下，百姓们被逼得纷纷逃灾避祸，“逃在他乡就饿死，俺善人埋在乱三冈，胜如打死公堂上”！这真是贪官暴虐之祸，胜过旱蝗之灾！需要注意的是，这里已不是个别县官的贪赃枉法，而是从上到下，整个封建专制官僚机器已经腐烂透顶。众人告状到军门，这个二品官收了一万两银子，登时将黑白翻了过来，贪官安然无恙，告状的百姓反被打嘴、绞首、充军。不但卢龙县令放纵爪牙横行乡里，那都督杨蕃也“纵着家丁害人家。官兵合贼无两样，强劫奸淫乱如麻”。那朝廷权奸严世蕃也要二十万白银才肯收个“孙子”。难怪众百姓悲愤地喊道：“哎呀，苍天呀！……怎么就大小官员，都没有摊着一个爱民的？”

《寒森曲》通过商氏兄妹为父报仇的故事，叙写了他们斗恶霸上衙门，闯地狱傲闫罗的经过。对贪官蠹役、土豪肆虐乡里的暴行，作了深刻的揭露，使人们看清了贪官是恶豪的庇护神，恶豪是贪官的阶级基础，从而揭示出封建官府的阶级本质。那阎王也受贿万银不讲公道，蒲松龄借二郎神之口痛斥道：“权印官狠似狼，刻剥皮揎

麦穰……阴间自从你掌教，地狱竟有善人藏，恶人反在金榜上。把一个花花世界直弄得日月无光！”这一阴一阳对比写来，使作品的内涵更为深刻，明骂的是阎王，暗指的却是人间官僚。更为可贵的是，蒲松龄认识并揭示了这罪恶的根源：“斧打凿凿又入木，遂叫那百姓遭殃。”这层层剥削层层压迫，都来自那封建专制官僚机构的最高层！

《增补幸云曲》通过描写正德皇帝宿妓嫖娼的风流韵事，揭露了最高统治者荒淫无耻、不问国事、挥霍无度、花天酒地的糜烂生活。封建帝王把国家的土地钱粮，都看做是自己的私有财产，任意挥霍：“我的庄子十三处”，“平生赌博不疼钱”，“就嫖上一年半载，能使我几布政司银”？百姓们怒斥道：“这个朝廷精混账，只管他闲游闲耍，那知道百姓遭殃！”作者以调侃的笔墨端出了他的老底，原来这个“昏君”是个“觜火猴来临凡”，这又在一定程度上否定了“君权神授”的观念。

对于科举制度的黑暗，蒲松龄有自己的亲身感受，他用打油诗倾诉了一个老童生的辛酸：“从那来了个春风鼓，童生考到六十五，没钱奉上大宗师，熬成天下童生祖。”惹得众人嬉笑。这个典型告诉人们：只因无钱行贿，才落了个终老为童生的悲惨下场；只因试官认钱不认才，才使许多读书人耗尽了一生精力，成了科举制度的牺牲品。蒲松龄抨击封建科举制度的意义，不仅是他借此道出了自己的愤懑，而且是从社会制度的一个方面，揭露了封建科举制度的腐朽与黑暗。

俚曲在反映下层人民的困苦生活方面，也取得了重要成就。《磨难曲》开篇就把故事值于旱蝗大灾之年，再加上官府大板逼粮，直闹得“庄庄疃疃出新丧”，百姓们只好离乡背井去逃亡。灾民们哭天嚎地:“俭了年已难禁,又给个官索杀人……老天爷你几时睁眼,看看你受苦的黎民。”这种悲剧不只是天灾,更是由人祸造成的。蒲松龄深切地关注着人民的命运,他以贫苦农民的身份,代他们发出愤怒的呼号,替他们“诉诉穷人肚里愁”。《穷汉词》中唱道:“俺也曾血汗暴流,扭筋拔力”,“把叉了一年来,弄的净打光的”,“少油没盐,少柴无米,少裆无系,少吃无烧”,真是难以度日!这“祖祖辈辈”穷困的根源在哪里?在于官府盘剥、地主掠夺:“狗腿常来逼命”,“还要给截官儿见”,以及高利贷剥削:“当铺里强人,倒好似剥皮厅的鬼判!”作品不仅描述了穷苦农民真实而可怕的生活状况,并且揭示了造成人民苦难的社会根源。由于蒲松龄长期和人民生活在一起,对被压迫被剥削者的生活有着深刻的了解,所以他能够站在人民大众的立场上,反映人民的苦难,说出人民心里要说的话,这便是俚曲作品人民性的内容及实质。

俚曲在揭露封建统治者残暴腐败的同时,还塑造了一批不屈不挠敢于反抗的英雄人物形象,并通过他们,颂扬了劳动人民群众的优秀品质。《寒森曲》中的商礼、商三官,是两个惊天地泣鬼神的个人反抗的典型,他们已认清了贪官污吏的真面目,抛弃了一切幻想,且有着“撞倒九重天”、“踢倒森罗宝殿”的气概,视死如归,智勇双全,给人们树立了榜样,是作者对人民群众斗争精神的悲壮的颂歌。《翻魇殃》中的仇大娘是女中豪杰,她不为世俗观念所约束,不甘受欺压,不怕坏人的威胁奸诈,机智老练,顶起了危难中的大梁,给人以鼓舞和力量。

《磨难曲》中的三山大王聚众造反,是被逼得走投无路的选择,是官逼民反的结果。“只因路见不平,杀了恶人遭大虫,逃在山中,招集天下豪杰,如今有精兵一万,不怕那总、副、参、游。”他嫉恶如

仇，爱憎分明，见了那流徙的秀才，立刻开了枷锁赠路费相送，却将那作恶的解差砍头。北直军门枉法受贿，用十万白银买通朝廷逃避死罪，不料在流放途中被大王逮住。大王怒斥其罪行后，用钝刀杀之。“他又义他又仁，只杀奸贼爱好人，不伤天理人心顺。他有万夫不当勇，胸中兵法又如神，对大敌也敢冲前阵”，被百姓称为“救命活菩萨”。农民起义领袖任义是群体反抗的代表，是蒲松龄思想认识上的一次新飞跃。

宣扬伦理道德，惩恶扬善，是俚曲的又一重要主题。《墙头记》、《姑妇曲》是以“孝”为中心的重点篇目。在这里，作者塑造了几个典型，其中珊瑚是个孝的典型，她又孝顺又知礼，又勤快又贤惠；臧姑好吃懒做，骂婆婆骂汉子，是个不孝的典型。张大、张二也是不孝的典型，作者对他们见钱眼开的心理和丑态，作了深刻的揭露，对他们虚伪奸诈、丧尽天良的阶级本质，给予无情的鞭笞和嘲弄。《寒森曲》中的商氏兄妹是受玉帝加封的大孝子，他们有勇有谋，为父报仇不顾生死。商三官被封为“孝义夫人”，商礼官升二品成了正神，封银十万。孝的应该颂扬，大孝得到大回报，不孝的天理也不容。

《慈悲曲》是一首“仁义”的赞歌。一对异母兄弟以诚相待，相互救助，“有仁有义”，真情感人。《磨难曲》中的任义是又一个“义”的典型。他行侠仗义，爱憎分明，寻杀贪官毫不手软，路见不平拔刀相助。他取名任义，实是“仁义”的谐音同义语。《快曲》借三国故事谴责了曹操不仁不义的奸诈罪行，对他“要把朝来篡”的野心尤为愤慨；俚曲在赞扬关羽“为人义气”的同时，也批评了他“合那曹操讲义气”的错误。

俚曲以乐载道，宣扬教化，迁善去恶，反映了蒲松龄的道德观，表现了他关心社会文明，关心百姓的社会责任心，寄托着作者的一片良苦用意！

俚曲在表现作者的理想方面，有时直言陈述，有时借机发挥。首先，通过对正面人物的描写来表现对生活、对人世、对爱情的态度与追求。狐仙施舜华救人于危难之时，她心地善良，乐于助人，充满正义感，充满对受迫害者的同情心；她有着超自然的神力，能够帮人摆脱困境；在处理两房问题上，她通情达理，不求占有，但求情义难忘，是作者理想中的知心朋友的化身。通过对二郎神的描写，表现了作者对清官的希望和幻想。通过对高蕃、张鸿渐等跻身仕途的描写，也表现了蒲松龄对猎取功名富贵的迷恋与向往。对于贪官污吏的憎恨，以及对于穷苦百姓的同情，更是字字血声声泪。他借三山大王之口表达了要把“奸臣杀尽”的决心和让“天下人民才有个太平望”的愿望。在《蓬莱宴》中，作者描绘了一个志愿高大的吕祖形象，并借他的仙酒表达了“要人人都把神仙做”的救世婆心，“着天下人都活到九十九”的宽广胸怀。

聊斋俚曲也有着浓重的封建宗法观念，以传统礼教规范妇女的行为，以顺从夫权、忍受恶姑的凌辱为美德。其中，还有浓重的宿命思想。《翻魇殃》开篇就说：“这人生祸福，俱是老天作主，在不的人作弄”，要人们相信命运：“万事不由人计较，一生都是命安排”。《增补幸云曲》则把正德皇帝描绘成“七窍现龙蛇”的“贵命真天子”，所到之处神祇保佑。《禳妒咒》是个前世冤仇今世报的例了。在这种天命观及因果报应思想的支配下，俚曲中的许多篇目都充满着宿命论的观点。蒲松龄将它作为惩恶劝善的思想武器，要人们安分守己听命于天，自然也就贬低甚至否定了人的主观能动性，无法认识到人们运用自身力量来改变现实、改变命运的可能性。

第三节 艺术特点

聊斋俚曲继承了前代文学艺术的优秀传统，融说唱、戏剧于一书，集通俗艺术之大成而独树一帜。由于它内容的生活化，语言的大众化，声腔的时俗化，便构成了它那最显著的特点，即通俗性说唱的特点。

一、语言运用方面的艺术成就

俚曲继承发扬了元曲以及通俗说唱艺术善用白话口语的优良传统，广泛吸收运用了活在人民群众口头上的白话、方言、俚俗谣谚、歇后语，使其语言通俗易解，尖新泼辣，生动幽默，情趣盎然，充满了浓烈的地方特色，产生了引人入胜的艺术魅力。

(一)明白如话，亲切易懂

俚曲有意识地运用白话口语写作，并将方言土语错杂其间，使其语言明白如话，亲切易懂。这些白话口语是活在人民群众口头上的语言，它自然、形象、生动、简明，使俚曲充满了清新活泼的生机，为村农喜闻，妇孺能解。《墙头记》中的张老汉跟着儿子度日，起初还热汤早晚服侍，“好不的那好。谁想苏州娘子不缠脚——光兴了一个头儿”，后来便备受虐待，“十一月数九天，冷膀块放面前，一行哈(喝)着浑身战”，“早晨吃了两碗糊突，两泡尿已是溺去了，好饿的紧！”那李氏却将残汤剩饭拌糠喂狗，也不肯给他。反辱骂说：“捞着饼饭尽着撑”，“那秫秫糊突，他还馇五碗有零”。这真是“冷冻冻搀上这泪珠咽”的日子。以上都是些口头话，却形象生动而又准确。蒲松龄大胆地向民间学习语言，使得俚曲既明白又深远，“能于浅处见才”(李渔语),这无疑是一条正确的道路。

俚曲中所用的方言,是以山东方言为基础的淄川方言。有些方言在山东许多地区也有,有些却是只有淄川地区的群众才熟悉的。俚曲可谓淄博方言词语之集大成,据丁龙涧摘录分类,“大约名词230条,动词450条,形容词220条,副词等共210条”,共计1100条。例如,扅(打)、巴数(批评)、郁屈(委屈、难为)、蜜溜转(很顺溜地转)、生硌支(硬硬地)、程程(迅速地)、真果(真的)、头直上(上边)、绵条(被单)、结声(不作声)、象呀(不要紧,不用啦)、不拢过(没有空)等等。淄川百姓听来不仅生动形象,而且也倍感亲切。还有用“子”字或“的”字结尾的话语,排比用来也很生动。方言土语的运用,形成了俚曲语言的地方特色及风格特点,对于俚曲故事的普及流传起到了推动作用,对于统一唱词的文学风格,统一曲牌的音乐风格,都起到了良好作用。但是大量使用方言土语,也影响了俚曲在更大的范围内的广泛传播。

(二)口吻毕肖,出神入化

俚曲在塑造人物形象时,善于通过语言表现其个性,它常使口语性格化,如闻其声,如见其人,口吻毕肖,出神入化。《墙头记》中王银匠侠义正直,路见不平挺身相助,当他用牢笼计哄骗两个不孝子为父送终后,反被抓住讨账,王银匠哈哈大笑说:“二位待要银子?甚么银子?桃仁子?杏仁子?”风趣幽默的话语,伴着胜利的笑声,表现了王银匠心地坦然、光明磊落的胸怀,以及他那侠义机智、不怕鬼邪的高贵品质。魏名心狠手辣,惯用两面手法,哄你时说得天花乱坠:“咱相好敢对天发咒,分不的你合我,只多着一个头。”暗地里却在打你的算盘,“虽然是席上有酒肉,却原是心内枪刀”。便是这个恶人个性特点的典型写照。仇福听了他的话又赌又嫖,输得

水净鹅飞家破人亡。其他如三山大王的话语斩钉截铁，充满豪情；张鸿渐的语言典雅工丽，有高官风度；何大娘、张三姐的语言尖刻辛辣，均是其个性的展现。

（三）言简意赅，形象生动

俚曲的语言虽用白话，也注意提炼，使其精练简洁、准确生动，活泼诙谐而富有表现力。叙事详略得当，写景也层次井然，刻画女性外貌形象各具特色。蒲松龄善于运用比喻，以增强语言的形象生动性。《穷汉词》中的穷汉，“磕了一万个响头”，把那财神爷来祝赞。虽然一年到头血汗暴流，却也捞不到“鹁鸽屎”似的一块银子。珊瑚虽然勤劳贤惠，却难称婆母的心，这真是“翻贴门神左右难”。写赌徒们的心态：“赌博输的屁嗤狼烟”，急得“眼里插柴”，“他娘家里断了气，还要看下这把牌”。俚曲抨击黑暗统治锋芒犀利，鞭辟入里，讽刺邪恶陋俗也辛辣尖刻，一针见血。“权印官狠似狼，该剥皮揎麦穰”，“如今世道爱钱也么神，无钱难得跳龙门”，“最可伤，瞎子也钻研着看文章”，这许多生动的比喻，都是作者对生活本质认识的高度形象化的概括。

（四）幽默诙谐，风趣活泼

俚曲有意识地要改变板起面孔教训人的姿态，大量采用歇后语，运用讽刺夸张，反话正说等，使俚曲的语言情趣盎然，幽默戏谑，不仅增添了民间风格，而且也充满了通俗性、轻松感，让“恶煞的人也伤情动念”。

《禳妒咒》中有个能说会道的王婆，是个歇后语大王，她句句话带坎子，一连说八个。《富贵神仙》中有段秃妮与瞎汉的对唱，十二句都是用的歇后语。赵大姑、何大娘的歇后语，都是其性格特征的具体表现。厨师的歇后语，句句离不开厨房生活。其他如“竹篮打水落场空”,“二月二的煎饼——就摊了呢”,“六月六的豆腐——陪不的了”、“我属煎饼的——你夸摊了我了”,“面盆里加引子——你这不就发起来了么”等,都充满着农村生活气息,是地道的农民语言。总之,俚曲中的歇后语的使用,具有性格化、生活化的特点。

讽刺的笔法在俚曲中得到广泛应用。《磨难曲》中的马知县“翻过地揭过天”,原想没人能治他,没想到反弄了个秋后处决。他哭着说:“咳!我只说天下就没有大的卢龙知县的,谁想到了这等!”昔日不可一世,今天如此狼狈,真使人忍俊不禁。他“又哭说不知买口快刀得多少钱,禁子说马老爷不必忧虑,请管比别人少使二两银子”。这个知县的贪婪本性至死不改。《禳妒咒》开场有一段怕婆子的故事,作者用极其夸张的笔法,生动地讽刺了那些邪恶陋俗:一群赌棍决心要成立个怕婆子会,推举了个极有威望的人做会头。当众娘子闻讯赶来时,都吓得跑了个光,只有那会头没跑,一看原来是吓得不喘气了。这种以现实生活为基础的夸张,正是抓住了其可笑之处,使人在好笑之余不禁思考:“谁家那正经人物子怕老婆来?”

反话正用。《磨难曲》中的贪官马知县被按院锁拿了,官宅里发出银子要大家递状保他一保。那些衙役保证不只落去五钱,还“狠眉竖眼”地点名要去保他,谁敢不去?众人推李大哥“全在你了”,李大笑说:“在我不妨。他有许多该保处哩。”于是将马知县的“德政”一一摆出:

我保他钱粮轻,加二五大戥称;我保他要钱狠打腚;我保他打贼使小板;我保他捶粮大板棱;我保他科派众百姓;我保他满堂饿鬼,下乡来两眼圆睁!

众人听后哈哈大笑,并激将他:“不这样说的,是个忘八!”谁都知道,这是在累数老马的罪状,名为保,实为控诉,这些溢美之词,无疑等于为他的罪恶增添了一份证词。

(五)浓郁的民间风格

俚曲的民间风格,不仅表现在白话口语入歌,以及善用俚俗方言等方面,也表现在多用直陈手法及尖辛的风格上。每写一事,定要淋漓尽致,不留余蕴,穷形尽相,刻露无遗。《寒森曲》中的赵恶虎打死人却不曾偿命,商三官乔装杀了仇人,还将其心扒出咬在嘴上。商氏兄弟祭父设心后,又将心吃了。只因阎王也贪赃枉法,商礼直告状到二郎真君处,才将这帮恶鬼一一问罪,着人将他们霸来的金银铜钱“化成汁子往口里灌。只灌的唇焦牙碎。烧的那心肺成烟”!又抽了城隍的筋,将判官倒插在磨眼里研成血肉磨糊子,把那阎王怒斥后油炸锯解打入阴山背后。

衬词的运用进一步突出了民间风格。一种衬词是指超出固定词格的字词,它使唱词更加口语化、通俗化。另一种衬词已固定成型,如[银纽丝]第一句中的“也么”,[叠落金钱]二、三句之间用小字写的“亲娘呀”之类的虚词。再一种是指意义不实的特殊虚词,如时态助词“了”,结构助词“的”及儿化韵等。

(六)对偶、巧体及排比句

对偶是俚曲唱词中常用的修辞手法,它对于形成唱词的整齐美,深化语句的意境,都很重要。俚曲唱词中的对句,大体遵循诗词中的对偶规律,但又非常自由,不仅平仄相对,两句字数不同也可相对。它有工对,如:“跨鹤凌云上九天,乘鹿凭风升云端”,“蝴蝶儿被狂风飘,花枝儿趁月影摇”,但更多的是宽对,有时还似对非对:“丑了怕你恼,俊了你又嫌”,“你自有结发的恩和爱,这露水夫妻煞相干？”还有句中自对：“炉少火灶少烟，衣脏袜破鞋儿绽”，长短句相对：“这佳肴肥美，酒味香甜”。同字相对：“你为五载恩情重，我为千秋姊妹交”。也有错综成对或倒字为对的，如“主人盛义，道侣情高”。俗语入对则更显其民间本色，如：“他汉子而不冷腾，他老婆噼溜扑笼”，“不说你铺囊不济，怎怨的黄口成精？”其他还有鼎足对：“诗词歌赋般般好，书画琴棋件件精，文章更比欧苏胜”，连璧对：“罢豪饮，谢芳筵，辞贤主，别众仙”。扇面对：“乱纷纷，酒阑人散；闹嚷嚷，星流雾灿；薰腾腾，异香一片；白茫茫，祥云数段”。

俚曲中的巧体手法也很丰富，有嵌字体、集牌名（地名）体、顶真句、回环体、叠句等，这看似笔墨游戏，实则语义翻新，增强了感情抒发的浓度。如［银纽丝］一例，它含有顶真句、嵌字体及回环体的多种手法：

初交一更冷清也么清；二更里寂寂更伤情；好难听，谯楼却又打三更；四更盼五更；五更到天明，天明了便送了残生命。一更一更数漏声，数尽漏声梦不成。我的天哟，扎挣难，叫人难扎挣！

俚曲中有许多曲牌善用叠句手法，以至形成了固定的格式。如［采茶儿］、［叠断桥］、［陕西调］等，通过语句重复，或反复取譬，常能达到细腻地表现复杂的事物和激动听众的感情的效果。如：

［虾蟆歌］一年的苦景冬日最可哀，但见那梅花独向雪中开。冤家呀，奴又不能去，你又不能来，怎不叫人伤怀，怎不叫人痛怀！长夜不眠月儿渐歪，更点儿只在那谯楼上，叮叮儿当当，叮叮儿当当，叫奴怎捱！

排比句也是俚曲唱词中常用的表现手法。它句式整齐，音节响亮，叙写透彻，铺排全面，既富有音乐性，又强化了感情色彩，使叙事、状物、表情等方面都更加生动。如《磨难曲》中的一曲[雁儿落]充分表现了义军的勇猛和官兵的狼狈：

一刀刀俱砍着硬头颅，一枪枪俱攮着揎泛肉；腥登登只杀的血成渠，乱穰穰只死的尸满路。

二、表现技巧方面的艺术成就

（一）人物塑造中的对比手法

对比是取得艺术效果的常用手法，在俚曲中蒲松龄很善于运用对照与反衬的手法，创造出鲜明生动的艺术形象，使之优劣分明，以达其醒世救世的目的。

正反人物的对比。正反人物的形象，体现着作品扬善惩恶的具体内容。为使其形象更鲜明，作者常将他们对比着写。《墙头记》中的两个不孝子虐待老父，并撮上墙头；而王银匠见此情景却设法救助。对比之下，更见王银匠的品格高贵，更显张氏兄弟品质的恶劣。《磨难曲》中的三山大王不仅寻杀贪官，还为百姓除灾殃，被称为“重生的父母”，“救命活菩萨”，当听说朝廷要重用他时，众人杀猪宰羊犒赏三军，都哭着要热情挽留。而那位马知县，却趁灾年盘剥百姓，打死灾民四百，是个“又贪又酷人人骂”的真禽兽，被按院锁拿后，众乡老都来做人命干证。两相比较，非常显明！其他如珊瑚与臧氏的对比，于氏与何大娘、沈大姨的对比，都可使人从中悟得一些做人的道理。

同类人物的对比，也为丰富俚曲的内涵起到了重要作用。《墙头记》中张大的生身父与岳父，同为人父，受到的待遇却如此天差地远。从这一侧面，又显示出张大、李氏的残忍和贪婪。在《寒森曲》中，作者通过对阳间知县、司院贪赃枉法，与阴间判官、阎王贪赃枉法的对比，才使人们更清楚地认识到“在阳间无正人，到阴间无正神”，都“爱钱财害众生”的黑暗现实。

（二）故事结构中的贯穿手法

俚曲主要是采用纵线的思维方式来结构故事的，它以主要人物为主线，带起一串故事，引出众多人物。因此，主线贯穿与伏笔贯连的手法，便是俚曲中常用的重要的结构手法。

主线贯穿。俚曲作品有些是采用单线结构的，如《墙头记》、《俊夜叉》，它的特点是人物不多、事件单纯。又有用复线结构的，如《姑妇曲》、《慈悲曲》；即使有多线结构的，如《磨难曲》、《翻魇殃》，也仍是以一条线为主。因此，俚曲不论用哪种方式结构，都具有主线贯穿的特点。如《翻魇殃》，它将有代表性的事件都集中在仇大娘和魏名这对矛盾主线上，其他都是与这主要矛盾相关联，并由它引发出来的副线。如由魏名教唆指妻作保，引出赵阎罗霸占民妻，魏名趁机再挑拨仇大姐回来踢弄，没想到反引来了仇大姐告状自己受惩。从此，这一主线矛盾的双方便开始了正面交锋。魏名前后十一次连生毒计，使得故事情节波澜迭起，险象环生，步步都加剧了矛盾的发展。直到亲自放火，勾结贼兵斩抄仇家，使矛盾性质急剧恶化，魏名身亡家灭，矛盾才算解决。

伏笔贯连。仍以《翻魇殃》为例，故事虽然情节复杂，但却主次分明，结构清晰；矛盾虽有明显隐落，但都前呼后应，环环相扣。作者常于不紧要处埋下伏笔，留下悬念，为结构的前后呼应做好了铺垫。如仇大姐之所以敢于告状，是因为她性子“泼”，有“当家过日

子"的本领;仇牧之所以能在闻讯贼人来抢时不惊慌,且从容谋划保卫家宅的方案,是因他从军半世,等等。前面布下疑团悬念,后面补笔倒叙照应。《慈悲曲》中的张诚斧薪助兄被虎叼走造成悬念,张讷下阴城走万街四处寻弟,直到找着,这才倒叙原由,原来那虎叼他八百里却不曾伤他。由此又引出了张老爷,通过补叙家世,又回应了故事开始"达子虏了媳妇去"的伏笔。《寒森曲》中的商三官为父报仇不辞而别,又是悬念。到了阴间,父女三人说起刺杀仇人之事,这才又补叙当初。这巧妙的伏笔贯连,使得故事针脚细密,结构严谨;使人顿入疑阵,引你曲径通幽,直至柳暗花明,兴会淋漓,意味无穷。

(三)情节提炼上的艺术匠心

翻新出奇,揭示生活本质。俚曲常将生活中的矛盾以偶然、意外的形式表现出来,使故事富有新奇感。如大怪二怪不仅在吃穿方面虐待老父,还将他撮在墙头。这一举动跳出了一般不孝行为,使故事充满戏剧性,从而更形象地表现了不孝子的惨无人性。常听说衙冤投御状,不曾闻告状到阴间。《寒森曲》的故事,便是这样奇上加奇。它用情节上的阴阳对照真幻结合,用生活中的"假"去表现艺术上的"真",方使人们更深刻地认识到"天下官走的是一条路","不爱黎民只爱钱"。作者正是将这些现实中的矛盾冲突,升华到了想象的虚构的艺术的真实境界,方使得故事情节有了翻真为奇的艺术魅力。

曲折多变,引人入胜。曲折多变本是生活的真实情况,也是艺术地再现生活的创作规律。俚曲在结构故事时,总是精心设疑,使得情节一波未平,一波又起,跌宕翻腾,引人入胜。《磨难曲》顾名思义,本是在历数种种磨难的,这里有天灾有人祸,数不胜数。其间仅张鸿渐这条线，经历的大磨难就有三起：因写呈辞而被通缉捉拿，又因愤杀恶徒而被流放充军，再回到家时又被李家齐人来拿，只得第三次逃走。真可谓“曲折三致意”。《寒森曲》中商家几遭危难，桩桩件件都叫人心惊肉跳。其他不提，单说商二告状到阴司，就经过了阎王的五次审讯：挨大板、下油锅、遭锯解、假释放、唠他下生。阎王对他软硬兼施，他也以智勇相对，终于救出了亲人，惩治了阎王。这曲折腾挪的情节变幻，形象地显示出商礼的品格特征及故事的丰富性，不仅引人入胜，也很耐人寻味。

情节提炼更集中更典型化。通观俚曲可以看出，蒲松龄在暮年呕心沥血，用他的救世婆心和艺术匠心倾注于俚曲撰作，他有目的有计划地抓取了社会生活中的若干重大问题，精心提炼故事情节，选取典型事件，铺展开去，使人思绪驰骋，浮想联翩，思索其中的含义。《寒森曲》将《志异》中的《商三官》、《席方平》集中起来，连贯续写，通过商员外一案，抓出了知县、军门一伙贪奸和阎王、恶鬼一群，并且直追查出祸根阎王，从而使故事更富有典型性。《磨难曲》较之《富贵神仙》的情节提炼又进了一步，它将故事置于大灾之年的背景来写，深刻地揭示了贪酷胜似天灾的主题。它又将张鸿渐的遭遇与社会大背景联系起来，从而使故事具有更为深刻的社会意义。

(四)俚曲故事的喜剧风格

俚曲故事独特的喜剧风格，是由以下三点构成的。首先，情节上的急反转处理，常使处于逆境中的人物命运戏剧性地向相反方向转化，转危为安，转悲为喜。《慈悲曲》中的张讷阴间寻弟，恰逢观音老母三千年一到阴司，将他救活；在盘费已尽沿门乞讨之时，忽然贤弟来到跟前，得到了意外的惊喜。《翻魇殃》中土条蛇放火烧

房，就在仇家清理灰尘时，忽然平地掘出许多银子，悲极生喜，命运立刻有了转机。第二，真幻结合。俚曲常用现实性情节和幻想性情节相结合的方法，将现实中无法解脱的矛盾，用虚幻的方法来解决，使作品充满浪漫色彩的喜剧效果。如《磨难曲》中的张鸿渐，在走投无路时，总有狐仙出来救难。这里的矛盾是现实的，描写是具体逼真的，但总的构思与解决矛盾的手段又是虚幻的。这种真幻结合的处理手法虽非现实，却重在写意，它寄托着作者对理想世界的热切渴望。三是大团圆的结局。真正的喜剧性往往是以代表特定时代进步力量的正面人物，在斗争中获得胜利或如愿以偿为结局的。俚曲中有多半故事是以大团圆的方式结束的，这不但形成了它在结构上的一种典型模式，也是构成俚曲喜剧风格的主要因素。这种由悲转喜的大团圆式的结局，是故事矛盾发展的结果，它使那黑暗势力或丑恶陋习受到了鞭笞，使那些正直善良勇敢机智的优秀品格得到了赞扬，表达了人民的理想与愿望，给人以鼓舞和力量，其立意和用心是积极的，从而达到了扬善惩恶的目的。

(五)绚丽多姿的笔法

俚曲中的笔法娴熟流畅，绚丽多姿，充分展示了作者的艺术才华。如《琴瑟乐》便是独具匠心精细编织的一篇奇文。有的评论者曾为它题跋，从其结构、主宰、体质、笔法等方面给予高度评价："若论其结构之法，有步骤、有起伏、有照应关锁。慧思绮语，时时点注，渲染陪衬，处处勾连。时而冷口传神，时而张扬生态。波委云屡，穿经度纬，一气宕折，中章法精，色浓味永，骨秀韵圆……此词有正笔，有反笔，有偷笔，有补笔，有暗渡笔，有宜擒故纵笔，有似断笔、实连笔，有轻逗笔，有极冷笔，有略点笔，有大落笔，有对照笔，有及形笔，有缩脚笔，即藏针，真乃无法不真。"在其他篇目中精彩的笔法也不胜枚举。例如在人物形象的个性化塑造上,常采用单线突进的方法,只写主要特征,一句话勾活一个形象,一个行动带活全篇情节。《翻魇殃》中的仇福赌博输了老婆,赵阎王问他要人时说,你休想要赖,“就是您达(父亲)来我也要揭他的盖!”一句话,那杀气腾腾的恶棍形象便凸现在面前。《寒森曲》中的商三官不仅设计杀死仇人,还扒出心咬在嘴上。这一行动形象地表达了她的切齿之恨,也表现了她超出一般女流的智谋与勇气。其他如《墙头记》中张老汉被撮上墙头,《姑妇曲》中的珊瑚被休后,带走一把剪刀,这些不仅是塑造人物个性特征的重要情节,也由此引出了后来的故事。

再如闲笔巧用。刘太和的打油诗使人们在讥笑之余引发深深的思考,这是针砭科举制度的含蓄的写法,是插曲式的笔法,但却深化了主题。俚曲在正文中还不时插入“四季”、“五更”小曲,或笑话趣闻,它使紧张的剧情又轻松了点。在正剧或悲剧性的情节中作喜剧性的穿插,或者创造一种环境气氛来反衬人物的性格,成为心理描写的一种代言方式,是对立统一艺术辩证规律在俚曲中的具体运用。它在调节剧情的气氛,调剂场次的冷热,以及在音乐风格上均有形成鲜明对比的意义,看似闲笔,却有妙用。

三、聊斋俚曲的说唱性

聊斋俚曲是在继承我国传统文学艺术的基础上,吸取多种文体的特点,融唱白于一体,取散韵相交织,发展而成的一种综合性艺术文体。其突出的特点便是它的说唱性,即每一篇均有说有唱,有的还有角色分工及舞台演出的上下场、科介等提示。

(一)唱白相间,散韵交织

除了《穷汉词》未完成的《丑俊巴》之外,每一种俚曲都是由一

段散文或韵文的白话讲说,和一段唱词交替相间而成。这种说唱形式源于“变文”,它是适应讲唱故事的需要的。这里的唱,是依照曲牌的特点,将口语提炼成诗的语言。它既通俗易懂,又有丰富的内涵和深远的意境,并且富有音乐性,又侧重于抒情。白,也是由生活语言提炼而成,有时是唱词的前引或伸展,有时又可单独地描述事物。它侧重于叙事,又为唱提供了回味和喘息的机会。念白也有多种程式,有接近于歌唱的韵白,有介于歌唱和念白之间的数板、上下场诗等朗诵体白,还有半念半唱的引子及唱词间的插白,另有一类则是用来叙述大段的故事或描述动作的白。唱白相间形式的运用也很灵活,可视内容的需要,或连续几段的唱,或大段的说白;也可在唱间作简短的插白。唱时可用同一曲牌重复叠唱,也可三四个曲牌联套成章。所谓有散韵交织,是指说白是散文式的,而唱词则是韵文。有时说白也可用韵文的形式,如《俊夜叉》、《琴瑟乐》,以及有些篇目的片段。这又与宋代的“转踏”极为相似,“原来‘转踏’本是歌舞相兼的,随歌随舞,并不容有说白的间杂,故势不得不易‘散文’而为另一种的韵文”。[1]《琴瑟乐》的韵白诗还标有“淄口令打岔”,这也或许是一种数板性质的韵白。由此看来,俚曲的演唱形式,有的还十分生动活泼呢!

(二)一书兼二体,说唱并戏曲

虽然说唱性是俚曲的共同特点,但各篇因文体特征上的差异,又可分为说唱与戏曲两类。正如《聊斋志异》一书兼二体那样,聊斋俚曲也具有一书兼二体的特点。具体来说,有的就如鼓子词的形式,如《增补幸云曲》,属于说唱。它用同一曲牌重复演唱多遍,或间以说白。与此相同的还有《寒森曲》、《俊夜叉》、《丑俊巴》、《琴瑟乐》、《穷汉词》。以上篇目都有引子、尾声之类的曲牌,这是吸取了

[1] 郑振铎:《中国俗文学史》下册第71页,上海书店出版,1984年6月第1版。

“缠令”的特点,使结构更为完整了。“唱赚”与“诸宫调”都有集若干曲调为一套数的特点,与此近似的,则是《姑妇曲》、《慈悲曲》、《翻魇殃》、《富贵神仙》、《快曲》、《蓬莱宴》等。以上12种俚曲均属于说唱体。说唱体的特点多是一人代替多种角色,即可自述,又可代言。如《琴瑟乐》以第一人称少女独白的方式,自叙自叹事情的过程,又用代言的方式叙述其他人物与少女的对白。这种叙述与代言交互使用的手法,是许多民间说唱常用的表现手法。

《磨难曲》、《禳妒咒》、《墙头记》,除有曲、白外,还有“科”、“介”,这标志着它们具备了戏剧的特点,可划归戏剧体。《磨难曲》第三十一回中,大段的场面均以“科”、“白”来表现,是一场以武打为主的回头。《禳妒咒》中不仅有科介,还有不同行当角色的分工,有着较完备的戏剧体制。而《墙头记》则只能说是初具戏剧雏形。

由此可见,俚曲融合了多种艺术形式的特点而又独树一帜,它不拘一格而又自成一体,成就了用俗曲讲唱大型故事的崭新事业,成为中国历代说唱、戏剧艺术之集大成者。

第四节　曲牌运用方面的艺术成就

一、俚曲曲牌及其渊源与归属

(一)俚曲中的曲牌

15种俚曲所用曲牌共计51支,牌名是:[耍孩儿][叠断桥][呀呀油][罗江怨][劈破玉][银纽丝][叠落金钱][倒板桨][房四娘][哭皇天][憨头郎][山坡羊][玉娥郎][金纽丝][采茶儿][闹五更][虾蟆调][太平年][莲花落][清江引][倒扳桨带莲花落][两头忙(陕西调)][还乡韵][西调][平西歌][刮地风][哭笑山坡羊][鸳鸯

锦][十和解][黄泥调][边关调][满词][梆子腔][棹歌]【皂罗袍】、【黄莺儿】、【桂枝香】、[清江引]、【西江月】、[香柳娘]、[楚江情]、【对玉环带清江引】、【四朝元】、[收江南]、【侥侥令】、【浪淘沙】、[园林好]、【一剪梅】、【沽美酒带太平令】、【雁儿落带得胜令】、【鹧鸪天】(带过曲按一支计)。

(二)俚曲曲牌的来源

俚曲曲牌源远流长,探论其来源,大致可分以下6个方面:

1.源于南朝乐府者:[五更转(闹五更)]。

2.源于唐代教坊曲名者(后为词牌名):[西江月][浪淘沙]。

3. 出于唐宋词牌及古曲者:[黄莺儿][桂枝香][鹧鸪天][一剪梅][莲花落][太平年]。

4.出于金诸宫调者:[耍孩儿][刮地风]。

5.出于元杂剧曲名者:[红绣鞋(叠断桥)][雁儿落带得胜令][哭皇天][山坡羊][清江引][沽美酒带太平令][收江南]。

6.原为南北曲名,但词格为俗曲者:[山坡羊][刮地风][哭皇天][耍孩儿][罗江怨]。

(三)俚曲曲牌的归属

根据明代沈德符《万历野获编》等多种文献资料的记载,根据这些曲牌在实际流传中的情况统计,以及对目前搜集到的曲谱的类别分析,上列51支曲牌大致可分为俗曲与南北曲两类,具体说:

1.前34支曲牌为俗曲,后17支为南北曲。

2.后17支曲牌中带有黑方括号的12支曲牌,均在明清民间教派的宝卷中使用过,又都应视为俗曲(或已俗化了的南北曲)。因此,俗曲是46支([清江引]重复),占全部曲牌的92%。只是因为目前暂没有找到这些俗曲(已俗化了的南北曲)曲谱,而是用的《九宫大成南北词宫谱》中的曲谱，因此暂仍按南北曲看待。

3.[清江引]有俗曲谱，也有南北曲曲谱，故两类兼归之。

4.牌名下画线者，目前尚未找到合适的俗曲曲谱。

二、曲牌中的讹误

(一)俚曲在传抄与流传中出现了一些讹误，致使有些俚曲出版物也以讹传讹。因错误太多，此处只摘要作如下更正：

1.《姑妇曲》中的“十样锦”应为：

第一段	第二段	第三段
[西江月]1段(全曲的开篇)	[咚妇歌]1段(代本段开场)	[劝人歌]1段(代本段开场)
[劈破玉]2段	[劈破玉]5段	[劈破玉]4段
[倒扳桨]4段	[倒扳桨]8段	[倒扳桨]3段
[叠落金钱]2段	[叠落金钱]3段	[叠落金钱]3段
[银纽丝]1段	[银纽丝]3段	[银纽丝]2段
[呀呀油]4段	[呀呀油]10段	[呀呀油]5段
[罗江怨]1段	[罗江怨]2段	[罗江怨]2段
[叠断桥]5段	[叠断桥]4段	[叠断桥]7段
[房四娘]4段	[房四娘]5段	[房四娘]3段
[要孩儿]4段	[要孩儿]3段	[要孩儿]6段
[对玉环带清江引]1段	[对玉环带清江引]1段	1段(代全曲结尾)

2.部分曲牌名的错记、遗漏的更正：

错、漏	正
[干荷叶](磨难曲二十九回)	[劈破玉]
[楚江秋](富贵神仙九回，磨难曲十九回)	[楚江情]
[鹰儿落](磨难曲三十一回)	[雁儿落带得胜令]
[罗江怨带清江引](姑妇曲第三段)	[对玉环带清江引]
[对玉环](姑妇曲一、二段末，磨难曲二十五回)	[对玉环带清江引]
[倒扳桨](快曲第二联)	[倒扳桨带莲花落]
《禳妒咒》三十一回[鸳鸯锦]两段后漏	[十和解]
《穷汉词》末段、头段	分别为[清江引]、[西江月]
《墙头记》末段	[劈破玉]
[西调](翻魇殃第八回)	[皂罗袍]

此外，在《蓬莱宴》中，第二回末一段应为[劈破玉]，第三回首段起应为[劈破玉]4段；第四回头段起应为[呀呀油]5段，接[西调]6段；第五回为[叠断桥]19段；第七回应为[耍孩儿]22段。《快曲》第二联[呀呀油]3段后应为[皂罗袍]1段。《禳妒咒》二回末2段为[耍孩儿]；三回头段起应为[耍孩儿]7段；十二回头段起应为[耍孩儿]9段；十三回[棹歌]之前的4段应为[耍孩儿]；三十一回[劈破玉]1段后应为[桂枝香]5段。

(二)曲谱中的赝品

于1960年前后记录的部分俚曲曲牌，有五首可谓赝品，它们是[呀呀油]、[黄莺儿]、[叠落金钱]、[房四娘]、[憨头郎]。据音乐研究所吴钊的调查报告，演唱者蒲人润“亲口说明”:《呀呀油》等三曲是他在新中国成立后自创的。其中《呀呀油》用的《粉黄莲》的曲调，《黄莺儿》、《叠落金钱》是他根据所会的其他小曲的曲调创作的。”就是说，这三曲根本不是原来的曲调，它与由原曲衍化而来的变况有着本质的区别，故应认定是赝品。而[房四娘]是套用了[哭皇天]的曲调；[憨头郎]则是套用了民歌[山坡羊]的曲调。它们与前三曲的作法一样，因此也应认定是赝品。另外，还有一首俚曲曲牌[哭皇天]，虽不是赝品，但却因为曲调的结构与原词格不一致，因此只能勉强唱一段词。现已对曲调做了结构上的调整，可以完整地演唱十二段唱词了。

三、曲牌运用方面的特点及一般规律

(一)从俚曲曲牌的归属及使用情况统计表，可以清楚地看到俗曲时调是俚曲曲牌的主体。仅就34支俗曲看，已占全部曲牌的68%，如果连同已经俗化的南北曲在内，俗曲曲牌将是46支，占总曲牌数的92%。在俚曲的实际应用中，占唱词总段数的98.5%。

俚曲曲牌在运用中不仅是俗曲为主，简洁质朴风格突出，而且也具有文野并存、雅俗共赏的特点。俚曲曲牌中的[西江月]、[浪淘沙]是唐代教坊的曲牌，也有出于唐宋词牌的[黄莺儿]、[桂枝香]等，它们与那些乡野俚歌土腔杂调并存。有些曲牌还具有雅俗双重性，例如[罗江怨]虽多为俗曲，但有时又变为南北曲了。[清江引]在与俗曲联套时，它是俗曲，在与南北曲联套时，它又变为南北曲了。南北曲是当时社会上层爱好的“雅”曲，在俚曲中它的应用段数虽不多，但在丰富曲牌风格，调节音乐韵味方面却起着重要作用。尤其是当用这些曲牌去表现高官富豪的生活及神道的生活时，那是很符合时代特征和人们的欣赏习惯的。

（二）曲牌运用的一般规律，从俚曲作品中，可归纳以下四点。

1.根据故事情节的需要选择曲牌。如《磨难曲》第一回“百姓逃亡”中，用[耍孩儿]表现天灾人祸给百姓带来的苦难，音乐情调悲痛哀怨，与内容十分吻合。[莲花落]本是行乞讨饭时唱的调子，这里用来表现逃荒要饭的情形，恰如其分。

2.根据人物个性选用曲牌。为了表现三山大王行侠仗义，豪爽刚毅的性格，选用句式利落、节奏铿锵的[皂罗袍]作为他的主要曲牌。而[闹五更]是一首富有诙谐色彩的丑腔曲牌，在《禳妒咒》第十回“退婚”中，用作江城吵闹时的唱腔，于故事情节及人物性格均很合适。

3.根据音乐特征选用曲牌。[黄莺儿]在俗曲中多是供嘲谑调笑用的，《快曲》中一开始便连用四曲，嘲笑了曹操兵败东吴，弃甲丢盔的狼狈相。[侥侥令]为一眼板的粗细曲，[园林好]适用于饮酒寿堂的场面，[太平令]曲调雄壮，适用于情绪昂扬处，它们在《富贵神

仙》、《磨难曲》的最后一场的喜庆场合中都得到了恰当的运用。俗曲多具有淳朴的乡土风味，因此多用来表现民间生活；南北曲具有典雅风格，因此多用来表现高官显贵的祝寿庆典。

4.根据传统惯例选用曲牌。如在篇目的开始用[西江月]作引子，用[清江引]作结尾等，俚曲继承了前代曲牌运用中的传统，充分发挥每一曲牌的特长，值得注意学习。

四、俚曲曲牌的艺术特点

(一)曲体简洁、精炼

俚曲中的许多曲牌都是单乐段体，它们的结构极为精炼。如[山坡羊]、[呀呀油]都是上下句结构，[棹歌]也是一人领众人合的形式。[莲花落]、[梆子腔]则是在上下句的基础上的自由伸展，有时长达四、五十句，直到表述完一个情节。曲体结构虽然简单，但它们却创造了自己独特的艺术个性，如[呀呀油]在旋律中使用调式交替手法，构成旋律中的多重对应关系，即使多次反复演唱也不会觉得单调乏味。[房四娘]是首起承转合结构的单乐段，三、四句后分别加上小叠句，这就不同于一般的四句体，它不仅打破了结构上的方整性，对于强调三、四句的内容也有重要作用。

(二)旋律优美动听，艺术性强

俚曲中的许多曲牌都具有优美动听的特点，不少流传至今，历经三五百年而不衰(从明中叶正德元年即1506年至今就有五百多年)，它们千锤百炼，不愧为艺术精品。例如传遍世界的《茉莉花》，就是当年俚曲中的[采茶儿]。不少曲牌的艺术性也是很强的，如[叠断桥]是一首只有五句的抒情小曲，它调动了“叠”、“断”、“桥”等艺术手法，细致而显明地强化了表情功能，真可谓是艺术歌曲的典范。

(三)显明的中国传统作曲大法

俚曲中的音乐没有受到西方的影响,是完全的中国传统。从几首较长大的多乐段的曲牌中可以看到“一曲多用”、“换头合尾”等手法的巧妙运用,或节奏节拍的变化,或作曲调繁简不同的处理,或句幅的扩缩增减,也或音乐材料用不同方式进行的组合,也常常在一个核心音调或一个单乐段的基础上因情因趣地自然展开,等等。这些手法在[耍孩儿]、[玉娥郎]、[哭皇天]、[香柳娘]、[银纽丝]、[四朝元]等曲牌中均有各自不同的表现,使得那些在一个简单主题上发展起来的曲牌,变得丰满而多彩,而这些曲牌正是中国式的作曲传统大法的成功范例。联系我国戏曲音乐程式化的路子,不难发现它们是有着相同的调配规律的。中国传统音乐的先进性、科学性及其价值观,在俚曲中也得到了充分的展现!

五、俚曲曲牌的变体形式

曲牌虽然体现着它的艺术积淀,但在实际运用中,它又是有生命力的活的机体。因此,它在不断地产生着自己的变体。俚曲曲牌的变体也很丰富,其形式大致可分六类:

(一)曲不定句,句不定字

从内容表现的需要出发,在保持原曲牌基本面貌的情况下,字、句多少均可灵活处理。如[耍孩儿]的词格相当稳定,一般8句,但有时也增至13句,或减至6句。又如[西调],有9句一段者,也有多达79句者。其他如[梆子腔]、[劈破玉]、[山坡羊]、[平西歌]等,均有曲不定句的情况。至于句不定字者的例子更是不胜枚举,几乎在每一曲牌中均能找到。

（二）曲调变化产生的变体

如［哭笑山坡羊］、［数落山坡羊］，都是［山坡羊］；［叠落金钱］出于［劈破玉］。在俚曲中它们都被当作不同曲牌使用，成为同一曲调的不同变体。［呀呀儿油］也只是因为在唱中加上了“呀呀儿油”的衬词，方才成为［呀呀油］的一种变体。

（三）曲间加说白，也会引起曲调及演唱形式上的变化

句间插白较少用，段间插白却常用。插白可以是剧中人自白，也可用第三者的叙述作旁白。出出进进，灵活多变，为说唱故事带来了方便。

（四）曲间加帮腔

用叠句、衬词、合唱或伴奏等形式构成曲间帮腔，使之成为烘托气氛、抒发感情、剖白人物、点染情境的艺术手段。帮腔有时是帮整句，有时帮半句，有时用叠句，有时用衬词，有时在句间，有时在段尾。

（五）曲间加“滚”

在曲间适当位置，插入排比句或四六句式的唱词，然后再回到原曲牌的末尾两句结束。这和古老的弋阳腔“加滚”的唱法基本相同。俚曲中常于［劈破玉］、［西调］、［呀呀油］等曲牌间插入滚唱。如下例［劈破玉］第五句以后，至倒数第二句之前的部分即是。

其意义在于它突破了曲牌固定词格的限制，扩展了曲牌的容量，解决了固定曲调与灵活口语之间的矛盾，推动和深化了戏剧矛盾，丰富和发展了音乐表现力，为曲调的板式变化创造了条件。

［劈破玉］好一个俊媳妇风流不过，穿上件粗布衣就似蝉娥；又孝顺又知礼一点儿不错。不说他为人好，方且是活路多：爬灰扫地，

洗碗刷锅，大裁小铰，扫碾打罗；喂鸡喂狗，喂鸭喂鹅，冬里揣猪五口，夏里养蚕十箔；黑夜纺棉织布，白日刺绣绫罗；五更梳头净面，早早伺候婆婆。亲戚朋友听着，邻舍百家看着，都说这么个媳妇，就是那扬州的琼花，真正是找遍天下无二朵！

（六）带过曲

这原是散曲中小令的一种变体形式，俚曲中将它用于联套之中或结尾，将两支曲牌连为一支，使之能表达比较复杂的内容。如[对玉环带清江引]、[倒扳桨带莲花落]、[沽美酒带太平令]。

六、曲牌联套的类别及其运用

（一）曲牌联套的类型及特点

曲牌联套，既是俚曲的音乐结构形式，又是故事的章回段落。15种俚曲可归纳为6种联套形式。

1.单曲联套。它是从一个曲牌反复叠唱，多至几百遍，间或夹以说白，再加引子、尾声，形成的一个结构完整的单曲联套。如《寒森曲》，除用[西江月]开头，用[清江引]结尾外，中间一至八回用[耍孩儿]反复叠唱共238段。《墙头记》、《增补幸云曲》、《丑俊巴》、《俊夜叉》、《琴瑟乐》均属此类。在多曲联套的《禳妒咒》、《富贵神仙》、《磨难曲》、《蓬莱宴》中，也有16个章回用这种“重头联套”的形式写成。所用的曲牌除[耍孩儿]外，还有[叠断桥]、[劈破玉]、[皂罗袍]、[银纽丝]、[桂枝香]。

2.杂曲联套。即由多个曲牌组成的联套，如《快曲》、《富贵神仙》，以及某些篇目的章回套曲。它的曲牌虽然丰富多彩，但却显得芜杂无章。

3.“十样锦”联套,即精选十个曲牌构成的联套。在《姑妇曲》开始,作者自称“编了一套十样锦的曲儿”。该曲所用的曲牌是除用[西江月]做引子外,由十个曲牌组成:[劈破玉]、[倒扳浆]、[叠落金钱]、[银纽丝]、[呀呀油]、[罗江怨]、[叠断桥]、[房四娘]、[耍孩儿]、[对玉环带清江引](代结尾)。《慈悲曲》也是用了“十样锦”联套,但它所用的曲牌与《姑妇曲》又有不同,说明“十样锦”并无固定模式。

4.主联套。即以某个曲牌为主要曲牌构成的联套。在《翻魇殃》中,[耍孩儿]起着主导作用,它在每一回中既领起又作结。在《禳妒咒》和《磨难曲》中也有近似的联套。

5.连环套。所谓连环套,亦即套的连环。它是将几个短套曲的主曲牌作中介,连环相扣,构成了多层回旋体之类的大型套曲结构。由于它的中心曲牌不断在转移,使人在不知不觉中神游佳境。如《磨难曲》第十八回:

[耍孩儿][憨头郎][耍孩儿][劈破玉][耍孩儿][劈破玉][西调][劈破玉][西调]

6.南北合套。它是将同一宫调的南北曲,一南一北相间连缀成套。俚曲中有四回类似这种形式,即《禳妒咒》第卅三回,《富贵神仙》第十四回,《磨难曲》第卅一回、卅六回。这些套数中的曲牌有的已经俗化;在南北曲相间运用方面,它可以南曲在前,并可将南曲三次连用,表现了很大的自由性。它已经不合乎北曲在前,南北相间的旧规,所以只能认为是对南北合套音乐形式的模仿或借鉴。

(二)曲牌联套中的对比

1.不同风格曲牌的对比。曲牌的音乐风格不同,是形成曲牌间对比,以及整个俚曲绚丽多彩的主要因素。如说唱风格的[耍孩儿］，与小调风格的［房四娘］、［叠断桥］等之间的对比；中原地区的汉族民歌，与山、陕的［西调］及东北的［满调］的对比；典雅风格的唐宋曲词与土腔杂调的对比；婉丽柔美的南曲与高亢激越的北曲的对比等。

2.正体与变体的对比。俚曲曲牌由于结构短小，在节拍、节奏上不会有太大的变化。但由于内容感情表达的需要，曲牌的字句格式乃至曲调，经常发生着变化。变体的产生，增强了表现能力，适应了剧情变化的需要，也与原曲牌构成了对比。

3.演唱形式上的对比。以说唱形式为主的俚曲，由于演唱者同时兼任叙述、议论、描绘、代言等职，所以演唱形式比较单调。但作者还是在可能的条件下做些多样化的处理，如不同性格人物的对唱等。在戏剧体的俚曲中，有了不同人物的上下场，因此在演唱形式上也产生了对比变化，如男女对唱，领唱与齐唱的对比等。由于有了角色的分工，也就出现了生、旦、净、末、丑不同行当不同唱法的区别。

（三）曲牌联套中的统一

1.曲牌的词格和基本曲调保持不变，保证了同一曲牌面貌的统一。抓住了体现曲牌基本特点的特征因素保持不变，其他一些因素可根据需要，或增减字句，或改变其框架结构。在需要插入滚唱的曲牌中，滚唱后又接唱原曲牌的后两句，以便保持曲牌面貌的统一。另一方面，主腔不变，旋律可变，这也是曲牌中唱腔变化的一个规律。这既保证了曲牌的基本面貌不变，又保持了曲牌的适应性和生命力。

2.用方言统一演唱风格，规范演唱方法。俚曲是用方言土语通俗白话写成，无论是道白还是唱词，都需用方言演唱，才能有乡土

味和亲切感，也才能使俚曲的整体风格得到统一。

3.曲分主辅，多而不乱。在曲牌联套中，采用以某一曲牌为主的原则，解决了唱腔异同的矛盾，突出了主曲牌的风格特点，统一了整体的音乐形象。俚曲虽是多种声腔的集合体，但在实际应用中俗曲占有绝对优势，形成了用各种杂曲点缀，以时调俗曲为主要声腔的局面。

（四）曲牌联套中的宫调问题

蒲松龄继承了杂剧传奇中自由运用宫调的传统，从表现作品的内容出发，避开了宫调形式上的玄虚游戏，并没有因乐曲宫调的限制“而牺牲音乐形式上的前后逻辑关系”[1]，也没有以牺牲内容为代价。宫调问题实际上是指曲牌的调高及其前后曲牌之间调性的联系。俚曲由于是唱白相间的体制，这就使得每一个曲牌的独立性更强了，两个曲间即使不同宫，换调也是来得及的，并不要求与别的曲牌在逻辑上有必然的联系。现以《磨难曲》第十二回“闻唱思家”为例作一分析。这是音乐性很强的一个回头，共用五个曲牌：[玉娥郎]（G宫）、[银纽丝]（A宫）、[金纽丝]（F宫）、[黄莺儿]（F宫）、[太平年]（F宫）、[黄莺儿]（F宫）。其间，只有在后两个曲牌间没有插白，而它们均为F宫，两相衔接自然不成问题。其余曲间都有插白相间，即使不同宫，换调也没问题。俚曲对宫调的自由运用表现在：

1.同一曲牌的定调高低可以有伸缩，如上例中的[太平年]、[黄莺儿]均可改为G宫调，以适应音乐情绪的变化，或适应前后曲牌的连接，以及演唱者的不同需要。

2.在同一套数中，同一宫调的曲牌，调式可以自由变化。如上例中同一F宫的[金纽丝]是羽调式，[太平年]是徵调式，而[黄莺儿]

[1] 见杨荫浏：《中国古代音乐史稿》，第583页。

又是宫调式。

3.即使是同一曲牌，在不同的应用场合中其调式也可有不同。如［耍孩儿］有（一）、（二）、（三）曲，三种曲子分别为宫调式、角调式、羽调式、它们用在不同场合中，可以更好地适应不同情绪的需要。［叠断桥］也有羽、徵、商等不同的调式，其他如［银纽丝］、［罗江怨］等也有类似情况。这样，就为曲牌的灵活运用带来了极大的方便。

七、俚曲对前代艺术形式的继承与发展

纵观十五部俚曲及其在艺术方面的巨大成就，可以看到，蒲松龄不仅通晓前代的各种艺术形式，而且有着卓绝宝贵的创新精神。从变文、宝卷、唐诗宋词元曲、话本、鼓子词、唱赚、诸宫调、杂剧、传奇到各种俗曲，他无所不通；骈散歌赋、说唱、戏剧，他无所不能。在学习继承前代艺术经验的基础上，他即善于融会贯通，又善于发挥自己的创造性，从而使俚曲发展成为不拘一格而又自成一体，别于杂家而又独具特色的一个艺术品种。所以，蒲松龄不仅对于中国俗文学的发展，而且对我国民族民间音乐的继承与发展，也做出了巨大的贡献。

第一，《聊斋俚曲》是明以来小曲联套和宝卷艺术的进一步发展。“俚曲”早有渊源，如《敦煌零拾》里最早介绍了三篇唐代的俚曲；明顾启元《客座赘语》卷九也有“俚曲”条目的记载。明成化间（1465—1487）金台鲁氏所刊刻的《题西厢记咏十二月赛驻云飞》，即以十七曲组成的代言体小曲联套衍述崔、张的故事。明冯梦龙也曾著录过长篇“吴歌”，这类作品不止有“曲”，同时也有“白”，用唱白相间的体制叙事或抒情。“明正德初年到康熙年间（约 1500—

1722)是明清民间教派宝卷发展时期”[1]，“二十年来，习俗抓靡，村村巫戏”，不仅为俚曲的写作提供了张本，也为俚曲培植了社会土壤。蒲松龄根据长篇故事讲唱的需要，运用小曲联套插入表白、科介，或叙事或代言演述故事，又于前后加入引子及尾声，并创造性地结构了多种类型的曲牌联套体制。使原来只用于抒情的单曲联套，发展成为叙述长篇故事、描绘众多人物的大型说唱或戏曲体裁。所以，《聊斋俚曲》实是明以来小曲联套的进一步发展，更是对宝卷艺术的革命性的改造。

第二，在结构模式上的继承与突破。俚曲虽然继承了元杂剧的名称，把一个唱本叫做一种，但其大部分篇目已突破四折加楔子的结构模式；它虽也承袭了变文、鼓子词有说有唱、散韵交织的讲唱特点，但又更注意结构形式的完整性；有的篇目虽是说唱或戏剧体裁，却也吸取了章回小说的形式，使俚曲既杂取诸家，又独树一帜，成为具有多种文体特点的综合体。

第三，明末清初尚有许多曲牌的词格处于不规范阶段。车锡伦也曾说：“归纳宝卷中的小曲的词格很难，因为太多，也多有差异。”蒲松龄在俚曲的写作中，改造、规范并发展了这些曲牌诗体，使之成为极有艺术个性的词格。如[房四娘]由四句到六七七(三)七(三)的定格，成为带有两个小叠句的词格。[叠落金钱]由六六七和六二(重)、六三七等的格式，定格为七七三七，不仅简明有特点，且又将“我的佛”的称谓语，全都改为民间生活的称谓语“亲娘呀”、“兄弟呀”等。[倒板桨]也在七七七七、三(顶真句)三七的格式上定下来。当然，俚曲中仍有不规范的曲牌，如[西调]。俚曲中还有蒲松龄新创造的曲牌，如[倒扳桨带莲花落]。他是将“带过曲”用于俗曲的一个创造，很好地表达了“火烧曹营”的心情。

[1] 车锡伦：《明清民间教派宝卷中的小曲》，台北《汉学研究》总第40号，第189页。

第四，对套数的创造与发展。俚曲继承了诸宫调、南北曲及明代小曲联套的做法，将俗曲联成新颖独特的套数。俚曲既吸取了套数的形式，又不墨守成规，每一联套的曲牌既不像南北曲那样有固定的次序安排，首尾也没有惯用的定曲，没有根据套首曲名确定的套数名称。它也不像诸宫调那样一个套数一韵到底，一个剧本中的曲牌属于多宫联章，而是根据俗曲无严格宫调要求的特点，从故事的表现需要出发，本着套式活用的原则，创造出了"主联套"、"十样锦"、"连环套"等富有特点的曲牌联套形式。

第五，滚唱的运用使俚曲成为含有初级板腔体的联曲体。俚曲中的曲牌大多结构短小，旋律单纯，擅长抒情，但难以达到性格化的程度，也难以表现复杂的矛盾、尖锐的剧情。而滚唱的手法最适合表达激动的感情，最善于推动戏剧冲突的尖锐化。蒲松龄继承并借鉴了弋阳腔中的滚唱手法，使曲情达到了发扬尽善的程度。由于滚唱的句式与原曲牌的句式不同，迫使曲调、节拍节奏发生变化，为垛板、流水板的产生和发展提供了条件，又为曲文和演员表情、身段的发挥创造了条件。滚唱的运用，大大丰富了俚曲的音乐表现力，从而也使俚曲成为含有初极板腔体的联曲体。

第六，对于保存民族民间音乐方面的贡献。明清俗曲是中国音乐史上的一个重要发展阶段，这个时期不仅曲目丰富浩如烟海，而且也以简约质朴、清丽流畅的风格，为近代汉族民间音乐的传统风格开了先河。而《聊斋俚曲》就是明清俗曲之集大成者。蒲松龄承前启后，将俗曲应用于俚曲的撰作，不仅保存记载了 51 个曲牌的名称，而且也提供了关于这些俗曲的词格、特点及应用等方面的信息，使有些曲牌的曲调一直流传到现在。它所提供的资料不仅丰富，而且有其独到之处，甚至在其他典籍中是难以寻觅的。例如关

于[金纽丝]的情况，遍稽明、清人载记无言及者，即使在民歌曲集中偶有与其同名者，也无其实，因为它们实际都是[银纽丝]，真正的原型的[金纽丝]，只有到俚曲中去找。俗曲[西调]、[倒扳浆]可能也是在俚曲中首次使用的。关于[莲花落]本为行乞者唱，在俚曲中得到了验证，其衬词"莲花落哩溜莲花"及七字句的词格，也与宋时的记载相同，甚至演唱时所用的道具，如"硼硼鼓、插儿机"之类，俚曲中也记载甚详。为进一步研究明清俗曲及民族民间音乐发展的脉络，提供了有益的证据。

第七，创造性地用俗曲作剧，突破了南北曲作剧的传统。清初北方一带流行的是弋阳腔，或由此衍变而来的其他声腔；昆曲也以临川、吴江两派为代表风行剧坛。社会上层的学士文人只知道有昆剧，只知道用南北曲作剧。而蒲松龄却深知平民百姓的喜好，撇开南北曲改用俗曲。这不仅是因为他有救世婆心，有意识有目的地为农民写作，还应看做是他有意要打破只知用南北曲的陈套，独辟蹊径，要创立一个崭新的艺术品种！因为不同声腔往往是不同演唱艺术的分界线，而俚曲已经建立起了自己的声腔系统。这个声腔系统以民间俗曲为主体，吸收了弋阳腔的滚唱手法，吸收了梆子腔的曲调作曲牌，吸取了昆山腔的部分曲牌，同时还将东北的[满调]、西北的[西调]、南方的[倒扳浆]等南腔北调都吸收进来。它在采用唐宋古老曲词的同时，更特别器重那些异样新鲜的流行时调。因此，从音乐体制上说，俚曲又创造了以俗曲为主要声腔的多种声腔并存的集合体系。这便为他突破用南北曲作剧的传统，创制新的艺术品种，打下了坚实的基础。

俚曲以它那进步思想家的敏锐眼光，又以它那融会贯通前人说唱艺术经验之能力和独树一帜的艺术创新精神，登上了讲唱艺术的历史峰巅！

附一：

关于《戏三出》

蒲松龄的《戏三出》，包括《闹馆》、《钟妹庆寿》和《闹窘》（附南吕调九转货郎儿），它们分别以教书、庆寿和乡试为题材，却共同表现了知识分子怀才不遇的主题。三出小戏的内容都与作者的生活经历相联系，富有真情实感和生活情趣，在嬉笑调侃之中表达了作者的愤懑和怨愁。

《闹馆》以教书先生的生活遭遇为素材。童蒙先生和为贵在饥荒年景到处叫卖"教书"，与行乞并无多大区别。在接受了礼之用种种苛刻的条件之后，肩起了教书、保姆、长工的"先生"职责，被雇用十年之久。反映了"斯文不值钱"和教书先生"卑贱"的社会现实，表现了作者的愤慨和抗议。用［梆子腔］和喜剧形式来表现悲剧内容，加强了其戏剧效果。

《钟妹庆寿》借钟馗之妹为兄庆寿之事，表现了钟馗的不幸遭遇和内心的不平。钟馗虽然"才能吐凤，气可吞牛。诏试金銮，群惊海内无双士；名通玉笋，曾折蟾宫第一枝"，却"不料朝廷不选文章，铨司只择相貌……只为着面目不扬，复丢落九霄之外。"因此，一气之下撞死金阶，被玉帝擢为九幽三曹都判官。他最痛恨邪鬼，专以邪鬼下肚，遂养成了鬼脾胃。此戏以写鬼来寓写现实，矛头直指朝廷，直指不合理的科举制度，也是其可贵之处。"俺想世间贫贱愁苦，都是几个邪鬼作祟。"蒲松龄以钟馗自况，誓要"扫尽群魔千里雾，放他日月照阴城"。

《闹窘》描绘了举子在考场的种种窘态，及其自怨自慰、无可奈

何的心理活动。在唱腔间插入大段的自白、对白，以进一步揭示内心状态。

以上两戏均以［双调］南北合套曲写成，收在《九宫大成北词宫谱》中。

三出小戏短小精悍，人物形象鲜明生动，语言通俗易懂，风趣幽默，戏剧形式自由活泼，反映了蒲松龄在戏剧艺术上的成就。

附二：

十五种俚曲曲牌使用情况统计表

序号	曲牌＼篇目＼段数	墙头记	姑妇曲	慈悲曲	翻魇殃	寒森曲	琴瑟乐	蓬莱宴	俊夜叉	穷汉词	丑俊巴	快曲	禳妒咒	富贵神仙	磨难曲	增补幸云曲	共计种数	共用段数	备注
1	耍孩儿	122	13	10	221	239		48	30			16	127	35	217	310	12	1385	占全部段数的46%单独成篇四种，重头联章八回
2	叠断桥		16	23	37			22					34	86	49		7	267	重头联章三回
3	呀呀油		19	13	29			8				6	29	51	32		8	187	
4	劈破玉	1	11	17	12			5	1				12	35	32		9	126	重头联章二回
5	银纽丝		6	10	12			5				2	24	47	17		8	123	重头联章一回
6	倒板桨		15	16								5	23	20	28		6	107	
7	皂罗袍				6							10	20	25	25		5	86	重头联章一回
8	房四娘		12										13	37	2		4	64	
9	叠落金钱		8	12	4			5					5	13	12		7	59	
10	费莺儿							4				4	19		26		4	53	
11	桂枝香												14	10	24		3	48	重头联章一回
12	还乡韵			12	7								10		14		4	43	
13	陕西调						41										1	41	单独成篇一种
14	西调				4			9					10		14		4	37	
15	平西歌													12	22		2	34	
16	罗江怨		5	7									9	7	4		5	32	
17	刮地风												16	10			2	26	
18	清江引			7	1	1		1		1		2	3	3	5	1	10	25	
19	憨头郎				4			4							17		3	25	
20	哭皇天											3	10	12			3	25	
21	西江月		1	2	1	1	2	1	4	1	1		1		1	3	12	19	
22	香柳娘												5	4	10		3	19	
23	山坡羊										2		11	1			3	14	单独成篇一种
24	哭笑山坡羊												12	1	1		3	14	
25	玉娥郎												3	5	6		3	14	
26	楚江情													5	9		2	14	
27	鸳鸯锦												13				1	13	
28	虾蟆曲												6	4			2	10	

续表

序号	曲牌 \ 篇目 \ 段数	墙头记	姑妇曲	慈悲曲	翻魇殃	寒森曲	琴瑟乐	蓬莱宴	俊夜叉	穷汉词	丑俊巴	快曲	禳妒咒	富贵神仙	磨难曲	增补幸云曲	共计种数	共用段数	备注
29	十和解												10				1	10	
30	金纽丝													4	4		2	8	
31	黄泥调											7					1	7	
32	对玉环带清江引		3				2								1		3	6	
33	边关调														6		1	6	
34	满词					5							6		1	5	1	635	采茶儿
36	闹五更												5				1	5	
37	梆子腔											4					1	4	
38	四朝元												4				1	4	
39	收江南													1	2		2	3	
40	侥侥令													1	2		2	3	
41	浪淘沙												3				1	3	
42	莲花落														3		1	3	
43	倒板桨带莲花落											3					1	3	
44	园林好													1	1		2	2	
45	沽美酒带太平令													1	1		2	2	
46	一剪梅			2													1	2	
47	棹歌												1				1	1	
48	雁儿落带得胜令														1		1	1	
49	太平年														1		1	1	
50	鹧鸪天													1			1	1	
51	土腔杂调	1	2	1						10		1	1			1	7	17（种）	单独成篇一种
	共计	124	112	132	338	241	45	117	35	12	3	63	458	430	591	315		3016	

说明：1.曲牌的段数，按自然段计。有的曲牌一段有四叠或二叠，均按一段计，如[叠断桥]、[叠落金钱]。有的一段四句、八句、十二句或十六句，均按一段计，如[房四娘]、[呀呀油]。2.凡同一曲牌的变体，均不另列条目，[呀呀儿油]、[北黄莺]，分别归入[呀呀油]、[黄莺儿]。3.无名唱词，均由土腔杂调类统收之。4.[哭笑山坡羊]因与[山坡羊]差别较大，按两个曲牌计；[哭笑山坡羊]有两种词格，不再分列。5.现列曲牌，按矫正后计。如[干荷叶]应为[劈破玉]，[罗江怨带清江引]应为[对玉环带清江引]，[楚江秋]应为[楚江情]，《快曲》二联中的[倒扳江]应为[倒扳桨带莲花落]等。

第三章 杂 著

第一节 写作情况

雍正三年(1725年)张元撰《柳泉蒲先生墓表》碑阴,附刻杂著名称五种:《省身语录》、《怀刑录》、《历字文》、《日用俗字》、《农桑经》。后来王洪谋(禹臣)撰《柳泉居士行略》中提到蒲氏又有《家政内编》和《家政外编》两种。据蒲氏"文集"中所收录的蒲氏自己所撰之序、跋中,可知他尚有《婚嫁全书》、《帝京景物选略》、《庄列选略》、《宋七律诗选》、《小学节要》、《药祟书》、《会天意》、《观象玩占》,凡八种。另外还有康熙九、十年间,蒲氏南游于孙蕙县署中为之所拟《鹤轩笔札》二册。这样,加起来,蒲氏所撰杂著当为16种。

蒲氏写杂著,可分三个时间段:第一阶段,是康熙九、十年年间。此时蒲氏在江南孙蕙府中做幕,为孙蕙拟文稿二册,即《鹤轩笔札》。第二阶段,是康熙二十二年(1683年)至康熙三十六年(1697年)。这段时间,是蒲氏在西铺毕氏家教读,所编著者,多为德行、修养与教读之用文。其中包括:《婚嫁全书》、《省身语录》、《历字文》、《帝京景物选略》、《怀刑录》、《庄列选略》、《宋七律诗选》、《小学节要》。第三阶段是康熙四十三年(1704年)至康熙五十三年(1714

年)。这段时间,蒲氏致力于为农村之民编写学以致用的普及知识。包括:《日用俗字》、《农桑经》、《药祟书》、《家政外编》、《家政内编》、《会天意》、《观象玩占》。杂著的写作,并不是蒲松龄主要精力所在,但却反映了他一生思想和志趣的变迁。

第二节 杂著内容

《鹤轩笔札》。鹤轩,是江苏省宝应县署县令孙蕙书斋的名号。蒲松龄南游作幕,大概即居其中。《鹤轩笔札》,共四册,其前二册,为蒲松龄的手迹,后二册,非蒲氏手迹。前二册内容都是代孙蕙所拟的书启、公文、谕告共80篇。第一册共32页收文37篇,封二有蒲松龄题签:“鹤轩笔札,自庚戌十月初三日起至年终止”;第二册44页共收文43篇,封二有蒲氏所题“鹤轩笔札,辛亥正月起,五月止”。在第一册第二页右下角,钤有蒲氏方印二枚:一作“松龄”,为阳文章;一作“柳泉居士”,为阴文章。其原件,现藏于青岛市博物馆。

《婚嫁全书》,已佚,未见其书,《聊斋文集》载其序。序中说:“唐宋以来,选择百馀家,造凶煞之恶名,骇人观听,古人不甚尊,颇亦不甚验。”“广集诸书,汇其大成,使人无指摘之病。”据之可知此书是为方便百姓婚嫁择日、简化礼仪而作,内容是广集唐宋以来有关书籍,“汇其大成”,剔除其中“骇人视听”之迷信内容,又照顾到民间的传统风俗,“使人无指摘之病”。

《省身语录》,蒲氏碑阴所列五种杂著第一种。书稿不存。据《蒲松龄集·文集》所载蒲松龄自作《省身语录序》,此书作于康熙二十三年甲子(1684)。是年,蒲氏设馆西铺毕家。《省身语录序》中说:

“余半生落魄，碌碌无所短长，自念遗行或多，故不足以发世德之祥，敬书格言，用以自省，用以示后。”可知此书是格言体的修身之书。

《历字文》，张元所撰《柳泉蒲先生墓表》碑阴所附杂著五种之一。蒲立德在乾隆十二年写《日用俗字跋》时，为避乾隆皇帝讳，更名为《时宪文》。该书在国内久已失传，而《聊斋文集》中，亦未见载其序、跋。日本庆应大学“聊斋文库”藏《历字文》（残稿），封面题：“《历字文》，抄耿氏藏抄本。”该耿氏，就是为《聊斋先生遗集》题跋的耿士伟。抄者为淄川天山阁主人王沧佩之侄王丰之。《历字文》正文前有耿士伟在“光绪二十七年辛丑清和月”的跋文，下署“后学耿士伟谨跋，男秉枢代笔”。该跋写作时，可能是耿士伟在病中，由其子秉枢代笔。关于《历字文》在社会上流传的概况，耿士伟的跋都透露了一些信息。耿氏说：此稿“得之书肆，上下二册”，下册“有序”。现藏于庆应大学的《历字文》只有一册，而这一册也是残缺的，《六十年花甲子日月年表》于明万历二十八年庚子八月即中断。现存正文共 76 页，大约只有全稿的三分之一或四分之一。《历字文》的下册，现已不可得见，我们只能从耿氏跋中得知一些概况：

细读是书，下册之有序，乃知先生在本境毕府设教有年，于四库书中细心搜集，费尽数载心血，始汇纂成文，书名“历字”耳。

此《历字文》内容较庞杂：《历代帝王考》、《三元五腊圣诞日期》、《十殿闫君圣诞日期》、《看男女值年星辰属命之图》、《二十八宿值日吉凶歌》、《二十八宿值日占风雨阴晴歌》几种定时辰及日月出没歌诀，《起九星歌》、《逐月吉星福图》、《逐月凶星总局》、《诸葛武侯选择吉凶图》；还有关于各种忌日、凶日的干支表、解说或歌诀。全书除首尾两部分及几首定时歌诀之外，都是阴阳家的吉凶祸福之说。以上种种，此是否为久已佚失的蒲氏《历字文》，尚属疑问。

《帝京景物选略》，是据明刘侗《帝京景物略》而选的。据湖北《麻城县志》载："刘侗，字同人，号格庵，崇祯进士，知吴县令"，"甲戌，捷南宫，客都门，取燕人于奕正所抄集著为书，名《帝京景物略》。"蒲松龄选《帝京景物选略》，写了"小引"，从中可知：康熙二十三年（1684 年），蒲氏于毕氏绰然堂得读是书，共八册，"其目一百又二十九，言累数十万"，他删其诗，减缩其记，"狐取其白"，得 77 篇。《帝京景物略》，在清初的文人学士中，颇受非议。王渔洋在《池北偶谈》中说它采摭不实，荒疏不精，朱彝尊在《日下旧闻录》中亦有所驳正。《四库全书》未收录，存目中著录，且多有贬讥。而《四库全书》总裁纪昀，却将该书校勘刻印。蒲松龄别具慧眼，欣赏其叙事状物之优美文笔，可作为文之范本。《帝京景物选略》书成，蒲氏执友李希梅为之写了一篇《跋》说："《景物略》一册，选于柳泉，是则柳泉《景物略》也。"并称赏蒲氏之选略，其功不亚于渔夫发现武陵仙源一样。

《怀刑录》，载于蒲氏碑阴所附之杂著目中。但该书久已失传，路编《聊斋文集》中收录其《序》。《序》云："邱子行素，集五服之礼，并稽五服之律，授余相质。余读而叹曰：允此意，使读礼者知爱，读律者知敬，其有裨于风化非浅矣。余因即其本而错综之，随亲属别作部，使尊卑之分，亲疏之义，愚夫妇一见可了。而又集日月所易犯者，增之为《怀刑录》，庶吾人知所措手足乎！总颜之曰'措素书'。"据落款，知此书成于康熙三十五年（1696 年）。平井雅尾在《聊斋研究》中，在《历字文》目下记曰："闻清华大学有此抄本，并《怀刑录》

一册。"经查找，清华大学图书馆确曾有一部手抄本《聊斋遗集》，但今已不存。北京图书馆所藏《聊斋遗集》，是据清华大学与马廉先生抄本互校抄录的。但可惜只抄诗文，未录杂著。所幸存一《聊斋怀刑录目录》：

五服例

祖父母	父母
伯父母	兄弟
子、侄、孙	姑姊妹
妻妾	外戚
丧礼略	

五服刑律

十恶	折赎例
祖父母、父母、祖姑	伯叔父母、姑
外祖父母	母舅、母姨
兄弟、姊妹	子、孙、侄、侄孙
妻妾	表兄弟姊妹
岳父母	凡尊属卑幼
女婢	

此目录，与蒲氏所言之《怀刑录》内容相符。

《庄列选略》，康熙三十六年蒲松龄选辑，现已不存。《聊斋文集》中收其"小引"，其中曰："千古之奇文，至《庄》、《列》止矣。世有恶其道而并废其言者愚，有因其文之可爱而探之于冥冥者则大愚。""余素嗜其书，遂猎狐而取其白，间或率凭管见，以为臆说，但求其顺理而便于诵，其虚无之奥义，固余所不甚解。"可见蒲松龄对《庄子》、《列子》之文非常欣赏，但又不敢公然背离当时奉为金科玉律之孔孟之书，所以只能“惟与弟子辈，闭门叹赏”，选编其书，是为了让弟子们学习作文之法。当然，蒲松龄独重庄、列，还有一种深层的原因，庄子愤世嫉俗而好为寓言，与蒲松龄喜谈空说鬼以寄孤愤的情趣相吻合；庄、列之文的洸洋恣肆、诡谲瑰玮的风格，直接影响了《聊斋志异》的创作。

《宋七律诗选》，康熙三十六年（1697年）蒲松龄编选。该书未刊，已佚。《聊斋文集》中收录蒲氏的跋文。跋中说：“宋人之什，率近于俚，而择其佳句，则秀丽中自饶天真，唐贤所不能道也。丁丑冬，余从毕子昆朗假得诗钞，闭阁录之。因其浩瀚，即有绝工处，而他句太不相称者，辄弃去，故仅存三百二十有二首。吾于宋集中选唐人，则唐人逊我真也，敢云以门户自立哉！末载戴公一什，亦聊解嘲耳。腊月十四日。”清人宋荦《漫堂说诗》中云：“近二十年来，乃尚专宋诗，至吾友吴孟举《宋诗钞》出，几于家有此书。”按宋荦的说法，当时吴之振《宋诗钞》影响很大，“几于家有此书”。蒲松龄《宋七律诗选》，当系据《宋诗钞》选出。蒲松龄选宋诗，表明他仍以唐诗为优，但认为宋人七律亦有佳作，可供学诗者学习。

《小学节要》，编成于康熙三十六年。由其蒲松龄跋语可知，是为了教读而编选，未刊，亦未流传。《小学》为宋儒朱熹著“教人事亲敬长、应对进退仪节”之书。明代作为学塾的教本。清代曾列为童生进学考试的科目。中云：“迩年童子之科，取数綦隘，往往年逾不惑，犹操童子之业，忽增五、六万言，俾同总角者咿唔其中，亦良苦矣。余节取其要，存三分之一，以便老蒙士之记诵，不许龆龀者窃取之也。”这说明，清初已将《小学》列为科考的内容，蒲氏选此，以备考童之用。

《日用俗字》，写成于康熙四十三年（1704年），是蒲氏家族中唯

一自费刊行的乃祖著作。蒲立德在乾隆十二年出版该书时写的跋中说:"今此书先出,以其易为力;而尤以切于身心者,如《省身语录》、《怀刑录》、《家政广编》、《时宪文》,现在校订,陆续嗣出。"但由于蒲氏家庭的经济实力,致使立德之言成为一纸空话。蒲松龄该书的编写,据其序中说:是以"旧有《庄农杂字》"为底本,并"详查《字汇》",纠正读音,补充脱漏。其音读,"悉从《正字通》",至于难识者,则用反切注音或偏旁谐声。全书分"身体章"、"庄农章"、"养蚕章"、"饮食章"、"菜蔬章"、"器皿章"、"兵器章"、"丹青章"、"疾病章"、"僧道章"、"赌博章"等三十一章。这三十一章的设目,完全是根据当时农村的实际情况,具有很大的适用性。蒲氏在每一章中,并非只是为了教认字、用字的知识,亦有寓教于中的思想。"庄农章"说:"朝廷自古重耕田,生意百行他占先。"反映了作者重农的思想。"堪舆章"是批评、揭露农村中迷信风水陋习,作者在文中说:"葬后死绝无后代,当年也说旺人丁。""纸扎章"开头就说:"纸草荒唐混世人,苇为筋骨纸为身。不敢挐挐已破碎,如何轿马可驮魂?""僧道章"批判、揭露僧道者的伪善面目说:"布食银下场中注,抄化钱买被底春。""争讼章" 对官府差吏揭露得极为深刻,"十官九混情难料,有理无钱未必强。脖上开枷惟钞买,班中打板使钱央。"从中我们可以看出,蒲松龄的学识渊博,对乡间村镇中各阶层人物的职业特点,生活状况很熟悉,所以写得极为深刻。这对我们今天研究清初山东淄博地区的农村经济、政治、宗教礼仪、民俗等,提供了第一手资料。《日用俗字》版本较多,日本庆应大学"聊斋文库"中即藏有乾隆十二年刊本一册、毕氏旧抄本一册、星垣氏旧抄本一册、蒲氏儿孙抄本一册,录天山阁藏抄本一册,《聊斋日用俗字正编》录蒲立德抄本一册,《日用俗字正编》抄本一册,《蒲柳泉先生日用俗字》旧抄本一册。

《药祟书》，未刊，久已失传，1984年2月在淄川区徐家庄发现。其书为清抄本，分上下两册，封面题"《药祟全书》卷上"，"《药祟全书》卷下"。正文扉页有"柳泉居士于康熙四十五年杏月望日"所写的《序》文。全书共收药方259个。"急救"方55个，"内科"方76个，"外科"方86个，"妇科"方20个，"幼科"方22个。蒲松龄在《药祟书序》中说："不取长方，不录贵药"。根据这个原则，《药祟书》259个方子中，药至六味者，只有一个，即玉珍散，其他方药味大都在一至三味间，其中一味药的方子就有一百多个；而方中所用之药物，大多为本地出产之物。如菊花、韭子、萝卜、王瓜、大蒜、花椒、赤小豆、葱、姜等。还有一批治病方子，治法不是用药物，而是用手法处理。这些完全合乎《序》中所说："山村之中，不惟无处可以问医，并无钱可以市药。思集偏方，以备乡邻之急，志之不已，又取《本草纲目》缮写之。"其方中，有35个治方，是录自《本草纲目》。《药祟书》中也有录自民间所流传的、带有迷信色彩的治方，即如作者《序》中所说："如某日病者，何鬼为祟，以黄白财送之云耳。"这是为适应贫苦民众写入的，虽未必有效，亦可稍解病家之忧。该抄本现藏于蒲松龄纪念馆。据日本庆应大学"聊斋文库"藏书目录中载："《药祟书》二卷，录毕氏藏抄，二册；《药祟书》录蒲京章藏抄本，一册。"

《家政外编》与《家政内编》。蒲氏所编订的此二种书，张元所撰《柳泉蒲先生墓表》及其碑阴著作表中未载，蒲箬《柳泉公行述》中也未提及。只有蒲立德在乾隆十二年(1747年)所撰《日用俗字跋》中提到《家政广编》。《聊斋文集》中收有《家政外编序》与《家政内编序》，但序文后皆未署撰文年月日。很长时间内，国内外蒲学界皆认为此二种书已佚失。1948年，蒲文珊将蒲松龄遗稿交给当地政府。

1951年春辽东省政府接受这部分遗稿，其中就有一部残册，未有书名，后东北军政委员会文化部装订为两册，移交东北图书馆（现辽宁省图书馆），定为《农桑经残稿》，1962年改名为《蒲松龄杂著逸稿》，1979年改名为《聊斋杂著》，1981年又改名为《聊斋杂记》，1987年由辽沈书社影印分两册出版。自1986年开始，就有学者提出对《聊斋杂记》定名的怀疑，后来，经多位学者与《聊斋志异》手稿墨迹对照，认定辽宁省图书馆定名为《聊斋杂记》的残稿本，就是蒲松龄的《家政外编》与《家政内编》的残稿。

辽沈书社出版的《家政外编》与《家政内编》为影印一函两册。上册为《家政外编》，正文49页，下册为《家政内编》，正文35页。上册共分四部分：第一部分为"农"，127则；第二部分为"救荒"，计9种方法；第三部分为"蓄养"，共11则；第四部分为"诸花谱"，记述了近百种花卉的种植与收藏方法。下册主要有："书斋雅制"65则；"字画"及碑帖的论列51则；"装潢"11则；"珍玩"、"古窑器"、"古漆器"、"古铜器"的鉴赏75则；"石谱"介绍了100余种石料的用途及鉴别方法。总计550余则。

《家政外编》与《家政内编》，不是蒲松龄的创作，而是辑录前人著述。据考察，该书是辑录自明王象晋撰《二如亭群芳谱》，计175则；明徐光启《农政全书》，计9则；北魏贾思勰《齐民要术》5则；明项元卞《蕉窗九录·纸录》6则；明曹昭撰、王佐新增《格古要论》，计134则；明周嘉胄《装潢志》10则；明杜绾《云林石谱》，计83则。其他如明黄省曾的《种芋法》，唐孙思邈《千金翼方》，明高濂《草花谱》，明邝璠《便民图纂》，明陶宗义《辍耕录》，明高濂《燕闲清赏笺》，元吾丘衍《学古篇》等。

《会天意》，此书未见，《聊斋文集》中，收录有蒲松龄撰的《会天意序》，其序的写作时间，大约在康熙五十三年（1714 年）前。据路大荒先生生前所藏蒲松龄选录《观象玩占》手稿二册，在《山东省志资料》1962 年第三期上撰文介绍，文中引录了蒲松龄之题识："先得《会天意》一册，以其有星晴课雨之益，故依样录之。"由此可以推知，蒲松龄所抄录《会天意》的内容当是一本观测天气、星相，推演宇宙变化之理的书。

《观象玩占》，系节录唐代李淳风《观象玩占》而成，未刊。《四库全书总目》卷一百一十"子部"中"术数类存目一"著录："旧本题唐李淳风撰。凡日月五纬经星云汉慧孛客流杂气，以及山川陆泽城郭宫室营垒战阵，皆著于占，而阴晴风雨雹露霜雾，咸附录焉。于日月之交会，五星之退留，今所预为推步，岁有常经者，亦往往断以占候；即日月所不至，五星所不经者，亦虚陈其象，殊不足凭。"据蒲松龄题识中云："《观象玩占》，无论其卷册浩繁，不能缮写，且天星宿，多所不能解，仅取其人人共知如月月北斗、风云雷雨之属，录为三卷，聊以备旱涝之秋，为瞻云望岁之助云尔。"蒲松龄摘录《观象玩占》显然是为了便于农家预测天气情况。此书抄完于康熙五十三年五月，时年蒲松龄 75 岁。

第三节 《农桑经》

《农桑经》，张元撰《柳泉蒲先生墓表》碑阴附记杂著五种之一。由于该书是作者依据古代农书，参照淄川地区的具体情况，对其加以"增删"，所记述的技术措施切实可行，颇受淄川地区百姓的欢迎。故该书流传很广，各种抄本也比较多，但长期未刊刻，直到 1962 年才由路大荒先生收录进《蒲松龄集》中；1982 年中国农业出版社

出版了李长年先生校注的《农桑经校注》单行本，并收录了藏于辽宁省图书馆之《农桑经残稿》(实为《家政外编》的一部分)。

一、《农桑经》写作的历史背景

康熙四十二年(1703年)，山东大水，凡九十四州县灾。淄川四月大雨，二麦歉收，自五月二十四日阴雨，六月十九日始晴，自此遂不复雨。田地中多蜚虫害稼。是年，蒲松龄写了《祭蜚虫文并序》，《序》中说："康熙四十一、二年间，忽有害稼之虫，多而奇臭，以致比年不稔，莫有知其名者。惟《春秋》有蜚灾，细考注疏所言，形象臭恶，真是其物。吾淄自旧岁益蕃，受害益烈，乡人无告，请余为文以祭之。"蜚虫来势凶猛，人们束手无策，结果使淄川地区"千钱斗米，道殣相望，榆皮净尽，髡垂杨"。时至康熙四十三年春末，淄川县百姓多已流亡。是年，蒲松龄为民请命，写了《康熙四十三年记灾前篇》与《秋灾记略后篇》，记述了淄川县当时凄惨的情景："道殣无人瘗，禽犬分葬之"，"货人肉者，凌晨驱驴，载送诸市肆，价十分羊之一。"在《纪灾》诗中说："去年卖女今卖儿，罗尽鼠雀生计窘。千古苛灾一时遭，孽人自作天亦忍。"正是在这种背景下，蒲松龄立意要为民编著一部专为种植农桑之书。

康熙四十四年，《农桑经》编写完毕，蒲松龄写了一篇序文，阐明了编著《农桑经》的宗旨，文曰：

居家要务，外惟农而内惟蚕。昔韩氏有《农训》，其言井井，可使纨袴子弟，抱卷书生，人人皆知稼穑，余读而善之。中或言不尽道，或行于彼而不能行此，因妄为增删；又博采古人之论蚕者，集为一书，附诸其后。虽不能化天下，庶几以贻子孙云尔。康熙四十四年，岁次乙酉，正月二十四日。

二、《农桑经》的内容

《农桑经》共包括《农经》71则，《蚕经》21则，《补蚕经》12则（附《腌茧法》），《蚕祟书》27则，《种桑法》10则。

《农经》71则，是仿韩书之体例，按《礼记·月令》系事，但今存之《农经》只到九月，接于其后的冬之月事，亦只列出"收农器"、"种粪"、"杂占"、"占种"、"米价"等条目，其余未载之月令，抑或有残缺。《蚕经》21则偏重于茧种选择、采桑叶及饲养法的介绍，而在《补蚕经》12则中，则重于蚕子的生长过程的介绍。《蚕祟书》27则，是说明蚕为祟的原因及其解救的方法。在《蚕祟书》之下，蒲松龄自己作了一个小注："闺阁信巫，故为存厌禳之法，事亦无害于义，且祭馀又可以致蚕公也。"这说明，他自己并不相信这些说法，只是为了顺乎"闺阁"之信仰而为之。《种桑法》在路大荒先生所收录的条目中为"十则"，实为9则；而1982年农业出版社出版李长年先生校注的《农桑经校注》亦列"十则"，实为12则，较路大荒所收录者，多出"压接法"、"搭接法"和"收牛粪法"3条。

三、《农桑经》编著资料来源

蒲松龄在《〈农桑经〉序》中说："昔有韩氏《农训》"，"余读而善之，中或言不尽道，或行于彼而不能行此，因妄为增删"。这是指《农桑经》中《农经》的编著过程。而对《蚕经》与《补蚕经》则说："又博采古人之论蚕者，集为一书，附诸其后。"根据蒲氏所著《农桑经》正文，可以寻绎出作者编写此书时所引用、参考及搜集的资料。《农桑经》"正月"中"耕时"条下有"《氾胜之书》云：'春候地气通。'"《氾胜

之书》，为公元前1世纪的一部农书。“二月”条下，“农家诀云：‘春耕无晚，秋耕无早。’”“坝堰”条下，“谚云：‘地无唇，饿煞人！’”“四月”中“剜谷”条下，“俗云：‘密处稀，稀处密，不稀不密留大地。’”“刨二遍”条下，“诀云：‘深锄过垅，前后留窝；只要如沽，不要贪多。’”“五月”中“治茅”条下，作者自作小注“《齐民要术》曰：茅地宜纵牛羊践之，七月耕之即死。”“九月”后所列之“占种”：“师旷云：‘欲知吾谷，先占五木。其木盛者，来年益种之，万无一失。’”师旷，当为《师旷占术》一书。此书现已佚，蒲氏当抄自《齐民要术》卷一“收种第二”条下，其原文当为“欲知五谷，但视五木。择其木盛者，来年多种之，万不失一也”。《齐民要术》为6世纪北魏贾思勰所著的一部农书。“打蝻”条下云：“高镜川先生有云：‘患将至而不预防，譬如当道遇饿虎，欲不喙以图存也。’”在《蚕经》中，“浴连”条下，“少游《蚕书》云：‘腊三八日浴三次，沃以牛溲，浴于川，勿伤其藉。’”“忌宜”条下，“陈其年词云：‘红贴糊门多禁忌。’”“喂蚕”条下，“《蚕书》云：‘蚕生明日，或桑或柘，风戾投之，寸二十分。’”以上资料足以说明蒲松龄写《农桑经》时，所采集前人著述资料之广博，搜求民间农谚要诀之勤苦。再者，文中所附《御灾》、《飞蝗》、《打蝻》、《蚜蚄》、《蜚虫》都是在实际生产中总结出来的经验。由于《农桑经》是蒲氏参考我国古代的农书资料，并根据淄川地区的实际生产情况，加以删改增补，所以颇受当地人们的欢迎，它对当时的农业生产起到了指导作用。直到今天，其中的一些条款也不失其指导意义。日本学者天野元之助著《农桑经考》作了具体的研究。

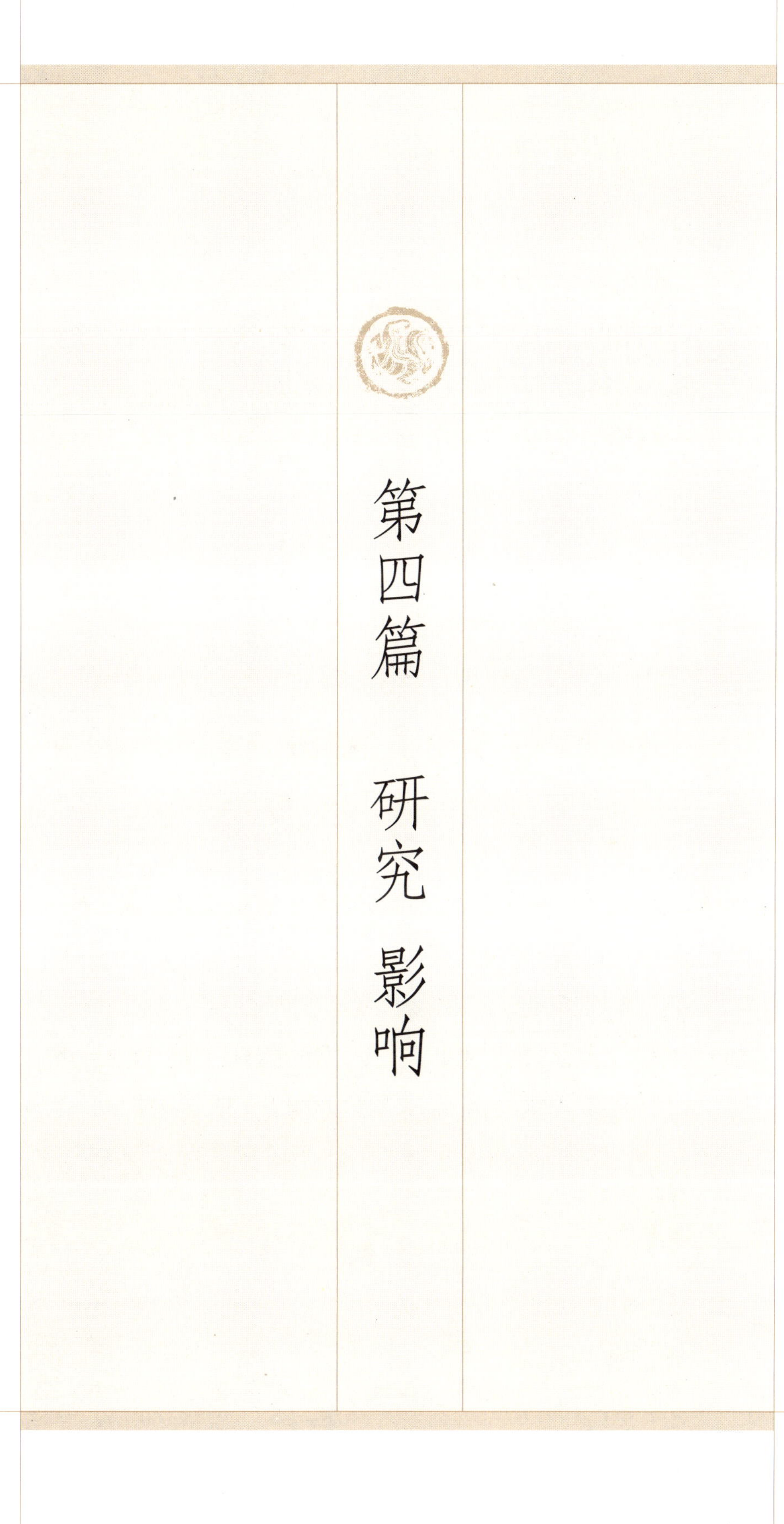

第四篇　研究　影响

几乎就在《聊斋志异》创作的同时,已经有人开始了对它的研究。清人的研究,继承了传统的评点、序跋、杂说等形式,较有代表性的是王士禛、冯镇峦、王芑孙、何守奇、但明伦等家。

现代的蒲学研究,开始时以搜集资料为主。新中国成立后,蒲学研究的论文、专著大量出现,各种《聊斋志异》的整理本、校注本、选本更是层出不穷。尤其是 20 世纪 80 年代以来,蒲学研究掀起了一个高潮,几次全国和国际蒲学会的召开,使蒲学研究取得了令人瞩目的成绩。

《聊斋志异》问世后,风行一时,模仿之作纷纷出现,其中影响最大的是清纪昀的《阅微草堂笔记》。另外,《影谈》、《淞隐漫录》、《子不语》、《谐铎》、《夜谈随录》、《萤窗异草》等也都是有一定影响的模仿之作。对中国戏曲的影响也非常显著,根据《聊斋志异》改编的戏剧、电影、电视剧不可胜数。

《聊斋志异》在国外的影响也非常深广,早在 1887 年便出现了第一部日文选译本《艳情异史》,迄今有 20 余种语言的 30 多种译本。无论是在东方还是西方,都有一大批《聊斋志异》的爱好者与研究者。蒲松龄已经成为世界著名文学家之一。

第一章 研 究

第一节 清代评点

清代诸家评点《聊斋志异》,自王士禛首先评点《聊斋志异》始,到清末民初狄平子止,《聊斋志异》的评点者,总共有十六七家之多。其中包括王士禛(渔洋)、王金花(横山、梓园)、王升(约轩)、刘瀛珍(仙舫)、胡泉(者岛)、段甦(雪亭)、冯喜赓(虞堂)、陈廷机(省庵)、稿本无名氏甲评、稿本无名氏乙评;但若称得起家的,除前边所提到的王士禛外,再就是乾隆年间的王东序、冯镇峦,乾、嘉年间的王芑孙、方舒岩,道光年间的何守奇、但明伦,清末民初的狄平子。

清康熙年间,王士禛评点《聊斋志异》。王士禛,字子真,一字贻上,号阮亭,别号渔洋山人,山东新城(今淄博市桓台县)人。顺治十二年(1655年)进士,顺治十六年选授扬州府推官。康熙四年(1665年)内迁京官,历任翰林院侍读、詹事府少詹事、都察院左副都御史、刑部尚书等职。著述甚丰,其评点《聊斋志异》当在康熙二十六七年间,也就是在蒲松龄与王士禛相识的一、二年间。由于王士禛当时身居要职,又是清初诗坛盟主与神韵诗派的代表,所以,他对

《聊斋志异》的批点，具有特殊的意义。康熙二十七年（1688年），蒲松龄在收到王士禛评点的《聊斋志异》某些篇章时，写了一首题为《偶感》的七律："潦倒年年愧不才，春风披拂冻云开。穷途已尽行焉往?青眼忽逢涕欲来。一字褒疑华衮赐，千秋业付后人猜。此生所恨无知己，纵不成名未足哀。"这首诗比较全面地说明蒲松龄在收到王士禛评点的《聊斋志异》手稿时的复杂心情。这也是蒲松龄对王评的一个自我评价。所以，蒲松龄将王的评语很郑重地抄录到《聊斋志异》手稿上。王士禛的评语，所能见到的有28则。其中一则，即手稿本《荷花三娘子》末的评语，手稿本、康熙抄本、青柯亭本、铸雪斋本、二十四卷本皆题"友人云"，十八卷本题"约轩"（即王升），异史本却题"王阮亭云"。抄录王渔洋评语的作者手稿本《聊斋志异》，1955年由文学古籍刊行社影印出版，近又重整编目重版。清道光二十三年（1843年）粤东五云楼主人，据知不足斋本，将吕湛恩的注与王士禛的评按篇附刻于后，这是王士禛的评点第一次以刊刻的形式公之于众。王士禛评论《聊斋志异》的内容，大体分四类：其一，是评论艺术与生活真实的凡十则；其二，评论小说中人物形象的凡十一则；其三，总结和简述《聊斋》佳作中高超写作手法与杰出的艺术成就；其四，以类比之手法予以评判。综上所述，可以肯定，王士禛对《聊斋志异》的评论是公允的、认真的、热情的、精辟的。这对《聊斋志异》在社会上的流传，起到了积极的作用。但是，后人对王士禛的评颇有微词，认为"渔洋评太略"，"评语亦只循常，未甚搔着痛痒处"，又说："渔洋实有不足聊斋处，故以率笔应酬之，原非见地不高。"（冯镇峦语）。

清乾隆年间，王东序评点《聊斋志异》。王东序，名大镛，江苏溧阳人。王氏生活于清乾隆年间，其评点《聊斋志异》自当在乾隆年间。由于王氏评点的《聊斋志异》时至今日未能排印出版公之于世，所以对王氏本人的情况知之者甚少，且各家书目均未能收录。王氏评点的《聊斋志异》，其原本由杨震方先生收藏。王东序评点的《聊斋志异》最先由王东序的同乡狄学耕曼农（有正书局主人狄平子之父）收藏。道光二十一年（1841 年），狄曼农嘱其表弟史册将王东序的“手批原本录出”，史册将王批过录于十六卷本的青柯亭本上。该书后来由杨震方先生收藏。但是据该书中出现的吕湛恩注与王渔洋的评，可以断定，王东序评点所用底本，并非青柯亭原本，当为道光二十三年广东五云楼主人所始刊刻的，用知不足斋本为底本，将吕湛恩的注与王渔洋的评合为一书的刊刻本。新中国成立前，有正书局曾出排印本，题名为《原本加批聊斋志异》，分线装八册，仍为十六卷本。但出版时，将原青柯亭本中的序、跋皆删去，只留下吕湛恩所注《聊斋志异·自志》一篇，并将卷一之首篇《考城隍》与卷五之第二篇《续黄粱》对调，将卷十之《俞恂九》改回原名《素秋》。题名《原本加批聊斋志异》，其底本为藏于杨震方先生手中之《王批〈聊斋志异〉》，但是由前者到后者，已经增删篡改，并非王氏批本原貌。据杨氏所藏原书中的“墨笔所批某处不钞，某处改字诸条”看，为此者乃有正书局主人狄平子。王东序的批语由朱笔行书过录，分眉批、夹批、回末批（附于王渔洋回末评后，双行小字）三种类型。

王东序批点《聊斋志异》，当早于冯镇峦、何守奇和但明伦。王评的政治观点与思想倾向很接近蒲松龄。如《红玉》篇“既思势不敌，敛怒为笑”句，王评曰：“笑更悲于啼，方鲠之人闻此，哪得不怒?”在“上至督抚，终不得”处，王批曰：“明代乡绅横行乃而，令人发指。”并指出此为“史公家法”，“摹神绘相，史公复生”。《宫梦弼》篇批曰：“通篇命意全在描写炎凉世态。” 作为一种传统的评点手

法，而王却推崇小说的“情”、“趣”、“韵”，其评点多从情理上做文章。这较之后来的冯、何、但三家评基本上以理以法论，批评标准颇合仁、义、礼、智、信的传统伦理思想与道德观念，似乎要高出一筹。

王氏对《聊斋志异》的艺术成就与艺术手法评点，亦不乏精彩之处。如《婴宁》篇写“（生）时见女子露半面来窥，似讶其不去者”。王氏批曰：“见字是生目在女，窥字是女目在生，一笔而画两面。”《阿绣》篇如“女以纸代裹完好，已而以舌粘之，刘怀归不敢复动，恐乱其舌痕”。王氏批曰：“绝不写市货时如何眉目传情，只此一笔，而情痴入骨，以前意态俱可想见。”王氏批语中褒扬者往往正是《聊斋志异》中出色与精妙之处。由此可见，王氏对《聊斋志异》艺术成就的把握是准确、精当的。其他诸如评点篇章结构、开头结尾皆有精当的批评。王氏认为《聊斋志异》创作也有不当之处。如认为《贾奉雉》篇中的人物性格前后不一致，批评说：“凡作文必有一定主意，通篇发挥到底。如本篇本意只是伤名士之不遇，诋闱墨之可羞，此意发挥既透，则意已尽而文可止矣。后半忽说到求仙不可，仍堕孽障，以百馀岁之鸡皮老翁复降心而学三五少年作东涂西抹态，前后竟成两截人，不亦甚无谓哉!”这些批评也是比较中肯的。王氏批评中也有对《聊斋志异》乱动刀斧，而使之伤筋动骨；甚至有许多是随意性发挥的批语，而有损于《聊斋志异》的社会价值。

清嘉庆二十三年（1818 年）冯镇峦评点《聊斋志异》。冯镇峦，字远村，四川涪陵人。据其《作令四章》自注“己丑予年七十”推之，冯当为乾隆二十五年（1760 年）生，卒年不详。嘉庆十五年（1810 年），冯镇峦 50 岁，任清溪县教谕，而仕途蹇滞。喻焜在其序中说：“一官沈黎，寒毡终老。”嘉庆二十三年应宗弟之请批点《聊斋志异》，脱稿后以抄本形式传抄乡里，至光绪十七年（1891 年）才有山西合阳人喻焜(湘荪)将王士禛、冯镇峦、何守奇、但明伦四家评合于一本序而刊行于蜀。光绪末年,重庆一得山房又据此本重刻。

该书分上中下三栏,上中栏刊评语,小字,半页每栏二十四行,行四字,无乌丝栏;下栏刊正文,大字,半页十二行,行二十六字。题《聊斋志异合评》,三色套印本。前有"合阳喻氏校刊"。喻焜序说:"因照但氏本增入,缩为十二卷。"该书现藏于四川省图书馆。冯镇峦另著有《晴云山房诗文集》、《红椒山房笔记》。

冯镇峦评点《聊斋志异》受李贽、金圣叹评点《水浒》的影响,其总评、夹评都仿效金圣叹。以"文法"评小说,自明之袁无涯、杨定见评点《水浒全传》始,中经李贽、金圣叹,继有毛伦父子发扬,此法遂成为小说评点的"正宗"。但冯镇峦评点《聊斋志异》,正处于袁枚、纪晓岚倡导笔记小说当以魏晋志怪之"述见闻"、"属叙事"、不宜"随述之笔"进行虚构,而对蒲松龄创作的《聊斋志异》颇有微词。纪晓岚批评《聊斋志异》"一书而兼二体",属"才子之笔",非"著述之笔"。反对《聊斋志异》"细微曲折,摹绘如生"的写作方法。他们分别写了《子不语》(又名《新齐谐》)和《阅微草堂笔记》与之抗衡。冯镇峦对乾嘉间出现的非议《聊斋志异》创作的风气不满。他评点《聊斋志异》,先写了《读〈聊斋〉杂记》,愤然指出:"柳泉《志异》一书,风行天下,万口传诵,而袁简斋议其繁衍,纪晓岚称为才子之笔,而非著述之体,皆訾言也。"又说"较之《水浒》、《西厢》,体大思精,文奇义正,为当世不易见之笔墨,深足宝贵"。并指出王渔洋的评点《聊斋》,"未甚搔着痛痒处,《聊斋》固不以渔洋重也"。的确,"《聊斋》得远村批评一番,另长一番精神,又添一般局面"。冯镇峦评点《聊斋》,与清代其他诸评家比较,重在宏观把握。冯评不仅肯定了蒲松龄独特的创作方法,并对清后期志怪传奇小说的创作,起到了积极

的作用。

冯镇峦对《聊斋志异》的评点是多方面的,大则为文章的主题思想、艺术特色、人物形象塑造、故事结构、场景描写;小则人物的一举一动,一招一式,甚至一字一词,他都予以评点,揭出其内蕴,开拓出另一番境界。

清嘉庆间王芑孙评点《聊斋志异》。王芑孙(1755—1818),字念丰,号惕甫,又号铁夫,别号楞伽山人,江苏长洲(今苏州)人。王早年受学于彭启丰。乾隆五十三年(1788年)诏试举,乾隆五十五年会试,尝以荐卷取内阁中书。嘉庆元年(1796年)官华亭教谕。卒于嘉庆二十二年(1818年)。王芑孙是乾嘉间著名的文学家、诗人,龚自珍尝以诗就教于他。著有《渊雅堂诗文集》。其批评《聊斋志异》当在嘉庆年间。王芑孙评点本《聊斋志异》,现藏中国社会科学院文学所资料室。该书首册第一页钤有"渊雅堂藏书记"的印章,批语均用朱笔书写,对《聊斋志异》中正文,也相应地加了圈点。由现存王芑孙的遗墨看,该批语当为王氏亲笔。王金范刊本《聊斋志异》为十八卷,王芑孙仅批一至六卷。其批语共计131条。其中眉批125条,行侧批5条,篇末批1条。各卷批语为:卷一43条,卷二16条,卷三21条,卷四10条,卷五28条,卷六13条。批语有长有短。其内容,或抒发读后感,或议论全篇主旨,或分析、评骘人物性格,或阐述章法和文中伏笔等。由于王芑孙"以诸生拔起东南,虽终其身只为一校官"(秦瀛《王惕甫墓志铭》),在批评《聊斋志异》时,是站在传统的儒家立场上,所以他对《聊斋志异》的评点并无特色。如《珊瑚》评语为"此悍虐之报"、"始告其由,愈见珊瑚之孝"、"此恶妇之报"、"此孝感所致"、"世所谓长舌妇,即此类耶?"、"观此篇,善恶之报固不爽也,人之孝友岂可不自尽哉?";《仇大娘》评语为"贤妇"、"贤母”、“可谓烈矣”，不外儒家忠、孝、节、义。批评皆寥寥数语，因事、感时循规而发，多为儒家伦理说教，未得聊斋之真谛。

清乾嘉间，方舒岩评点《聊斋志异》。方舒岩，浙江淳安县人，生平不详。但据其《聊斋志异》评点可知，他生于清乾隆间，嘉庆八年（1803 年）曾设馆浙江长林场某缙绅家，后来曾游历长安、燕都。其评点《聊斋志异》，当在嘉庆十六年（1811 年）以后。他所评点的为《聊斋志异》抄本，用纸无格，字体工整秀丽，共分四册八卷，计 139 篇，方评点达 103 篇。封面竖写“还淳方舒岩先生批本”，下面加盖“程士熊”、“秋农”两枚篆刻印章。卷首为《聊斋自志》，后为“余序”，序后署“淳邑后学咏珂氏孙振玉书”，再次为《青柯亭刻本聊斋志异例言》。有王士禛、朱缃等人题词，再有宋允睿书《云萝公主》后七绝一首：“鹤唳空宵泪自流，秋来肠断失鸾俦。倘缘得尚云萝主，便不封侯也不愁。”为他本所无。由抄本的文字差异看，此评点底本，当自青柯亭刻本。该抄本现藏安徽省博物馆，尚未付梓，故见者甚少。方舒岩由于其处境与蒲松龄基本相同，他在评点《聊斋志异》时，颇有同病相怜，“心有灵犀一点通”之奥窍。从方法上，他也模仿蒲氏“异史氏曰”的笔法，以论赞为主，大都属总评。评语主要联系社会实际，揭示作品之大旨；在评语中，有的还记述了一些独立成篇的与正文内容相类似的故事；还有的评语，列举传闻的异同处，进行考据。方氏评，力在总评，而对篇章结构、写作方法涉及不多。有很多因时感事而发的评语多涉及当时的社会、政治，带有批判的性质。如《赵城虎》“彼虎而冠者，所在多有，且日肆其爪牙，以弱肉强食为固然，而不知稍戢，则猛于虎者矣。”《王者》评曰：“异史以王者为神，诚神于惩贪矣。惜乎知州佐无罪，而不知吾民之尤无罪也。当抚公檄属官补解，非从天降也，非从地出也，仍敛之黎首也。”“或曰

抚公之死王为之，然贪囊自若，其于民究何益哉？"《小猎犬》评语，方氏借小猎犬扑杀吸人血之蜰虫蚊蚤，而发其感慨："顾听其纷纷然饮人之血，窃人之膏，盖势有不能治，虽圣人亦无如之何矣。而小王者独围猎一过，决杀殆尽。呜呼！此圣人所抱恨者而竟得之乎！"由此观之，方氏之评，当高出其他诸评家一筹。方氏评点中与现实结合的事例也不少。《续黄粱》评语中记有："余尝游长安，见夫朱轮丹毂，威福一时，未几而名挂弹章，家破人亡，有不忍言者，何得谓之梦哉！"《鸦头》篇记道："吾尝游燕都育婴堂矣。方春作保孤会时，迎神演戏，观者如堵。婴孩不下数十，卧一土坑，类骨瘦面黄，水浆多不继者，故死之十八九，存者不得一二。虽曰'育婴'，其实杀之矣。"由于方舒岩所受儒学的熏陶，其思想的局限性也是根深蒂固的。如《侠女》评中说："养老母，孝也；报父仇，勇也；斩白狐，节也；孝我母而我亦孝其母，礼也；怜生贫而为一线之续，仁也。"将其侠义之举，仍以"孝、节、礼、仁"囿之。

清道光三年(1823年)何守奇评点《聊斋志异》。何守奇(体正)，广东南海人，生平不详。从他在《聊斋志异》评点的用语中，可知他是科场得意者。所评点《聊斋志异》，道光三年经纶堂刊刻，题名《批点聊斋志异》。该评点本以青柯亭十六卷重订本、世通称"知不足斋本"为底本。款式为半页九行，行二十三字，乌丝栏，白口，版心下刻"知不足斋原本"。行间有夹批，文末有总评。扉页左题：道光三年新镌，中款：批点聊斋志异，右下题：经纶堂藏版。北京图书馆有藏本。道光十五年(1835年)，有天德堂重刻本，版心下亦镌"知不足斋原本"，下题"道光乙未年仲秋中浣绣谷杨慎修谨志"。但原刻本与重刻本，皆无何守奇的序跋。何评较冯评、但评单薄，但也绝非无可称道者，其夹评较为琐碎。总评重于对故事情节的总结。如《红玉》篇总评云："侠杀御史一家而不杀宰，意宰之不胜杀也。当兴讼时，上至督抚，卒不得直，独宰也乎哉!"《蹇偿债》总评曰："负欠豆价一石，遂至为驴以报；今负欠动数万者，其报不知何如矣。"《赵城虎》总评曰："宰庶几其不为赵城虎者。"这些都是对封建社会极为中肯的批判，亦是何评价值所在。但也有些评语囿于作者政治观点的局限，致使所评悖于作者之原意。如《婴宁》篇总评曰："婴宁憨态，一片天真，过于司花远矣，我正以其笑为全人。"这与"异史氏曰"中所说"至凄恋鬼母，反笑为哭，我婴宁殆隐于笑者矣"相悖离。《娇娜》篇评曰："娇娜一席，却被松娘夺去，使孔生矢志如雷轰时，未必不有济也。""真能好色才，不必其果为我所有也。"更远离了作者创作的初衷。

清道光二十二年(1842 年)但明伦评点《聊斋志异》。但明伦，字天叙，号惇五，一字云湖，贵州广顺人。生于乾隆末年，卒于咸丰三年(1853 年)。但氏嘉庆二十四年(1819 年)中进士，曾任庶吉士、编修，后擢御史。道光元年(1821 年)、八年典湖南、浙江乡试，道光三年分校礼闱。先后曾任过山西、山东、两淮盐运使。但氏一生著述甚富，诗、文、词、奏疏于兵燹中大半散失，现存者有五言诗十五首，《贻谋随笔》两卷，其传世之作有较高学术价值者即是对《聊斋志异》的评点。现存最早但氏自刻于"道光壬寅仲夏"(1842 年)的《聊斋志异新评》，半页九行，行二十一字。黑口，朱墨套印。墨印正文，朱印评语，评有眉评、夹评、文末总评。卷次篇目，皆同于知不足斋本。言其新评，是因王渔洋之评在先之故。但评历来为人所重，影响较大，故后屡有翻刻。

但明伦评点《聊斋志异》，据其《自序》说："岁己卯，入词垣，先后典楚、浙试，皇华小憩，取是书随笔加点。载以臆说，置行箧中。"

由此可知，其评点《聊斋志异》非一朝一夕，故一些精辟观点，散见于各篇之中。

《聊斋志异》在清代诸评家中，一般认为王士禛之评太略，冯镇峦之评能够从宏观把握，何守奇之评较为单薄，所看重的而影响较大的是但明伦的评点，无论是从作品思想的阐释与挖掘上，抑或从艺术特色的总结与微观的分析上，都达到了前人所未能达到的高峰。有的论者说，但明伦的评点颇有“集大成”之势，此说并非过誉。

在批判贪官污吏时，但明伦颇能挖掘《聊斋志异》中的深邃思想。如《梅女》篇，但氏在“袖有三百钱，便而翁也”句的眉批中说：“有三百钱便尔翁，则人尽翁也。骂尽天下贪鄙贼。”《促织》篇，但氏在“会征促织，成不敢敛户口，而又无所赔偿”句时说：“微虫耳，而竟使民倾产丧生若此哉！岂果爱民不如一促织？特以上既有所好，有司逢迎恐后，遂流毒无已，致民命不如一虫耳。”在《梦狼》篇中，但明伦尖锐地批道：“巨狼当道，则不狼者无路可通，而狼者且引类呼朋而并进矣。至堂上堂下，坐卧皆狼，墀中白骨，何可数计乎？堂内所衣，皆巨狼衔来之死人皮也；所食，皆巨狼衔来之死人肉也。未尝不扬扬自鸣得意，以为禄能养亲也，以为禄可遗后也。设有不安于是而欲舍之以去者，狼且群焉阻之，必令其进退无所依据而后止。”这种批判是尖锐而深刻的。

在《考弊司》中，但明伦在“吾辈悉属考弊司辖。司主名虚肚鬼王。”句下批曰：“名奇。司主名甚奇，其实不足奇也，凡居民上而朘人以生者，其肚之虚，较鬼王尤甚，断非髀肉一片所能餍矣。”《叶生》篇，在“时数限人，文章憎命”八字旁，但明伦夹批曰：“我读之为之大哭。”又加眉批曰：“八字中屈煞英雄不少。”

对于《聊斋志异》中的艺术特色与篇章结构，但明伦的评点也是颇有见地的,甚至对于那些极微细的传神的描写,他都能够注意到。如《任秀》篇,但明伦有段夹评曰:“欲写骰声,先写水声、人声之聒耳。舟中不寐固是难堪,更静而闻骰声,不且聒耳更甚哉!而入耳萦心者,偏觉其清越也。技痒而潜起,而捉钱,而回思,而束置,而复睡,而怔中,而又起又解,如是者三,勃发不可复忍。写尽嗜博者之神魂,绘出嗜博者之形态。”但氏对作者心理描写的评点也是入骨三分的。但氏在评点《聊斋志异》的结构手法时,也总结出“反逼法”(《嘉平公子》)、“转法”(《青梅》)、“钩连法”(《莲香》)、“紧字诀”(《莲香》)、“蓄字诀”(《陈云栖》)、“双提法”(《香玉》)、“横插笔”、“双顶笔”等名目。总之,但明伦对《聊斋志异》评点,要超出清代其他诸评家一筹。

清代诸评家评点《聊斋志异》,有其不可取代的优势,无论从政治氛围,或者人事心态上,都比较贴近作者的创作心理。

第二节　现代论著

一、论文

蒲松龄的《聊斋志异》及其他著述最初多以抄本行世。在传抄过程中难免“各有点窜,更以卷帙浩繁,择优逐趣而录,或恐有违碍,增删不一”,“……至先生手泽,十损八九”(王敬铸《蒲柳泉先生遗集·序》),给蒲学研究工作造成很大困难。因此,现代早期的蒲学研究以资料搜集为主。建国后,随着蒲学研究的深入发展,有关蒲松龄及其作品研究的论文、专著大量出现。据不完全统计,从1949年到2008年共有2000多篇论文见于全国报刊:

1949年—1966年6月　　　56篇[1]

[1] 1949年的论文数字据徐恭时:《布袍萧索鬓如丝——〈蒲学史〉引论》,《蒲松龄研究》总第18期。

1966年7月—1979年12月	73篇
1980—1982年	377篇
1983—1987年	309篇
1988—1995年	588篇
1996—2008年	600多篇

关于作家的大量研究论文,集中探讨了以下几个问题:①蒲松龄到底属于哪个民族?共有汉族、回族、女真族、蒙古族四种说法。②蒲松龄与陈淑卿的关系。③蒲松龄屡试不第、终生坎坷的原因。④蒲松龄的交游。⑤蒲松龄一生的游历踪迹。⑥蒲松龄的创作思想等。对蒲松龄作品的研究近些年已涉及作品的全部,包括《聊斋志异》、俚曲、诗词、杂著等等,分门别类向纵深发展。充分利用史料进行考证,使作品产生的时代背景更加清晰。在探讨其思想与艺术根源时,研究工作与民间文学、民俗学挂钩,并已提高到美学的高度,使蒲学研究进入到了一个新的境界。大量研究《聊斋志异》的论文内容更是丰富多彩,涉及《聊斋志异》的思想、人物塑造、结构艺术、情节艺术、语言艺术、创作方法、单篇作品评析,《聊斋》的继承与创新,在中国小说史上的地位、影响以及《聊斋志异》的版本、评点、成书年代等等,从各个方面论述了《聊斋志异》的巨大成就。

下面将关于蒲松龄及其作品研究的论文按其内容分为蒲松龄的家世生平研究、《聊斋志异》研究、诗文研究、聊斋杂著研究、聊斋俚曲研究五大类,择其要者,列表于下,以窥一斑而知全豹:[1]

❶此表参考了(韩国)朴桂花撰:《蒲松龄研究论文索引(1980—1995)》,载《蒲松龄研究》总第21期、22期、23期、25期。

序号	论文题目	作者	发表时间及刊物
	(一)蒲松龄的家世生平		
1	有关蒲松龄的几则琐谈	王统照	《人民日报》1956年10月30日、31日,11月1日
2	蒲松龄	路大荒	《前哨》1957年第1期
3	蒲松龄	冯沅君	《大众日报》1961年8月6日
4	蒲松龄与王士禛	袁世硕	《文史哲》1980年第6期
5	蒲松龄与张笃庆	袁世硕	《柳泉》1980年第2期
6	《聊斋诗集》所反映的作者的思想与生活	高明阁	《辽宁大学学报》1980年第5期
7	蒲松龄不是少数民族	蒲松龄纪念馆	《人大资料》1981年第16期
8	蒲松龄南游考略(一)	鲁童 盛伟	《蒲松龄研究集刊》第2辑,1981年
9	蒲松龄辛卯岁贡考	马振方	《文史》(15)1982年第9期
10	谈《蒲松龄设馆教书时间的考证》中的几个问题	邹宗良	《求是学刊》1982年第4期
11	蒲松龄与朱缃	袁世硕	《蒲松龄研究集刊》第3辑,1982年
12	蒲松龄交游事迹述略	劳洪	《中华文史论丛》1984年第1期
13	谈蒲松龄诸子的生年	邹宗良	《淄流》(山东淄博)1984年第4期
14	蒲松龄在西铺毕家	袁世硕	《蒲松龄研究集刊》第4辑,1984年
15	关于蒲松龄生平经历的几点考订	王枝忠	《蒲松龄研究集刊》第4辑,1984年
16	蒲松龄的崂山之行	邹宗良	《蒲松龄研究集刊》第4辑,1984年
17	关于蒲松龄的“闱中越幅被黜”商榷	杨海儒	《文献》1985年第4期
18	蒲松龄生平述考	马振方	《人大资料》1986年第2期
19	蒲松龄与丰泉乡王氏	袁世硕	《蒲松龄研究》第1辑,1987年
20	《聊斋志异》作者蒲松龄其人其事探考	张克伟(香港)	《国际聊斋论文集》,1992年7月
21	初读《蒲松龄集》所看到的	袁世硕	《光明日报》1963年2月3日

续表

序号	论文题目	作者	发表时间及刊物
22	蒲松龄年谱	张景樵	《图书馆学报》1968 年第 9 期
23	张增庆挽蒲松龄的诗	袁世硕	《蒲松龄研究》2002 年第 1 期
24	蒲松龄与韩逢庥	邹宗良	《蒲松龄研究》2005 年第 4 期
25	关于蒲松龄先世的族属问题	赵文坦	《民族研究》2006 年第 1 期
26	蒲槃生平考略	蒲先慧	《淄博市专学报》2008 年第 1 期
27	蒲松龄与赵金人交游考论	李汉举	《临沂师范学院学报》2008 年第 4 期
28	《聊斋志异》的公案诉讼篇与蒲松龄的法律思想	于天池	《蒲松龄研究》1995 年 3、4 期合刊
29	蒲松龄与李贺	八木章好（日）	《蒲松龄研究》1996 年第 3 期
30	蒲松龄“不以情胜义”的友谊观	李茂肃	《蒲松龄研究》1997 年第 1 期
31	蒲松龄的艺术个性	周先慎	《蒲松龄研究》1998 年第 4 期
32	蒲松龄的心态与聊斋创作中的情感	王　平	《蒲松龄研究》1998 年第 4 期
33	痴迷与困惑——蒲松龄科举心态解读	刘富伟	《齐鲁学刊》2000 年第 1 期
34	《聊斋志异》的创作心理论略	朱振武	《文学评论》2001 年第 3 期
35	蒲松龄的医学思想初论	韩希明	《南京社会科学》2002 年第 8 期
36	论蒲松龄的哲学思想	胡淳艳	《船山学刊》2004 年第 1 期
37	《聊斋志异》中的公案小说与蒲松龄的仁政思想	李　雯	《蒲松龄研究》2004 年 4 期
38	《聊斋志异》美学思想新探	叶旦捷	《安徽大学学报》（哲学社会科学版）2004 年第 4 期
39	从《聊斋志异》的“书生”故事看蒲松龄的创作补偿心态	侯学智	《齐鲁学刊》2006 年第 4 期
40	略论蒲松龄的名士情结	王　慧	《温州大学学报》2008 年第 1 期
	（二）《聊斋志异》研究		
1	蒲松龄对志怪传奇小说艺术传统的继承和发展	李茂肃	《文史哲》1962 年第 3 期

续表

序号	论文题目	作者	发表时间及刊物
2	谈蒲松龄对生活的描写和评述	李厚基	《光明日报》1978年5月27日
3	《聊斋志异》的"民族思想"在哪里？——《聊斋志异》札记之四	蓝翎	《光明日报》1956年2月5日
4	《聊斋志异》思想内容简论	怀萱	《人生》1963年6月10日
5	谈蒲松龄对题材的处理	聂石樵	《前哨》1958年第1期
6	略谈《聊斋志异》的短篇结构	杨柳	《雨花》第11期
7	重估《聊斋志异》的文艺价值	孟戈	《文学世界》1964年第43期
8	谈《聊斋志异》中妇女形象的一些特点	李灵年	《南京师院学报》(社科)1979年第2期
9	鲁迅论《聊斋志异》	孙昌熙	《蒲松龄研究集刊》第3辑,1982年
10	从《聊斋》略知时序的篇目试窥蒲松龄创作发展之一斑	蔡国梁	《蒲松龄研究集刊》第4辑,1984年
11	《聊斋志异》与《池北偶谈》	于盛庭 李时人	《明清小说研究》第2辑,中国文联出版社1985年12月版
12	《聊斋志异》与六朝志怪小说	田汉云	《人大资料》1986年第7期
13	《聊斋志异》与社会现实	马瑞芳	《人大资料》1991年第3期
14	东海西海 心理攸同——《聊斋志异》与《十日谈》爱情观之比较	钟明奇	《苏州大学学报》(哲社)1991年第3期
15	苦闷,孤独,期待——关于《聊斋志异》意蕴的一种阐释	杜桂萍	《人大资料》1992年第10期
16	双重超越:《聊斋》与三言二拍之比较	王平	《蒲松龄研究》1992年第2期
17	《聊斋志异》的"痴人"群象——及其与明末清初思潮的关联	八木章好(日)	《国际聊斋论文集》,1992年7月

续表

序号	论文题目	作者	发表时间及刊物
18	欲望交响曲——《聊斋》狐妖故事的心理学探索	王溢嘉（中国台湾）	《国际聊斋论文集》,1992年7月
19	《聊斋志异》与民间说话	藤田祐贤（日）	《国际聊斋论文集》,1992年7月
20	谈“狐”——《聊斋志异》札记	辜美高（新加坡）	《国际聊斋论文集》,1992年7月
21	《聊斋志异》与《红楼梦》——兼论《聊斋志异》中的女性描写	杜景华	《蒲松龄研究》1994年第2期
22	略谈《聊斋志异》的反封建反科举精神	聂绀弩	《文学遗产》1980年第1期
23	试论《聊斋志异》的无神论思想	凌　迅	《蒲松龄研究集刊》第1辑,1980年
24	《聊斋志异》萌动状态的资产阶级民主要求	晋　驼	《蒲松龄研究集刊》第1辑,1980年
25	《聊斋志异》的民族思想	晋　驼	《蒲松龄研究集刊》第2辑,1981年
26	略谈《聊斋志异》的爱情小说	唐富龄	《蒲松龄研究集刊》第2辑,1981年
27	《聊斋志异》中的知识分子问题	任孚先	《蒲松龄研究集刊》第3辑,1982年
28	形象,道德,理想——《聊斋志异》中反映家庭生活的作品琐议	徐仲元	《蒲松龄研究集刊》第3辑,1982年
29	论《聊斋志异》的妇女主题	任孚先	《齐鲁学刊》1982年第1期
30	从《聊斋志异》看蒲松龄积极入世的思想	李茂肃	《人大资料》1983年第7期
31	《聊斋志异》所反映的商人生活及蒲松龄的商人意识	于天池	《文学遗产》1983年第3期
32	关于蒲松龄民族思想的分析	诚　夫	《社会科学辑刊》1983年第3期
33	蒲松龄创作思想初探	王立兴	《蒲松龄研究集刊》第4辑,1984年
34	从文言小说的写实传统看《聊斋志异》的创作思想	王枝忠	《人大资料》1986年第5期
35	论《聊斋志异》创作心理中的潜在意识	王　平	《人大资料》1988年第11期

续表

序号	论文题目	作者	发表时间及刊物
36	论《聊斋志异》中的启蒙思想	左介贻	《江汉大学学报》(社科)1988年第1期
37	试论《聊斋志异》批判科举制度的历史意义	王枝忠	《人大资料》1989年第11期
38	文人的自缚与自救——蒲松龄创作心态管窥	陈少瑜	《人大资料》1991年第11期
39	《聊斋》中的商人意识	赵俪生	《蒲松龄研究》1991年第1期
40	论佛教思想对《聊斋》创作的影响	吴九成	《蒲松龄研究》1991年第1期
41	蒲松龄的哲学思想和宗教鬼神观念	谭兴戎	《南开大学学报》(哲社)1991年第4期
42	《聊斋志异》清官作品的思想评价问题	周先慎	《蒲松龄研究》1993年1、2期合刊
43	蒲松龄《聊斋志异》的思想境界——对明清易代之际的知识分子与微型现象的考察	张春树 络雪伦(美)	《蒲松龄研究》1994年第4期
44	《聊斋志异》中因果报应思想论析	许劲松	《人大资料》1995年第3期
45	《聊斋志异》赋予妇女诸般品性的时代意义	朱其铠	《蒲松龄研究》1995年3、4期合刊
46	《聊斋志异》的公案诉讼篇与蒲松龄的法律思想	于天池	《蒲松龄研究》1995年3、4期合刊
47	杂议《聊斋志异》中矛盾冲突的艺术构成	李厚基	《蒲松龄研究集刊》第1辑,1980年
48	对蒲松龄艺术方法的一二理解	何满子	《人大资料》1981年第12期
49	论《聊斋志异》的艺术构思	刘烈茂	《蒲松龄研究集刊》第2辑,1981年
50	《聊斋志异》的艺术特征	李茂萧	《蒲松龄研究集刊》第3辑,1982年
51	论《聊斋志异》的典型环境创造	任孚先	《东岳论丛》1983年第1期
52	哲理性和形象性的统一——浅说《聊斋志异》的寓言	孙一珍	《文史知识》1983年第7期

续表

序号	论文题目	作者	发表时间及刊物
53	驰想幻域映照人间——《聊斋》构思艺术一题	马振方	《北京大学学报》(哲社)1984年第2期
54	论《聊斋志异》的幽默讽刺艺术	左介贻	《蒲松龄研究集刊》第4辑,1984年
55	“假象寄兴”与《聊斋志异》的意境创造	张稔穰	《齐鲁学刊》1986年第4期
56	略论《聊斋志异》艺术构思的情感色彩	李灵年	《人大资料》1987年第11期
57	《聊斋》志怪艺术新质论略	袁世硕	《人大资料》1990年第3期
58	《聊斋志异》美感探源	张稔穰 王中敏	《人大资料》1992年第11期
59	《聊斋志异》艺术“空白”论	赵伯陶	《蒲松龄研究》1992年第1期
60	浅谈《聊斋志异》的艺术心理节奏美	李厚基	《蒲松龄研究》1992年第2期
61	《聊斋志异》——在“志异”的潮流中	户仓英美(日)	《蒲松龄研究》1992年第4期
62	蒲松龄,在美学层面上	何满子	《国际聊斋论文集》,1992年7月
63	论《聊斋志异》的构思艺术	雷群明	《国际聊斋论文集》,1992年7月
64	美丑的转换与包含——谈《聊斋》中的辩证法	王同书	《明清小说研究》1992年第3期
65	《聊斋志异》梦释	孙玉明	《蒲松龄研究》1994年第1期
66	《聊斋志异》艺术形式散论	王恒展	《蒲松龄研究》1995年第1期
67	蒲松龄艺术的三个特征和层次	何满子	《蒲松龄研究》1995年第3期
68	狐崇拜渊源与《聊斋》狐典型的高度艺术成就	汪玢玲	《蒲松龄研究》1995年第3期
69	论《聊斋志异》的意境创造	周先慎	《蒲松龄研究》1995年第3期
70	论《聊斋志异》的诗美及其与晚明文艺启蒙思潮的关系	李灵年 韩　石	《蒲松龄研究》1995年第3期
71	《聊斋志异》中的诗笔与诗意	林　骅	《蒲松龄研究》1995年第3期
72	黑暗王国中的一线光明——《聊斋志异》中离经叛道、超尘脱俗的妇女形象	刘敬圻	《求是学刊》1980年第1期

续表

序号	论文题目	作者	发表时间及刊物
73	《聊斋志异》刻划人物性格的几点特色	李厚基	《淮阴师专学报》1980 年第 4 期
74	试论《聊斋志异》妇女形象中人性的异化	赵俪生	《人大资料》1981 年第 4 期
75	《聊斋志异》中知识分子形象的时代感	孙一珍	《北京师院学报》(社会科学)1983 年第 4 期
76	论《聊斋志异》塑造人物的艺术特色	林　骅	《蒲松龄研究集刊》第 4 辑,1984 年
77	论《聊斋志异》中的皇帝形象	任孚先	《齐鲁学刊》1985 年第 5 期
78	《聊斋志异》里考生的三种造型(台)	董挽华	《国际聊斋论文集》,1992 年第 1 期
79	细节、动作、对比、侧写——《聊斋》写人四论	马瑞芳	《蒲松龄研究》第 1 辑,1987 年
80	观音和菱角——《聊斋》人物谈	马瑞芳	《文史知识》1995 年第 7 期
81	论《聊斋志异》的艺术结构	任孚先	《蒲松龄研究集刊》第 1 辑,1980 年
82	《聊斋》故事的开端和结尾——《聊斋志异》艺术结构漫笔之一	李厚基	《光明日报》1980 年 7 月 30 日
83	变出意外幻在意中——论《聊斋》高潮的组织	王林书 王同书	《蒲松龄研究集刊》第 4 辑,1984 年
84	“异史氏曰”在《聊斋志异》中的作用	赵馥	《蒲松龄研究集刊》第 4 辑,1984 年
85	《聊斋志异》“异史氏曰”的思想和艺术	任孚先	《文学评论》1985 年第 2 期
86	论以志怪写情爱的结构模式——兼谈《聊斋志异》的创新	李永祥	《东岳论丛》1988 年第 2 期
87	论《聊斋志异》“尧女于归型”叙事模式	安国梁	《人大资料》1992 年第 7 期
88	《聊斋志异》的叙事特征	杨　义	《人大资料》1992 年第 9 期
89	浅谈《聊斋志异》的情节提炼	刘文忠	《蒲松龄研究集刊》第 1 辑,1980 年
90	《聊斋志异》情节简论	张稔穰 李永昶	《文学遗产》1982 年第 1 期

续表

序号	论文题目	作者	发表时间及刊物
91	《聊斋志异》的语言提炼	刘文忠	《蒲松龄研究集刊》第2辑,1981年
92	《聊斋志异》语言特色简论	张稔穰	《文学遗产》1983年第2期
93	《聊斋志异》口语方言初探	耿廉枫	《蒲松龄研究》第1辑,1987年
94	论《聊斋志异》的心理描写	马瑞芳	《蒲松龄研究集刊》第4辑,1984
95	丰富,独特,生动——论《聊斋志异》的细节描写	吴九成	《明清小说研究》第2辑,中国文联出版社1985年12月版
96	《聊斋志异》中的隐喻	石育良	《求是学刊》1993年第5期
97	论《聊斋志异》的“陌生化”技巧	安国梁	《人大资料》1995年第6期
98	谈《聊斋志异》的文体	张载轩	《人大资料》1987年第9期
99	一部现实主义与浪漫主义相结合的作品——试论《聊斋志异》的创作方法	孙菊园 孙　逊	《蒲松龄研究集刊》第3辑,1982年
100	从民间文学的角度研究蒲松龄的创作特色	何满子	《光明日报》1984年7月10日
101	从文言小说的写实传统看《聊斋志异》的创作思想	王枝忠	《中州学刊》1986年第2期
102	《聊斋志异》创作方法辨析	林　骅	《蒲松龄研究》第1辑,1987年
103	从异史氏曰看理念对《聊斋志异》创作的诱导与制约	林　骅	《蒲松龄研究》1992年第2期
104	关于《聊斋志异》中《林四娘》篇的民族意识问题	孙菊园	《光明日报》1982年11月30日
105	同一题材的不同处理——读《续黄粱》	劳　洪	《文史知识》1982年第5期
106	浅谈《聊斋志异》的编次	任笃行	《蒲松龄研究》1995年3、4期合刊
107	论《聊斋志异》的诗美及其与晚明文艺启蒙思潮的关系	李灵年 韩　石	《蒲松龄研究》1995年3、4期合刊
108	《聊斋志异》赋予妇女诸般品性的时代意义	朱其铠	《蒲松龄研究》1995年3、4期合刊
109	《聊斋志异》宗教现象读解	刘敬圻	《文学评论》1997年第5期
110	天理·人欲·狐鬼神魅——《聊斋志异》的理学影响	谭开义	《明清小说研究》1997年第4期

续表

序号	论文题目	作者	发表时间及刊物
111	《聊斋志异》的男权话语与情爱乌托邦	马瑞芳	《文史哲》2000 年第 4 期
112	《聊斋志异》思想认识体系的个性特征	唐富龄	《蒲松龄研究》2001 年第 4 期
113	《聊斋志异》中的公案小说	朴明真（韩）	《蒲松龄研究》2002 年第 4 期
114	中国的恐怖小说与《聊斋志异》的恐怖审美情趣	于大池	《文学遗产》2002 年第 6 期
115	维护女性尊严的爱情故事——《王桂庵》的深层意蕴	袁世硕	《蒲松龄研究》2004 年第 2 期
116	对封建官吏入骨三分的鞭挞——《饿鬼》赏析	马瑞芳	《蒲松龄研究》2004 年第 3 期
117	续幽冥之录，诉弥天之冤——《公孙九娘》发微	袁世硕	《蒲松龄研究》2005 年第 3 期
118	论《聊斋志异》复仇作品的当代价值	王　平	《蒲松龄研究》2005 年第 4 期
119	隐含作者与真实作者——《聊斋志异·娇娜》篇创作心态探析	邹宗良	《蒲松龄研究》2008 年第 1 期
120	《田七郎》:恩报主题的超越	袁世硕	《蒲松龄研究》2008 年第 2 期
121	《聊斋志异·牧竖》的哲学诠释学解读	张同胜	《蒲松龄研究》2008 年第 4 期
122	蒲松龄之狂与其笔下的狂生	李桂奎	《山东社会科学》1998 年第 5 期
123	关于田七郎的论辩	马瑞芳	《蒲松龄研究》2002 年第 3 期
124	论《聊斋志异》中的鬼书生形象	柴国珍	《山西大学学报》2002 年第 4 期
125	死魂灵求仕的血泪文章——蒲松龄笔下的书生形象	马瑞芳	《山东大学学报》2003 年第 4 期
126	蒲松龄与《聊斋志异》中的悍妇妒女	白　燕	《社会科学辑刊》2003 年第 2 期
127	试论《聊斋志异》对贤妇形象的塑造	刘化兵	《蒲松龄研究》2004 年第 3 期

续表

序号	论文题目	作者	发表时间及刊物
128	《聊斋志异》中的狐男形象	贾海建	《淄博师专学报》2007 年第 1 期
129	蒲松龄艺术的三个特征和层次	何满子	《蒲松龄研究》1995 年 3、4 期合刊
130	论《聊斋志异》的意境创造	周先慎	《蒲松龄研究》1995 年 3、4 期合刊
131	《聊斋志异》中的诗笔与诗意	林　桦	《蒲松龄研究》1995 年 3、4 期合刊
132	论《聊斋志异》的情节结构	张稔穰	《菏泽师范专科学校学报》1996 年第 1 期
133	论《聊斋志异》的幻想艺术	刘烈茂	《明清小说研究》1997 年第 4 期
134	论《聊斋志异》创造想象的个性特征	王　平	《明清小说研究》1999 年第 3 期
135	《聊斋志异》“异史氏曰”叙事形式的探析	郑铁生	《蒲松龄研究》2001 年第 4 期
136	《聊斋志异》中的“小人世界”	辜美高	《厦门教育学院学报》2004 年第 3 期
137	《聊斋志异》叙事时间	王　慧	《蒲松龄研究》2004 年第 4 期
138	《聊斋志异》的梦幻世界	石育良	《明清小说研究》2005 年第 3 期
139	道教存想致神的思维方式与《聊斋志异》的幻想故事	黄　洽	《烟台师范学院学报》2005 年第 3 期
140	《聊斋志异》的诗性叙事	骆冬青	《明清小说研究》2007 年第 4 期
141	《聊斋志异》本事琐证	冯伟民	《蒲松龄研究》1995 年第 2 期
142	《聊斋志异》中的“阿尼玛”原型	杨　瑞	《中国人民大学学报》1996 年第 6 期
143	“画皮”故事的原型和流变	张　巍	《甘肃社会科学》2001 年第 3 期
144	《聊斋志异》中的陇上故事	张崇琛	《西部人》2003 年第 6 期
145	小兽伏虎故事的域外来源及异国情调	王　立	《南开学报》（哲学社会科学版）2006 年第 1 期
146	从文言的“双重翻译”看《聊斋志异》的语言艺术	于　平	《明清小说研究》1999 年第 3 期

续表

序号	论文题目	作者	发表时间及刊物
147	《聊斋志异》语言探微	何　鸣	《江西社会科学》2000 年第 1 期
148	简论蒲松龄《聊斋志异》艺术语言风格之渊源	吴仕钊	《理论月刊》2001 年第 1 期
149	《聊斋志异》语义琐辨	马振方	《中国典籍与文化》2001 年第 2 期
150	《聊斋志异选》"是"字用法分析	涂海强	《语文学刊》2006 年第 6 期
151	《聊斋志异》中"敬"的·种方言义	杨会永	《古汉语研究》2007 年第 4 期
152	《聊斋志异·偷桃》篇的民俗学价值	吴　迪	《江海学刊》1996 年第 6 期
153	《聊斋志异》婚恋小说与民间婚恋故事之比较	陈金文	《齐鲁学刊》1999 年第 5 期
154	《聊斋志异》中的异类崇拜民俗	南补习	《青海民族大学学报》2003 年第 3 期
155	《聊斋图说》考	吕长生	《中国历史博物馆馆刊》1996 年第 2 期
156	谈《聊斋志异》黄炎熙抄本	袁世硕	《福州大学学报》(哲学社会科学版)2002 年第 3 期
157	《聊斋志异》的版本系列	薛洪勣	《明清小说研究》2002 年第 3 期
158	《聊斋志异》抄本残卷一种	王枝忠	《福州大学学报》(哲学社会科学版)2005 年第 4 期
159	书传四海版刻严陵——赵起杲和青本《聊斋》蒲松龄研究	朱睦卿	《蒲松龄研究》2005 年第 4 期
160	清代诸家批点《聊斋志异》述评	盛　伟	《南开学报》(哲学社会科学版)1997 年第 1 期
161	试论《聊斋志异》冯评与但评的阐释价值	孙虎堂	《厦门教育学院学报》2003 年第 3 期
162	《聊斋志异》"王评"之考述	李东琴	《厦门教育学院学报》2003 年第 3 期
163	明清小说评点中的"另类"——冯镇峦、但明伦等对《聊斋志异》艺术规律的发掘	张稔穰	《齐鲁学刊》2004 年第 3 期

续表

序号	论文题目	作者	发表时间及刊物
164	芥川龙之介与《聊斋志异》——谈《地狱图》与《促织》	辛开纯	《保山师专学报》1996 年第 1 期
165	《醒梦骈言》摹袭《聊斋志异》考	陈泳超	《明清小说研究》1997 年第 4 期
166	从《情史》到《聊斋志异》	王枝忠	《蒲松龄研究》1998 年第 4 期
167	蒲松龄志怪小说与艾伦・坡哥特式小说之比较	何木英	《四川师范学院学报》1999 年第 3 期
168	清韵人格菊花香——蒲松龄与陶渊明	李剑锋	《烟台师范学院学报》1999 第 1 期
169	《十日谈》与《聊斋志异》中的女性悲剧人格比较	吴瑞裘	《龙岩师专学报》1999 年第 4 期
170	时空阻隔中的对话——《宣室志》与《聊斋志异》之比较	成　敏	《明清小说研究》1999 年第 3 期
171	略论李澄中《艮斋笔记》及其与《聊斋志异》的共同题材	白亚仁（英）	《蒲松龄研究》2000 年第 1 期
172	读《聊斋志异》小札——《聊斋志异》里的《笑林》	罗敬之（中国台湾）	《蒲松龄研究》2000 年 3、4 期合刊）
173	《聊斋志异》对越南汉文小说《传记摘录》的影响	陈益源	《蒲松龄研究》2001 年第 4 期
174	日本短篇小说《清贫谭》与《聊斋志异》	王启元	《蒲松龄研究》2002 年第 4 期
175	略论安致远《青社遗闻》及其与《聊斋志异》的关系	白亚仁（英）	《蒲松龄研究》2002 年第 1 期
176	卡夫卡与《聊斋志异》	曾艳兵	《南京师范大学文学院学报》2004 年第 2 期
177	邹弢和他的《浇愁集》兼与《聊斋志异》比较	萧相恺	《明清小说研究》2004 年第 3 期
178	《聊斋志异》、《后聊斋志异》与越南的《传记摘录》	陈益源	《厦门教育学院学报》2004 年第 1 期
179	从《聊斋志异》看清初的齐文学	高旼喜（韩）	《蒲松龄研究》2005 年第 2 期
180	爱伦・坡哥特式小说与蒲松龄志怪小说之比较	丁　铭	《长春师范学院学报》2008 年第 7 期

续表

序号	论文题目	作者	发表时间及刊物
181	中西交通视野下的《聊斋》狐狸精形象——从《聊斋》中狐狸精的“籍贯”说起	张崇琛	《蒲松龄研究》2008 年第 3 期
182	蒲松龄及《聊斋志异》在国外	王启元	《蒲松龄研究》1995 年 3、4 期合刊
183	《聊斋志异》在越南	王金地	《蒲松龄研究》1995 年 3、4 期合刊
184	《聊斋志异》在海外台港	吴九成	《世界华文文化论坛》1998 年第 3 期
185	论《聊斋志异》对越南汉文小说《传记摘录》的影响	彭美菁	《广西民族学院学报》(哲学社会科学版)2003 年第 4 期
186	近 50 年《聊斋志异》在日本的传播和研究	王枝忠	《福建师范大学学报》2006 年第 6 期
187	翟理斯译《聊斋志异选》的注释与译本的接受	孙轶旻	《明清小说研究》2007 年第 2 期
188	试论《聊斋志异》在西方的最早译介	王　燕	《明清小说研究》2008 年第 2 期
189	《聊斋志异》在俄罗斯的翻译和阿氏译本的影响	李绪兰 岳　巍	《蒲松龄研究》2008 年第 3 期
190	《人鬼情缘》情缘观众——制片人谈《聊斋》改编	张　营	《当代电视》2000 年第 1 期
191	晚清以来川剧聊斋戏的勃兴	杜建华	《四川戏剧》2002 年第 6 期
192	《聊斋志异》转化为戏曲的十种方式——以传统川剧为例	杜建华	《戏剧》2003 年第 1 期
193	简析二十世纪八十年代《聊斋志异》影视改编中的道德旋律	付岩志 黄金元	《蒲松龄研究》2004 年第 2 期
194	《聊斋志异》向戏曲演化的历史透视及其学科构建意义	杜建华	《四川戏剧》2004 年第 2 期
195	论“聊斋戏”的改编——兼评聊斋戏《仇大娘》、《祯姑》	巩武威	《蒲松龄研究》2004 年第 3 期

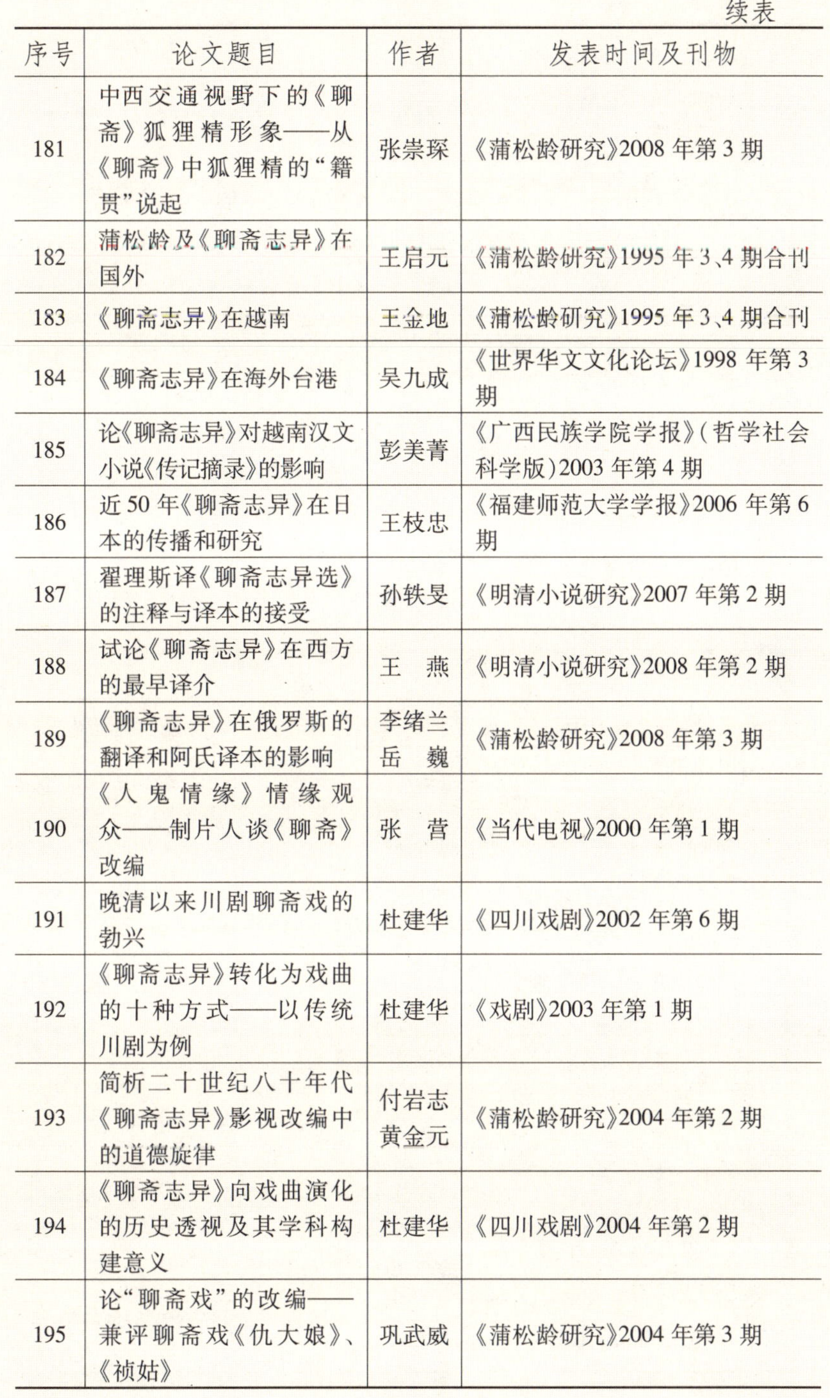

续表

序号	论文题目	作者	发表时间及刊物
196	20世纪俄苏《聊斋志异》研究回眸	李逸津	《蒲松龄研究》1999年第1期
197	二十世纪《聊斋志异》研究述评	王　平	《文学遗产》2001年第3期
198	三百年来蒲松龄研究的历史回顾	王庆云	《山东社会科学》2002年第4期
199	二十世纪蒲松龄及《聊斋志异》文献的搜集、整理与刊布	苗怀明	《古籍整理研究学刊》2006年第6期
200	近十年《聊斋志异》文本研究述略	葛丽英	《语文学刊》2006年第5期
201	近半个世纪《聊斋志异》的渊源研究及其意义	王　立	《东南学术》2007年第5期
202	二十世纪上半期《聊斋志异》文献研究述略	苗怀明	《蒲松龄研究》2008年第4期
	(三)其他		
1	对《聊斋偶存草》的考察	袁世硕等	《蒲松龄研究集刊》第1辑,1980年
2	论蒲松龄的诗及其与聊斋志异》的关系	赵俪生	《蒲松龄研究集刊》第3辑,1982年
3	谈谈《聊斋志异》稿本及其佚篇	骆　伟	《文献》1981年第12期
4	《蒲松龄集》载《日用俗字》非蒲松龄原作	于天池	《文史》1983年第9期
5	蒲松龄的《鹤轩笔札》手稿及其佚篇	邹宗良	《蒲松龄研究集刊》第4辑,1984年
6	蒲松龄杂著考论	李永祥	《蒲松龄研究》1992年第2期
7	漫谈聊斋诗	八木章好(日)	《蒲松龄研究》1992年第3期
8	谈蒲松龄的诗——《聊斋诗集笺注》前言	赵蔚芝	《蒲松龄研究》1993年1、2期合刊
9	《醒世姻缘传》作者非蒲松龄说	金性尧	《中华文史论丛》1980年第4期
10	《醒世姻缘传》简论	徐北文	《醒世姻缘传》,齐鲁书社1980年版

续表

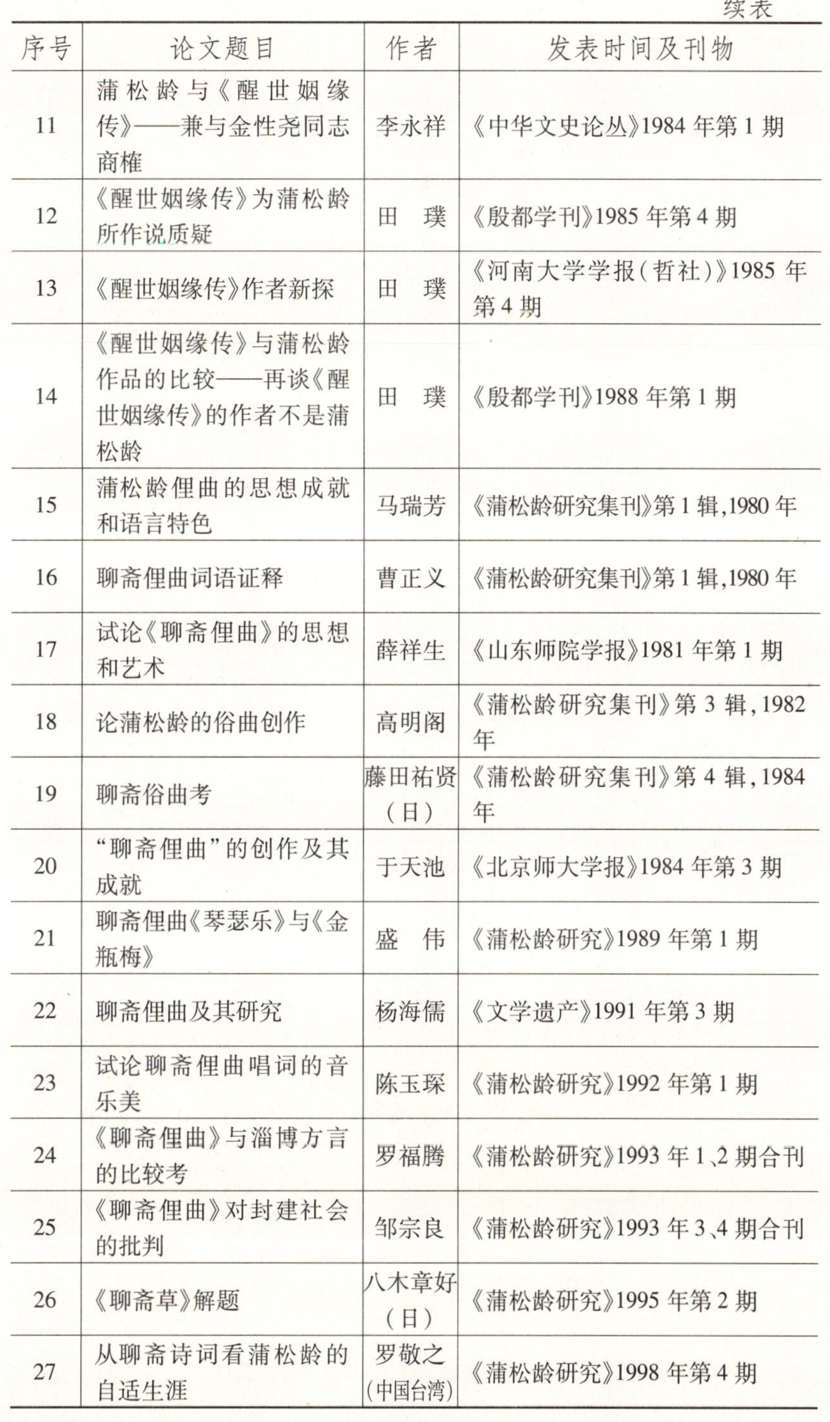

序号	论文题目	作者	发表时间及刊物
11	蒲松龄与《醒世姻缘传》——兼与金性尧同志商榷	李永祥	《中华文史论丛》1984 年第 1 期
12	《醒世姻缘传》为蒲松龄所作说质疑	田　璞	《殷都学刊》1985 年第 4 期
13	《醒世姻缘传》作者新探	田　璞	《河南大学学报(哲社)》1985 年第 4 期
14	《醒世姻缘传》与蒲松龄作品的比较——再谈《醒世姻缘传》的作者不是蒲松龄	田　璞	《殷都学刊》1988 年第 1 期
15	蒲松龄俚曲的思想成就和语言特色	马瑞芳	《蒲松龄研究集刊》第 1 辑,1980 年
16	聊斋俚曲词语证释	曹正义	《蒲松龄研究集刊》第 1 辑,1980 年
17	试论《聊斋俚曲》的思想和艺术	薛祥生	《山东师院学报》1981 年第 1 期
18	论蒲松龄的俗曲创作	高明阁	《蒲松龄研究集刊》第 3 辑,1982 年
19	聊斋俗曲考	藤田祐贤(日)	《蒲松龄研究集刊》第 4 辑,1984 年
20	“聊斋俚曲”的创作及其成就	于天池	《北京师大学报》1984 年第 3 期
21	聊斋俚曲《琴瑟乐》与《金瓶梅》	盛　伟	《蒲松龄研究》1989 年第 1 期
22	聊斋俚曲及其研究	杨海儒	《文学遗产》1991 年第 3 期
23	试论聊斋俚曲唱词的音乐美	陈玉琛	《蒲松龄研究》1992 年第 1 期
24	《聊斋俚曲》与淄博方言的比较考	罗福腾	《蒲松龄研究》1993 年 1、2 期合刊
25	《聊斋俚曲》对封建社会的批判	邹宗良	《蒲松龄研究》1993 年 3、4 期合刊
26	《聊斋草》解题	八木章好(日)	《蒲松龄研究》1995 年第 2 期
27	从聊斋诗词看蒲松龄的自适生涯	罗敬之(中国台湾)	《蒲松龄研究》1998 年第 4 期

续表

序号	论文题目	作者	发表时间及刊物
28	谈《聊斋文集》的作品题材和编纂	赵蔚芝	《蒲松龄研究》1998年第1期
29	河北大学馆藏抄本《聊斋文集》研究	洛保生	《蒲松龄研究》2002年第4期
30	对传为蒲松龄儿孙抄本的两种《聊斋诗草》的考察	邹宗良	《蒲松龄研究》2006年第1期
31	蒲松龄辞赋考论	王茂福	北京大学学报2006年第3期
32	《得月簃丛书》之《聊斋志异拾遗》考	韦　乐	红河学院学报2008年第3期
33	从《磨难曲》的创作过程看蒲松龄创作思想的变化	刘玉湘	《蒲松龄研究》1995年3、4期合刊
34	读"聊斋俚曲"札记	关德栋	《蒲松龄研究》1997年第4期
35	论聊斋"俚曲"的幽默	李永祥	《蒲松龄研究》1997年第4期
36	蒲氏碑阴俚曲十四种顺序考	盛　伟	《蒲松龄研究》1997年第4期
37	论聊斋俚曲《快曲》	巩武威	《蒲松龄研究》1997年第4期
38	《聊斋俚曲集》的多韵脚押韵方式	罗福腾	《蒲松龄研究》1997年第4期
39	聊斋俚曲通论	陈玉琛	《蒲松龄研究》1997年第4期
40	论聊斋俚曲《蓬莱宴》	巩武威	《蒲松龄研究》1999年第2期
41	庆应大学藏本聊斋俚曲《琴瑟乐》文本考议	马振方	《北京大学学报》1999年第1期
42	聊斋俚曲的一些方言词音问题	冯春田	《中国语文》2001年第3期
43	蒲松龄《聊斋俚曲集》用韵研究	张树铮	《古汉语研究》2001年第3期
44	聊斋俚曲《姑妇曲》、《慈悲曲》的"十样锦"、"十种曲"	车锡伦	《蒲松龄研究》2002年第3期
45	蒲松龄俚曲中的[银纽丝](上)	刘晓静	《中国音乐》2002年第4期
46	《聊斋俚曲》曲牌的格律	张鸿魁	《语文研究》2002年第3期

续表

序号	论文题目	作者	发表时间及刊物
47	秦腔与蒲松龄“聊斋俚曲”	巩武威	《当代戏剧》2002 年第 5 期
48	蒲松龄《聊斋俚曲集》所反映的轻声及其他声调现象	张树铮	《中国语文》2003 年第 3 期
49	聊斋俚曲与倒喇	刘水云 车锡伦	《蒲松龄研究》2003 年第 3 期
50	辛亥抄本《学究嘲引》的校勘及其意义	张廷兴	《蒲松龄研究》2003 年第 4 期
51	《闺艳秦声》与“易性文学”——兼辨《琴瑟乐》非蒲松龄所作	黄　霖	《文学遗产》2004 年第 1 期
52	六十多年来蒲松龄俚曲研究概述	邵吉志	《蒲松龄研究》2005 年第 1 期
53	《醒世姻缘传》和《聊斋俚曲集》语法特点的差异	张树铮	《古汉语研究》2005 年第 4 期
54	“南北曲”、明清小曲和聊斋俚曲——从聊斋俚曲“南北合套”曲的唱腔说起	刘晓静	《文艺研究》2005 年第 3 期
55	《风筝误》与《墙头记》比较谈	王清平 丁修振	《蒲松龄研究》2007 年第 3 期
56	《聊斋志异》子弟书的“市民化”特征分析	贾静波	《民间文化论坛》2007 年第 3 期

二、著作

(一)全集

1.《聊斋全集》四册，路大荒编，上海世界书局 1936 年版。

2.《蒲松龄集》二册，路大荒编，北京中华书局 1962 年版。

3.《聊斋全集选注》二册，刘阶平选注，中国台湾中华书局 1974 年版。

4.《聊斋佚文辑注》，盛伟辑注，齐鲁书社 1986 年版。

5.《蒲松龄全集》，盛伟编，学林出版社 1998 年版。

（二）生平

1.《蒲留仙传》，（中国台湾）刘阶平，台湾学生书局1970年版。

2.《蒲松龄传》，（日）前野直彬，秋山书店1976年版。

3.《蒲松龄年谱》，（中国台湾）张景樵，台湾商务印书馆1970年版。

4.《蒲松龄先生留仙年谱》，（中国台湾）张景樵，台湾商务印书馆1980年版。

5.《蒲松龄年谱》，路大荒著、李士钊编，齐鲁书社1980年版。

6.《蒲松龄及其聊斋志异》，（中国台湾）罗敬之编著，国立编译馆1986年版。

7.《蒲松龄事迹著述新考》，袁世硕，齐鲁书社1988年版。

8.《蒲松龄评传》，马瑞芳，人民文学出版社1986年4月版。

9.《蒲松龄传》，李永祥，山东文艺出版社1993年版。

10.《蒲松龄生平著述考辨》，杨海儒，中国书籍出版社1994年版。

11.《蒲松龄评传》，袁世硕，南京大学出版社2000年版。

12.《仙狐居士蒲松龄》，孙玉明，华艺出版社 1997年版。

13.《蒲松龄评传》，袁世硕、徐仲伟，南京大学出版社2000年版。

14.《志异圣手——蒲松龄》，马瑞芳，山东教育出版社2001年版。

15.《蒲松龄志》，袁世硕主编，山东人民出版社2003年版。

（三）《聊斋志异》

1.《蒲松龄与聊斋志异》，何满子，上海出版公司1955年版。

2.《聊斋发微》，问恨生，中华图书馆1915年版。

3.《聊斋研究》，（日）本井雅尾，作者自印1940年版。

4.《聊斋志异研究》，（日）柴田天马，创元社1953年版。

5.《聊斋志异研究》,(中国台湾)陈香,国家出版社 1983 年版。

6.《蒲留仙遗著考略与志异遗稿》,(中国台湾)刘阶平,正中书局 1950 年版。

7.《聊斋志异原稿研究》,杨仁恺,辽宁人民出版社 1958 年版。

8.《聊斋志异原稿考证》,(中国台湾)张景樵,商务印书馆 1968 年版。

9.《聊斋志异研究》,杨柳,江苏文艺出版社 1958 年版。

10.《人鬼狐妖的艺术世界》,李厚基、韩海明,天津人民出版社 1982 年版。

11.《短篇小说之王——聊斋志异漫谈》,刘欣中,花山文艺出版社 1982 年版。

12.《聊斋志异中鬼狐故事的探讨》,(中国台湾)叶惠龄,中国文化文学出版部 1982 年版。

13.《聊斋志异与唐人传奇的比较研究》,(中国台湾)徐小梅,黎明文化事业公司 1983 年版。

14.《聊斋志异鉴赏集》,人民文学出版社 1983 年版。

15.《聊斋艺术谈》,雷群明,江西人民出版社 1981 年版。

16.《聊斋志异选》,严薇青、朱其铠,齐鲁书社 1984 年版。

17.《聊斋志异欣赏》,吴组湘,北京大学出版社 1985 年版。

18.《蒲松龄与民间文学》,汪玢玲,上海文艺出版社 1985 年版。

19.《聊斋志异今谈》,双翼,百花文艺出版社 1982 年版。

20.《聊斋志异丛论》,孙一珍,齐鲁书社 1984 年版。

21.《聊斋志异的梦幻世界》,(中国台湾)郭玉雯,台湾学生书局 1985 年版。

22.《从聊斋志异探讨蒲松龄的思想视野》,(中国台湾)黄莫愁,

台湾天山出版社1985年版。

23.《聊斋艺术论》,马振方,上海文艺出版社1986年版。

24.《聊斋志异评析》,任孚先,山东人民出版社1986年版。

25.《聊斋志异纵横谈》,徐君慧,广西人民出版社1987年版。

26.《聊话聊斋》,廖苾光,广东高等教育出版社1987年版。

27.《聊斋艺术谈》,薄子涛,中国文联出版公司1987年版。

28.《聊斋艺术通论》,雷群明,上海三联书店1989年版。

29.《聊斋志异创作论》,马瑞芳,山东大学出版社1990年版。

30.《聊斋人物塑造艺术研究》,盛瑞裕,武汉出版社1991年版。

31.《聊斋创作心理研究》,王平,山东文艺出版社1991年版。

32.《聊斋志异评赏大成》,马振方主编,漓江出版社1992年版。

33.《文言小说高峰的回归——聊斋志异纵横研究》,唐富龄,武汉大学出版社1990年版。

34.《蒲松龄与聊斋志异》,于天池,北京师范大学出版社1993年版。

35.《蒲松龄论集》,王枝忠,文化艺术出版社1990年版。

36.《花妖鬼狐话聊斋》,盛瑞裕,华中理工大学出版社1990年版。

37.《聊斋艺术的魅力》,林植峰,学林出版社1995年版。

38.中国古典小说研究资料汇编,台湾天一出版社1982年版,包括:《蒲留仙》、《蒲留仙的著作》、《聊斋志异的版本》、《聊斋志异中所表现的思想》、《聊斋志异的创作背景及其影响》、《聊斋志异的写作技巧》、《聊斋志异评介》、《研究聊斋的专著序目》。

39.《灵狐妙鬼话聊斋》,刘烈茂,汕头大学出版社1997年版。

40.《蒲松龄和〈聊斋志异〉》,张稔穰,春风文艺出版社1999年版。

41.《聊斋学研究论集》,张永政、盛伟主编,中国文联出版社

2001年版。

42.《神鬼狐妖的世界(聊斋人物论)》,马瑞芳,中华书局 2002年版。

43.《鬼狐风情——〈聊斋志异〉与民俗文化》,汪玢玲,黑龙江人民出版社 2003年版。

44.《聊斋境界》,陈炳熙,湖南美术出版 2003年版。

45.《蒲松龄与〈聊斋志异〉》,袁世硕,山东文艺出版社 2004年版。

46.《〈聊斋志异〉与宗教文化》,黄洽,齐鲁书社 2005年版。

47.《从〈志异〉到"俚曲"——蒲松龄新解》,邵吉志,齐鲁书社 2008年版。

(四)诗文

1.《新式标点聊斋词集》,上海东方书局 1935年版。

2.《聊斋词集选注》,(中国台湾)刘阶平,中华书局 1970年版。

3.《聊斋编年诗集选注》,(中国台湾)刘阶平,中华书局 1974年版。

4.《聊斋文集选注》,(中国台湾)刘阶平,中华书局 1975年版。

5.《聊斋诗词选》,殷孟伦、袁世硕,齐鲁书社 1983年版。

6.《聊斋诗词选注》,赵蔚芝,山东大学出版社 1985年版。

7.《聊斋诗集笺注》,山东大学出版社,1996年版。

(五)俚曲、杂著

1.《聊斋白话韵文》,马立勋,北京朴社 1929年版。

2.《聊斋通俗戏曲选注》,(中国台湾)刘阶平,中华书局 1970年版。

3.《聊斋俚曲选》,关德栋选注,齐鲁书社 1980年版。

4.《清初鼓词俚曲选》,(中国台湾)刘阶平辑,正中书局 1968年版。

5.《农桑经校注》,李长年,农业出版社 1982年版。

6.《聊斋志异戏曲集》,关德栋、车锡伦,上海古籍出版社 1983

年版。

7.《抄本聊斋文集》，中华全国图书馆文献缩微复制中心 1998 年版。

8.《聊斋遗文七种》，马振方辑校，北京大学出版社 1998 年版。

9.《聊斋俚曲集》，国际文化出版公司 1999 年版。

10.《三百年遗响——蒲松龄俚曲音乐研究》，刘晓静，上海三联书店 2002 年版。

11.《〈聊斋俚曲〉语法研究》，冯春田，河南大学出版社 2003 年版。

三、期刊与资料汇编

1.《蒲松龄研究集刊》1—4 辑，山东大学蒲松龄研究室编，齐鲁书社 1980—1984 年版。

2.《蒲松龄研究》，季刊，蒲松龄研究所编。

3.《聊斋志异资料汇编》，朱一玄，中州古籍出版社 1986 年版。

第三节　机构活动

一、纪念、研究机构

（一）蒲松龄纪念馆

蒲松龄纪念馆是在省级重点文物保护单位蒲松龄故居基础上扩建而成的。蒲松龄故居历史上曾经被毁，长期荒废。新中国成立后，人民政府在经过大量调查论证的基础上，在原址上修复了蒲松龄故居，并成立了蒲松龄故居管理委员会，陆续开辟展室，征集藏品，展出蒲氏著作。1980 年，淄博市人民政府正式成立了蒲松龄纪念馆，下辖聊斋正房、柳泉、蒲松龄墓园等三处遗址。经过十多年的发展建设，蒲松龄纪念馆已成为驰名中外的旅游胜地，累计已接待中外游客300多万人次，被省、市有关部门命名为省级爱国主义教育基地和市级文明单位。

蒲松龄纪念馆设有资料研究室、群众工作部、陈列部、办公室、保卫科等5个部门，职工近40人。拥有各类藏品1.5万多件，包括被定为国家一级文物的蒲松龄画像、手稿、印章，较为珍贵的《聊斋志异》等旧线装抄、刻本、外文印本、港台版本；改编的聊斋故事、连环画册、戏曲、影视剧本；研究蒲松龄生平及其著述的论文、专著及相关报道杂说、书目索引、文物资料等。陈列方面，除聊斋旧居复原陈列外，还有蒲松龄生平，著述版本、蒲学研究成果等主题陈列及馆藏字画、聊斋故事泥塑等各种附属陈列，拥有6个展厅，陈列内容丰富充实、新鲜活泼、雅俗共赏。蒲松龄故居属清代北方农家建筑风格。蒲松龄纪念馆把庭院建筑、绿化也纳入陈列范畴，展室均是土坯草顶的民房结构；又精选了扶方藤、杨柳、松、石榴、白果等树种精心种植，使整个蒲松龄纪念馆古朴典雅，洋溢着鲜明的特色，令中外游客流连忘返。

蒲松龄纪念馆还拥有一支高质量的讲解导游队伍。她们的讲解水平在省内名列前茅，党和国家领导人万里、乔石、田纪云等都听过她们的讲解，赞不绝口。建馆以来，她们先后为中外游客讲解3万多次。

（二）蒲松龄研究所

蒲松龄研究所成立于1986年9月，是在蒲松龄纪念馆现有人员的基础上组建的。研究所组建以来，推出了许多重要研究成果，发表了许多论文，出版了十余部专著，其中《聊斋佚文辑注》、《蒲松龄生平著述考辩》、《全译白话聊斋志异》等在蒲学界引起一定反

响。由蒲松龄研究所主办的《蒲松龄研究》杂志，现是国内外唯一一家蒲学专业学术刊物。自1986年创刊以来推出了大量蒲学论文。其中1995年编辑出版的《纪念蒲松龄诞辰350周年专号》，全书40多万字，囊括了国内外较有影响的蒲学专家的40多篇论文，体现了蒲学最新研究成果，得到了蒲学界广泛好评。该刊现为季刊，主要设有蒲松龄生平、《聊斋志异》研究、聊斋诗文研究、聊斋俚曲、杂著研究、专家介绍、资料辑佚、新书架等栏目，面向国内外发行。

(三)蒲松龄研究会

蒲松龄研究会是淄博市群众性学术研究团体，成立于1986年，现有会员80多人。研究会成立迄今已召开了两届国际聊斋学讨论会、3届全国聊斋讨论会、12届全市聊斋学讨论会。

(四)山东大学蒲松龄研究室

山东大学蒲松龄研究室成立于1980年，袁世硕教授任主任，前后共编辑出版《蒲松龄研究集刊》4辑。

二、学术活动

1980年9月16日至20日，山东省文化局、省出版局、山东大学、省文联、省社会科学研究所和淄博市人民政府联合发起，在淄博市举办了全国第一届蒲松龄学术讨论会。这次讨论会有70多名专家出席，收到论文41篇，就蒲松龄的生平、思想、著作及影响等各方面作了广泛的新的探索和论述。

1985年9月18日至23日，山东大学、山东师范大学、山东省文联、省社联及淄博市有关单位联合举办了全国第二次蒲松龄学术讨论会。这次讨论会就蒲松龄的祖先族属问题、《聊斋志异》是否有反清思想、《聊斋志异》在中国文学史与世界文学史上的地位等问题进行了深入的探讨。

1988 年 10 月，江苏省明清小说研究会在江苏如皋举办了《聊斋志异》专题学术座谈会，有 20 名专家、学者与会，收到论文 10 余篇，不同程度地发展深化了过去的研究成果。

1991 年 10 月 18 日至 22 日，山东大学、山东省文化厅，淄博市人民政府联合举办了首届国际聊斋学讨论会。来自英、美、日、澳等国家和全国各地的专家、学者 70 余人与会，收到论文 37 篇，专著 4 部。这些论文（专著）从哲学、美学、民俗学等角度对《聊斋志异》进行了深入的探讨和研究，并从历史的宏观文化背景上考察了《聊斋志异》数百年盛行不衰的原因。

2001 年 4 月，在淄川召开了第二届国际聊斋学讨论会。由市政府、淄博学院和蒲松龄研究会联合主办。与会的国内专家 80 多人来自全国 26 个省、市、区（包括港台地区），国外专家 13 人，来自美、英、俄、德等 9 个国家。会议出版了《聊斋学研究论集——国际第二届聊斋学讨论会论文集》，会议的规模、收到的论文数、取得的成果均超过首届。

2005 年 9 月 28 日，在江苏省高邮市召开了全国第三届蒲学讨论会，同时在高邮盂城驿博物馆举办了“蒲松龄纪念馆馆藏文物书画展”。会议由高邮市政府举办，高邮市文化局和淄博市蒲松龄纪念馆联合承办。来自全国 8 个省市的 40 余位专家学者，及美国学者出席了讨论会。与会学者围绕着蒲学研究思路的创新、网络交流、史料整理等课题展开讨论。会议收到论文 30 余篇，精选 20 余万字出版了《蒲松龄研究·第三届全国蒲学讨论会专刊》。

附：

关于《醒世姻缘传》的作者问题

《醒世姻缘传》，原书本名《恶姻缘》，鲁迅先生在《中国小说史略》中，将它列为人情小说的开创者，它是明清之际较有特色的一部百回巨著。书中"《醒世姻缘传》引起"中题"西周生辑著"、"然藜子校订"。卷首有"弁语"，尾署"环碧主人题，辛丑清和望后午夜醉中书"，"凡例"八则末署"东岭学道人题"。以上所署皆非真实姓名，所以自它问世那一天起，其作者问题，就成为争论的焦点。

《昭代丛书》癸集杨复吉的《梦阑琐笔》中载："蒲留仙《聊斋志异》脱稿后百年，无人任剞劂。乾隆乙酉、丙戌，楚中、浙中同时授梓。楚本为王令君某，浙本为赵太守起杲所刊。鲍以文云：'留仙尚有《醒世姻缘传》小说，盖实有所指。'"邓之诚先生所著《骨董琐记》八卷本，1926 年刊行，在其第七卷中收录杨复吉《梦阑琐笔》中记"蒲留仙"条。后来胡适之先生在考证《醒世姻缘传》时亦引证此条，写了《〈醒世姻缘传〉考证》一文，长达 3 万余字。1931 年汪乃刚先生为上海亚东图书馆校点铅印本《醒世姻缘传》时，由徐志摩先生作序；以及孙楷第《一封考证〈醒世姻缘〉的信》都认为《醒世姻缘传》的作者可能是蒲松龄。杨复吉生活于乾隆时期，与鲍以文过从甚密。鲍以文即为赵起杲刊刻青柯亭本《聊斋志异》的鲍廷博。这就是说山东莱阳之赵起杲对蒲松龄著有《醒世姻缘传》的传言早有耳闻。

即使现在，在蒲氏后裔中，以及在苏北高邮、宝应地区仍传有蒲松龄著《醒世姻缘传》之说。近来，有人著文提出《醒世姻缘传》的作者为丁耀亢、贾凫西、河南人、淄博人、章丘人、济南人诸说。但其立论皆无铁证。要否定一位作者或者要另树起一位作者，远非一件易事。所以，关于《醒世姻缘传》的作者问题，仍然处于争鸣阶段。

至于该书的成书年代，众说不一。据孙楷第先生《中国通俗小说书目》可知“日本享保十三年（清雍正六年）《舶载书目》有《醒世姻缘》，所有序、跋、凡例与今通行本全同。则是书刊行最迟亦在雍正六年以前矣”。那么这个“辛丑”只有两种可能，即顺治十八年（1661 年）和康熙六十年（1721 年）。据曹大为先生所撰《〈醒世姻缘传〉的版本源流和成书年代》（载中华书局《文史》第二十三辑）说：“笔者从小说中找到二十一处‘玄’字，其中北图辛丑序刻本就有十七处缺末笔，而同德堂刻本只避八处，乾隆戊子刻本只避五处，同治庚午修补同德堂本只避四处。如果时在康熙之后，避当朝讳势必更严。既然该本只避‘玄’字，从这个角度也可以证明这个辛丑是康熙六十年的结论不误。”但据袁世硕先生之《稗边琐记四则》引录《颜氏家藏尺牍》卷三周在浚致颜光敏一札，言及讨回所借《恶姻缘》小说事。袁先生考定此札作于康熙二十年（1681 年），依此推断，“此书弁言所署‘辛丑’，也可以断为顺治十八年，不可能是康熙六十年。依此，此书作成于顺治年间，似可以定案”。

第二章 影 响

第一节 国内影响

《聊斋志异》问世后，风行一时，模仿之作纷纷出现。清乾隆年间主要有沈起凤《谐铎》、和邦额《夜谈随录》、浩歌子《萤窗异草》等。沈起凤"《谐铎》得《聊斋》之设想空灵、造句纤巧……而古艳盘硬，皆未之及也"[①]。《夜谈随录》则"皆鬼怪不经之事，效《聊斋志异》之辙，文笔粗犷，殊不及也"[②]。鲁迅也在其《中国小说史略》中指出："吴门沈起凤作《谐铎》十卷，而意过俳，文亦纤仄；满洲和邦额作《夜谭随录》……词气亦时失之粗暴。他如长白浩歌子《萤窗异草》……皆志异，亦俱不脱《聊斋》窠臼。"这些作品大都仅是模仿《聊斋志异》的形式，而丢掉它的寄托"孤愤"的积极精神，"谈虚无胜于言时事"（《夜谭随录自序》），离开现实生活较远，缺乏进步的思想内容，艺术水平也不高。乾隆末年，袁枚撰《新齐谐》（原名《子不语》）二十四卷，续十卷，作者自序其创作动机说："文史无以自娱，乃广采游心骇耳之事，妄言妄听，记而存之，非有所感也。"（《新齐谐自序》） 鲁迅评为："其文屏去雕饰，反近自然，然过于率意，亦多芜秽，自题'戏编'，得其实矣。"[③] 作品内容大都是些供无聊消遣

❶邱炜：《菽园赘谈》，转引自朱一玄编《聊斋志异资料汇编》第650页，中州古籍出版社1986年版。

❷清·昭梿：《啸亭续录》卷三，转引自朱一玄编：《聊斋志异资料汇编》，第640页。

❸鲁迅：《中国小说史略》第二十二篇。

的神鬼怪异之作，没有什么思想价值，不过其文笔确如鲁迅先生所评颇自然流畅。

从清乾隆末年到嘉庆初年，影响最大的是纪昀的《阅微草堂笔记》。纪昀（1724—1805），字晓岚，河北献县人，官至礼部尚书，曾主持纂修《四库全书》，是清乾、嘉时“位高望重”的学者。纪昀是最早对《聊斋志异》颇有微词的重要学者，他认为：“《聊斋志异》盛行一时，然才子之笔，非著书者之笔也。……今燕昵之词，媟狎之态，细微曲折，摹绘如生，使出自言，似无此理，使出作者代言，则何从而闻见之？又所未解也。”[①] 鲁迅认为这是“訾其（《聊斋志异》）有唐人传奇之详，又杂以六朝志怪者之简，既非自叙之文，而尽描写之致”[②]。这实际上是反对《聊斋志异》在传统的志怪小说中，用“描写委曲”的笔墨，广泛反映现实生活，而要求它回到古代笔记小说的水平上去。从这种观点出发，纪昀创作了《阅微草堂笔记》，该书在体制上有意和《聊斋志异》对立，摒弃《聊斋志异》用传奇体而以志怪的创造性，努力模仿汉晋笔记小说，“尚质黜华”，记事简要，而多所议论。思想内容上则主张“不乖于风教”，“有益于劝惩”，极力维护、宣扬封建的伦理道德或因果报应等迷信思想，因此该书不论是思想内容和艺术水平都无法与《聊斋志异》相比。只是由于该书“隽思妙语，时足解颐；间杂考辨，亦有灼见”[③]，文笔很好，加以作者的名望，使得《阅微草堂笔记》在当时文坛影响很大。

从清嘉庆到清末，受《聊斋志异》、《阅微草堂笔记》影响的文言小说主要有管世灏《影谈》、许元仲《三异笔谈》、俞鸿渐《邱雪轩随笔》、王韬《淞隐漫录》、宣鼎《夜雨秋灯录》、俞樾《右台仙馆笔记》等，这些书有的志怪色彩渐稀，流于烟花粉黛的记述；有的充满腐朽的封建说教；有的则纯粹是搜奇猎异的游戏之作，文言小说逐渐

❶盛时彦：《姑妄听之跋》转述纪昀语。
❷❸鲁迅：《中国小说史略》第二十二篇。

没落。

除文言小说之外，清代的白话小说创作也受到了《聊斋志异》的巨大影响，其中最主要的当是曹雪芹的《红楼梦》和吴敬梓的《儒林外史》。

蒲松龄的《聊斋志异》正值所谓“康乾盛世”的前半段，透过所谓“盛世”，他看到的是官贪吏虐、民不聊生。《聊斋》近五百篇，或庄或谐，或从正面，或从反面，大胆揭露了清初统治阶级对劳动人民的残酷镇压、血腥屠杀，描绘了贪官蠹吏、土豪劣绅对人民的压迫罪行，反映了封建社会的根本矛盾。《红楼梦》继承了《聊斋志异》的传统，通过具体描写贾、王、史、薛四大家族的兴衰过程，进一步宣告了封建社会必然灭亡的命运。

歌颂男女之间真挚的爱情、反映作者爱情理想的作品在《聊斋志异》中是分量最重的，也是《聊斋志异》最具创作成就的部分之一。而《红楼梦》又正是以宝、黛爱情为主线描写四大家族的兴衰过程的。《聊斋志异》的爱情观对《红楼梦》产生了深远影响。蒲松龄和曹雪芹都歌颂男女对异性的“痴情”，都创作了一批痴情男女的形象。他们赞赏汤显祖在《牡丹亭》中提出的“生者可以死、死者可以生，生而不可与死、死而不可复生者，皆非情之至者”的“至情”观，并继续向前发展，给传统的爱情主题再一次增添新的历史内容。蒲松龄在“痴情”的基础上，提出了男女之间理想的爱情应是建立在“知己”基础上的爱情，这就为男女间的相互爱慕提供了更为丰富、更为坚实的思想基础，这种进步的爱情观较之以前已经前进了一大步。曹雪芹又沿着这条创作道路前进。蒲松龄的“知己”之爱，还带有一些封建色彩，如《乔女》中的乔女，思想意识和道德观念还没有脱离封建主义的窠臼；《连城》中的连城之所以赠金乔生以助灯火，被乔生引为知己，是因为她赞赏乔生求取功名的志向，而在《红楼梦》中，乔生这种人是被贾宝玉讥为“国贼禄蠹”之流的。宝黛之间的爱情更多的是建立在对封建道德意识的共同的背叛基础上的，这就比蒲松龄更前进了一大步。

对待妇女，蒲松龄是很尊重的。《聊斋志异》中的女性形象，大都美丽、善良、聪慧、侠义、多才、能干，不亚于须眉男子。《红楼梦》更进一步认为“女儿是水做的骨肉，男子是泥做的骨肉，见了女儿很清爽，见了男子便觉浊臭逼人”。这显然是对男尊女卑社会的有力打击。总之，蒲松龄和曹雪芹都要求提高妇女的社会地位，解放妇女，蒲松龄比曹雪芹更多地保留着封建伦理观念，曹雪芹在蒲松龄思想的基础上，使《红楼梦》更多地闪烁着民主主义思想的光辉。

吴敬梓的《儒林外史》则继承了《聊斋志异》对科举制度的批判精神，并有了新的发展。

批判科举制度是《聊斋志异》的重要思想内容，它抨击了科举制度，揭露了科举制度埋没人才的罪恶，也创作了一批栩栩如生、入木三分的受科举制度迫害的人物形象。但蒲松龄对科举制度的批判，还仅仅停留在揭露其弊端上，还做不到从根本上否定这一制度。相反，作者自己倒是十分热衷功名，从 19 岁中秀才后，“三年复三年，所望尽虚悬”[①]，直考到 50 多岁还不想罢休。吴敬梓的《儒林外史》则以酣畅淋漓的笔墨，辛辣地讽刺了科举制度下受毒害的知识分子的种种丑态，并旁及当时的官僚制度、人伦关系以及整个社会风尚，进一步否定了八股取士的科举制度。正因为吴敬梓从根本上看透了科举取士的腐朽罪恶，也看透了士子们被科举扭曲了的种种卑污的灵魂，他才由先前的热衷功名，到厌弃名利富贵，36 岁时，虽有安徽巡抚荐举应博学鸿词考试，他也以病辞，并终生不

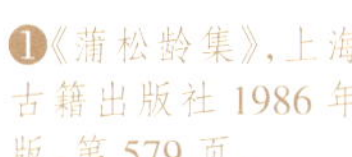
①《蒲松龄集》，上海古籍出版社 1986 年版，第 579 页。

再涉足考场。

其他白话小说如李汝珍的《镜花缘》、晚清吴趼人的《二十年目睹之怪现状》等，在妇女、揭露社会现实等问题上，都受到了《聊斋志异》的影响。

《聊斋志异》对中国戏曲的影响尤为突出。自从《聊斋志异》问世以后，早在清道光、咸丰年间就有黄燮清根据《曾友于》一篇改编的戏曲《脊令原》传奇。他还有《绛绡记》（演《西湖主》故事）、《飞虹啸》（演《庚娘》故事）等传奇作品。此外还有陈烺、陆伯和等改编的《负薪记》（演《张诚》故事）、《错姻缘》（演《姊妹易嫁》故事）、《如梦缘》（演《连琐》故事）等。此后的改编更是为数甚多，不胜枚举。全国各种地方戏曲几乎都有《聊斋志异》的改编剧目，其中仅《胭脂》一篇就有京剧、秦腔、川剧、河北梆子、山东梆子、评剧、越剧、五音戏、郿鄠剧等剧种。地方戏曲中仅川剧就改编过 60 种"聊斋戏"，京剧则有 40 多种，著名京剧表演艺术家梅兰芳、荀慧生、周信芳、欧阳予倩、尚小云、程砚秋、金少梅都曾表演过"聊斋戏"。

据纪根垠《蒲松龄著作与地方戏曲》的统计，新中国成立以前，《聊斋志异》改编的戏曲剧目有：①

剧名	别名	剧种	《聊斋志异》篇名	演出单位	说明
画中缘		川剧	画壁		
芙蓉渡		川剧	王六郎		
青凤传		京剧	青凤		
白玉楼		川剧	青凤		
画皮 画皮配	收画皮	京剧 河北梆子 川剧，秦腔	画皮		

①此表转引自朱玄编：《聊斋志异资料汇编》。

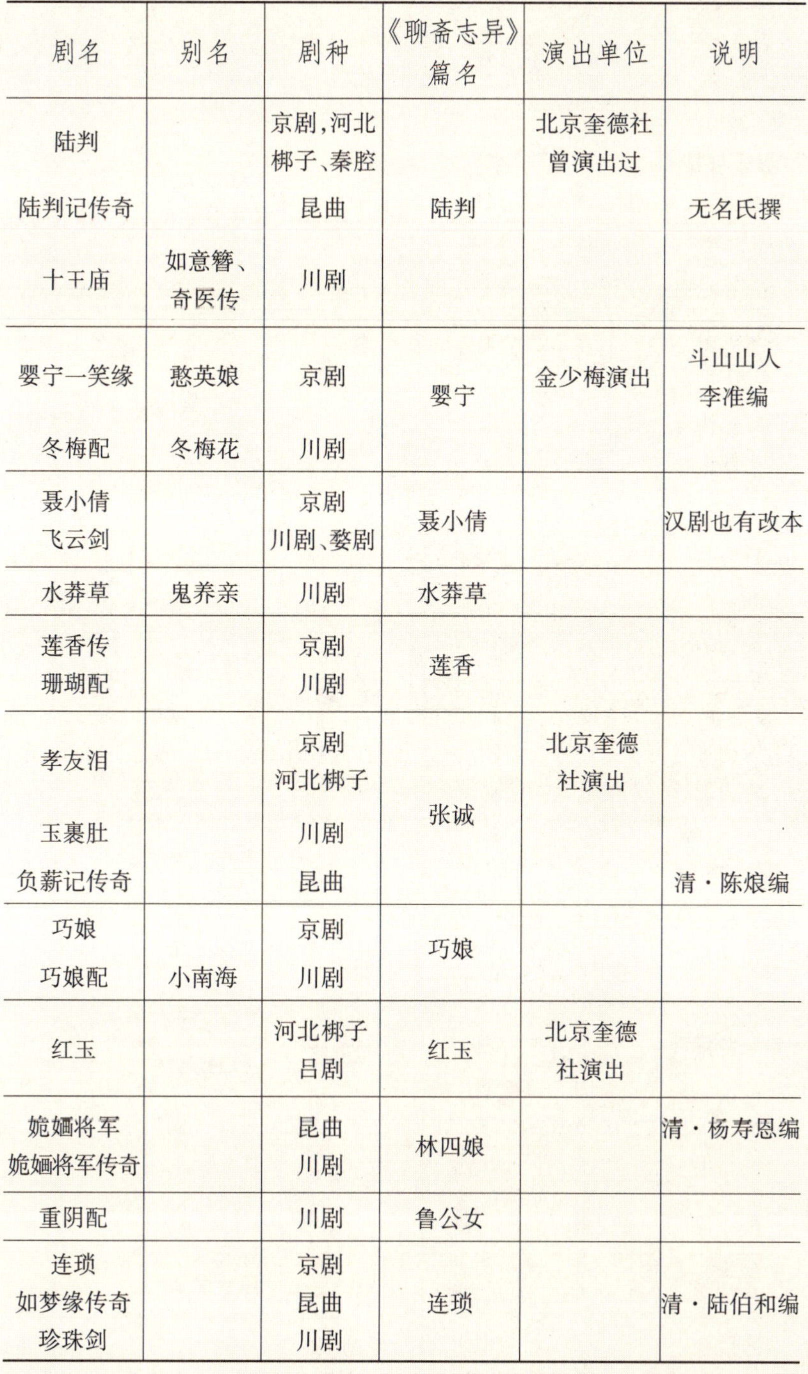

续表

剧名	别名	剧种	《聊斋志异》篇名	演出单位	说明
陆判		京剧，河北梆子、秦腔		北京奎德社曾演出过	
陆判记传奇		昆曲	陆判		无名氏撰
十王庙	如意簪、奇医传	川剧			
婴宁一笑缘	憨英娘	京剧	婴宁	金少梅演出	斗山山人李准编
冬梅配	冬梅花	川剧			
聂小倩 飞云剑		京剧 川剧、婺剧	聂小倩		汉剧也有改本
水莽草	鬼养亲	川剧	水莽草		
莲香传 珊瑚配		京剧 川剧	莲香		
孝友泪		京剧 河北梆子	张诚	北京奎德社演出	
玉裹肚		川剧			
负薪记传奇		昆曲			清·陈烺编
巧娘		京剧	巧娘		
巧娘配	小南海	川剧			
红玉		河北梆子 吕剧	红玉	北京奎德社演出	
姽婳将军 姽婳将军传奇		昆曲 川剧	林四娘		清·杨寿恩编
重阴配		川剧	鲁公女		
连琐 如梦缘传奇 珍珠剑		京剧 昆曲 川剧	连琐		清·陆伯和编

续表

剧名	别名	剧种	《聊斋志异》篇名	演出单位	说明
极乐世界 龙马姻缘 龙马姻缘	南安关	京剧 京剧 京剧	夜叉国 罗刹海市	王瑶卿演出 程砚秋演出	清·观剧道人编 清·李毓如编 罗瘿公重编
绣卷图	大年哭灵 阴阳界	川剧	连城		
飞虹啸传奇		昆曲			清·黄燮清编
庚娘传		秦腔			
		河北梆子	庚娘		
打红台	肖方杀船	川剧			王十八作肖方
图色恨		川剧			情节不尽同
宫梦弼		京剧	宫梦弼		
才子佳人 青梅传 青梅配	青梅 青梅赠金	京剧 秦腔 川剧、滇剧	青梅	欧阳予倩演出 易俗社演出	孙仁玉编
义血酬恩		京剧	田七郎	北京永春社演出	
促织恨	促织	川剧 河北梆子	促织	北京奎德社演出	
错姻缘传奇		昆曲	姊妹易嫁		清·陈烺编
紫薇剑		川剧	辛十四娘		
九得山	拿虎	川剧	赵城虎		
醉中缘	封三娘	川剧	封三娘	阳友鹤演出	
章阿端		京剧	章阿端	欧阳予倩演出	
东院楼	东望楼	川剧	章阿端		

续表

剧名	别名	剧种	《聊斋志异》篇名	演出单位	说明
花姑子 双仙缘 白象山		京剧 川剧 滇剧	花姑子		
峰翠山		川剧	武孝廉		
绡绛记 富贵神仙 湖天幻影 洞庭配 游金河		昆曲 京剧 河北梆子 滇剧 川剧	西湖主	荀慧生演出 北京奎德社演出	清·黄燮清编夹“织成”故事,陈墨香编
伍秋月	秋月配	京剧、川剧	伍秋月		
莲花公主 重梦缘		京剧 川剧	莲花公主		
蜂蝴配	醴泉寺	川剧	绿衣女		
荷花三娘子	荷花配	京剧、川剧 滇剧	荷花三娘子		
金生色 尸复仇	循环报	京剧、川剧 滇剧	金生色		
借尸报		川剧	窦氏		
马介甫 胭脂虎		京剧 川剧	马介甫	上海新民剧社曾演出	
大力将军		京剧	大力将军	北京永春社演出	
桂香阁	鬼学堂 天鬼论	川剧	小谢		
菱角配		川剧	菱角		

续表

剧名	别名	剧种	《聊斋志异》篇名	演出单位	说明
夜叉院		川剧	考弊司		
义烈奇缘		京剧	向杲		
化虎		川剧			
聂政坟		川剧	聂政		
江城		京剧	江城		
梅女		京剧	梅女		
夕阳楼	金钗案	川剧			
因果美报		评剧			
群仙岛	群仙会	川剧	仙人岛		
镜听		莆仙戏	镜听		叶滋华编
势利眼		京剧 河北梆子	胡四娘	北京奎德社演出	杨韵谱编
甄刘缘		川剧	甄后		
琴筝缘		川剧	宦娘		
玳瑁		川剧	阿绣		
虞小翠		京剧	小翠	徐碧云演出	
痴儿配	金鸡配 痴儿赶凤	川剧			
细柳		京剧	细柳		
嫦娥		京剧	嫦娥	欧阳予倩、周信芳合演	
双魂报	井中冤 绿蛾配	川剧	姚安		
崔猛		京剧	崔猛	北京荣春社演出	情节小异
双义侠		华剧			

续表

剧名	别名	剧种	《聊斋志异》篇名	演出单位	说明
凤仙传	镜中缘	川剧	凤仙		
刀笔误	投庙遇美	川剧	张鸿渐		
湘裙配		川剧	湘裙		
长亭	长亭配	京剧、川剧	长亭		
胭脂判	胭脂配 东昌府	京剧、秦腔 川剧、河北 梆子、山东 梆子、平调	胭脂		
龚王氏		京剧		小翠花演出	
牢狱鸳鸯		京剧		梅兰芳演出	情节、人名小异
夜审周子琴		评剧			情节略同
一指媒		川剧	瑞云		
因祸致福		京剧 河北梆子	仇大娘	欧阳予倩演出	
仇大娘		秦腔		易俗社演出	李约祉编
孝妇羹	珊瑚传	京剧、川剧 秦腔、河北 梆子	珊瑚	汪笑侬、刘 喜奎均曾演	
金霞配		川剧	五通		
窘得福 斩尾龟	申氏	京剧 川剧	申氏		
恒娘			恒娘	上海新民新 剧社演出	
恒娘记传奇		昆曲			清・无名士编
晚霞		京剧	晚霞	欧阳予倩 周信芳合演	

续表

剧名	别名	剧种	《聊斋志异》篇名	演出单位	说明
洞庭配	水晶介方	川剧	织成		
乌鸦配		川剧	竹青		
双妻鉴		京剧 河北梆子	大男	荀慧生演出,北京奎德社演出	陈墨香编
双官诰		川剧			
脊令原传奇		昆曲	曾友于		清·黄燮清编
一只鞋	郎中义	川剧	毛大福		
金镯配 王少安赶船		川剧 评剧	王桂庵		成兆才编
花为媒		评剧	寄生		成兆才编
粉蝶	粉蝶配	京剧、川剧	粉蝶		

近年来,聊斋戏改编的剧种涉及吕剧、五音戏、越剧、河北梆子、茂腔、柳腔、山东梆子、柳琴戏、昆曲、评剧、京剧等十多个剧种。其中,20世纪50年代河北梆子改编的《画皮》曾风行一时。在山东省境内,1959年根据《冤狱》改编的茂腔《花灯记》、1960年淄博市五音剧团改编演出的《胭脂》先后进京汇报演出。1979年,国庆三十周年献礼演出的剧目中,吕剧《姊妹易嫁》、越剧《胭脂》均获得创作一等奖。特别是淄博市五音剧团,从20世纪60年代至今先后改编演出6部聊斋戏:《胭脂》、《墙头记》、《姊妹易嫁》、《侠女》、《窦女》、《续黄粱》等,其中《续黄粱》被评为山东省精神文明建设"精品工程"。

新中国成立后根据聊斋故事改编的"聊斋戏":

剧名	剧种	《聊斋志异》篇名	演出单位
姊妹易嫁	吕剧、五音戏	姊妹易嫁	山东省吕剧团，淄博市五音剧团
胭脂	越剧、五音戏	胭脂	浙江省越剧团、淄博市五音剧团
画皮	河北梆子	画皮	天津市河北梆子剧团
花灯记	茂腔、柳腔	冤狱	青岛市茂腔剧团、即墨县柳腔剧团
王者	山东梆子	王者	山东省梆子剧团
侠女	五音戏	侠女	淄博市五音剧团
瑞云	柳琴戏	瑞云	枣庄市滕县柳琴剧团
香玉	吕剧	香玉	崂山县剧团
春江琴魂	昆曲	宦娘	北京昆曲剧院
牡丹仙子	评剧	葛巾、红玉	中国评剧院
孟芸娘	河北梆子	王桂庵	乐陵河北梆子剧团
红玉	京剧	红玉	淄博市京剧团
生死姻缘	京剧	连城	莱阳县京剧团
墙头记	五音戏	聊斋俚曲《墙头记》	淄博市五音剧团
窦女	五音戏	窦女	淄博市五音剧团
续黄粱	五音戏	续黄粱	淄博市五音剧团

《聊斋》的电影改编很早就开始了。1922 年由商务印书馆活动影戏部根据《珊瑚》改编的《孝妇羹》是最早的聊斋电影。此后到 1947 年，又有 7 家电影制片厂（公司）拍摄了 8 部根据聊斋故事改编的电影。新中国成立后，从 1961 年到 1992 年，先后有十多家电影制片厂拍摄了 16 部聊斋故事片。其中主要有西安电影制片厂的《鬼妹》，上海电影制片厂的《碧水双魂》，北影的《古庙倩魂》，由著名导演谢铁骊执导的《古墓荒斋》，峨眉电影制片厂、安徽电影制片厂联合摄制的《金鸳鸯》及潇湘电影制片厂的《幽魂奇恋》等等。

相对于电影来说，《聊斋志异》的电视剧改编起步较晚，但近些

年呈方兴未艾之势。特别是福建电视台和南昌影视创作研究所联合录制的"聊斋电视系列剧",集中了全国数十名编剧、导演,几百名演员,上千名创作人员,计划拍摄60部80集,实际完成48部78集,是近些年来规模最大的一次聊斋电视剧制作。这部系列剧陆续播出后,在全国引起一定反响,并发行到日本、新加坡、马来西亚、泰国等国家,以及我国台湾地区。王富聪、王林书分别著有《聊斋影视评论》、《聊斋影视改编研究》,对此系列大片的成败得失进行了系统的研究和评论。

第二节 国外影响[1]

《聊斋志异》对国际的影响,主要是对一衣带水的邻国日本的影响。

据日本专家藤田祐贤先生考证,《聊斋志异》在中国最早的刻本"青柯亭本"出版大约两年后(1768年后)即传入日本。到1887年,出现了第一部《聊斋志异》的日文选译本《艳情异史》。《聊斋》传入日本以后,日本文学创作陆续出现了一些根据《聊斋》故事进行小说或戏剧形式改编的作品。最早直接受到《聊斋》影响的作品是生活于1833至1918年间的汉学家石川鸿斋创作的出版于1888年的《再生奇缘花神谭》和出版于1889年的《夜窗鬼谈》中的《花神》。《再生奇缘花神谭》取材于《聊斋》中的《花神》、《香玉》,编织成一个情节更为曲折复杂的故事。而《花神》受《聊斋》的影响最为显著,其故事内容、情节结构、描写手法均与《聊斋》无异。

在日本近代文学创作中,小说家、诗人从《聊斋志异》取材更是一个显著现象。小说家尾崎红叶出版于1890年的小说《巴波川》就

[1] 本节主要参考日本藤田祐贤先生的《〈聊斋志异〉的一个侧面——关于它和日本文学的关系》(发表于《蒲松龄研究》总10期)及《〈聊斋志异〉在日本(追补与订正)》(发表于《蒲松龄研究》总18期)两篇文章。文中引文也出自这两篇论文。

是一部与《聊斋志异》有极深渊源关系的作品，其情节直接受《聊斋》中《花姑子》一篇的影响，藤田氏并认为，《巴波川》实际是以《花姑子》为蓝本构思的。

日本近代著名小说作家芥川龙之介曾创作了4篇直接取材于《聊斋志异》的短篇小说。分别是：《仙人》（取材于《鼠戏》、《雨钱》）、《酒虫》（取材于《酒虫》）、《掉头的故事》（取材于《诸城某甲》）、《仙人》（取材于《劳山道士》）。日本评论家认为，芥川的作品表现了某些奇特的情趣，其浪漫主义倾向终其一生而不改。不能不说是有《聊斋志异》的影响。

从《聊斋志异》中取材并留下了公认为好作品的是太宰治。他创作的《清贫谭》和《竹青》分别取材于《黄英》和《竹青》、《莲香》，成为能体现这位以描写家庭生活为主题的短篇小说大家创作特色的作品。

日本现代作家中受《聊斋志异》影响最大的有"芥川文学奖"获得者安冈章太郎及评论家、小说家栗田勇代。

安冈章太郎于1975年出版了《我说聊斋志异》，是完全在《聊斋志异》的影响下创作的。栗田氏则于1967年出版了《爱奴》，先是改为三幕剧，于1969年公演，博得极大好评；后又被搬上银幕，并参加了第19届柏林国际电影节，在当时的日本年青一代中引起巨大反响。他的作品"让幽鬼与生者在官能的世界中相互接触，展开了一个可以说是具有超越死亡的、给性官能涂上庄严色彩的爱的世界"。他出版于1968年的短篇小说集《爱奴系谱》则直接取材于《聊斋志异》中《莲香》、《连琐》等名篇。日本专家藤田祐贤认为，"由于（栗原）这个受到来自法国象征派和超现实主义派诗人和作品影响的现代作家的创作，《聊斋》的世界呈现出一种恍惚于现代之中

的姿态。这是日本文学中未曾见过的世界，是受到《聊斋》影响而创作的特异之作。”

此外，还有许多作家受到《聊斋志异》的影响。如：评论家、小说家涩泽龙彦的小说《护法》取材于《聊斋·陆判》；霜川远志在1971年出版了包括15篇短篇小说的《脱胎换骨的聊斋志异〈夜叉人〉》；芥川奖获得者森敦于1979年出版了《我家版聊斋志异》等等。

《聊斋志异》对日本儿童文学产生了一定影响。有1929年出版的、佐藤春夫收有《促织》等4篇聊斋故事的《支那童话集》，1967年出版的、藤田祐贤译的《中国文学名作全集》9；1977年出版的、丸山松幸、竹内良雄合译的《献给少男少女的中国古典文学》13，等等。

《聊斋志异》传入日本以后，在日本文学的土壤里结出了累累硕果，充分说明了《聊斋志异》这部不朽巨著已成为全人类的宝贵遗产。

第五篇 遗存 遗迹

蒲松龄以著书教馆穷尽了毕生精力，他给后人留存的最有价值的财富是其数百万字的著述。《聊斋志异》手稿则是价值连城的宝贵财富，可惜现存仅有半部。另外，还有《鹤轩笔札》、《柳泉居士词稿手迹》、《家政内外编》、《拟表》九篇、《蒲氏族谱》、《祭文》等手稿留存至今。蒲松龄先生的画像仅留存一幅，上面有他亲笔题跋。他的遗物则更为稀少，计有四枚印章、一方端砚、一张棕床、三册墨迹和几件出土的随葬品。值得欣慰的是，蒲松龄的故居、墓园及其西铺设馆处，经过后人的努力，仍较完整地保存了下来，可以让人们去凭吊这位著名的文学家、小说家。

第一章 遗 存

第一节 手 稿

一、《聊斋志异》手稿

现存辽宁省图书馆。

《聊斋志异》手稿，是蒲松龄的清抄稿。分上、下两函，原装 8 册，400 多页，除 3 篇序文外，存文 237 篇，其中《猪婆龙》一篇重复，《木雕美人》一篇有文无题，《牛同人》一篇已残，其余各篇均见于各刊印本及手抄本中。这 237 篇清抄稿中，有 190 篇为蒲松龄手稿，其余为他人代抄。据杨仁恺《〈聊斋志异〉手稿研究》一文介绍，该手稿原存蒲松龄后裔蒲价人处，清朝同治年间，价人从淄川老家去关东，将手稿带往沈阳。当时价人之子蒲英灏供职于清盛京将军依克唐阿幕中，依曾借去手稿阅读，后依公干去北京病故，因此下半部手稿下落不明。孙仁奎在《〈聊斋志异〉原稿在辽宁流传始末》一文中，曾提出不同意杨仁恺的说法，但下落不明却仍未否认。1934 年，《北平晨报》曾报道过《聊斋志异》原稿在苏联科学院远东分院图书馆存有 46 卷的消息，然而后来一直未见进一步证实的报道。至今仍是个谜。现存的这半部手稿，是 1948 年辽宁西丰县解放时发现

的。保存人是蒲英灏的儿子蒲文珊。蒲文珊因成分及历史问题被西丰县元宝沟农会挖了浮财,《聊斋志异》手稿当成旧书一同带到农会,西丰县政务秘书刘伯涛到该农会检查土改工作,才在准备烧火的旧书堆里发现了它,而且还有两册被土改队员的妻子带到了哈尔滨。刘伯涛又通过省府和哈尔滨联系,几经周折才找到了另两册。这半部手稿真是来之不易,刘伯涛同志独具慧眼,在发现和保护这部手稿上立了大功。1955 年,北京文学刊行社将其影印出版。

二、《鹤轩笔札》手稿

现存青岛市博物馆。

《鹤轩笔札》手稿是蒲松龄南游宝应、高邮为孙蕙当幕宾时,代孙蕙书写的书启、公文、谕告等文稿。自康熙九年(1670 年)十月至康熙十年五月共八个月之内写的。现分装四册,前两册为蒲松龄手稿,后两册是他人撰文抄写的。手稿部分共文 80 篇。第一册 32 页,收文 37 篇,正文前有对联 5 幅,封二为蒲松龄题签:"鹤轩笔札自庚戌十月初三日起至年终止。"第二册 44 页,收文 40 篇,封二仍有蒲氏题签:"鹤轩笔札辛亥正月起五月止。"这两册手稿的第一册页二的右下角还钤有两枚印章,一为阳文"松龄"二字,一为阴文"柳泉居士"四字。

《鹤轩笔札》是路大荒发现的,为了更好地保存,又经他手进行了装裱。1956 年 10 月,山东省文化局局长王统照看过后,在手稿正文前写了一段叙言,记述了《鹤轩笔札》的流传过程。附录如下:

《鹤轩笔札》四册,此二册皆留仙先生手稿。另二册则笔者不止一人,想是继留仙先生任笔札者。四册必由淄川孙家散出。盖留仙先生卅许，曾为同邑孙蕙延请，在宝应、高邮署内任书启幕故。酬答函札与较长之官谕，俱载底稿册中，虽有蒲氏印章，此二册定系孙氏留存者。今夏，大荒先生数为整理蒲氏故居，因公赴淄博市。有李君，存此四册求售，大荒返济与余语及，乃以四十元易来。原册纸薄，岁久脆折易失。八月中，大荒去北京，遂将蒲氏手册，托其带去，由琉璃厂萃文斋为精工贴装，并加布函。此等工艺，京外难有。九月中旬，介绍人李君为包裹寄到，仔细甚至。述之于此，俱可深感。近三百年之草册，竟能流传，淄川人士对蒲氏之尊重，即此可见。余以衰病之身，年来得见蒲氏笔迹数种，而前三日偶去北洋书社古籍部，竟得《聊斋志异》第一次木印本（即赵氏鲍氏共刊本，亦即青柯亭刊本，有杭州余集手书序，清乾隆三十五年刊），盖在木板上廉价书摊中，无问者。今纪此二册之由来，故附述如此。一九五六年十月三日初寒晴日。剑三。

三、《柳泉居士词稿手迹》

现存中国历史博物馆。

1956年在西安发现，为高智怡所藏，全册共32页，词目81阕，最后一阕《沁园春》有目无文，中间一阕《浣溪沙》重出，实有词79阕。词稿附有李秉衡于光绪十二年（1886年）的题词，文曰：“柳泉居士词稿手迹，世好李子席珍所贻，李家淄川，与居士裔孙等故文字交，是即有于某者。”由此可知词稿是蒲氏后裔赠与李席珍的。不知何时流入西安。

四、《家政内编》、《家政外编》手稿

现存辽宁省图书馆。

这部手稿共两册，约4万多字，131页。上册为《农桑经》残稿，下册为书斋、雅制、字画、装潢、珍玩、古谱等目类。内容相当广泛、繁杂。尚有食谱一章未有录入。该手稿与《聊斋志异》手稿同在蒲文珊处保藏，后转入辽宁省图书馆。蒲松龄纪念馆存复印件。

五、《拟表》手稿9篇

现存蒲松龄纪念馆。

1984年10月于淄博市淄川区北旺村发现，这个村距蒲松龄故居八里许。捐献人为张英三兄弟。他们的父亲张志亮是本地有名的藏书家，蒲松龄纪念馆收藏的《聊斋偶存草》抄本，就有张志亮的题记及题签。这9篇拟表是一册手稿残部。现存的部分，保存者已将其裱为册页，共37页，页高28厘米，宽14厘米，页字10行，行字27或28不等，文中有较多修改处，似为初稿。9篇中的8篇写于清康熙四十四年(1705年)。

六、《蒲氏族谱》手稿

现存日本东京庆应义塾大学。

康熙二十七年(1688年)，蒲松龄主持修成《蒲氏族谱》，亲自手录成书并写了序。此稿一直藏在蒲氏后裔手中，秘不示人。1935年前后，日本人平井雅尾在日办淄川矿业所行医。他与蒲氏后裔蒲英春相见，得到此稿，后来平井回国，将此稿与他所得数百种研究蒲氏的资料交庆应大学。据庆应大学副教授八木章好介绍："这本手稿是日本平井雅尾从蒲松龄嫡孙处得到的。此书在蒲松龄49岁时成书，记载自蒲璋至蒲松龄孙辈共13代。据平井《聊斋研究》记载，这本手稿经过长久时间，纸质有了相当严重的损毁与虫蛀。"又介绍说:“此手稿本,共一册不分卷,纵 24.5 厘米,横 13.7 厘米,封面上有题签,其上有蒲松龄亲笔题的‘般阳土著’四字,而‘般’字全缺,‘阳’、‘著’字部分缺损。般阳,淄川古名也。全书共 69 页(其中有空白一页),使用竹纸。”

七、《聊斋文集》手稿

现存山东省图书馆。

该手稿共 52 页,收文 51 篇,其中祭文 43 篇,挽联 10 幅。此稿原为路大荒收藏,全部内容皆已收入他编的《蒲松龄集》中。1955 年,时任山东省文化局长的王统照看过此手稿,并在正文前题诗二首,诗曰:“攄思托笔借园亭,孤愤能舒鬼狐型。故非妄言听须正,西风凄响夜枫青。”又:“踈岩为文字似之,不须衫履自然姿。人间尚有聊斋稿,会证先生绝妙词。”下有落款:“1955 年冬,大荒先生出此册为题二诗。统照”。款后钤方形阴文图章。崔介先生亦见过此稿,并在扉二题诗:“无端歌哭自笑之(见柳泉先生戒应酬文),天衣绚烂不见丝。书法尽洗台阁意,宇内先睹为快时。”(路大荒已将其编收入全集,盖拟影印手稿)诗后有跋语:“路大荒先生出示所藏聊斋文集手稿观后喜志数语。”落款为:“丁酉夏日时在济南。崔介。”手稿正文首篇题下钤有藏书章两枚,其一文曰:大荒烬余。其二文曰:山东省图书馆珍藏。

全稿基本完好,已进行金镶玉装裱,加有深蓝色布函,函面题签为王献唐书:聊斋文集手稿。内封面为路大荒书:聊斋文集、卷之七、祭文。

第二节 自跋画像

现存蒲松龄纪念馆,国家一级文物。

画像系绢本彩色工笔画,立轴,长258厘米,宽69厘米,清康熙五十二年(1713年)作品。蒲松龄74岁时,他的四儿蒲筠请了江南画家朱湘鳞为他画了这幅画像,先生身着清代官服,手拈银须,端庄坐椅,神采奕奕。先生对画像似非常满意,亲笔题跋两则。其一曰:“尔貌则寝,尔躯则修。行年七十有四,此两万五千余日。所成何事,而忽已白头,奕世对尔孙子亦孔之羞。康熙癸巳自题。”其二曰:“癸巳九月,筠嘱江南朱湘鳞为余肖此像。作世俗装,实非本意,恐为百世后所怪笑也。松龄又志。”跋后钤有蒲松龄图章,其中“蒲氏松龄”及“柳泉小景”印章与出土的印章相同,其他几枚已难辨认。此画像一直保存在蒲氏后人手中,世代相传,1954年捐献给蒲松龄故居管理委员会,由蒲文琪等人共同保管。1961年由专职干部蒲玉水送北京故宫博物院进行了揭裱修补,并复制两幅,一幅在中国历史博物馆展出,一幅在蒲松龄故居聊斋正房展出。

第三节 遗 物

一、蒲松龄印章

现存蒲松龄纪念馆,共4枚,国家一级文物。

1966年秋,“文化大革命”中,蒲松龄墓被掘,出土印章4枚,流散于群众手中,后经蒲松龄故居工作人员动员,群众自愿献了出来。这4枚印章皆粗质寿山石,赭色。一枚刻“松龄留仙”,方形,印面18毫米见方,印高52毫米,阴文篆字。一枚刻“留仙”,方形,印面15毫米见方,高50毫米,阳文篆字。一枚刻“柳泉小景”,方形,印面19毫米见方,印高50毫米,阳文图景。一枚刻“蒲氏松龄”,圆形,印面直径18毫米,高50毫米,阳文篆字。

二、出土随葬品

现存蒲松龄纪念馆,共5件。1966年出土。

(1)铜镜,圆形,直径88毫米,双兽纹北魏时器物。

(2)锡酒壶,淄川民间常用器物,高190毫米,壶口直径52毫米。

(3)锡酒盅,民间器物,上口直径40毫米,高30毫米。

(4)旱烟袋,淄川民间常用器物,铜咀铜烟锅,竹烟杆。因烟杆已腐朽,长度不详。

(5)铜头簪,长170毫米,素面。

三、端砚

现存蒲松龄纪念馆。

石质为下等端石,已断为两截,用两枚铜锯锯合,不规则椭圆形,长12厘米,宽9厘米,厚2厘米。外有铜盒。原由蒲氏十世孙蒲文琪保存。1956年捐献给蒲松龄故居管委会。

四、棕床

现存蒲松龄纪念馆。

此床原是毕家旧物,蒲松龄设馆毕家用过此床,1956年征集到蒲松龄故居保存并展出。楸、榆木床架,棕织床面,长216厘米,宽

116厘米，高50厘米。三面有裙板，板上刻有明代画家冯启震的画竹，配五言诗一首："烁雨苔花满，秋风竹影低，看竹宿竹里，明月照山溪。"落款："辛亥夏书山□。"

五、墨迹

现存蒲松龄纪念馆。共三册。

第一册是蒲松龄手抄《庄子·秋水》篇，共6页，页9行，行26字。

第二册是蒲松龄手抄前人的诗、赋、文等。共82页，页9行，行34字。

第三册是蒲松龄手抄他人的制艺文。共11页，页9行，行26字。内抄《单题》、《反面题》、《段落题》、《杠檐题》、《截上下题》、《二扇题》、《三扇题》等。扉页上钤有"蒲松龄印"及"柳泉"两印章。

第二章 遗 迹

第一节 故 居

蒲松龄故居，位于山东省淄博市淄川区洪山镇蒲家庄。原为东向大门一间，北堂屋三间（即聊斋），东西厢房各两间。方正石及乱石墙基、青砖柱门窗、草屋房面，小青瓦接檐。是北方农村的典型建筑。抗日战争期间，遭侵华日军焚毁。新中国成立后，山东省政府派省文物管理委员会、文联路大荒、陶钝等前来考察，于1954年拨款

蒲松龄故居正房室内陈设

进行修复。修复后，东大门门楣上悬挂王献唐手书“蒲松龄先生故居”门匾，院内植树绿化。聊斋正房及东厢房进行了简单的陈列。1958年，淄博市文化局调配一名专职干部，并成立了由市、区、公社、村各级干部参加的蒲松龄故居管理委员会，进行保护管理。再次拨款征购南院及南大门，同时进行了修复。1961年，省政府公布为省级重点文物保护单位。1976年，修复南大门两侧平屋“磊轩”。至此，基本完成了故居的修复，面积1500平方米，房屋共14间（包括两座大门）。1980年，在故居的基础上建立了纪念馆，扩大了面积，完善了陈列。成为遐迩闻名的名人纪念馆。2006年5月25日，国务院核定公布蒲松龄故居为第六批全国重点文物保护单位。（详见第六篇第一章纪念建筑）

第二节　墓　园

位于蒲家庄东门外一里许，整个墓园占地一千多平方米。内有古墓30多座，古柏30多株。蒲松龄墓在西北隅。封土高两米多，“文化大革命”中被红卫兵挖掘，红卫兵走后，蒲家后人随即修复。墓前有清雍正三年（1725年）张元撰《柳泉蒲先生墓表》石碑一座，全文如下：

先生讳松龄，字留仙，一字剑臣，别号柳泉居士。以文章意气雄一时。学者无问亲疏远迩，识与不识，盖无不知有柳泉先生者。由是先生之名满天下。先生初应童子试，即以县、府、道三第一补博士弟子员，文名籍籍诸生间。然如棘闱辄见斥，慨然曰：“其命也夫！”用是决然舍去，而一肆力于古文。奋发砥淬，与日俱新。而其生平之佗

蒲松龄墓

傺失志，濩落郁塞，俯仰时事，悲愤感慨，又有以激发其志气。故其文章颖发苕竖，诡恢魁垒，用能绝去町畦，自成一家。而蕴结未尽，则又搜抉奇怪，著有志异一书。虽事涉荒幻，而断制谨严，要归于警发薄俗，而扶树道教，则犹是其所以为古文者而已，非漫作也。先生性朴厚，笃交游，重名义；而孤介峭直，尤不能与时相俯仰。少年与同邑李希梅及余从伯父历友、视旋诸先生，结为郢中诗社，以风雅道义相劘切，始终一节无少间。乡先生给谏孙公，为时名臣，而风烈所激。其厮役佃属，或阴为恣睢，乡里莫敢言。先生独毅然上书千余言以讽。公得书惊叹，立饬其下，皆敛戢。新城王司寇先生素奇先生才，屡寓书，将一致先生于门下，卒以病谢，辞不往。呜呼！学者目不见先生，而但读其文章，耳其闻望，意其人必雄谈博辩，风义激昂，不可一世之士；及进而接乎其人，则恂恂然长者；听其言则讷讷如不出诸口；而窥其中则蕴藉深远，要皆可以取诸怀而被诸世。然而厄穷困顿，终老明经，独其文章意气，犹可以耀当时而垂后世。先生之不幸也，而岂足以尽先生哉！先生祖讳生汭。父讳槃。娶刘氏，增广生刘公季调女。子四人，孙八人。曾孙四人，五世孙才一人。所著文集四卷，诗集六卷，聊斋志异八卷。以康熙五十四年正月二十二

日卒，享年七十有六。以本年葬村之东原。又十一年为雍正改元之三年，其孤将为碑以揭其行，而以文属余，以余于先生为同邑后进，且知先生之深也，乃不辞而为之文，以表于墓。铭曰：

有文不显，有积不施，蓄久而炽，为后之基，以征以信，视此铭辞。

同邑后学张元撰

雍正三年岁次乙巳二月

柳泉蒲先生墓表碑阴：

父生于崇祯十五(误)年四月十六日戌时，卒于康熙五十四年正月二十二日酉时。

母生于崇祯十八年十一月二十六日申时，卒于康熙五十二年九月二十六日未时。

附记杂著五册

省身语录　怀刑录　历字文　日用俗字　农桑经各一册

戏三出

考词九转货郎儿　钟妹庆寿　闹馆

通俗俚曲十四种

墙头记　姑妇曲　慈悲曲　翻魇殃　寒森曲　琴瑟乐　蓬莱宴　俊夜叉　穷汉词　丑俊巴　快曲各一册　禳妒咒　富贵神仙后变磨难曲　增补幸云曲各二册

奉祀男　廪生箬

首贡生箬

篪

庠生筠

孙　　立懋

　　　庠生立惪

　　　立愚

　　　立志

　　　立忠

　　　立烈

　　　立宪

　　　立惁

曾孙　　一□

　　　一泓

　　　一涵

　　　一湜

元孙　　庭槐

1954年修复故居时建碑亭一座，四门四角，砖瓦结构。“文化大革命”中石碑被砸毁，1979年据原碑拓片重刻一座立于亭内。同时亭前又新刻石碑一座，由沈雁冰手书“蒲松龄柳泉先生之墓”九个大字。

第三节　柳　泉

柳泉位于蒲家庄东门外。原名满井，蒲家庄早年因此井而得名为满井庄。明朝末年，蒲姓日繁，所以满井庄才改名为蒲家庄。柳泉始创于何时何人，已不能溯其源，只有蒲松龄于清康熙五十二年撰

今日柳泉

写的《募建龙王庙序》碑文，是最早记载柳泉的文献。碑文说："淄东七里许，有柳泉，邑乘载之，志胜也。水清以洌，味甘以芳，酿增酒旨，瀹增茗香。""深丈许，水满而溢，穿甃石瀌瀌出焉。故土人又名满井。"井北高埠有七圣殿及龙王庙等建筑。蒲松龄写的《柳泉消夏杂咏》曰："一曲清泉数行柳，此中可许我诛茅。"他非常喜爱柳泉，曾说过"予蓬莱不易也"。所以自号"柳泉居士"。传说他曾在此设茶待客，与过往行人作促膝之谈，听他们谈狐说鬼，以搜集创作素材。

今日柳泉，旧景依稀，与修复蒲氏故居的同时也进行了恢复旧景的建设。现已修复茅亭一座，植绿柳数十株，井水原已枯竭，现改用人工水使泉水复出。井旁还新立沈雁冰手书"柳泉"石碑一座，字体刚劲娟美，为柳泉又添一胜。北面高埠上由蒲家庄投资恢复古庙一组，一并对游人开放。

第四节　西铺设馆处

位于淄博市周村区王村镇西铺村。蒲松龄自清康熙十八年

(1679年)至康熙四十九年(1710年)在这里执教达30年之久。这里也可以说是他的第二故居，他在这里完成了他一生中大部分著作，为我国留下了宝贵的文学遗产。馆东毕家是淄川的名门望族，馆东毕际有曾是山西稷县知县，他的父辈兄弟八人都是明朝的进士，位居高官，特别是毕自严，曾是明崇祯时的户部尚书。家有宅第数百间，其中绰然堂、振衣阁是主体建筑。蒲松龄就在绰然堂授徒。他在许多作品中都提到过自己生活过的这些地方，如《绰然堂会食赋》、《狐梦》等。同时，他还代毕家撰写了大量的序、传、书启、婚启、行实、墓志、祭文等，不下几十篇，在这里留下了他深深的生活烙印。

毕家这座庞大的官僚宅第，经过历史的变迁，已经荒落和废圮了，唯一留下的振衣阁，也因年久失修几近倒塌了。随着蒲松龄故居修复及聊斋作品整理，西铺蒲松龄设馆处，日益被政府重视。1985年开始，淄博市及周村区多次拨款进行整修。现已恢复绰然堂，整修了振衣阁及东西两厢房。并设立管理机构，进行了必要的陈列，对外开放，接待中外游人。

石隐园是毕家的花园，以石景为主的私人园林。蒲松龄在这里留下许多诗文，如《逃暑石隐园七律二首》、《读书石隐园，两餐仍赴旧斋七古一首》、《石隐园七律一首》、《冬初过石隐园即景五古一首》等。可惜该园年久失修，已为毕家后人盖了住房。只有从蒲松龄的作品去领略当时的情景了。

第六篇　现代纪念物

第一章　纪念建筑

第一节　蒲松龄纪念馆

蒲松龄纪念馆，是在蒲松龄故居的基础上建立的。1980 年 4 月，由淄博市人民政府行文公布。当时编制二人，一名馆长，一名工作人员。有两个展室，即聊斋正房及聊斋版本展室，展品不足百件。建馆后，规模不断扩大，并大力搜集文物资料，充实馆藏。至 1985 年，已初具规模。5 年中，政府共投资 100 多万元，征购蒲氏后裔民

蒲松龄纪念馆大门

房50多间，增添了库房、资料室、办公室、陈列室以及陈列橱、架等。截止到1995年底，全馆有民房64间，占地面积5000多平方米。分设6个小院，7个展室，即聊斋正房、蒲松龄生平、聊斋版本、聊斋故事彩塑、聊斋研究、名人题评书画等展室。展览面积2000多平方米，展品近千件。2001年，蒲松龄纪念馆扩建一处供游客休憩的场所"拙园"。整个纪念馆与蒲松龄所处时代协调一致，又具有中国北方农村的特点，古朴典雅，古色古香。加之大门门楣上悬挂郭沫若手书"蒲松龄故居"五个金字，使这个名人纪念馆更加璀璨生辉。建馆以来，一直深受国内外游客的好评。20世纪八九十年代每年接待游客十几万人次，最多一年接待游客18万人次，进入21世纪，仍每年接待游客十万人次。是淄博市乃至全省重要旅游点之一，也是爱国主义教育的重要阵地。1985年，成立了蒲松龄研究所，与纪念馆一个单位两个牌子，并创办学术刊物《蒲松龄研究》(季刊)，截至2008年底，已出版69期。资料室已征集、收藏各类藏品及研究资料近万件，其中国家一级藏品9件。全馆有工作人员39人，其中研究馆员1人，馆员14人，助理馆员8人。

第二节　聊斋园

聊斋园，是一处综合性体现聊斋意境的游览场所。位于蒲家庄东原柳泉旧址，包括蒲松龄墓园，占地24公顷。由蒲家庄农民投资5000多万元兴建，规模宏大，内容丰富。园内建有：(一)艺术陈列馆，陈列蒲松龄生平、名人题词作画、刻瓷、雕塑等艺术品，还有碑廊、石景等。(二)狐仙园，建有聚仙峰、荷花三娘子、护红石、八大王、留仙桥、小翠亭、共笑亭等景观。(三)石隐园，模拟西铺毕家石隐园原景建成，有万笏山、蛙鸣石、鱼跃石、丈人石、雨钱石、虎豹石等石景，还有远心亭、迟月亭、霞绮轩、同春堂等仿古建筑。（四）聊斋宫，运用现代彩塑、电影特技、灯光音响相结合的艺术手段，再现聊斋故事《罗刹海市》、《席方平》、《画皮》、《娇娜》、《尸变》等情景。（五）聊斋故事实景，以《聊斋志异》名篇《连琐》、《宦娘》等故事内容，在松林中设置假山、石景、茅舍等。真实地表现故事情节，给人以如临其境的感觉。（六）满井寺，也就是原有的七圣殿和龙王庙，因早年废圮，现重新恢复。（七）蒲松龄墓园，亦在聊斋园内供观众瞻仰。该园年接待中外游人 15 万人次，管理人员 90 多人。为方便游人就餐，还设柳泉山庄餐馆，可同时容纳 160 人就座。1999 年始，蒲家庄又投资 3000 余万元，在聊斋园的基础上兴建“聊斋城”，已初具规模。2002 年，首届中国淄博国际聊斋文化旅游节在蒲家庄举办。

第三节　留仙湖公园

淄川城南，原般水及孝妇河交汇处。20 世纪 60 年代修了一个小水库。1985 年，淄川区把这里开辟为公园。因为当年蒲松龄南游归来曾在这里垂钓过，所以淄川区就把这个水库命名为留仙湖，公园也叫留仙湖公园。该公园占地面积 45 公顷，其中水面 15 公顷。园内有人造沙滩，大型游乐器械“施风”、“碰碰车”、“碰碰船”、“游龙戏水”等。另外还有微型旱冰场、汉阳轩、九曲湖中桥、凌虹桥诸胜。淄川区老干部活动中心也建在湖畔。整个留仙湖，绿树环围、古朴典雅、风景宜人。因淄川服装城就在湖边，整日人山人海，游园人络绎不绝，年接待游人 600 多万人次。

第四节　松龄中学

位于蒲松龄故里蒲家庄南，为淄川区洪山镇集资兴建，占地面积2公顷。建筑面积6000多平方米，总投资300多万元，1989年建成，可容30个教学班及有关配套设施，形式为工字形四层教学、办公大楼。是洪山镇历史上投资最多、规模最大的教育基本建设。

第五节　柳泉大厦

位于淄川服装城内、留仙湖畔，为淄川水利局投资兴建。楼高10层，1994年11月竣工并投入使用。大厦为鞋帽专营批发商场，通高31米，总建筑面积12000平方米，总投资1600万元。一、二、三楼已有摊点686个，经营业户686户。四至七楼为对外出租房间，供外地商家办事机构使用，年收入已达300多万元。大厦设管理处，工作人员52人。

大厦外形美观大方，整体方形，东北角为大屋顶孔雀蓝琉璃屋面，墙面贴白色长形瓷砖，色彩鲜明，为江北第二鞋帽商城。楼顶四个金色大字“柳泉大厦”，为原人民日报社社长邵华泽手书。楼正面“柳泉鞋帽城”五个大字为原全国人大常委会副委员长王光英手书。1998年大厦改为小商品专营批发商场。

第六节　聊斋路

湖田至南庄公路经过洪山镇的一段，命名为聊斋路。北起松龄

路东首，南至洪山涧北桥，全长3.3公里，路面宽31米，主车道按国家一级公路修建。该工程于1991年10月建成，总投资1200多万元，大部为洪山镇筹集。中段接仙乡路，500米即到蒲松龄故居。为参观蒲松龄故居及聊斋园的必经之路。

第七节　松龄路

位于淄川城，分松龄东路、松龄西路，东起聊斋路段北首，西至西山路，全长4.2公里。松龄东路为新建路，全长2400米，路面宽42米，1986年动工修建，1987年竣工通车，总投资716万元。该路是张博公路通往蒲松龄故居的重要通道。两侧有华辰集团、华星集团、杜坡山公园、般阳山庄等单位及建筑。松龄西路，全长1.8公里，为淄川商业区之一。

第八节　柳泉路

位于淄博市政府所在地——张店。原名西三路，1986年改建命名。纵贯张店城区中心，是张店的重要交通干道。南起昌国路，穿胶济铁路立交桥，北至桑北路，长3公里。路宽47米。中间快车道16米，两侧各有2.5米的花坛隔离带，隔离带外是人行道和慢车道，全路建有两个直径50米的环行岛。总投资2000万元。1991年又向北延伸至魏北路，增3.2公里，使柳泉路总长达6.2公里。路东侧人行道外有人工园林、喷泉、草坪、亭台、山石等小景，造型各异，是市民休息的好场所。路两边建有世纪大厦、火炬大厦与广场、广电大厦、中银大厦、职工文化活动中心、电信大楼、人民公园等。2002年，路

面、人行道升级改造，两侧绿化美化，总投资 3000 万元。

第九节　石牌坊

位于蒲家庄西门外仙乡路西头。1997 年 5 月落成。牌坊为花岗岩石料建筑，跨路三孔四柱。中间大孔为车行道，两侧小孔为人行道。四柱皆八菱形，大面 0.4 米，小面 0.3 米，顶高 14 米，柱顶镶有

蒲氏故里牌坊

变形狐狸，底座石高 0.7 米，长 3 米，宽 1 米，上有抱鼓 8 面，底座石两头皆有变形狐狸头浮雕。大孔门楣上，东、西两面皆有阴刻贴金四个大字。东面为“柳泉遗风”，是山东大学教授、书法家蒋维崧书；西面为“蒲氏故里”，是全国政协副秘书长、原国家文物局局长孙轶青书。两小孔门楣上装饰有浮雕《聊斋故事图》。整个建筑庄重浑厚、古朴典雅，是参观蒲松龄故居、游聊斋园的第一景观。

第二章　纪念艺术品

第一节　字　画

一、题联、诗词

题为蒲松龄故居

郭沫若

写鬼写妖高人一等

刺贪刺虐入骨三分

一九六二年初冬

题蒲松龄先生故居

老舍

鬼狐有性格

笑骂成文章

一九六二年

题赠蒲松龄纪念馆

胡絜青

妖魔鬼怪成四害

嬉笑怒骂皆文章

一九七九年五月

敬题蒲松龄故居

叶圣陶

幼年颇读聊斋垂老犹能不怕鬼

译本遍传异域奇文共赏固宜然

一九八三年夏

敬题蒲松龄故居

顾颉刚

荡气回肠疑屈子

主文谲谏胜庄生

一九七九年四月

参观蒲松龄纪念馆留书

刘海粟

聊斋声名震四海

一代文宗昭遗爱

一九八三年十一月十七日

题蒲松龄纪念馆

吴作人

岂有真鬼狐前贤形此箴世

安得装妖冶后代剥它画皮

一九八〇年元月

为蒲松龄先生故居而作

冯友兰

鬼怪精灵书中人物

嬉笑怒骂笔底文章

一九八四年六月

题蒲松龄故居

姚雪垠

生逢乱世心怀孤愤善恶难言

神仙妖总不忘灯下著稗史

隐居穷乡目注尘寰是非混淆

人狐鬼最可敬笔端绽鲜花

一九八四年八月

题蒲松龄故居

黄苗子

借酒浇胸臆

燃犀照鬼狐

一九八一年

题蒲松龄故居

侯宝林

前辈著书谈口技

后人研究乃相声

一九八〇年

敬题蒲松龄故居

黎玉

处世论道争自由

托狐写鬼有意思

一九八三年

题《聊斋志异》

王众音

花妖缘为刺世写

狐鬼乃是讽时作

一九七九年

题蒲松龄先生故居

廖兢天

聊斋志大胆构思千古艺林增异彩

绿屏堂众心瞻仰一家风范树遗型

一九八〇年

题蒲松龄故居

陆定一

憧憬光明，

愤恨封建。

假托狐鬼，

以作寓言。

一九八一年于北京

题蒲松龄故居

胡厥文

落落宏才未得申，

挥毫弄墨染风尘。

意弥情挚开金石，

天顺人和狐鬼训。

绣口锦心无若有，

生花彩笔假犹真。

千篇恩爱悲欢剧，

易俗移风劝世人。

一九七九年

忆《聊斋》

王昆仑

留仙留得千百行，

妖鬼原非林四娘。

画皮假相何足怕，
陆判换心谁愿尝。
阅古幸存真实笔，
即今犹是好文章。
试看铁掌翻天地，
牛鬼蛇神一扫光。

一九七九年十月

蒲松龄赞

张友渔

愤世嫉俗，
述异搜神。
文垂千古，
心为兆民。

一九八一年四月廿四日

题蒲松龄故居

田汉

岂爱秋坟鬼唱诗，
呕心端为刺当时。
留翁倘使生今日，
写尽工农战斗姿。

一九六四年春节

赠蒲松龄先生故居

阳翰笙

鬼非鬼怪狐非狐，
画尽人间世俗图。
蒲翁倘使生当代，
聊斋能不写工农。

一九八二年

题赠蒲松龄纪念馆

贺敬之

柳泉迹存留仙在，
有限山川无限才。
向灯父老闪泪眼，
犹记儿时读聊斋。

一九八五年春

题蒲松龄先生故居

赵朴初

诞幻虚荒得未曾，
低徊犹有故居存。
阿伽陀药人间事，
千载渊源百喻经。

一九八三年

题赠蒲松龄先生故居

胡风

竟敢充高士，

尤能变美人。

聊斋掀了底，

学习蒲松龄。

一九八四年夏

题蒲松龄故居

孙瑜

书称孤愤写幽冥，

傲骨刺天老益贫。

警世惩妖原有志，

谈狐说鬼岂无心。

一九八〇年

游青岛道观旧句

俞平伯

垂髫曾听聊斋志，

及见崂山道士无。

欲记太清寻往迹，

耐冬花好绛雪铺。

一九七九年四月

题赠蒲松龄纪念馆

乔羽

我亦曾来蒲氏庄，
淄川道上话沧桑。
神州不负有情者，
依旧泉边柳丝长。

一九八四年古历五月

题为蒲松龄纪念馆作

陶钝

蛰居淄上弃功名，
假借鬼狐说世情。
遗著蜚声国内外，
斯文谁不慕松龄。

一九八四年古历五月

题赠蒲松龄纪念馆

王瑶

说鬼谈狐，寄情桑麻。
遄飞逸兴，托志幽遐。
亦真亦幻，熠熠其华。
柳泉佳什，不朽奇葩。

一九八四年六月

题为蒲松龄纪念馆而作

冯至

自古齐谐多志怪，
柳泉居士辟新途。
鬼狐赋有人情美，
痛斥贪官与伪儒。

一九八四年夏

题蒲松龄故居

周而复

东鲁蒲公笔有知，
文章风彩欲匡时。
精灵竟作人间语，
莫谓新坟鬼唱诗。

一九八一年秋

题蒲松龄故居

王力

穷愁自古铸文豪，
穷到极时风格高。
砭俗刺奸凭妙笔，
灵狐山鬼续离骚。

一九七九年

奉题蒲松龄纪念馆

巨赞

豪杰阿谁无块磊，
谈狐说鬼岂徒然。
阮亭三访未相见，
信是人间自在仙。

一九七八年仲冬

题蒲松龄故居

欧阳中石

青衫一领终生泪，
满腹牢骚恨不平。
莫道凭空说魍魉，
悲欢尽是世间情。

一九八四年冬

为蒲松龄故居题

武中奇

一代文豪
风流千古

一九八五年十月

蒲松龄纪念馆惠存

王利器

情同黄州喜人谈鬼

名与青社有笔传神

一九八六年

访聊斋先生故居因成俚句

萧涤非

柳泉居士孤愤人
一部书传四海名
自是丹心生彩笔
不关狐鬼与蛇神

一九八六年十月

题蒲松龄纪念馆

廖汉生

出神入胜

一九八六年五月

题蒲松龄纪念馆

伍修权

用传奇法而以志怪
读者耳目为之一新

一九八六年四月

蒲松龄先生纪念馆征题

启功

聊斋数仞郁崔巍

千古雄文日明辉

弄斧题诗吾岂敢

且随曾点咏而归

一九八七年

蒲松龄纪念馆题志

钱伟长

怪异莫非世道

神鬼实乃人间

一九八八年八月

纪念蒲松龄先生

杨静仁

文学瑰宝

一九八八年

蒲松龄纪念馆补壁

公刘

浅入官场而深谙官场，难遇鬼狐而偏常说鬼狐，盖浮世百绘也。

一九八四年六月

题柳泉先生故居

梁漱溟

汉书艺文志云：小说家者流，盖出于稗官，街头巷议道听途说

者之所为也。蒲氏所书典雅可玩，殆其中卓出者乎。然其为文，非现今通行之语体文，固是旧文学小说之伟大殿军。

古昔年读聊斋志异的感想兹录以奉题。

八十九老朽梁漱溟

一九八一年十一月

访蒲松龄故居

刘白羽

血泪惊千秋

一九八二年九月

题蒲松龄纪念馆

高占祥

短篇巨著世稀才

狐谐鬼唱入聊斋

一九九二年

调寄永遇乐

题蒲松龄故居

黄墨谷

子夜灯昏，

荒斋案冷。

满腔孤愤，

狐鬼奇文。

风雷绝唱，

托寄痴狂忿。
汨罗沉石，
寒郊骑驽，
一例吞声饮恨。
想当年，
呕心沥血，
总为苍生泪。
松溪映带，
三间茅舍，
依旧烟霞隐隐。
魂返魂来，
青林黑塞，
比黄州困顿。
藏之名山，
传诸后世，
春秋微义谁引。
算知我，
刺贪刺虐，
诗人笔奋。

一九七九年五月

咏蒲松龄（二首）

端木蕻良

淡烟浊酒感知音，
牛鬼蛇神长爪吟。

孤愤月明芳树下，

相邀狐女记青林。

青林黑塞是故乡，

聊有聊无聊亦狂。

柳唱泉吟异史笔，

开山金顶峨嵋光。

一九七九年秋

托将鬼怪写时贤

朱复戡

才华杰出蒲留仙，

椽笔丽词宗史迁。

蒲腹经纶用不得，

托将鬼怪写时贤。

一九八〇夏于济南

访蒲松龄故居有感

戈宝权

少读聊斋书，

久仰蒲松龄。

志异垂千古，

远胜干宝名。

一九八二年九月一日

题赠蒲松龄故居

李霁野

画狐写鬼笔生花，
曾记童年父老夸。
妙语解颐言外意，
临轩不觉夕阳斜。

一九八〇年七月

题蒲松龄纪念馆

李希凡

聊斋红楼，
一长一短。
千古绝唱，
万世流芳。

一九八〇年九月十六日

枯毫涩砚起云烟

蓝翎

彩舆乌纱前无缘，
柳绿泉清另有天。
悲酸孤愤淤心底，
枯毫涩砚起云烟。

一九八〇年于山东

敬题蒲松龄故居

李子超

失意官场一老翁，
酒浇块垒愤难平。
如椽大笔刺当世，
冷雨秋风傲骨铮。

一九八一年

题蒲松龄故居

余修

风雨重阳乍晴时，
再过柳泉访故居。
绿窗芭蕉听俚曲，
子孙学唱银扭丝。

一九六一年重阳

聊斋故居怀感

李予昂

曾到蒲庄瞻蒲居，
庭前花木仍扶疏。
遗榻一灯启遐想，
先生挥笔在著书。

一九七九年九月

题蒲松龄纪念馆

贺绿汀

巴尔扎克与蒲松龄的创作，都如实地反映了他们同时代的社会生活实质，所不同的是：前者用现实的手法，而后者则用浪漫的手法。

一九八四年四月

二、绘画

聊斋图说

共48册，700多幅画面及文字解说。清代无名氏绘，工笔重彩。画册高40厘米、宽31厘米。新中国成立前已流于苏俄，何年流出无考。1958年，苏联政府转交我国，由中国历史博物馆收藏。蒲松龄纪念馆得知后，通过协商，按原尺寸拍照彩片第三册共34页用于展览，其中有《王成》、《成仙》等篇。

国画　蒲松龄便装像

丰子恺

跋：留仙才高，聊斋名美。笔墨生花，文思如绮。块磊满胸，化作狐鬼。万口流传，奇哉伟哉！据康熙江南朱湘鳞所绘像改作。

丰子恺并赞

一九六二年十二月

国画 《阿英》图

丰子恺

跋:闲院桃花取次开,昨日踏青小约来,应乖嘱咐东邻女,伴少待,莫相催,看得凤头鞋子即当来。

壬寅之秋病中读聊斋病起取阿英词为题。子恺

一九六二年

国画 聊斋著书图

俞剑华

跋:聊斋志异一书,读之六十年矣。少年之时读之,喜其故事之新奇;中年之时读之,赏其文笔之精彩;老年之时读之,始悟其寓意之弥远。诚千古之绝笔,百代之杰作。留仙先生瘁一生之精力於此,为不朽矣;越二年乡邦将为先生逝世二百五十年举行纪念,特写此以志景仰。

于南京时年六十九

一九六三年十二月

蒲松龄便装画像(白描)

尹瘦石

跋:康熙癸巳九月江南朱湘鳞为蒲松龄写真作世俗装,实非聊斋先生本意。今应蒲松龄故居委员会之嘱,依原像重绘之。

一九七九年七月

国画　梅花图

魏隐儒

一九八八年四月

国画　咏梅图

宋吟可画　田兵诗

诗曰:敬绘梅花比蒲翁,高洁浓香百代红。

鬼狐喻世心亦苦,留得人间善美风。

一九八〇年夏

《劳山道士》图

张彦青画　郁文、予昂题跋

跋一:

东崂环抱下清宫,地静景幽今古同。

香玉受茶传绛雪,鬼狐刺世柳泉翁。

彦青同志曾参与筹建蒲松龄故居,后毁于暴徒,今已重修,因再写此图,以资感念耳。庚申春记於历下。郁文题。

跋二:

今来未见凌宵花,小院重看绛雪树。

崂山道士擅种梨,聊斋笔下志异书。

刚竹密密复青青,林边小立秋风至。

掬水洗目神水泉,参天古木虬龙似。

予昂题重游崂山句。

国画　《荷花三娘子》图

戴敦邦

一九八二年十二月

国画　鹌鹑与菊花图

寓意《黄英》与《王成》篇

李苦禅

一九六四年

国画　柳泉采风图

刘继卣

跋:道旁结庐慕采风,春花秋木似有情。

夜午狐祟传旧巷,月冷风清竹有声

蒲松龄纪念馆成立作此图留念

庚申夏月於京华之甘石桥畔继卣笔

一九八〇年

国画　梅花图

陆俨少

跋:雪后园林春常在,一枝梅花压众芳。

蒲松龄先生三百四十五周年诞辰纪念

为蒲松龄纪念馆画　乙丑三月

陆俨少於晚晴轩

一九八五年三月

国画　《胡四姐》图

黄胄

跋:甲子年之冬同山西齐永胜山东孙长林河南郭英河北李通陕南郑同慧诸子,夜游蒲松龄先生故居,作此志念。

蠡县黄胄并题于张店。

一九八四年八月

国画　鱼客化鸦图

孙其峰

跋:余自初知句读,即喜读聊斋志异,其中佳者多能记忆其一也。乙丑春淄川蒲松龄纪念馆索画,乃写鱼客化鸦以应。留仙有灵或当笑我多事也。其峰。

一九八五年春

国画　《葛巾》图

王企华

一九八五年春

漫画　柳泉先生行吟图

方成造像　苗地备驴　乃光题记

一九八五年五月

柳泉春晓图

卢光照

一九八三年

国画　促织斗鸡图

徐德隆

一九八四年

国画　《胭脂》图

吴敦木

跋:读聊斋志异胭脂一文,堪称其中之最精湛者,乃作此图,为蒲松龄故居补壁。癸亥仲夏吴敦木於苏州。

一九八三年

国画　菊花图

苏友中绘　韩绍玉题

跋:"自食其力不为贪,贩花为业不为俗"。苏友中先生撷聊斋笔意之作,植此种于庭中,如见友人如见丽人。

时在己巳荷月,韩绍玉识於般阳古郡。

一九八八年七月

国画　狐狸图

李桦

跋:牛鬼蛇神登舞台,狐仙妖怪不为灾。

只缘留翁抒孤愤,青林黑塞托聊斋。

为蒲松龄故居作画并题,李桦。

一九七九年三月

第二节　雕　塑

一、蒲松龄半身铜像

中国美术学院曾竹韶教授雕塑，北京钢铁学院铸造，1994 年制。像高 47 厘米，重 100 多斤，存蒲松龄纪念馆。

二、蒲松龄全身石雕坐像

像高 195 厘米，重 5 吨，白色花岗石质料，配黛色大理石底座，底座高 70 厘米。山东艺术学院李振才教授雕。1995 年 10 月揭幕。为淄博市张店区田家村与淄博市电视台捐资 37500 元建立。立于蒲松龄故居院内，供游客瞻仰。

三、蒲松龄石雕头像

像高 85 厘米，白色花岗石质料，下有黛色大理石底座，座高 110 厘米。1994 年春山东艺术学院李振才教授雕成。立于蒲松龄故居大门内正中。

四、蒲松龄全身石雕立像

立于淄博火车站对面小广场内，面南而立，像高 350 厘米，重 10 吨多。浅红色花岗岩质料，配黛色大埋石座，座高 200 厘米，座前面刻有蒲松龄的名字及生卒年代，座背面刻蒲松龄生平简介。此像为淄博市城建局设立，是淄博市城市雕塑之一。

五、聊斋故事彩塑

陈列于蒲松龄纪念馆彩塑展室。共 10 组聊斋故事。即:《促

织》、《连琐》、《阿霞》、《青凤》、《翩翩》、《小翠》、《红玉》、《王六郎》、《田七郎》、《连成》。像高四、五十厘米不等。是民间美术工匠泥人张的传人赵继仲所作，故事表现逼真，人物栩栩如生，是民间艺术佳作。1984 年塑制。

第三节　篆　刻

淄博市张茂荣篆刻王渔洋七言诗一首及蒲松龄依韵和王渔洋的七言诗一首，共 8 枚，朱纹篆书 4 枚，白文钟鼎文 4 枚，皆 47 毫米见方。张茂荣自有跋曰：蒲留仙先生所著聊斋志异，深得诗人王渔洋赏识，并有评点题诗。留仙亦即兴奉和，堪称清代文坛之美谈。成为淄博文史之骄傲，故而敬刊两诗，以备同好者共赏也。时在甲戌年仲春，张茂荣跋于博山。

第四节　壁　画

一、陶瓷壁画《松龄著书图》

在蒲松龄纪念馆第一展室悬挂，由淄川文化馆副研究馆员闫先公及淄博瓷厂罗晓东绘画，淄博瓷厂烧制。画高 90 厘米，横宽 247 厘米。用夸张手法彩色绘制。中间人物为蒲松龄，他正在案前凝神执笔构思，周围群像为聊斋故事中的人物，他们形态各异，有青凤、马介甫、晚霞、席方平、张鸿渐、阿绣等几十个大小不等的人物。这些人物有的似在天上，有的似在人间，仿佛是蒲松龄灵感中幻化出的形体，构图新颖，造型优美，引人遐思，耐人寻味，为独具特色的作品。1984 年制作。

二、陶瓷壁画《松龄柳泉写聊斋》

该壁画在淄博火车站候车厅西墙镶嵌，长 7.8 米，高 3.9 米，陶瓷釉面砖着色绘画烧成。山东师范大学刘青岘、丁正波设计，淄博陶瓷厂沈松龄、王玲、张圣江、黄卫国绘画。构图为蒲松龄端坐柳泉，前面摆矮几，文具，身旁有石碑“柳泉”。先生正凝神构思聊斋故事，画面出现飞天、人物群像，似先生想象出的故事情节和人物形态。以夸张和浪漫主义的手法，表现世界短篇小说之王的精神风貌。整幅壁画气势磅礴，色彩浓重，具有较高的装饰性和观赏性。

第五节　纪念工艺品

一、蒲松龄头像纪念铜币

铜币纯为纪念币，无面值。直径 30 毫米，厚 3 毫米。阳面为蒲松龄头像，阴面为韩绍玉书蒲松龄的诗句：“志异书成共笑之，布袍萧索鬓如丝。十年颇得黄州意，冷雨寒灯夜话时。”皆为阳文。铜币外加锦盒包装。十分精美。北京小井香币厂生产。是蒲松龄纪念馆出售的纪念品之一。

二、聊斋故事内画壶

内画壶是淄博特产之一，当年为贡品。淄博美术琉璃厂生产的聊斋故事内画壶，千姿百态，异彩纷呈，尺寸大小不一。由高级工艺美术师李克昌、张广庆等绘制的有 100 多种。蒲松龄纪念馆入藏的有 30 多件，其中有：《小谢》、《黄英》、《红玉》、《王子安》、《荷花三娘子》等名篇的内画，也有《聊斋著书图》、《柳泉采风图》

等内画佳作。

三、蒲松龄头像刻瓷盘

淄博瓷厂生产，由高级工艺美术师张明文、李梓源刻制。画面以尹瘦石画的蒲松龄便装像为蓝本，以白描手法刻制而成，白底黑线，使瓷盘庄重大方。盘直径30厘米，为案头陈设之佳品。

编 后 记

《蒲松龄志》根据山东省地方史志编纂委员会部署，由淄川区人民政府组成“蒲松龄志编纂委员会”，具体组织编写工作，并聘请山东大学教授袁世硕先生任主编。分工情况如下：

概述、第一篇附“蒲松龄年表”，袁世硕。第一篇，杨海儒。第二篇，袁世硕、王平。第三篇第一章，赵蔚芝；第二章，陈玉琛；第三章，盛伟。第四篇，盛伟、刘玉湘。第五篇、第六篇，鲁童、刘统爱。

经过一年多的紧张撰写，初稿于1997年成形，主编袁世硕、副主编王平在此基础上进行了统稿，王平还撰写了各篇的序言。1998年初，一部初具规模的《蒲松龄志》讨论稿告竣。是年4月1日在淄川区召开了审稿会议，除有关部门领导和全体编纂人员外，还邀请了山东师范大学朱其铠教授、南京师范大学李灵年教授、曲阜师范大学张稔穰教授、山东大学邹宗良教授等专家参与评审。与会人员对讨论稿给予较高评价，同时也提出了许多宝贵的修改意见。遵照这些建议和意见，部分编撰人员就志稿进行了修改和补充。1999年完成送审稿，送山东省地方史志办公室审定。其间由于种种原因《蒲松龄志》未能及时付梓。2003年初，淄川区委、区政府为进一步继承和弘扬优秀民族文化，深化蒲文化研究，也使世人更加了解淄川，决定在第二届中国淄博国际聊斋文化旅游节前出版《蒲松龄

志》。《蒲松龄志》自酝酿至出版，历经七个寒暑。费时虽久，但仍感到有诸多不尽如人意之处。2008年，山东人民出版社组织出版《齐鲁诸子名家志丛书》，《蒲松龄志》被列入该丛书。新版由主编袁世硕、副主编王平教授校对全文，改正了原排印中的讹误字词，"研究"部分增补了2003年以后的论文、著作目录。

此志在撰写过程中，参考和引用了许多海内外专家学者的研究成果，王志民、吕扬两位先生亦曾参与部分初稿的组织编撰工作，在此表示诚挚的谢意，并期盼着读者的批评指正。

编　者

2009年3月

图书在版编目（CIP）数据

蒲松龄志/袁世硕主编．—济南：山东人民出版社，2009.4（2011．4重印）
（齐鲁诸子名家志/王兆成，刘秋增总主编）
ISBN 978-7-209-04774-6

Ⅰ．蒲… Ⅱ．袁… Ⅲ．蒲松龄（1640～1715）－人物研究 Ⅳ．K825.6

中国版本图书馆CIP数据核字（2009）第040996号

责任编辑：陈丹丹
装帧设计：蔡立国　武　斌
制　　作：侯地霞

蒲松龄志
袁世硕　主编

山东出版集团
山东人民出版社出版发行
社　址：济南市经九路胜利大街39号　邮　编：250001
网　址：http://www.sd-book.com.cn
发行部：（0531）82098027 82098028
新华书店经销
山东临沂新华印刷物流集团有限责任公司印装
规　格　16开（184mm×260mm）
印　张　25.5
字　数　285千字　插页　14
版　次　2009年4月第1版
印　次　2011年4月第2次
ISBN 978-7-209-04774-6
定　价　128.00元

如有印装质量问题，请与印刷单位联系调换。　电话：(0539)2925659